부마사태에서 10·26까지

한국을 뒤흔든 11일간

한국 現代史 30년을 결정한 함성과 총성!

趙甲濟

조갑제닷컴

한국 현대사 30년이 결정된 순간들

부마(釜馬)사태의 시작이 되는 1979년 10월16일 나는 부산에서 발행되
는 국제신문의 경찰서 출입기자였다. 유신체제가 만 7년이 되는 날의 하루
전이었다. 10여 일 전, 부산 출신 김영삼(金泳三) 신민당 총재가 미국 언론
과 사대주의적 인터뷰를 했다고 하여 국회에서 제명되었다. 부산시민들의
분노는 상당하였으나 유신(維新)체제의 장악력 또한 강하였다. 박정희(朴
正熙) 대통령은, 1975년 국민투표로 유신체제에 대한 재신임을 얻었고 그
해 4월 월남이 공산화되면서 민주화는 사치스러운 이야기라는 안보 분위
기가 깔렸다. 박 대통령은 긴급조치 9호를 발동, 일체의 반대 목소리를 잠
재웠다. 그 뒤 4년간 정권은 안정되었고 민주화운동은 위축되었으며 중화
학공업 건설은 본궤도에 올랐다.

 1979년이 열렸을 때 이란혁명이 터졌다. 호메이니에 의하여 팔레비 왕이
쫓겨나고 중동정세가 불안정해지면서 기름값이 폭등하였다. 1973년 10월

제4차 중동전쟁 직후 중동 산유국들이 석유감산(石油減産)과 수출통제로 제1차 석유파동을 일으켰을 때, 그리하여 기름값이 6개월 사이에 네 배로 뛰었을 때 박정희 정부는 기민하게 대응하였다. 막 시작한 중화학공업 건설을 그대로 밀어붙이면서 돈이 몰리는 중동건설 시장에 진출, 외화를 벌기 시작하였다. 1977년엔 중동에서 벌어들인 외화로 중동에서 기름을 수입하고도 남을 정도였다. 유신체제로 야당과 언론의 반대를 누를 수 있었기에 국력의 조직화와 능률의 극대화로 위기를 돌파할 수 있었다. 세계 거의 모든 나라가 석유파동으로 휘청거릴 때 한국만이 중화학공업 건설에 승부를 걸어 선진국으로 가는 막차를 탔던 것이다.

1972~1979년의 유신체제와 겹치는 우람한 역사의 전진, 즉 새마을운동, 중동진출, 중화학공업 건설, 아파트 붐, 마이카 시대의 개막, 중산층의 성장은 그러나 정치적 자유를 제한함으로써 가능하였다. 경제적 성공과 정치적 불만의 모순된 역학관계에 변화의 충격을 준 것이 제2차 석유파동이었다. 물가상승, 실업률 증가, 부가가치세 도입에 대한 상인들의 불만, 무엇보다도 장기집권에 대한 싫증에 불을 당긴 것은 야당의 도전이었다.

그해 5월 신민당 전당대회에서 강경투쟁 노선의 김영삼(金泳三) 의원이 김대중의 도움을 받아 온건 노선의 이철승(李哲承)을 누르고 총재에 당선되자 분위기가 확 바뀌었다. 김영삼의 대담한 대여(對與) 투쟁에 4년 동안 잠자던 민주화운동 세력이 합세하는 가운데 박정희와 미국 카터 대통령의 불화(不和)는 계속된다. 카터는 박정희가 인권을 탄압한다면서 이에 대한 응징으로 주한미군 철수를 공약, 박정희의 경멸과 반발을 샀고 철군은 미국 군부의 반대로 무산되었다. 그해 6월 카터의 방한(訪韓)은 한미관계를 정상화시키는 계기가 되지 못하였다.

미국이 박정희를 좋게 보지 않는다는 사실이 알려지면서 야당과 민주화 세력은 고무되었고 김재규(金載圭) 정보부장의 변심을 촉발하는 계기가 되었다. 우직한 성격의 정치적 무능자인 김재규를 정치공작의 사령탑에 앉히고 과도한 임무를 안겨, 스트레스를 준 것이 박정희의 실수였고 이것이 10·26 사건의 도화선이 되었다.

경제불황, 정치동요, 외교마찰, 여기에 기름을 부은 것이 김영삼 제명, 그리고 부산대학 시위였다. 부마사태에서 10·26까지 11일간은 한국 현대사의 30년을 결정한 함성과 총성의 시간대였다. 부산시위 현장을 관찰하고 돌아간 김재규가 저녁식사 자리에서 '야수의 심장으로 유신의 심장을' 쏘았을 때 18년간의 박정희 시대가 끝나고 12년간의 전두환(全斗煥)-노태우(盧泰愚) 시대가 열리는 것이다.

2019년 10월은 부마사태와 10·26 사건 40주년이 되는 달이다. 조국(曺國)게이트에 빠져 그런 사실에 별로 신경을 쓰지 않고 있는데 부산 사람들이 나에게 연락을 해서 부마사태에 대한 증언을 부탁하였다. 30년 전에 출간하였던 《有故》(한길사)를 찾아내 내가 썼던 기록을 읽고 나서야 인터뷰에 응할 수 있었다. 다른 건 몰라도 부마사태에 관하여는 나의 기록이 독보적 존재라는 부산 사람들의 평가에 자극을 받아 부마사태와 10·26 사건을 이어주는 11일간의 기록을 재구성하여 책으로 내게 된 것이다.

부마사태는 국제신문 사회부 기자로서 현장에서 취재한 것이고, 10·26 사건은 조선일보 월간조선 기자로 일하면서 취재한 것이다. 부마사태는 나의 인생 항로에도 영향을 끼쳤다. 부마사태를 시작으로 10·26 사건,

12·12 군사변란, 1980년 5·17 계엄확대, 5·18 광주사태로 이어지는 질풍노도의 시간대에 나도 휩쓸려 들었다. 병가(病暇)를 내고 광주사태를 취재하러 갔다가 회사에서 잘렸고, 反정부 기자로 찍혀 있었던 나는 전두환 정권에 의하여 확인사살(퇴사한 것도 모르고 해직기자 명단에 올림)을 당하였다. 먹고 살기 위하여 서울로 올라와 〈마당〉 잡지 창간에 편승하였다가 1983년 10월 조선일보로 옮겼다.

이 책의 중심이 되는 부마사태 기록은 1979년 10월부터 이듬해 5월 사이에 집중적으로 취재한 것이다. 부마사태가 박정희 정권의 종언을 고하는 데 결정적인 영향을 끼쳤다는 흥분이 취재를 몰아붙였다. 이 시기는 김종필, 김영삼, 김대중의 3김씨가 민주화 이후의 대선(大選)을 준비하고 있을 때로서 비상계엄령 하이지만 모처럼 언론과 정치의 자유가 피어오르고 있었다. 12·12 군사변란으로 실권을 잡은 전두환 그룹이 기회를 노리고 있는 가운데, 나는 불안하고 들뜬 분위기 속의 즐거운 취재를 하였다.

부마사태의 이유를 여럿 들 수 있지만 요사이 조국사태와도 연관되는 요인으로서 국민들의 분노가 가장 컸다고 생각한다. 박정희 대통령의 위대성은 사후(死後)에 확인된 일이고 당시를 살고 있었던 학생, 기자, 정치인, 지식인들 속에선 경제적 불평등에 대한 분노보다는 정치적 압박에 대한 저항이 강했다. 여기에 경제불황과 부가가치세에 대한 상인들의 반감이, 부산대학생들의 시위로 한덩어리가 되어 폭발한 것이다.

박정희 정권은 경찰로 막을 수 있었던 부산시위를 과대평가하여 '비상계엄령'이란 초강수로 대응하고, 김재규 또한 이를 민란(民亂)으로 해석, 국민들이 박정희를 떠났다고 오판하였다. 과잉대응과 오판이 정권의 핵심부를 분열시켰고 그 적나라한 장면이 바로 10·26 사건의 현장 궁정동 안가(安家)의 식탁이었다.

역사적 맥락에서 보면 박정희의 퇴장은 적기(適期)였다는 생각이 든다. 부인을 잃고 피로해진 그는 연부역강(年富力强)한 전두환으로 교체되었다. 전두환 정권은 박정희 시대의 적폐를 건설적으로 해소하였으며 전임자(前任者)를 격하하지 않았다. 1979년 초 박정희는 국군 장교단의 사조직인 하나회의 지도자 전두환 소장을 국군보안사령관으로 임명하였는데 이 인사가 사실상 전(全) 장군을 후계자로 선택한 셈이 되었다. 10월26일 역사의 무대에 처음으로 등장하는 전두환 장군은 그 일곱 달 뒤에는 정권을 잡게 된다. 현대사의 결정적 순간에 그가 계엄사 합동수사본부장을 겸하는 국군보안사령관이 아니었으면 불가능했을 일이다. 나는 박정희 정권 때 한 번(포항 석유발견 발표에 이견을 제시한 논문을 썼다), 전두환 정권 때 두 번 해직되었다가 언론계에 복귀하였다. 그런 내가 박정희, 전두환, 그리고 노태우 역사의 변호인 역할을 하고 있다는 점, 이게 한국 현대사의 위대한 변전(變轉)이 아닐까?

박정희가, 가슴 관통상을 당한 직후 등에서 피가 샘솟듯하는 가운데 '체념한 듯 해탈한 듯' 마지막 남긴 말, "난 괜찮아"는 최악의 조건에서 최단기간에 최소한의 희생으로 최대의 업적을 남긴 가장 위대한 세대의 유언이기도 했다. 더러운 강물을 삼켜 바다와 같은 새로운 세상을 만들어내면서도 자신의 영혼을 끝까지 순수하게 유지하였던 부끄럼타는 초인(超人), 그의 장례식에서 국립교향악단이 리하르트 슈트라우스의 장엄한 교향시 '짜라투스트라는 이렇게 말했다'를 연주하였으니 그리스 비극의 주인

공으로 손색이 없다. 다만 비극이 비극으로 완성되려면 관중의 수준이 따라주어야 하는데, 어머니와 아버지를 총탄에 잃은 딸을 누명 씌워 감옥에 처넣고도 즐거운 사람들이 너무 많다. 민족의 숙원이던 가난 문제 해결로 인간다운 삶을 한국인들에게 선물하고 떠난 근대화 혁명가 박정희의 딸을 이렇게 대접할 순 없다. 딸을 감옥으로 보낸 세력이 조국(曺國)게이트를 일으켜 국민의 분노를 사고 있다. 분노가 폭발하면 정권이 무너진다는 한국 현대사의 교훈은 아직 유효하다.

2019년 10월, 著者

1979년 11월3일 故 박정희 대통령의 육신이 국군묘지에 묻히던 날, 어느 신문은 '한 시대를 이끌고 역사 속으로'라는 제목을 달았다. 그러나 8년이 지난 지금도 박정희는 아직 '역사'가 아니고 '현실'이다. 10·26정변 뒤 잠시 동안 박정희와 그의 시대는 일단 매듭이 지어지는 듯했으나 5·17로 해서 그가 남긴 체제는 운용자들만 조금 바뀌었을 뿐 고스란히 승계되어 오늘날의 이 현실을 지배하고 있다. 우리는 지금도 박정희와 10·26의 그늘 아래에 있다. 그늘 속에 있으니 그늘을 만든 나무의 전체상이 제대로 보일 리가 없다.

오늘날 민주화운동은 박정희의 그늘로부터 벗어나려는 몸부림인 것이다. 그늘에서 뛰쳐나와야, 즉 국민이 정권을 선택할 수 있게 되는 민주화의 첫걸음이 내디뎌진 뒤에라야 사람들은 박정희를 차분한 마음과 냉정한 머리로써 찬찬히 바라볼 수 있을 것이다.

이 책은 대부분이 박정희가 최후를 맞는 그 소용돌이 속에서 쓰인 것이다. 1979년 10월16일 부산에서 반(反)정권 데모가 터진 때로부터 다음 해 5월17일까지 사이의 열띤 분위기 속에서 취재하고 정리한 것을 7년이 지난 지금 책으로 내놓게 된 것은, 오늘의 상황이 급박하기는 하지만 박정희와 그의 시대를 어느 정도는 객관적으로 볼 수 있는 시기가 코앞에 다가왔다고 느끼기 때문이다.

박정희 정권의 붕괴 과정은 다른 모든 조직의 몰락 과정과 비슷한 궤적을 보여주었다. 정권의 중심인물이 먼저 정신적인 파탄을 나타냈고, 그 조직의 내부질서가 무너져 내렸으며, 그것은 때맞춰 다가온 외부의 위기 요인에 의해서 확대되었다. 조직은 항상 안으로부터 먼저 망하기 시작하는 법이다.

그러나 수많은 객관적 조건들이 널려 있다고 해서 한 정권이 자동적으로 무너지지는 않는다. 바싹 마른 인화물질이 있다고 해서 불이 나는 것이 아닌 것과 같은 이치다. 객관적 상황조건과 주관적 인간의지가 통합될 때, 즉 인(因)과 연(緣)이 부합될 때 국면을 전환시키는 대사건이 터지는 것이다. 부마사태의 발단을 만든 부산대 학생 정광민(鄭光敏)과 10·26 사건의 김재규가 그런 연(緣)을 제공한 두 사람이다. 부마사태와 10·26 사건은 그 전개과정을 좁게 보면 우발적인 것 같지만, 넓게 볼 때는 필연적인 것이다. '필연적인 우연'인 것이다. 학생 정광민이 화가 나서 강의실로 뛰어들고, 김재규가 '개인의 정분을 끊고 야수의 마음으로 유신의 심장을 쏠' 수 있었던 그 심리의 뒤에는 한 시대의 축적된 모순이 깔려 있었던 것이다. 정광민과 김재규의 그 결단에 이르기까지의 심리변화는 상황과 인간의 상호작용을 보여준다. 박 대통령을 어버이처럼 따랐던 김재규를 냉혈의 모반자로 변모시킨 것은 1970년대의 시대상황이었다. 이 경우에도 김재규의 성격 속에는 상황이 뿌린 갈등의 씨앗을 품어 키울 만한 바탕이 깔려 있었다. 한마디로 그는 회의할 수 있는 인간이었던 것이다.

10·26 사건 뒤 시중에서는 "미국 CIA가 조종했다"는 말이 떠돌았다. 수사 책임자가 이를 부인했음에도 아직도 이를 믿으려 하는 사람들이 있다. 나는 이 책 속에서 이 설을 부인했다. 그러나 한편 이런 생각을 해보았다. 소문은 항상 '축약된 과장법'으로 나타난다. 기자로서 나의 관점은 과대포장된 소문의 알맹이를 찾아내는 것이었다.

김재규는 박동선(朴東宣) 사건의 여파로 전임자가 사임한 뒤 중앙정보부장이 될 수 있었다. 중앙정보부장이 된 뒤 그는 친미적(親美的)인 입장에 섰고, 박 대통령의 반미(反美)감정이 안보를 위태롭게 할 수 있다고 생각했다. 김재규를 대통령 살해로 몰아붙인 중요한 사건은 김영삼에 대한 의원직 제명이었다. 이 제명의 발단도 反박정희 성향이 강하던 미국 신문에 난 기사였다. 요컨대 김재규가 방아쇠를 당긴 무대에서는 한·미간의 갈등 관계가 배경음악으로 깔려 있었다.

강대국과 약소국간의 기본관계가 순탄하지 못할 때는 여러 가지 사건이 일어나게 마련이다. 10·26 사건도 그런 맥락에서 이해해야 할 점이 많다. 더구나 박정희의 이력서에 깊게 각인된 반미적 경력과 성향은, 그의 집권과 죽음에 다 같이 미국의 그림자를 짙게 드리우게 했다. 대통령이 된 몸으로서도 늘 미국과 가진 자에 대한 반감을 지니고 있었고, 그 감정대로 행동할 수 없어 괴로워하고 또 외로워했던 사람이 박정희였다. "10·26 사건을 미국 CIA가 조종했다"는 것은 민중 속에서 단순화된 유언(流言)임에 분명하지만, 그것의 알맹이는 상당한 진실을 시사하고 있는 것이다.

　박정희의 파란만장한 생애 그 자체가 한국 현대사의 한 단면이다. 박정희는 한 시대를 만들었고, 그 시대는 또 박정희를 변화시켰다. 박정희란 '개인' 속에는 그 시대를 살았던 우리의 모습들이 녹아 있다. 식민지의 경험, 가난, 해방, 좌·우익의 피비린내 나는 투쟁, 사상적 방황, 이혼, 6·25, 4·19, 경제성장과 물질적 풍요, 부인의 피살, 도덕의 황폐화…. 그것은 한 인간으로 맛볼 수 있는 거의 모든 종류의 영욕이었다. 정도의 차이는 있지만 그것은 또한 우리 시대의 한국인들이 살아온 과정의 상징적 표현이기도 했다. 한국인의 현대사적 삶을 가장 진하게 살아온 인간 박정희는 종장에 가서는 허무감에 젖는, 피로한 사람이 되어 있었다.

　그는 수많은 한국인이 그렇듯, 유교적 실용주의자였다. 실용적인 가치를 성취한 뒤 그는 쓸쓸해졌다. 유형적인 것, 즉물적인 것 이외의 가치, 즉 정신적·종교적·예술적인 고귀함에 대한 이해도 흥미도 없었던 그는 쓸쓸함을 채우고 허무해지는 자신을 지탱해 줄 철학적인 신념이 부족하였다. "인간은 먹고사는 것 이외에 궁극적으로 무엇을 위해서 존재하는가"라는 회의에 대한 답을 찾아낼 수 없었던 것이 인간 박정희의 한계였고, 그가 상징하는 이 시대의 위기이기도 하다. 그러나 한국인이 인간의 존재가치를 회의할 수 있는 물질적 바탕을 만든 것은 박정희였다. 그가 주도한 '굶주림으로부터의 해방'이 한국인의 관심을 형이상학적으로 한 단계 올려놓았기 때문이다. 박정희를 비판하는 사람들도, 굶어 죽는 사람이 없도록 만든 점과 함께 한국인이 자신감을 갖게 한 것을 그의 큰 공으로 인정해주고 있다.

이는 실로 대단한 업적이다. 이 업적으로 해서 박정희란 이름은 우리의 역사에 굵은 고딕 활자로 길게 기록될 것이다. 박정희를 그런 정치가로 만든 것은 당대의 한국인이었다. 박정희는 우리의, 또 우리 시대의 분신(分身)이었다. 그래서 박정희의 최후는 한 시대의 끝이라고 했다. 그러나 그렇게 되지는 않았다. 문제는 박정희는 갔지만 그의 시대와 체제는 정리되지 않았다는 점일 것이다. 박정희에 대한 평가는 그의 유산이 어떤 방식으로 정리되느냐에 따라 크게 좌우될 것이다.

한국 역사상 박정희만큼 저술과 연구의 대상으로 자주 등장할 인물은 달리 없을 것이다. 시간이 흐를수록 그에 관한 논문, 저작들이 많이 쏟아질 것이다. 그의 극적인 생애와 그에 대한 연구를 통해 스스로의 장단점, 한국인의 장단점, 더 나아가 인간의 삶의 조건들을 알 수 있다는 점에서 박정희는 수많은 학자와 기자들을 유혹할 것이다. 이 책이 그런 작업의 한 기초자료가 되길 바라며 취재에 협조해준 모든 분들에게 감사한다.

1987년 6월

조갑제

: 차 례

1 :
불씨

불씨를 키운 중부교회

'부마(釜馬)사태'와 10·26 사건이란 대폭발에는 불씨가 있어야 했다. 대폭발의 파괴력에 비할 때 그 불씨는 항상 보잘 것 없는 법이다. 엄청난 폭발·폭풍·화염을 보고서는 그것을 일으킨 불씨가 그토록 미약하리라고는 상상이 가지 않는 것이다. 불씨란 것은 원래 자그마한 것이고, 그 존재 가치는 꺼지지 않고 이어져가는 데 있다. 그리하여 때가 오면 어떤 손에 의하여 그 불씨는 대폭발의 불쏘시개로 변하는 것이다.

부산의 민주화운동에서 불씨를 지켜가고 있었던 곳은 중부교회였다. 이 운동의 지도적 인물로는 최성묵 목사, 김광일·이흥록 변호사, 송기인·오수영 신부를 들 수 있었다. 실무 책임자로는 조태원, 박상도, 김형기 등이 있었다. 이들과 직접 연결된 대학생과 젊은이, 그리고 노동자들은 100명

미만이었다. 이 100명과 뜻을 함께하며 자주 접촉을 갖는 대학생과 젊은 사회인 등 동조세력은 한 200명쯤 됐을까.

부산의 민권운동 조직으로는 부산 도시산업선교회, 국제사면위원회 부산지부, 부산 교회인권선교협의회, 부산 기독청년협의회, 정의구현기독자회 등이 있었다. 조직의 이름은 달랐지만 구성원들은 거의 같은 사람들이었다.

중부교회는 부산 저항운동 인력의 공급처였다. 중부교회는 사회의 민주화운동과 대학의 반체제 학생운동을 연결시키는 고리였다. 이 교회의 청년회원 30여 명은 대부분 부산대 및 동아대 학생들이거나 두 학교 졸업생 또는 제적생들이었다. 이들은 대학교 안에 민주화운동의 바람을 불어넣고 학생들의 의식화 운동을 조직하기에 유리한 입장이었다. 사회의 저항운동 바람을 학원 안으로 불어넣는 송풍관이 바로 이들이었다. 중부교회 교인들 가운데 1975년에서 1979년 사이에 긴급조치 9호 위반 등 혐의로 구속된 사람은 10여 명이었다. 거개가 청년회원들.

중부교회는 민주화운동의 복덕방이기도 했다. 서울에서 내려오는 지하 유인물과 갖가지 민권운동 관계 정보는 이곳을 매개로 하여 부산에 퍼졌다. 민권 강연회와 사례 발표회, 대학생들의 그룹 스터디도 여기에서 많이 이뤄졌다. 중부교회는 또 탄압 받는 저항 운동가들의 피난처 역할도 했다. 교회라는 특성이 정보 및 수사기관에 대해 어느 정도 방벽이 되어주었던 것이다. 최성묵 목사는 이 불안한 성역의 성주답게 문제가 생겼을 때는 최종 책임을 혼자서 짊어짐으로써 그의 날개 밑에 젊은이들을 감싸고 돌았다.

최성묵은 그때 마흔여덟 살의 괴짜목사였다. 술과 담배를 사양하지 않앉고 걸걸한 목소리는 독설을 서슴지 않았다. 그는 이론과 정직과 신앙보다 용기와 정열과 정의감으로 민권운동의 리더가 됐다.

한국기독학생총연맹(KSCF)의 발족 당시 핵심 멤버였던 그는 1969년 부산에 옮겨와 부산 미국문화원에서 일했다. 그때만 해도 미국문화원은 대학 서클활동의 중심이었다. 최성묵은 학생 담당으로서 그런 서클운동을 조직화하고 끌어갔다. 1974년에 그는 부산 기독교청년회(YMCA) 총무로 뽑혀 美문화원을 그만두었다. 그가 운동가로 변신한 것은 이때였다. 1974년 가을부터 1975년 봄까지의 짧은 해빙기에 그는 YMCA를 부산지역 민주화운동의 광장으로 운영해갔다. 그 뒤 중부교회 중심의 저항세력을 키우는 씨를 뿌렸던 것이다. 1976년에 총무를 그만둔 최성묵은 중부교회의 전도사로 들어갔다.

중구 보수동 책방 골목에 자리 잡은 중부교회의 신도수는 60명 남짓, 대학생수는 5, 6명에 지나지 않았다. 최성묵에 이끌린 젊은이들이 중부교회로 모여들었다. 박상도도 그런 청년들 가운데 하나였다.

박상도는 어릴 때부터 가난한 기독교 집안에서 자랐다. 홀어머니는 구포 참마루교회의 사찰이었다. 그는 가성소다 제조공장에서 노동자로 일하면서 학비를 벌어 항도고등학교 야간부를 졸업했다. 1967년에 그는 목사가 되려고 서울 한국신학대학에 들어갔다. 학비를 댈 수가 없어 2학년 재학 중 중퇴했다. 부산에 내려온 박상도는 새한자동차회사에서 네 해 동안 일하다가 1974년엔 헌혈협회 부산지부 총무로 들어갔다. 그가 사회운동의 요령을 터득한 것은 이때였다.

그의 키는 박정희 정도였지만 키 작은 사람들이 그런 것처럼 다부지고 부지런했다. 1976년 1월 그는 김정광 목사가 YMCA 총무로 뽑히자 그 밑에 간사로 들어갔다. 그러면서 중부교회에 나가기 시작했다. 박상도는 최성묵이 총무 시절 YMCA에 뿌렸던 씨를 발아시키는 일을 하기 시작했다. 그때 YMCA엔 400명쯤의 고등학생, 대학생들이 16개 서클에 등록되어 있었다. 이것이 그의 밭이요 논이었다. 박상도는 자연스럽게 중부교회 청년회의 리더가 됐다. 1946년생인 그는 청년회원들보다 3~10세쯤 많았다. 이 점보다도 그 특유의 '깡다구'와 집념, 붙임성이 그를 청년들의 지도자로 만든 것이었다. 최성묵과 젊은이들 사이에 박상도란 중간 보스가 생김으로써 중부교회의 민권운동은 더욱 조직적으로 추진되기 시작했다. 1979년대의 한국 민주화운동이 다 그랬던 것처럼 중부교회도 사건을 통해 다져졌고 그 활동 터전을 넓혀갔다.

최초의 사건: 김광일 변호사의 가담

1976년 1월 초순 박상도는 중부교회 대학생들을 데리고 제주도로 갔다. 제주 YMCA에서 마련한 대학부 행군대회에 참여했다가 돌아온 지 며칠 되지 않아 행군대회에 참여했던 중부교회 대학생회 회원 3명 조태원(부산대 토목과 2학년), 김영일(부산대 지리학과 3학년), 이태성(동아대 수학과 2학년)이 중앙정보부 부산지부에 붙들려 갔다. 문제가 된 것은 중부교회 대학생회 편집부에서 펴낸 회지 〈책방골목〉 창간호의 글이었다. 이 회지의 머리말에 해당하는 '인사의 말'을 조태원이 썼다. 시처럼 쓴 것이었다.

〈너무도 잠잠하다.

무거운 침묵만이 주위를 압도한다.

아프다.

아파도 왜 때리느냐고 반항하지도 못한다.

불쌍한 사람들.

나와 너, 똑같이 힘없는 사람들.

우리 약한 힘을 한데 모아 아프다고 고함이라도 질러보자.

왜 때리느냐고 반항해보자.

달려들어 같이 치고받고 육탄전이라도 해보자.

그러나 그 이전에 먼저 해야 할 일들이 있다.

우리는 때리는 사람들을 알아야 한다.

왜 때리는지 그 이유도 알아야 한다.

그래야지만 정당하게 대항해 싸울 수 있다.

이제 침묵만을 지키지 말자.

모르는 걸 배우고 아는 걸 가르쳐 주자.

이 땅을 사랑하고 이 백성을 사랑하는 사람들이여!

우리 올바른 삶을 위하여 아니 떳떳한 죽음을 위하여

힘써 이 땅에 진정한 자유와 민주주의를 실현시키자.

한국적이나 유신이니 따위는 말고 좀 더 거시적인 안목으로

세계적이고 우주적인 눈으로써

이 땅의 인류를 위해서 우리를 사랑하시는 그리스도를 따라서

십자가를 짊어지자.

골고다의 언덕을 향해서 힘차게 전진하자.〉

이 글에서 문제가 된 것은 "한국적이나 유신이니 따위는 말고"였다. 정보부에선 글쓴이뿐 아니라 대학부 회장(김영일)과 이것을 회원들에게 나눠준 사람(이태성)까지 잡아갔다. 박상도는 제주도에 가서 이 세 학생을 선동했다고 집중 추궁을 당했다. 정보부에선 처음엔 이들을 풀어줄 듯 얘기하면서 교회 쪽엔 시끄럽게 굴지 말고 기다려 보라고 얘기했다. 그러나 세 사람은 1976년 정월 말에 구속됐다. 이 사건은 부산의 운동가들을 한곳으로 모으는 역할을 했다. 무료변론은 김광일 변호사가 맡고 나섰다. 피고인들의 용기를 북돋우기 위해 그들은 단체 방청을 했다. 면회 가기, 편지 쓰기 운동도 벌였다.

"…오후에 운동하러 나가서 따사로운 햇볕을 받으며 교도소 뒷산에 한창 피어난 산을 물들인 진달래 무리를 보고 있노라면 봄이구나 하고 기뻐하기에 앞서 이렇게 좋은 세상을 주신 주님의 뜻을 충분히 받아들이지 못한 제 자신이 무척 불쌍해집니다. 이곳에 온 뒤론 주님의 말씀과 접하고 살아가는 보람에 희망과 기쁨과 용기가 충만해집니다."

이것은 이태성이 중부교회로 보낸 답장의 일부다.

김광일(金光一) 변호사의 등장은 부산의 민권운동에 새 바람을 불어넣었다. 몸무게 95킬로그램의 김 변호사는 이론과 조직과 자금을 제공했다. 탄압 받는 이들에게 그는 변호사란 직업을 활용하여 그들의 호민관이 되려 했다. 경남고등학교를 졸업한 그는 어릴 때부터 기독교적 분위기 속에서 자랐다. 그는 외가에서 중학교에 다녔는데 외가는 독실한 기독교 집안이었다. 중학교 1학년 때부터 그도 교회에 나갔다. 서울법대를 졸업, 1967년에 법관이 된 그는 1973년 겨울 대구지법에서 유명한 판결을 내린다. 북한방송을 들었다고 반공법 위반 혐의로 기소된 영남대 학생에게 무죄를 선고한 것이다. "모든 국민은 올바른 판단을 내리기 위한 정보를 수집할 권리가 있다"는 것이 무죄 선고의 이유였다. 이 판결이 말썽을 일으키자 그는 당국으로부터 뒷조사를 당하기도 했다. 1974년 8월31일 그는 전주지원으로 전보 발령을 받았다. 보복 인사라고 판단한 그는 부임 이튿날 사표를 냈다.

부산에 변호사 사무실을 차린 그는 그해 겨울 '가롯유다 예찬론'이란 수필을 국제신보에 썼다가 장로로 있던 교회로부터 파문당하는 수난을 겪었다.

그를 민권운동으로 끌어들인 사람은 작가 김정한(金廷漢)이었다. 그때 부산엔 엠네스티 회원이 둘 있었다. 김정한과 노경규. 엠네스티 한국본부에선 주례교도소에 있는 양심수들에게 보내는 옷가지, 영치금, 책 따위를 모두 두 사람을 통해 전달했다. 칠십 노구의 김정한은 이런 심부름을 마다 않고 해냈다. 어느 날 김정한이 김광일의 사무실을 찾아왔다. 광고탄압을 받던 동아일보에 김광일이 낸 십만 원짜리 개인광고를 보고 왔다는 것이었다. 김정한은 엠네스티 일을 도와달라고 했다. 즉석에서 그는 승낙했다.

김광일과 최성묵 목사와의 만남은 YMCA에서 이뤄졌다. '종교와 정치의 분리 문제'에 대한 토론회가 YMCA 강당에서 열렸다. 사회를 김 변호사가 맡았다. 여기서 YMCA 총무였던 최성묵을 만난 김광일은 곧 동지가 됐다.

1974년 겨울에 유신헌법 반대 개헌청원 서명운동이 벌어지고 1975년 봄에 민주회복국민회의 부산지부 결성 작업이 추진될 때 김광일 변호사는 이미 그 운동의 핵심에 있었다.

1975년부터 신·구교의 민권운동 세력이 협조하면서 민권운동권이 조직화되기 시작했다. 최성묵, 김광일, 임기윤(감리교 제일교회), 심응섭, 김정관 등 신교 세력과 송기인, 오수영 신부 등 구교 세력이 손잡고 긴급조치 9호 선포로 침묵의 계절이 시작된 그해 정의구현기독자회를 만들었다. 부산 기독청년협의회도 조직돼 기독청년운동의 새 바람이 불게 됐다. 1976년엔 신·구교 연합의 부산 교회인권선교협의회가 창립됐다. 회장엔 임기윤 목사, 부회장엔 최성묵·송기인.

1977년엔 엠네스티 부산지부가 만들어졌고 김광일이 지부장으로 뽑혔다. 그해 4월엔 부산 도시산업선교회가 창립됐고 김대중 면회기도 사건이 일어났다.

김대중 면회 사건의 시말

김영일·조태원·이태성은 구속된 지 여섯 달이 지난 1976년 7월에 풀려났다. 그들의 최종 형량은 김·조 두 사람이 징역 2년에 집행유예 3년, 이태성은 징역 1년에 집행유예 2년이었다. 학교에서 제적돼버린 이들은 출소 뒤에도 중부교회에 계속 다니며 부산대학교와 동아대학교 학생들을 의식화시키는 일을 해나갔다.

1977년 4월10일 중부교회 대학생 회원인 김언곤(부산공대), 이승원(동아대 수학과)이 아무한테도 알리지 않고 진주교도소로 김대중을 면회하러 갔다가 경찰에 붙들렸다(注: 당시 김대중은 1976년 3·1민주구국선언사건으로 전주교도소에 수감되어 있었다). 이들은 가방을 들고 진주교도소 앞에서 어슬렁거리다가 진주경찰서 정보과 형사들에게 붙들려 부산 시경에 넘겨졌다. 이들은 4·19를 맞아 논문 자료를 모으기 위해 김대중을 찾아갔던 것이다. 이 사건으로 김언곤은 부산대학에서 제적됐다. 죄수를 면회 갔다는 이유로 학사처벌을 받은 것은 세계에서도 유례가 드문 일일 것이다. 이승원은 학교 당국에 각서만 쓰고 무사했다. 이 사건의 처리에서도 국립대학교가 더 과잉반응을 보이고 있음이 드러난 것이다. 이 사건은 후유증을 남겼다.

부산 시내 대학교와 고등학교 당국에선 학생들에게 부산 YMCA와 중부교회에 출입하지 말도록 지시했다. 운동성 모임이나 예배가 있을 때는 학교 직원들이 입구에 지켜서 자기 학교 학생들을 잡아갔다. 이 학생들은 다시는 가지 않겠다는 각서를 써야 했다. 정보형사들까지 입구를 지켜며 학생들의 신분증을 검사, 집으로 돌려보냈다.

박상도 YMCA 간사는 이런 학교에 대항하기로 했다. 학교의 부당한 처사를 조목조목 규탄하는 유인물을 2만 장이나 찍어 교회 청년들을 통해 대학과 고등학교 안에 퍼뜨렸다. 이 유인물에서 박상도는 주로 대학생들의 교외활동 자유를 막는 교수들의 '양식'을 비판했다.

"YMCA와 김대중 방문 사건과는 아무 관계가 없다. 세계적인 청소년단체이며 일제 때부터 민족혼을 일깨우는 데 앞장서온 YMCA가 어떻게 불순단체인가. 권력의 꼭두각시 놀음에 급급한 일부 교수들은 내일의 일꾼들인 대학생들을 어떻게 키우겠다는 것인가."

이런 요지의 규탄문이 학원에 나돌자 경찰에선 협상을 제의했다. 경찰이 학생들의 YMCA 출입을 막지 않는 대신 박상도는 규탄문 돌리는 것을 중지한다는 선에서 합의가 이뤄졌다.

사건과 강연회를 통한 의식화

부산의 민주화운동이 그 뿌리를 내리면서 확산되어간 것은 두 갈래의 길을 통해서였다. 끊임 없이 일어나는 사건과 대응, 민권 강연회를 통한 의식화가 그것이었다.

1979년부터 부산에선 거의 한 달에 한 번씩 민주화를 주제로 한 강연회가 열렸다. 강연 장소로는 중부교회와 YMCA 강당이 가장 많이 쓰여졌다. 그밖에 동광교회, 전포성당, 제일감리교회, 중앙성당, 영락교회, 부산진교회 등이 장소를 내주었다. 주최 단체로는 여러 운동 단체의 이름을 내세웠으나 앞장서 일하는 사람들은 같은 인물들이었다. 강연회는 기도회를 겸하는 수가 많았고 반드시 사례발표가 따랐다. 간혹 성명서도 낭독하고 지하 유인물을 나눠주기도 했다. 농성도 벌였다. 말이 강연회이지 민권 강의였고 유신 체제 규탄·고발 대회였다. 강연회가 거듭됨에 따라 참석자들의 숫자도 늘어가기 시작했다. 몇십 명에 지나지 않았던 청중은 수백 명 선으로 늘어났고 1979년 1월15일 '김지하 문학의 밤'엔 1000명이 넘는 사람들이 모였다. '신·구교 노동절 예배' '구속된 노동자·학생을 위한 기도회' '항일문학의 밤' 'YH사태 보고' '오원춘사건 보고 및 기도회' '4·19기념 강연회' 따위의 제목을 내건 강연회엔 서울의 운동가들도 자주 내려와 서울의 소식을 전해주었다. 신문에 안 나는 사건들을 강연회에 나가면 알 수 있다는 호기심도 젊은이들을 끌어 모으는 데 큰 힘이 됐다. 박상도와 김형기는 청중 동원의 실무자였다. 그들은 주로 중부교회 대학생들을 통해 부산의 대학가에 모임을 알리는 쪽지를 뿌렸다. 메모용지 크기의 이 쪽지엔 앞뒤로 모임의 성격과 사건의 전말을 기록하여 사실상 지하신문의 호외 역할을 했다.

부산대학교 안에서 이런 쪽지는 중부교회 대학생부와 연결되는 스터디 그룹 회원들을 통해 뿌려졌다. 처음엔 쉰 장 정도밖에 소화되지 않았으나 나중엔 300장이 넘게 먹혀들었다. 동아대학교 안에도 같은 방법으로 뿌려졌다. 스무 장에서 쉰 장쯤이 들어갔다. 박상도는 나중엔 부산대 학생들이 하교할 때 많이 타는 18, 19번 시내버스 안에서도 이들 유인물을 나눠주었다. 맨 뒷자리에서 앞으로 나오며 말없이 유인물을 한 장씩 자리에 앉은 학생 승객들에게 나눠주고 다음 정류소에서 바로 내려버리는 수법을 썼다. 대담해진 박상도는 대학생들이 많이 모이는 광복동·남포동의 다방가에도 뿌렸다. 공중전화 박스에 테이프로 붙여놓기도 했다. 붙인 유인물은 경찰에 의해 곧 뜯겨 없어지는 것이 보통이었지만.

이들 강연회는 부산의 대학생 사회에 자극을 주었다. YMCA 강연회에 자주 나간다는 말은 의식 있는 학생이란 뜻으로 통했다. 강연회에서 자주 만나는 학생들끼리는 유대의식이 생겼다. 부마사태의 뇌관을 터뜨린 학생 중의 한 사람인 이진걸(李鎭傑)도 이런 강연회에 자주 나가 의식화된 경우다.

부산대학교 페인팅 사건 구속학생을 위한 기도회

때: 8월21일(월) 오후 7시
장소: 남부교회
주최: 대한기독교감리회 부산 남부교회

지난 7월3일 부산대학교 교정에 민주회복을 갈구하는 구호를 페인팅하였다 하여 구속된 본교회 교인인 이상경(사회계열 1년, 학보사 기자) 군과 김승영 군·이희섭 군을 위하여 기도회를 열기로 하였습니다. 우리들을 대신하여 십자가를 진 이들에게 기도와 격려를 보냅시다.

남부교회 목사 이주학

구속 노동자, 학생, 성직자 및 민주인사를 위한 연합기도회

때: 7월29일 하오 7시
장소: 중부교회(보수동 책방골목)
주최: 부산 교회인권선교협의회, 부산 기독청년협의회, 부산지역 도시산업선교회,
구속학생 대책위원회, 동일방직 대책위원회, 동광교회 대학청년부,
중부교회 대학청년부
후원: 부산 YMCA, 교회연합신보 부산지사

착취당하고 억압받는 이 땅의 노동자들은 겨레입니다. 수많은 구속학생과 성직자, 문인, 민주인사들은 민족의 횃불입니다. 이들을 위하여 함께 기도하고 성원을 보내는 일은 일하는 만큼 민족의 자유와 정의와 민주의 터전이 넓어지고 굳어질 것입니다. 다 모입시다. 그리고 기도합시다.

강연회 인사들의 면면은 함세웅, 이문영, 박형규, 문익환, 김정광, 김광일, 최성묵, 임기윤, 지학순, 김지하 어머니, 서남동, 김승훈, 한승헌, 김동길, 조세희, 한완상, 김정한, 황석영, 임헌영, 문동환 등이었다.

도시산업선교 활동의 시작

한국 노동운동의 발상지였던 부산, 그래서 오랫동안 한국노총의 주도권을 잡아왔던 부산에 도시산업선교회(이하 도산)가 창립된 것은 1977년 4월이었다. 대도시들 가운데 가장 늦게 도산이 들어온 셈이다. 한국기독교산업문제연구원이 1978년 3월1일 현재 전국의 도시산업선교 실무자들(신·구교)을 조사한 자료에 따르면 총수는 59명, 그들 가운데 33명은 서울, 인천에 8명, 안양에 3명, 광주에 4명, 청주·구미·부산엔 2명씩, 제주에 1명, 그 밖의 도시에 4명이 일하고 있었다. 신발공장, 봉제공장 등 노동집약 산업이 몰려 있는 부산이 이처럼 도시산업선교의 불모지가 돼왔던 까닭은 무엇인가.

첫째는 부산이 보수교단인 대한예수교장로회 합동 및 고신파의 본산으로서 이곳의 기독교계가 대체로 도시산업선교에 냉담했다.

둘째는 부산지역의 기존 노동조합 운동은 도산에 알레르기 반응을 특히 많이 보이는 사람들에 의해 이끌려 왔다. 섬유노조 위원장으로 있다가 뒤에 노총위원장이 된 김영태 같은 이가 그런 인물이었다.

최성묵 목사가 회장인 부산지역 특수선교회의 실무자는 박상도였다. 그는 부산의 가톨릭노동청년회와도 손잡고 도시산업선교의 바람을 부산의 노동계에 불어넣기 시작했다.

부산지역 특수선교회는 안내문에서 산업 선교의 성서적 논거와 '우리의 신조'를 이렇게 밝혔다.

▲ 우리는 하나님의 뜻을 이 땅에 이루기 위하여 하나님과 함께 일하는 선교자이다(마태복음 4:23, 고린도후서 6:1).

▲ 우리는 이 사회의 소외지역에서 가난과 질병에 시달리고 절망의 수렁에서 몸부림치는 민중의 신음소리를 듣는다(출애굽기 3:7).

▲ 우리는 가난한 백성에게 그리스도의 은혜의 해(누가복음 4:13~18)를 선포하고 그리스도의 몸이 되어 그들 속에서 하나님의 해방케 하시는 일에 참여하는 것이 오늘의 교회에 주어진 근본적인 선교 사명이라고 믿는다(마태복음 25).

이상과 같은 성서적인 확신에 따라 우리는 우리의 신조를 다음과 같이 천명한다.

① 하나님은 오늘도 선교자를 통하여 가난하고, 억눌리고, 버림받은 사람들을 찾아오셔서 저들에게 하나님 나라의 기쁜 소식을 전하신다.

② 예수님은 그의 형태대로 지음받은 사람의 본모습을 회복하려는 모든 인간의 움직임을 축복하시며 그들에게 힘과 지혜를 주신다.

③ 성령은 이와 같은 움직임 속에서 일하시며 민중으로 하여금 저들을 사로잡고 있는 불신, 공포, 이기심, 체념, 비굴, 무관심 등 사탄의 올가미에서 자유케 하시고 하나님 나라의 새 희망을 주신다.

④ 특수선교자는 하나님과 그리스도와 그의 몸 된 교회의 보내심을 받아 민중들과 더불어 생활하면서 그들과 함께 생각하고 행동하며 그들을 가난과 질병과 절망에서 해방시키는 하나님의 해방 사업에 동참한다.

⑤ 가난한 민중은 바르고 밝은 마음으로 서로 협동하여 하나님께서 원하시는 새로운 공동사회를 이룩하라는 하나님께 택함을 받은 백성들이다.

따라서 우리는 개인주의·이기주의·물질주의·권위주의에 사로잡혀 큰 것, 많은 것, 화려한 것을 숭배하는 현대의 낭비와 사치풍조를 부끄럽게 여기고 저들로 새 문화를 창조하는 씨알의 역할을 다할 수 있도록 돕는다.

⑥ 한 사회의 법이 민생운동을 보호치 않고 민권을 유린하고 자유를 억압할 때 우리는 사람됨의 모습을 회복하기 위하여 억압적인 모든 요소를 제거하는 운동에 앞장선다.

⑦ 교회는 교회의 자원을 민중운동을 위하여 지원하여, 특히 특수선교자를 배출 양성하는 데 투자되는 것이 바람직하다고 믿는다.

⑧ 부산지역 특수선교회는 이 모든 일을 통해서 교회의 새로운 선교 현장을 향한 관심을 촉구하며 나아가서 민중의 삶의 현장에 하나님의 의로운 공동체를 형성케 하는 것이 한국교회가 감당해야 할 시대적 사명임을 일깨운다.

부산의 도시산업선교 활동은 세 갈래의 길을 좇아 나아갔다. 노동자 부당처우 문제의 제기, 사례발표회를 겸한 노동문제를 주제로 한 기도회, 노동자 훈련 및 교육이 그것이다. 도산의 활동은 중부교회, 엠네스티, YMCA 따위의 다른 민권 운동과의 유기적인 협력 체제 아래에서 이뤄졌다. 도산의 활동도 사건을 통해서 강화되어갔다. 부산의 도산이 1977년 11월에서 1978년 12월 사이의 한 해 동안 다룬 노동자 부당처우 문제만해도 26건에 이르렀다.

해피 엔딩이 된 안드레상사 사건

1977년 11월9일자 국제신문 4면의 '지상 고발'이란 난에 다음과 같은 기사가 실렸다.

〈회사에 불만이 있으면 뒤에서 쑥덕거리지 말고 기탄없이 털어놓고 얘기하자는 경영자의 당부에 따라 조회 시간에 사장에게 보내는 건의문을 낭독했다가 회사를 그만두게 된 학장동 안드레상사의 전 여자종업원 오순남 양(26)이 9, 10월분 봉급까지 못 받고 있다고 7일 독자실에 호소해왔다. 여자상업고등학교를 나와 집안일을 돌보고 있다가 지난 2월 안드레상사에 들어간 오 양은 지난 달 14일 아침의 사원 의견발표회 자리에서 생산과 종업원 40명을 대표하여 건의문을 낭독했다. 건의문 내용은 ① 봉급 지급일의 확정, ② 구타 금지 등 인격적 대우, ③ 여종업원에 대한 처우 개선, ④ 후생 복지 향상, ⑤ 법정노동시간 엄수 등이었다. 오 양은 이 건의문을 작성할 때 생산과 종업원들의 서명을 모두 받았다는 것이다. 건의문 낭독이 끝나자 참석했던 대부분의 사원들은 박수를 쳐 찬성의 뜻을 표했다고 오 양은 주장했다. 중간에서 퇴장한 사장 윤 모 씨는 그날 오 양과 건의문 작성을 도와준 이춘동 씨(20)를 불러내 사표를 내라고 하더라는 것. 기탄없이 얘기하라고 할 때와는 달리 막상 얘기를 하고 나니까 회사 측은 태도를 싹 바꾸어 명예훼손 혐의로 오 양을 고소하겠다더란 것이다. 강압에 못 이겨 사표를 낸 오 양에게 9, 10월분 월급도 주지 않더라는 것. 오 양은 "월 3만 원 안팎의 봉급을 받아 가면서 성실히 일해 왔는데 종업원들을 다른 사람들이 보는 앞에서 때리는 간부가 있는가 하면 여종업원들에게 화장실 청소를 시키고 취사 당번까지 하게 하여 불만이 쌓여 있었던 차에 건설적인 건의를 한 것뿐이다"고 말했다.〉

　도시산업선교회는 그때 일감을 찾고 있었다. 이 기사가 일감을 제공했다. 박상도는 오 양을 만났다. 안드레상사가 생리수당·공휴일수당을 오 양에게 주지 않았음이 밝혀졌다. 잔업수당도 일부만 지급해왔음이 드러났다. 박상도는 더 확실한 증거를 모으기 위해 11월17일 안드레상사 노동자 8명과 오순남·이춘동을 데리고 소풍을 갈 계획을 짰다.

　나들이 가서 회사 속사정을 들어보기 위해서였다. 약속대로 그들은 사상역에 모였다. 그곳엔 어떻게 알았는지 회사 간부들과 부산진서 정보과 형사들이 미리 와서 기다리고 있었다. 그들은 노동자들을 붙들고 집으로 돌려보내려 했다. 박상도와 회사 간부들 사이에 다툼이 벌어졌다. 경찰은 이 다툼을 말리는 것처럼 끼어들었다. 간부 경찰관들과 박상도는 부산진서 정보과장실로 가서 노동청 근로감독관을 불러놓고 협상을 벌였다. 도시산업선교회에선 다섯 가지 요구사항을 내놓았다.

　오순남·이춘동의 복직, 공휴일 및 국경일 수당 지급, 생리수당 지급, 구타 금지 및 종업원의 인격적 대우, 9월까지 거슬러 올라가 인상된 임금을 지급할 것.

　도시산업선교회에선 이 요구사항을 11월22일까지 들어달라고 했다. 노동청은 회사에 대해 이 사건이 확대되기 전에 수습하도록 권고했다. 그달 23일 도시산업선교회는 사장과 만나 합의에 도달했다. 오 양과 이 군은 복직됐다. 회사에선 법이 정한 갖가지 수당도 주기로 약속, 이를 지켰다. 인상된 임금은 11월분부터 지급됐다. 또 조회 때 노동자들을 모아놓고 회사 측에서 지난 일들을 털어놓고 얘기하여 상처를 아물게 했다. 이 회사에선 두 복직 노동자에 대해서도 아무런 차별 대우를 하지 않았다.

재벌 상대로 유인물 작전

해피 엔딩으로 끝난 이 첫 사건을 계기로 하여 도시산업선교회의 존재가 부산 노동가에 널리 알려지자 "노동청에 가도 안 되는 것은 도산에 가면 된다"는 말이 나돌 정도가 된다. 퇴직금 못 받은 노동자, 산재 보상 못 받은 사람, 부당해고된 노동자들이 잇따라 박상도를 찾아왔다.

도산은 회사가 노동자의 요구를 들어주지 않을 때는 유인물 배포를 통해 압력을 넣었다. 회사뿐 아니라 노동청이 도산의 규탄 대상이 되기가 일쑤였다.

〈저는 감전동 백일고압호스공업사에서 현장개발과장으로 일하고 있습니다. 부하 직원 12명이 1977년 7월26일에 부당해고된 뒤 해고수당을 못 받고 있는 것을 보다 못해 회사 대표에게 건의했다가 저도 8월20일에 사표를 냈습니다. 저에겐 퇴직금을 부당하게 적게 주므로 노동청 동래지방사무소에 호소했습니다. 근로감독관은 회사 편을 들면서 긴급조치·국가보위법을 들고 나와 떠들지 말고 시키는 대로만 하라고 위협했습니다. 저는 회사의 부당노동 행위를 묵인한 두 근로감독관을 근로기준법 108조 위반 혐의로 검찰에 고발하기에 이르렀습니다. 저희들 억울하고 가난하며 힘없는 공원들을 도와주십시오. 도와주실 분은 회사나 사장댁으로 전화하시거나 편지로써 이런 처사를 규탄하여 주시고 체불임금을 주도록 종용해 주시옵기 바랍니다.〉

이 유인물 끝에는 회사와 사장집의 전화번호가 적혀 있었다.

〈저희들은 삼화고무 금사공장 근로자들입니다. 지난 4월 갑자기 회사간부가 저희들을 불러 작업장을 옮기게 했습니다. 십여 년이나 일해 온 기능공들을 막일판으로 쫓은 것입니다. 저희들 중 한 사람이 YMCA 회원이라고 하여 그 사람을 내보내려고 우리 부서 사람 전부를 현장으로 내몬 것입니다.

노동과장이라는 사람은 너희들은 산업선교회에 나가면 자손 대대로 아무 일도 못할 것이며 불순한 사람으로 낙인찍힌다고 위협하고 깡패 40명을 동원하면 너희들은 재미없다고 말하고 있습니다. 이 회사는 월급봉투 값 50원씩을 월급에서 공제하고 있습니다. 불량 엘리베이터를 사용하여 동료 한 사람의 목숨을 앗아간 적도 있습니다.

이렇게 근로자를 착취하여 오늘의 대삼화고무를 이루었다는 말입니까? 마지막으로 사회 여론으로 악질 기업체를 응징하여 저희들의 인권과 권익을 찾아보기로 결심했습니다. 시민, 학생 여러분, 삼화그룹의 모든 물건을 사지 맙시다.〉

삼화고무 피해 근로자들이 쓴 것으로 돼 있는 이 전단엔 삼화그룹의 주요 제품 이름들과 삼화의 사장 및 회장집 전화번호도 적혀 있었다.

경찰·노동청이 문제 해결에 앞장

도시산업선교회는 이런 여론에 호소하는 투쟁 방식과 아울러 노동조합이 없는 회사의 노동자들 편을 들어 조합을 조직하려는 끈질긴 투쟁을 벌이기도 했다. 사상공단 주물단지 안에 있는 신창금속에서 1977년 10월에 임금인상 문제를 놓고 노동자들이 회사와 마찰을 빚은 적이 있었다. 노동자들은 일부 노동자들이 회사 측에 아부하여 5.5퍼센트의 임금을 올려받았을 뿐, 다른 사람들의 임금은 그대로인 데 격분, 임금대장의 공개를 요구하기에 이르렀다. 회사에선 거절했다. 노동자들은 봉급봉투를 모아 집계를 냈다. 그 결과 회사에서 갖가지 수당을 지급하지 않았음을 밝혀냈다. 노동자 강봉소와 그 밖의 14명은 12월15일 부산지역 특수선교회를 찾아왔다. 그들은 또 동래 지방노동청사무소에 진정서를 냈다.

12월27일 산업선교회에선 신창금속의 모회사인 주식회사 태화 사장 앞으로 노동자들의 요구사항을 들어줄 것을 건의하는 서신을 보냈다. 산업선교회에선 1978년 1월15일까지 문제해결이 되지 않으면 태화제품 불매운동을 벌이겠다고 통보했다. 1월10일 회사에선 일부 노동자들로부터 금품을 받고 임금을 올려준 두 간부를 징계하고 모든 노동자들의 임금을 다같이 올려주겠다고 약속했다. 다만 그동안 주지 않았던 갖가지 수당의 지급 문제는 여유를 두고 연구하겠다고 했다. 노동자들은 못 받은 시간 외

잔업수당 1600만 원을 강력히 요구하고 있었고 이것이 문제의 핵심이었다. 노동청은 회사에 대해 국·공휴일 수당을 지급하라고 지시했으나 잔업수당 문제엔 지침을 내리지 않았다. 노동자들은 한편으로는 노동조합을 조직하려고 꾀했다. 대한노총과 금속노조 부산지부를 찾아가 협조를 요청하기도 했다. 이들은 금속노조 부산지부와 노조결성 문제를 협의, 2월17일에 결성대회를 갖기로 했다. 그날 40명의 노동자들이 분회를 만들려고 약속대로 시 노동회관에 갔으나 부산지부 간부들은 한 사람도 없고 한 직원만이 남아 차비를 주면서 "지부장이 없으니 다음에 날 받아서 하자"고만 했다. 그 뒤 노동자 대표가 몇 번 부산지부에 갔으나 도시산업선교회의 조종을 받고 있다면서 분회 조직을 기피했다. 한편 산업선교회에선 회사가 잔업수당 문제 해결에 성의를 보이지 않자 회사에 편지쓰기·전화걸기로 항의하자는 전단을 찍었다. 3월1일엔 노동자들이 사회에 물의가 일어나도 우리 책임이 아니라는 결의문을 채택했다. 회사와의 대결은 임박한 것 같았다.

이때 경찰이 개입했다. 3월2일 경찰은 하루만 인쇄물 배포를 늦춰줄 것을 선교회에 요청해왔다.

이날 경찰·선교회·회사는 3자회담을 가졌다. 여기서 3월10일의 2월분 임금 지급 때 회사가 잔업수당을 지급하기로 합의했다. 그 액수는 회사와 노동자들이 합의하여 정하기로 했다. 그날 회사는 노동자들에게 550만 원을 주었다. 기본 급료는 3월부터 올려주겠다고 약속했고 노동조건도 힘닿는 데까지 고쳐주겠다고 다짐하여 이 문제는 매듭이 지어졌다.

선교회는 이 사건을 이렇게 분석했다.

● 잘된 점

① 노동자 대표들의 끈질긴 정신력과 노동자들의 단결.

② 노동자들에 대한 교육이 잘됐고 문제의 핵심을 잘 잡음.

③ 선교회와 협력 관계가 잘 지켜짐.

● 문제점

① 노동청은 경찰보다도 문제 해결에 영향력을 행사하지 못하고 있음.

② 노동자들이 회사에서 일하면서 투쟁함으로써 100퍼센트의 요구조건 관철은 어려움.

③ 노동조합이 없어 시간을 끌면서 투쟁을 하기가 어려움.

④ 노동조합이 노동자 보호에 한계를 갖고 있으며 당국과 말썽이 생길 만한 일은 기피하고 있음.

김영태 위원장에 대한 비난 유인물 세례

부산 특수선교회는 1978년 아홉 차례에 걸쳐 노동자 문제를 주제로 한 기도회를 열었다. '구속된 노동자를 위한 기도회' '신·구교 노동절 기념예배' '구속된 조화순 목사를 위한 기도회' 등.

이 기도회에서는 꼭 사례 보고가 있었다. 참석 인원은 100명에서 500명까지였다. 이런 기도회는 노동자들에게 신앙의 열기를 안겨주었고 노동운동에 기독교 신앙의 순교정신을 접목시키는 역할을 했다. 의식화를 위한 하나의 의식이었던 것이다. 선교회는 또 1978년에 아홉 번에 걸쳐 노동자 훈련 및 교육을 실시했다. 이 모임엔 현장 노동자뿐 아니라 대학생들과 가톨릭노동청년회원들도 참석했다. 근로기준법·노동조합법 토의에서부터 현장문제 보고와 현장문제 전략 토의 및 한국 노동문제 강의에 이르기까지 교육내용은 노동운동의 이론과 실제에 집중했다.

이들은 노동현장에서 벌어지고 있는 갖가지 문제들을 털어놓고 그 해결 방법을 토의하고 경험을 교환했으며 서로의 연대감을 확인했다. 참석자들은 6, 7명에서 44명 정도였지만 모두 정예 실무자였기 때문에 교육의 수준과 열기는 높은 편이었다.

"…별책 《산업선교는 무엇을 노리느냐》는 최초의 출판으로 숙독하여 본즉 들은 바보다 훨씬 좋은 책입니다. 근로자들의 참된 복지 향상과 각 업계의 건전한 육성을 기하기 위하여 매우 유익할 뿐 아니라 산업선교의 정체를 확실히 파악하여 산업선교라는 괴물이 여러분과 근로자들의 틈새로 스며드는 기회를 주지 말아야 하겠으며…"

이것은 1978년 3월 경상남도 조병규 지사가 《산업선교는 무엇을 노리느냐》란 소책자를 각 지방과 기업체에 나눠주면서 '안내말씀'으로 쓴 것이다. 그가 '괴물'로 표현한 도시산업선교는 1978년 2월의 동일방직 사건을 계기로 유신 체제 아래에서 빌붙어 오던 어용 노동운동 세력에 세찬 도전을 펼치고 있었다.

동일방직 사건으로 산업선교회와 숙명적인 적대관계에 놓이게 된 당시 섬유노조 위원장 김영태는 1978년 4월10일 부산지부장 자격으로 동일방직 해고노동자 124명의 명단을 사업장과 노조 분회에 보냈다.

"동일방직(인천)에 종사하는 근로자 중 불미스러운 집단에 동조하기 위하여 작업장을 이탈하는 등의 소란으로 해고된 근로자들의 명단을 별첨

(사본)과 같이 통보하니 업무에 만전을 기해주시기 바랍니다."

그들의 재취업을 막으려는 속셈으로 단정한 동일방직 해고노동자들은 김영태에 반격을 가한다. 그들의 기록을 인용하여 본다.

〈노동자의 아버지가 인자하지는 못할망정 어린 딸들에게 똥물을 뒤집어 씌우게 하고 명령에 따르지 않는다는 이유로 정당한 노동조합을 사고지부로 때려 어용화시켜 버린 섬유노조 본조 위원장 김영태는 1978년도 통일주체국민회의 대의원으로 재선되었다.

똥을 먹고 124명이나 거리로 내쫓은 이렇게 악랄한 사람이 어떻게 국민의 대표로 나설 수 있을까?

너무도 어처구니없는 모순됨에 분개한 동일방직 해고근로자 15명은 1978년 5월18일 통일주체국민회의 대의원 선거일을 앞두고 부산으로 내려갔다.

추송자 양 외 1명은 5월14일 밤차로 내려가 현장을 파악하기로 해서 먼저 떠났고, 나머지 13명은 15일 밤 서울역에서 밤 10시30분 특급열차를 탔다.

비장한 각오를 한 이들은 어떻게 해서든지 김영태 입후보자를 당선되지 않게 해야겠다는 일념으로 어둠 속을 질주하는 야간열차의 소음소리에 눈을 감았으나 잠이 들기보다는 낯선 지역에 가서 큰 모험을 해야 하는 착잡한 심정으로 생각에 잠겼다.

새벽 5시30분에 부산역에 도착하여 가톨릭노동청년회 본부로 전화를 해서 먼저 온 동료를 만나 가톨릭노동청년회 사무실로 가서 잠시 휴식을 취하고 아침을 먹었다. 점심 때쯤 시내로 나와 김영태 선거구인 전포 1, 2, 3, 4동과 부전 1, 2동의 지역을 답사하고 한 사람씩 지역을 배당받았으며 빠른 시간 안에 각자 맡은 400부의 유인물을 다 소비할 것과 다 뿌린 후엔 각자 밤차로 올라가기로 의논을 하고 가톨릭노동청년회 사무실로 돌아와 저녁을 먹었다. 몇몇 가톨릭노동청년회원들의 도움을 받으며 오후 8시 30분쯤 나와 9시30분부터 각자 맡은 지역을 집집마다 대문 안으로, 또는 우편함에 넣으며 떨리는 가슴을 분노로 누를 수 있었다.

상점을 피하고 초등학교 담 너머로도 넣고 회사 담으로도 던져 넣었으며 김영태 후보의 벽보 아래에도 놓았다. 11시가 훨씬 넘어 급히 택시를 타고 부산역에 가서 먼저 온 동료들을 만나 우선 10명이 함께 11시40분 서울행 특급열차를 타고 올라왔다.

뒤떨어진 나머지 5명 중 김옥섭 양과 권분란 양이 현장에서 김영태의 하수인인 남자에게 들켜 15일 밤 경찰에 연행되었고, 이왕 온 김에 취직자리를 알아보려고 하룻밤을 묵은 3명의 근로자와, 함께 있은 회원 2명이 다음날인 16일 새벽 들이닥친 경찰에 의해 부산 남부경찰서로 연행되었다.

연행된 이들은 주동자를 대라는 경찰의 온갖 협박과 매도 많이 맞았고 볼펜을 손가락에 끼워 비트는 고문까지 당해 이제까지 여러 번 경찰서를 드나들던 중 가장 참기 어려운 고통을 받기도 했다.

이렇게 해서 똥물을 먹고 쫓겨난 이들은 또다시 선거법 위반이라는 죄명으로 동료들과 멀리 떨어진 부산교도소 철장 안에서 7명은 또 기한 없는 날들을 보내게 되었다.

그러나 후회하는 빛은 전혀 없고 경찰서 안에서 김영태가 당선되었다는 소리를 듣고 맥이 풀렸으나 "잘했다. 그러나 그 사람은 이미 당선되게 되어 있다. 무효는 모두 그 사람 표로 하게 되어 있다"는 취조 경찰의 귀띔에 또 다른 사회의 부조리를 들여다볼 수 있었다.

한편 동일방직 근로자들이 부산까지 내려와 집집마다 유인물을 돌린 소식을 들은 김영태는 쇼크로 3일간 문화호텔에서 문을 걸어 잠근 채 아무도 만나지 않았다. 그는 자신의 조직인 각 공장에서 5명씩 선정해 250명의 조직행동대를 풀어 유인물을 회수하도록 명령했다. 그러나 2500장 가량이 회수가 되었는데 지부로 보고된 것은 700부 가량밖에 안되었고 나머지는 유인물을 회수하던 조직대원들의 주머니 속으로 넣어졌으니 오히려 역효과를 얻은 셈이다.〉

부산의 운동가들은 이 사건에 뛰어들었다. 김광일·이흥록 변호사가 무료변론을 맡았다. 재판 때마다 부산의 운동권 사람들은 방청을 갔다. 경찰은 이들이 방청석에 들어오는 것을 막으려고 미리 사복형사들을 방청석에 앉혀 자리를 빼앗는 수법을 쓰기도 했다. 동일방직 해고노동자들과 조화순 목사도 서울과 인천에서 내려와 방청했다. 피고인들도 당당하게 자기주장을 했다.

특수강도로 고소된 형사

1978년 10월19일 1심 선고 공판에서 추송례에겐 징역 단기 8개월 장기 1년, 김옥섭과 권분란에겐 징역 8개월, 공인숙과 박양순에겐 징역 단기 6개월 장기 8개월, 정인숙과 장춘애에겐 집행유예가 각각 선고됐다.

방청객들이 웅성거리며 부산지법 마당으로 나올 때 가톨릭노동청년회 부산회장이 검은 승용차로 납치돼 어디론가 사라졌다는 말이 돌았다. 방청왔던 박상도 일행은 회장이 기관에 연행된 것으로 착각했다(회장은 스스로 집으로 갔던 것이다). 스무 명쯤이 마당에 퍼질러 앉아 회장을 돌려보내라고 연좌시위를 벌이기 시작했다.

아무런 반응이 없자 이들은 주례교도소로 동일방직 노동자들을 면회 가자고 일어섰다. 토성초등학교 앞의 버스정류소로 그들은 몰려갔다.

〈이런 경우가 적반하장이 아니겠는가? 지난 10월19일 대낮에 부산에서 일어난 일이다. 시내 주례교도소행 버스정류소 보도에서 어처구니없는 활극이 벌어졌다. 박상도 씨, 조화순 목사, 유동우 씨 등 20여 명이 수감되어 있는 동일방직 여성근로자를 면회하러 가는 도중이었다. 버스를 타려 하는 유동우 씨가 맨 카메라를 갑자기 낚아채는 청년이 있었다. "카메라!"라고 외치는 비명을 듣고 이미 버스에 탔던 일행이 뛰어내렸다. 박상도 씨가 이 청년을 향해 "당신 경찰이지?"라는 질문에 "아니다"라고 대답했다. 이들 수십 명의 날강도 떼거리는 주먹을 마구 휘둘러대었으며, 이분들은 폭력에 대항하여 자신을 방어하였다. 박상도 씨가 앞장서서 대항했지만 워낙 상대가 되지 않았고 박상도 씨는 길거리에 뒹굴며 "사람 살려" 소리쳤다. 이렇게 난폭한 자들이 바로 사복형사들이었다. 박상도 씨, 유동우 씨, 박점룡 씨는 속절없이 이들에게 끌려갔다. 도중 자신을 보호하기 위해 강경하게 맞섰던 박상도 씨를 폭력행사 및 공무집행방해죄로 구속했다. 시비를 건 자도 저들이고, 주먹을 휘둘러댄 것도 저들인데 엉뚱하게 자신을 방어하고자 했던 시민이 구속된 것이다. 이것이 오늘 한국 권력의 진면목이다. 주례교도소에 수감되어 있는 동일방직 여성근로자들은 지금까지 면회가 허용되지 않고 있다. 정치범이나 긴급조치 위반자들에게는 종종 면회가 금지되었지만 자신들의 생존권 쟁취를 위해서 애쓰다가 선거법 위반이라는 명목으로 갇힌 이 나이 어린 여성근로자들에게 왜 면회가 허용되지 않고 있는가? 이 근로자들은 수사 과정에서 손가락에 연필을 끼우고 비트는 등의 고문을 받았고 재판을 미루고 미루어서 이들을 지쳐버리게 했다. … 대낮에 카메라를 낚아 채는 것이 공무집행인가? 적반하장이란 권력의 개 사복형사들을 위해서 준비되어 있는 말이다.〉

이것은 1978년 11월6일 한국교회사회선교협의회가 낸 성명서 내용이다. 박상도가 구속되자 부산뿐 아니라 전국의 운동권에서 들고 일어났다. 민권단체의 항의 성명서가 잇따라 발표됐다. 김광일 변호사는 유동우의 카메라를 빼앗으려다가 부속품을 망가뜨린 서부경찰서 주 모 형사를 조화순·노경규 이름으로 서부경찰서에 고발케 했다. 죄명은 특수강도였다. 법이 허용하는 범위 안에서 힘닿는 데까지 그 법을 이용하여 투쟁한다는 것이 김 변호사의 방식이었다. 경찰이 정의구현사제단 모임에 참석하려는 송기인 신부를 억지로 차에 태워 빼돌리자 경찰서 간부를 불법감금 혐의로 고발하기도 한 그였다. 10월30일엔 '구속된 박상도 총무를 위한 농성 기도회'가 중부교회에서 열렸다. "우리도 잡아가라"는 구호를 교회 밖에 걸어놓고 30명이 하루 동안 농성했다.

11월 6일엔 YMCA 예식장에서 신·구교 인권강연회가 열렸다. 강사는 함세웅 신부와 김지하 어머니였다. 사례 발표를 한 최성묵·조화순 목사는 모두 박상도의 구속이 부당하다고 주장했다. 조화순 목사는 격앙된 감정을 누르지 못하고 "우리를 빨갱이로 모는 저들이야말로 빨갱이다"라고 외쳤다. 이것이 문제가 돼 그는 긴급조치위반 혐의로 구속 기소됐다. '조화순 목사 석방을 위한 기도회'가 11월 27일 같은 장소에서 또 열렸다. 동일방직 해고노동자들의 전단배포 사건은 이처럼 연쇄반응을 일으켰다. 이것은 부산의 민주화운동 세력을 자극하고 흥분시켰고 그들을 더욱 단결시켰다. 방청, 기도회, 사례보고 따위 등을 통해 저항의식을 확산시키는 역할도 했다.

정보기관에서 돕기도

박상도는 "앞으로는 자중하겠다"는 각서를 쓴 다음 기소유예 처분을 받고 11월 말 석방됐으나 그 약속은 지켜지지 않았다. 조화순 목사는 징역 3년형을 선고받았다. 수사기관에서는 김광일 변호사에게도 손을 쓰기 시작했다. 사소한 변호사법 위반 혐의 사실로 걸어 구속하겠다고 한 뒤, 민권운동 변론을 맡지 않도록 당부했다는 것이다.

부산의 정보기관에서 '도시산업선교회의 기업체 침투 상황'을 정기적으로 조사하기 시작한 것도 1978년부터였다. 관할 경찰서 정보과의 가장 중요한 업무 가운데 하나가 된 것이다. 부산시의 노동대책위원회는 달마다 한 번씩 노동청·경찰 관계자와 회의를 갖고 기업체에서 일하고 있는 도시산업선교회 계열의 노동자 동태를 분석하고 대책을 세웠다. 경찰과 선교회가 반드시 적대관계에 서 있었던 것은 아니다. 정보 업무 종사자들은 많은 정보를 수집, 객관적으로 분석할 수 있는 자리에 있기 때문에 직업의식을 떠난 입장에 서면 비교적 정당한 판단을 내릴 수 있다. 따라서 정보 기관원과, 그가 사찰을 맡고 있는 민권단체 종사자 사이엔 상호 이해를 바탕으로 한 신뢰관계가 이루어지기도 했다. 서로의 입장을 잠시 벗어나 자유로운 상황에서 얘기할 때는 의기투합하는 경우도 있다. 언론 담당 정보부 조정관과 기자, 반체제 목사와 정보 형사들 사이에서 가끔 보이는 끈이 선교회와 정보 기관원 사이에 이어져 있다고 해도 이상할 게 없는 노릇이었다. 물론 이런 끈은 직무수행을 할 때는 언제든지 잘라버릴 수 있는 연약한 끈이다. 그런 한계는 서로가 알고 있었다.

선교회를 맡고 있는 정보형사들은 선교회가 제기하려고 하는 문제를 미리 알아내 문제의 소지를 아예 없애버리려고 했다. 부당해고 문제가 생긴 기업체에서 "선교회가 문제로 삼으려 하니 빨리 복직시켜 주라"고 경찰이 압력을 넣는 일도 많았다. 선교회에서 먼저 담당 형사에게 문제의 소재를 알려주어 경찰로 하여금 그 문제를 해결하게 하는 방법도 썼다. 박상도는 1978년에 부산의 정보기관에 이름이 가장 널리 알려진 인물이 됐다. 일부 정보형사들은 "박상도를 키워주고 있는 것은 노동자들이 아니라 악덕 기업인들이다"고 말했다. 이들 악덕 기업인들은 노동청이나 부산시의 지시에는 꿈쩍도 않으면서 선교회가 개입하면 노동자들의 요구를 순순히 들어주는 일이 많았던 것이다.

일꾼 김형기의 부산 등장

부산의 반(反)유신 지하 학생운동에 새로운 지평을 연 김형기는 전주 사람이었다. 서울의 대광고교를 졸업했고 서울대 사대 교육학과에 들어갔다. 그는 새문안교회의 청년대학부 회원으로서, 여기서 큰 영향을 받았다. 이 땅에서 가장 오래된 이 교회는 예수교장로회 통합파에 속해 보수적인 색깔을 띠고 있었다. 그러나 청년대학부는 매우 진보적이었다. 반유신 투쟁으로 구속되거나 끌려간 적이 있는 회원이 서른 명을 넘었다. 김형기는 대학에서 변론연구회란 서클을 조직했고 과대표를 했다는 것밖에는 그렇게 드러날 만한 학생운동을 하지 않았다.

1974년 4월 민청학련 사건은 다른 수많은 젊은이들과 같이 그를 반유신의 싸움터로 몰아넣었다. 그는 민청학련의 하부 조직원으로 발표됐다. 김형기는 당국의 발표가 있을 때까지도 민청학련의 이름조차 몰랐다고 한다.

민청학련의 간부라고 발표된 나상기와 자주 만나 이야기를 나눈 죄밖에 없었다고 그는 말하고 있다. 아무것도 한 일이 없는데 그에겐 징역 15년이란 엄청난 선고가 떨어졌다.

무거운 처벌에 걸맞는 화려한 투쟁의 경력도 없이, 스스로의 깨우침에 바탕을 둔 용기 있는 행동의 대가도 아닌데 도매금으로 넘어가 억울한 옥살이를 한다는 당혹감은 그를 괴롭혔다. 명분 있는 옥살이라면 얼마나 보람되겠는가. 김형기는 이렇게 생각하면서 감방을 나가면 반유신 투쟁에 정말 몸바치겠다고 벼르게 된 것이다.

그날은 왔다. 1975년 2월17일 그는 다른 민청학련 관련자들과 함께 형집행정지 처분을 받고 감방을 나섰다. 그는 기독교 실무자 교육기관인 협동교육연구원에서 여섯 달 동안 공부하면서 협동조합 운동을 연구했다.

1976년 봄 그는 기독교 학생운동의 실무 지도자로서 이름을 날리고 있었던 처녀를 아내로 맞았다. 그러니 당장 밥벌이가 다급한 과제로 됐다. 김형기는 한국기독학생회총연맹의 일에 관계할 때 친했던 차선각의 초대를 받고 그해 6월 초순 옷가지와 책이 든 트렁크만 갖고 부산에 왔다. 처음엔 작은 알루미늄 공장을 차선각과 동업으로 경영하면서 반유신 투쟁을 하는 것으로 약속돼 있었으나 뜻대로 되지 않자, 그는 잠시 후배가 아르바이트를 하려고 얻은 빈 방에서 빌붙어 지내는 신세가 됐다. 이런 밑바닥 생활을 몇 달째 하고 있는 그를 구해준 것은 김광일 변호사였다. 김 변호사는 그를 서기로 채용하여 자기 사무실에서 일하게 했다.

김형기는 두 가지 목표를 가지고 부산에 왔다. 부산의 학원 사회에 민주화운동의 입김을 불어넣는 것, 보수교단의 영향권 안에 있는 부산의 기독청년활동을 조직화하는 것.

그는 중부교회의 대학부를 발판으로 삼았다. 이 대학부는 그때 이미 김영일, 조태원, 조성삼, 정외영 등의 활동으로 달구어져 있었다. 김형기는 중부교회의 의식 있는 학생이 부산의 학원가, 곧 부산대학교와 동아대학교를 재야의 반유신 운동과 연결시켜주는 고리 역할을 해야 한다고 믿었다.

조태원, 정외영들은 많은 대학생들을 중부교회로 데리고 왔다. 이승원, 이성동, 전중근, 서연자, 이태성 등은 중부교회에서 박상도와 김형기의 지도 아래 그룹 스터디를 했다. 중부교회 이외에도 남부교회의 이상경·이희섭, 부산대학교 내 이념서클의 지도적 인물들인 고호석·이상록·김종세·이호철은 김형기와 유대관계를 굳혀갔다.

김형기는 천성적으로 붙임성이 있고 끈기 있는 사람이었다. 누구와도 잘 어울리는 그는 부산의 흩어진 청년 집단을 한덩어리로 만드는 접착제 역할을 했다. 특히 서울공대생 최준영이 1977년 7월에 제대하여 이들과 어울리면서 청년 세력은 새로운 행동 방향을 찾게 됐다.

최준영은 기독교청년회 서울지구 회장을 지낸 영리하면서도 성실한 젊은이였다. 김형기는 교회나 학원을 벗어나 제3의 장소에 청년운동의 통합된 구심점을 두려고 고심해왔다. 술자리를 정기적으로 벌이고 탈춤연구회를 조직하여 자연스럽게 많은 계층의 젊은이들이 모일 수 있는 방법을 짜내보았으나 실패만 거듭했다. 양서조합의 착상을 김형기가 하게 된 것은 1977년 9월이었다. 협동교육연구원에서 배운 협동조합 운동 실무가 그런 착상의 뿌리가 됐다. 김형기·최준영·박상도는 14명으로 협동조합운동 연구 그룹을 조직, 석 달 동안 공부에 들어갔다.

"협동조합 운동은 18세기 초에 영국에서 기계파괴운동, 차티스트운동, 맨체스터 폭동 같은 노동자의 비조직적이고 우발적인 투쟁이 실패로 끝난 잿더미 속에서 싹이 터 자라난 것이다. 1944년 8월15일 근대 협동조합의 효시인 공정개척자조합이 영국에서 탄생했다. 이 조합의 정신은 노동자의 의식과 생활을 먼저 갈고 닦아 서로 돕는 태도를 갖게 함으로써 밑으로부터의 개혁을 이룩하는 것이다. 우리나라의 지금 상황은 영국의 그때 상황과 비슷하다. 민주회복은 시민들의 의식이 먼저 민주화될 때만 이뤄지는 것이다."

최준영은 그렇게 주장했다. 스터디 그룹은 양서조합을 시민 민주의식화운동의 중심으로 삼아야 한다는 데 의견의 일치를 보았다. 그것은 교회와 학원에서 자라난 민주의식을 사회 속에 널리 퍼뜨리는 것을 뜻했다. 민주의식 전파의 매개체로서 '좋은 책'보다 더 좋은 게 있겠는가.

사회의 민주화운동을 도모하는 양서조합 출범

1977년 11월16일 발기인회는 부산 양서판매이동협동조합의 정관을 제정했다. 이것의 초안은, 최준영이 신용협동조합의 정관을 본떠 만들었다. 이 땅의 첫 신용협동조합도 부산에서 생겼다. 1960년 부산 중앙성당의 메리 가브리엘 수녀가 '성가신용협동조합'을 조직, 교인들 사이에서 고리채를 내쫓고 돈이 아쉬운 사람에게 돈을 빌려주는 것을 주된 목적으로 하여 활동하기 시작한 것이 시초였다. 이 수녀는 탄광 노동자로서 신용협동조합에 몸을 던졌던 아버지의 영향을 받고 이 운동을 시작하였다.

정관과 발기문에서 최준영은 양서조합운동의 목표를 시민문화운동·시민의식계발·경제민주주의라고 주장했다.

"…양서의 판매 및 이용을 통하여 부산의 지적 문화적 풍토의 후진성을 극복하고 나아가서는 우리 사회의 어둡고 병든 곳을 힘차게 개혁해 감으로써 협동과 신뢰를 바탕으로 한 참다운 인간애가 넘치는 사회를 실현해 가려는 것이다."(발기문)

정관에 따르면 최초 출자금 1000원과 가입금 1000원을 냄으로써 조합에 가입할 수 있다.

조합원은 달마다 1구좌 이상을 출자하고 한 권 이상의 책을 협동서점에서 사야 하는데 1구좌는 1000원. 이 조합은 누구나 조합원이 될 수 있고(문호 개방의 원칙), 출자액에 관계없이 조합원 한 명에 투표권은 하나이며(경제민주주의의 원칙), 정치 및 종교적 중립을 지키고(중립의 원칙), 조합원 교육을 통해 지역사회에 공헌한다(교육의 원칙)는 원칙에 따라 운영됐다.

이 조합이 창립총회를 연 것은 1978년 4월2일, 조합이 직영하는 협동서점이 문을 연 것은 4월22일이었다.

양서조합 이사장으로 떠받들어진 이는 김광일의 고교·대학 동문인 이흥록 변호사였다. 조합이 재정적으로 자립하지 못하고 있을 때 그는 달마다 15만 원씩을 이 조합에 댔다. 이 조합은 놀라운 속도로 커져 갔다. 일년 반 사이에 조합원은 141명에서 572명으로 불었다. 출자금도 700만 원을 넘어 독립 채산(採算)이 가능하게 됐다.

더 놀라운 것은 조합원들의 질(質)이었다. 창립 때 회원 141명의 직업은 대학생 60명, 군 입대를 기다리고 있는 대학 졸업생 10명, 회사원 30명, 교수와 교사 18명, 공무원 10명, 변호사 3명, 그밖에 10명이었다. 1979년 10월 현재의 회원 572명 가운데는 100명쯤이 대학생이었다. 나머지는 젊은 직장인들이었다. 70퍼센트쯤은 기독교인, 남녀 반반씩.

조합은 교육에 가장 중점을 두었다. 조합의 목적이 민주의식을 가꾸는 것이었기 때문이다. 새로 들어온 조합원은 이틀 동안 모두 6시간의 교육을 받아야 할 의무를 졌다. 강사들은 부산 YMCA 강당을 빌려 협동조합의 원리와 역사를 주로 교육했다.

이 조합은 또 조합원들을 10여 개의 소그룹으로 재조직하여 갖가지 사회활동을 펴게 했다. 농촌문제연구회, 노동문제연구회, 탈춤모임, 일어반, 꽃꽂이반, 서예반…. 1979년 8월 이 조합이 벌인 갖가지 활동을 보자. 먼저 제8차 새 조합원 가입 교육이 있었고 송정해수욕장에서 이틀간 조합원의 수련회를 가졌다. 송정해수욕장에 조합이 직영하는 무지개 탈의장을 두고 조합원의 여름철 이동 사교장으로 운영했다. 농촌 현장봉사 활동, 영수증 모으기 운동(실적 1100만 원)이 벌어졌고 조합에선 사진현상소를 직영하여 조합원들에게 싸게 봉사하기도 했다.

양서조합은 저절로 부산의 의식 있는 사람들의 복덕방이 됐다. 조합을 중심으로 조합원들이 만나고, 하고픈 말들을 털어놓고, 정보를 교환하며, 좋은 책과 판매 금지된 책들을 바꿔 보고 하는 사이에 양서조합은 어느새 정보기관의 눈에 불순분자들이 모이는 단체로 찍혀버렸다. 조합에서 만들어 조합원들에게 나눠준 양서목록에 판매 금지된 김지하의 시집이 끼어 정보기관에 체크당하기도 했다. 조합에서도 애써 정치적 색깔을 보이지 않으려고 했다.

부산 및 동아대 학생들 가운데 김형기 및 중부교회와 긴밀하게 발맞춰 가며 학교 안의 의식화 운동을 이끌고 있었던 핵심 멤버들은 일부러 회원 이름에서 뺐다. 나중에 회원 정외영이 4·19 선언문 사건으로 구속돼 제적되자 협동조합에서 제명시킨 것도 이 조합을 비정치적인 순수협동조합으로 보이려는 뜻에서였다.

이 양서조합은 교회와 학교와 사회에 흩어져 있던 의식 있는 청년들을 다 같이 모으는 광장이 됐다. 김형기는 이 조합이 언젠가는 시민의식화 운동뿐 아니라 부산 청년운동의 발판이 될 것이라고 꿈꾸었다.

김형기는 부산의 청년운동이 정열과 용기의 면에선 딴 곳에 견주어 못하지 않으나 기획 및 전술면에선 뒤떨어진다고 생각해 왔다. 그는 청년운동은 행동하는 그룹과 전략을 짜는 그룹으로 나눠져야 한다고 주장해 왔었다. 그는 인권 재판의 방청 학생들을 모을 때도 유인물을 나눠 주는 학생들과 실제로 사람들을 끌어 모으는 그룹을 갈라놓고 움직이게 했다. 기관에 들키더라도 조직의 전모가 드러나지 않도록 하기 위해서였다.

김형기의 조직력과 기획력은 박상도의 행동력과 짝을 맞춰 청년운동 실무진의 중핵으로서 활기를 불어넣었다. 남을 잘 부추기고 부지런하며 악발이인 양성의 박상도와 계획과 뒷마무리에 능숙한 음성의 김형기는 양서조합이 참여의식을 민중에 널리 퍼뜨릴 교두보가 될 것이라고 믿었다.

부산 양서조합의 설립에 잇따라 두 해 사이에 대구·광주·전주·마산·울산·서울에도 이런 조합들이 생겨났다.

뭔가 하지 않고는 못 배길 기분에서

부산대학교 사학과 여학생 정외영은 '선머슴'같이 보이는 아가씨였다. 그러나 정외영의 마음씨는 남자의 도량과 여자의 싹싹함을 아울러 갖고 있었다. 그 활달한 행동으로 해서 중부교회 내 스터디 그룹의 리더가 됐다. 이 모임의 또 한 여학생 서연자는 부산대학교 미술학과에 다니고 있었다. 그의 아버지는 6·25사변에서 두 다리를 잃은 1급 상이용사였다. 원호단체의 일을 보고 있었다. 부산대 의예과 학생 이성동과 재수생 전중근도 문제의식이 강한 젊은이였다. 이들은 중부교회에서 1977년 3월부터 그룹 스터디를 펴고 있었다. 1978년 4월이 다가오자 이들의 마음엔 하나의 강박관념이 피어오르기 시작했다. 그들이 그룹 스터디를 통해 갈고 다듬은 문제의식은 필연적으로 행동을 요구하고 있었다.

정외영은 3월에 부대 신문사로 논문을 하나 써 보냈다. '4·19의 역사적 성격과 그 전개'라는 원고지 30장 길이의 글이었다. 이 논문에서 그는 "혁명이란 것은 계속되는 것이다. 정신이 끊어지는 것은 혁명이 아니다"고 주장했다. 그는 4·19의 목적이 다 이뤄지지 못했다면 그것을 완수해야 할 의무는 지금의 젊은이들에게 있다고 썼다. 이 글이 실릴 리가 없었다. 신문사에선 교정까지 본 원고를 되돌려주었다. 정외영의 가슴은 더욱 답답해졌다.

서연자에게 있어서 기독교의 사랑은 이웃에 대한 사랑이었다. 노동자 문제에 관심이 많았던 그는 이웃사랑을 실천하는 행동이라면 거부할 수가 없을 것 같았다. 다가오는 4·19 때 가만히 있을 수 없다고 말문을 연 사람은 스터디 그룹의 한 선배였다. 가장 먼저 이 제안에 맞장구를 치고 나선 것은 전중근과 이성동이었다. 정외영과 서연자도 반대할 리가 없었다.

네 사람은 곧장 실천에 들어갔다. 이성동과 전중근은 '부산대학교 자율화민주실천 선언문'의 초안을 작성했다. 등사기와 줄판은 이성동이 구해왔다. 4월15일 정외영·이성동·전중근은 영도구 청학동에 있는 여관으로 들어갔다. 8절지 종이 한쪽 면에 그들은 선언문을 등사했다.

다음날엔 정외영을 대신하여 서연자가 끼어 역시 여관에서 등사를 했다. 이렇게 해서 500장의 선언문이 만들어졌다. 네 젊은이는 부산대 학생들 가운데 의식이 있는 것 같아 보이는 60명을 뽑아 이 선언문을 우편으로 보냈다. 그들은 4월19일 오전 10시를 데모 시간으로 잡았다. 선언문에도 시계탑에 모이자고 써두었다.

4월18일 그들은 부산대학교 앞 어느 여관에 모였다. 선언문을 뿌릴 시간을 다음날 새벽으로 잡아두었기에 그들은 여관에서 잠을 자고 일찍 캠퍼스로 올라가기로 했던 것이다. 유인물 뿌리는 책임을 졌던 전중근과 이성동은 4월19일 새벽 캠퍼스 안의 길바닥과 강의실 칠판에 선언문의 행동강령을 썼다.

"유신 철폐" "박 정권 물러나라" "긴급조치를 해제하라"

이성동은 매직펜으로 다섯 군데에 냅다 휘갈겼다. 서연자는 아침 8시 30분쯤 이성동이 쓴 구호가 있던 장소로 가보았다. 모두가 지워지고 303강의실 칠판에 쓴 것만 남아 있었다. 이성동과 전중근은 선언문을 도서관과 화장실에 많이 뿌렸다. 둘은 오전 9시까지 계속 뿌리고 다니다가 사복형사들에게 붙들렸다.

전날 밤엔 여관에 오지 않았던 정외영이 학교에 도착한 것은 아침 8시 30분이었다. 그는 지금쯤 선언문이 뿌려져 학교 안이 어수선할 것으로 예상했었다. 그러나 도서관과 강의실의 분위기는 착 가라앉아 있었다. 의예과 교실에 갔더니 이성동이 결석했다고 한다. 일을 벌이기는 했는데 불이 붙지 않은 것이라고 정외영은 생각했다.

도망자의 행복했던 20일

그때 정외영은 사학과 후배를 만났다.

"언니! 어제 이상한 편지를 받았어요. 글쎄 이것이 들어 있지 않겠어요."

정외영은 후배가 내민 그 선언문을 받아보면서 뒤통수를 한 대 얻어맞은 것처럼 어리벙벙해졌다.

'그렇다. 이것 때문에 모든 계획이 물거품이 됐구나.'

그들은 선언문을 뿌리는 것과 동시에 우편으로 보낸 선언문이 학생들에게(학교로) 배달되어 타이밍의 일치로 분위기가 고조됨으로써 데모가 터지도록 유도할 계획이었다. 이 우편물들은 예상보다 하루 먼저 부산대학교에 배달되었던 것이다.

의식 있는 학생들을 골라 보낸 것이었지만 어떤 학생들은 뒷일을 걱정하여 선언문을 학생지도관실에 가져가 신고를 했다. 연락을 받은 경찰은 다음날인 4월19일 아침 캠퍼스 안에 수십 명의 사복형사들을 풀었다. 이성동과 전중근은 경찰이 쳐두고 기다리던 그 덫에 걸려버린 것이었다.

정외영은 본관으로 갔다. 그때 2층에서 한 무리의 사람들이 계단으로 우르르 밀려 내려오는 것이 아닌가. 이성동과 전중근이었다. 5, 6명의 형사들이 두 학생을 옆에서 끼고 대기 중인 세단차에 태웠다.

정외영은 이때 수갑을 찬 두 사람과 눈이 마주쳤다.

정외영은 '뒷일은 내가 책임지겠다'는 뜻의 눈인사를 던졌다. 이성동과 전중근도 그 메시지를 확인하는 듯한 눈빛이었다. 정외영은 서연자와 함께 어느 교회 신도 집으로 몸을 숨겼다. 서연자는 어머니의 설득으로 자수를 결심했다. ㄷ 교회 김 모 목사가 경찰서 간부들과 협상을 벌였다. 서연자의 아버지가 상이용사란 사실도 이때는 도움이 됐다. 구속시키지 않겠다는 보장을 받은 뒤 4월21일 서연자는 동래경찰서에 자수했다.

정외영은 달아나기로 했다. 중부교회의 집사로부터 1만 원을 얻어 정외영은 작은 가방을 들고 고속버스 편으로 서울로 향했다. 4월22일 서울에 도착한 그는 어느 목사집에 들어가 가정교사 노릇을 했다. 부산의 어머니는 몇 차례 서울로 와서 정외영을 만나 부산 소식과 용돈을 전해주고 내려갔다.

1978년 7월 정외영은 반유신 운동에 앞장서온 교회 친구의 소개로 이번엔 충청도로 내려갔다. 홍성군 진죽 마을에서 정외영은 언니뻘 되는 중학교 여교사의 하숙방에서 함께 지내게 됐다. 이곳에서 정외영은 행복한 20일을 보냈다. 낮엔 동네 아주머니들과 함께 논밭에 나가 일을 거들어주었다. 밤엔 냇가에서 멱을 감고 모깃불을 피워놓고 멍석 위에 누워 은하수의 별들을 헤어보았다.

이 여교사는 정외영의 사정을 이해하고 따뜻하게 감싸주었다.

정외영은 8월 초순 전주로 내려갔다. 기독교장로회 청년연합회가 마련한 전국대회에 참석하기 위해서였다. 이 대회는 8월14일부터 17일까지 열렸다.

이 대회의 폐막을 앞둔 하루 전날(16일) 청년들 사이엔 "오늘 저녁에 무엇이 있을 것이다"는 말이 나돌았다.

정외영은 다른 청년들과 함께 숙소인 전주교대 부속 초등학교 부근에서 저녁을 먹었다. 저녁 7시에 중앙교회에서 모이도록 돼 있어 청년들은 식사 뒤 삼삼오오 떼를 지어 전주역을 지나 교회로 걸었다.

이때 갑자기 앞서가던 젊은이들이 어깨동무를 했다. 뒤따라오던 청년 신도들은 머뭇거리고 있는데 누군가가 "줄을 서서 스크럼을 짜라!"고 고함을 질렀다. 정외영은 이 고함이 절대자의 명령인 것처럼 들렸다. 정외영은 다리를 저는 한 청년과 어깨동무를 하게 됐다.

전주에서 데모하다가 붙들리다

데모대로 변한 청년들은 교회를 향해 뛰기 시작했다.

"독재정권 물러가라" "유신 철폐하라"는 구호가 터져 나왔다. '오! 자유' 라는 노래도 불렀다. 교회 앞까지 당도한 데모대는 다시 뒤로 돌아 시내로 달렸다. 한 15분 동안 경찰관들은 보이지도 않았고 데모대는 마음대로 거리를 누볐다. 행인들 중엔 박수를 치는 사람도 있었다. 시내버스 창밖으로 얼굴을 내밀고 "잘한다" "힘내라"고 소리치는 시민도 많았다.

정외영은 흥분했다. 시민들의 환호하는 표정이 그의 눈동자를 향해 클로즈업됐다. 몸과 마음이 활활 타오르는 것 같았다. 교회와 전주역 사이 큰길을 몇 번이나 오가며 그들은 외치고 노래했다. 경찰이 도착한 것은 정외영이 교회 앞에서 되돌아 나올 때였다. 경찰은 뒤에서 밀었다.

"중앙을 꺾어라."

경찰은 대열의 한복판으로 달려 들어와 양쪽으로 갈라붙였다. 정외영은 다른 100명쯤의 학생들과 함께 길가의 큰 책방으로 뛰어 들어갔다. 경찰도 따라 들어왔다. 격투가 벌어졌다. 경찰의 곤봉에 데모대는 화분을 집어딘지며 저항했다. 정외영은 안경을 벗어던지고 바깥으로 달아났다. 그를 쫓으려던 경찰관을 다른 데모대원이 밀어 쓰러뜨렸다. 경찰관들은 이 사람을 추격하여 붙들어 차에 태웠다. 한 여학생은 머리채를 휘어 잡혀 한 5미터쯤 끌려간 뒤 버스에 태워졌다. 정외영도 경찰의 포위망에 갇혀 더이상 달아나지 못하고 붙들렸다. 이날 전주경찰서가 붙든 시위자는 모두 97명이었다. 경찰서에서 정외영은 데모 주동자들이 취조실에서 고문을 받으며 지르는 단말마의 비명을 들어야 했다.

경찰에선 잡혀온 데모대원들의 지문을 찍게 하고 그들에 대한 신원조회를 주거지 경찰서로 긴급 의뢰했다. 이 과정에서 정외영은 이미 동래경찰서가 전국에 수배한 사람임이 드러났다. 동래경찰서 김의관 경위가 다음 날 정외영을 데려가기 위해 전주에 왔다.

정외영과 부산 출신 데모대원 셋은 경찰서 차를 타고 청년회원들이 데모 탄압에 항의, 농성을 펴고 있던 남부교회 앞을 지나 부산으로 향했다. 1978년 8월24일 정외영은 긴급조치 위반 혐의로 구속 기소됐다. 1심에서 그는 징역 1년 집행유예 2년을 선고받았다. 징역 5년을 구형했던 검사는 항소했으나 기각됐다. 정외영은 그해 11월3일 풀려났다.

서연자는 세 가지 고통과 갈등과 실망을 경험했다. 두 다리를 못 쓰는 그의 아버지는 큰 충격을 받았다. 딸의 행동이 자기 생각과 너무나 다른 데서 그 충격은 더욱 컸다. 기본적으로 두 사람의 생각 차이가 너무 커 대화의 단절을 뼈저리게 느껴야 했다. 그래도 아버지는 딸이 학교에서 제적당하는 것만은 어떤 수를 써서라도 막아야 되겠다고 생각했다.

서연자도 감방에 가는 것은 참을 수 있지만 캠퍼스에서 추방돼 잔디밭과 벤치와 친구들로부터 멀어지는 것만은 견딜 수 없을 것 같았다. 제적만은 피해보겠다는 일념으로 서연자는 학교로부터의 질책을 참았다. 상담관실 사람이 "다 큰 아이들이 여관에서 함께 무엇을 하고 있었느냐"고 모욕을 주어도 그는 참았다. 반성문을 써서 냈더니 그 직원은 대뜸 "너의 아버지가 대신 쓴 것이 아닌가"고 따졌다. 그것은 사실이었다. 학생처의 학생사찰 담당자는 서연자가 티셔츠 바람으로 그를 찾아오자 반성이 어느 정도 됐는지 알고 싶다면서 질문을 던졌다.

"최성묵 목사를 어떻게 생각하나?"

"훌륭한 분으로 생각합니다."

"넌 아직 반성이 덜 됐군. 최 목사를 잡아 죽이고 싶어야 비로소 반성이 됐다고 볼 수 있어."

학생처 어느 교수는 서연자의 티셔츠가 속옷같이 보인다고 핀잔을 주었다.

그는 아버지와 함께 근 한 달 동안 학교와 집을 오갔다. 학교에선 서연자의 아버지에게 "당신이 지도를 잘하면 제적을 안 시킬 수 있다"는 눈치를 보였다. 그러나 1978년 6월14일 제적 통보가 서연자에게 날아왔다. 아버지가 더 원통해하였다.

정외영보다 먼저 기소된 세 피고인의 재판 과정에서 부산의 많은 반유신 인사들이 피고인들을 격려하고 도왔다. 1978년 5월23일 엠네스티 부산지부는 국제 엠네스티 한국위원회에 지원을 요청, 변호사 선임료 10만 원을 지원받았다. 김광일 변호사가 무료 변론을 맡았다.

재판은 빨리 진행됐다. 1978년 7월15일 많은 중부교회 신도 및 부산대

학생들이 경찰의 방청 제한조치에도 불구하고 방청석에 끼어들어 이성동과 전중근이 징역 5년, 서연자가 징역 3년을 구형받는 것을 지켜봤다. 7월 31일의 선거공판에서 이성동과 전중근은 징역 1년, 서연자는 징역 1년에 집행유예 2년을 각각 선고받았다. 피고인들은 항소했으나 기각됐다.

이진걸의 격분

1978년 부산대 4·19 학원자율화선언문 사건은 부산의 민주화운동 발전과정에서 매우 중요한 역할을 했다. 학원 바깥의 조직과 학원 내 조직의 접촉점에서 일어난 사건이었기 때문이다. 중부교회에서 배양된 종자가 부산대학에 뿌려진 것이었다. 이 사건을 계기로 캠퍼스 안팎의 운동이 뚜렷한 연결을 갖게 됐다. 무엇보다 중요한 것은 이 사건이 역사적인 부마사태의 도화선이 됐다는 점이다.

이 사건으로 이성동이 구속되자 그의 고등학교 후배 이진걸은 격분한다. 그는 이 격분을 저항 에너지로 바꿔나가면서 자신의 의식을 단련하고 그가 이끌던 동문회를 이념서클로 변모시켰다. 선언문 사건은 부산대학교 안에 이진걸이란 시한폭탄을 장치한 것이었다.

이 폭탄이 터질 때 부마사태는 점화됐던 것이다. 민권운동가들은 방청과 변론을 통해 선언문 사건을 크게 부각시켰다.

"정의와 자유를 사랑하는 민주 시민 여러분! 이들의 무슨 죄를 지었길래 학원에서 쫓겨나고 감옥에서 독방 신세를 져야 하는지 알아봅시다. 민주회복과 학원의 자율화를 외치고 노동자의 인권을 보장하라고 외친 사실 때문에 재판정에 서야 하는 저 장한 모습을 다 함께 지켜봅시다."

이런 전단이 버스 안과 다방에 뿌려졌다. 공중전화 박스에도 붙여졌다. 버스를 기다리는 시민들의 손에 잡아주고 모른 척 가버리기도 했다. 전단을 시중에 뿌린 것은 이 사건 때가 처음이었다. 중부교회와 평소 관계를 갖고 있지 않던 부산대생들이 200, 300명씩이나 떼지어 방청하러 온 것도 처음이었다. 부산대생들이 관계된 것으로는 1976년 1월의 중부교회 청년회지 〈책방골목〉 사건이 있었지만 이것은 중부교회에 한정된 사건이었고 문제가 된 구절도 부산대생들과는 관계가 없는 것이었다. 그러나 선언문 사건의 현장은 부산대생들이었고 그들이 외친 것도 부산대 학생들의 자유에 관한 것이었다. '남의 사건'이 아닌 '우리의 사건'으로 인식되면서 이것은 부산대학교 학생운동사의 한 전환점이 된다.

작은 교회의 세 청년들

부산시 동래구 연산동의 남부교회는 전국에서 가장 작은 교회로 통하고 있다. 목사까지 쳐서 신도가 10명, 그 가운데 목사 가족이 네 명 끼어 있었다. 목사 이주학 씨(1916년생). 도수 높은 안경 너머로 번쩍이는 눈빛은 함부로 대할 수 없는 인물임을 보여준다. 그러나 얘기를 나눌 때의 그는 어린이처럼 순진하고 소탈하다. 감리교 신학대학을 나온 그는 고향인 충남에서 목사로 일하다가 1968년 부산으로 내려왔다. 감리교 목사파송 제도에 따른 것이었다. 그는 남부민동의 빈민촌에 범일교회를 세워 운영하다가 곧 연산동으로 옮겼다.

그는 감사헌금이나 십일조헌금을 받지 않는 교회를 세웠다. 설교도 원탁을 둘러싸고 교인들이 앉은 상태에서 하기 때문에 대화나 토론에 더 가까웠다. 그는 바느질로 생계를 꾸려갔다. 박사나 목사들이 학위나 목사 임명을 받을 때 입는 가운을 미싱으로 만들어주는 것이 그의 30년간 변함없는 밥벌이 수단이었다. 그는 결코 대쪽같이 고지식하기만 하고 완고한 목사가 아니었다. 젊은이들과 얘기를 나누면서 막걸리 파티도 벌이고 아들에겐 아버지로서보다는 선배로서 얘기했다. 아들에게 그는 결코 명령을 내리는 법이 없었고 자신의 의견만 제시할 뿐이었다.

그의 셋째 아들 이희섭. 1977년에 고등학교를 졸업하자마자 폐결핵에 걸려 대학교 입시도 포기하고 드러누워 버렸다. 이희섭은 대연중학교에 다닐 때 정광민이란 말없는 친구와 같은 반에 있었던 적이 있었다. 이 친구와 그때는 그렇게 다정하게 지내진 않았지만 두 청년은 곧 같은 길을 걷고 있는 것을 확인할 터였다. 이희섭은 1978년에 친구 둘에게 전도하여 아버지 교회로 나오게 했다.

고등학교 동창인 이상경은 그때 부산대학 사회계열 1학년에 다니고 있었다. 그의 형 이상석은 부산대학교에서 데모를 주동했다가 군으로 쫓겨간 학생이었다. 김승영은 중학교를 졸업한 뒤 고등학교에 진학하지 않고 대입검정고시에 합격, 수험준비를 하고 있었다.

이희섭·김승영·이상경, 셋은 완전히 뜻이 맞았다. 그들은 맹렬하게 독서를 하기 시작했다. 주로 경제, 사상과 역사와 사회 및 문학 서적을 읽었다. 마르쿠제의 《이성과 혁명》, 조용범의 《후진국 경제론》, 모리스 도브의 《자본주의 발달사 연구》, 카의 《역사란 무엇인가》, 조세희의 《난장이가 쏘아올린 작은 공》, 김정한의 《인간단지》, 김수영·김지하·조태일·이성부의 시 따위.

그들은 이런 책들을 읽고 그때마다 토론을 했다. 이런 토론을 거치면서 그들의 현실 인식은 어렴풋하게나마 어떤 틀을 갖게 됐다. 농업구조의 발전이 앞서지 않는 공업구조의 발전은 허구라고 생각했다. 한국의 경제가 그런 구조를 갖고 있다고 믿었다. 국내자본이 축적되고 농업구조가 발전될 기회는 두 차례 있었으나 그때마다 정치적 이유로 해서 실패하고 말았다고 그들은 배웠다. 첫 번째 기회는 해방 후의 토지개혁, 두 번째는 5·16 뒤의 농촌 고리채 정리.

민족자본의 축적이 약했기 때문에 우리 경제는 공업발전을 지향하면서 자연히 외국자본을 무리하게 끌어들이게 됐다. 이 차관을 갚기 위해선 농민과 노동자를 저임금으로 묶어두지 않으면 안 된다. 그들의 생각은 이처럼 단순 명쾌한 것이었다.

이희섭 등이 그때 국내에선 신좌익 계열의 경제학자들로 분류되고 있던 바란, 도브, 스위지의 저서를 읽는다는 것은 주목할 값어치가 있다. 부산 데모에 앞장섰던 학생들의 공통 독서과목이 이 세 경제학자들의 책이었다. 그들은 번역된 책이 없었기 때문에 사진판으로 베껴진 원서를 읽었다. 그들의 한국경제를 보는 눈은 대체로 이 세 학자들의 이론에 바탕을 둔 것이었다. 이희섭은 아버지와 책으로부터 가장 많은 영향을 받은 셈이다. 그는 아버지의 생활태도와 사상을 존경하고 있었다. 아버지의 정의로운 행동이 자주 불의에 부딪쳐 깨어지는 것을 그는 어릴 때부터 여러 차례 보아왔다. 심지어 그의 가족은 하루에 두 끼밖에 못 먹는 생활도 경험했었다.

1978년 6월에 접어들자 이들 세 젊은이는 '무엇을 해야겠다'는 조바심을 갖게 됐다. 그것은 아주 자연스럽게 세 사람의 마음속에서 동시에 싹텄다. 통일주체국민회의 대의원 선거와 그들에 의한 대통령 선거와 언론의 무기력이 도대체 국민들을 노리개로 여기는 것 같아 화가 치민 것도 그런 생각을 갖게 한 요인이 됐다. 그들이 그동안 토론하고 책을 읽고 느낀 것들의 축적이 그들을 행동을 향해 밀어붙인 것이었다.

反정부 낙서하고 구속돼

그들은 7월1일 교회에서 모여 행동 계획을 짰다. 사건이 들통나면 어떻게 된다는 것은 분명했으나 그것에 대해선 생각 않기로 했다.

이 일의 계획에 따라 그들은 서면 자동차부속상 골목에서 분사식으로 페인트칠을 하는 깡통을 하나 샀다. 이것은 두 홉짜리로서 에프킬러 통처럼 생긴 것이었고 누르면 페인트 액체가 뿌려져 나오게 돼 있었다.

셋은 또 200미터 거리에서도 들을 수 있는 워키토키 두 개를 구했다. 1978년 7월3일 저녁 세 청년은 교회에서 모여 저녁을 먹었다. 밤 10시30분께 그들은 택시를 타고 부산대학교로 향했다. 신(新)정문 앞에서 내려 개울을 따라 난 좁은 길을 지나 그들은 밤 11시께 야구장 백네트 뒤편에 있는 철조망을 뚫고 학교로 들어갔다.

달은 구름 속에 가려져 보이지 않았다. 김승영은 백네트 뒤편에서, 이희섭은 스탠드 본부석 뒤에서 워키토키를 들고 망을 봤다. 두 학생들의 보호를 받으면서 이상경은 분사기로 써내려 갔다. 백네트의 하단부 시멘트에 그는 '박정희 물러가라' '유신 철폐하라'고 초록색 페인트로 큼직하게 휘갈 겼다.

글자 하나의 키가 50센티미터, 글귀의 길이가 8미터나 됐다. 이 구호는 신정문을 지나 강의실로 걸어 들어가는 학생들이면 누구나 볼 수 있는 자리에 쓰인 것이다. 이상경은 다시 스탠드 본부석의 벽면에도 더 큰 글씨로 같은 구호를 휘갈겨 썼다. '교련 반대'란 구호를 보탰다. 글을 다 쓰는 데는 15분밖에 걸리지 않았다. 얼씬거리는 사람도 없었다. 셋은 밤 12시 직전 교회로 돌아왔다.

다음날 새벽 6시께 부산대학교 앞 장전파출소장 김의관은 여느 때처럼 부산대학교 교정을 순찰하고 있었다. 불온유인물이나 낙서가 학생들의 눈에 들어가기 전에 발견하여 제거하기 위한 순찰이었다.

그는 박 대통령을 비웃는 듯한 이 낙서를 발견하자 잠시 멍하니 있었다. 두 다리에 힘이 쫙 빠져나가 쓰러질 것만 같았다.

동래경찰서 정보과는 수사본부를 파출소에 차리고 범인을 찾아내는 작업에 들어갔다. 그때는 학기말 시험을 치고 있을 때였다. 먼저 7월3일과 4일에 시험을 치지 않은 학생들의 이름을 뽑아 조사했다. 성과가 없었다. 학생들을 상대로 탐문수사를 벌였다. 한 여학생이 그 낙서를 봤다고 얘기하고 다닌다는 첩보가 들어왔다.

그 학생을 불러 따졌다. 그 여학생은 다른 학생에게 들었다고 했다. 그 학생도 또 다른 학생에게 들었다고 했다. 이런 식으로 얘기의 진원을 찾아 내려갔다. 열다섯 명째의 학생이 "그날 아침 시험공부를 하러 일찍 학교에 나왔는데 그때 본 것이다"고 했다.

이 첫 목격자도 조사했으나 아무런 혐의점을 들춰낼 수 없었다. 정보과 형사들은 보름쯤 끈질기게 추적하여, 7월 말에 끝내 부산대 1년생 이상경을 붙드는 데 성공했다.

이상경은 붙들려 심한 고문을 당했다고 한다. 오른쪽 고막이 터지기도 했다는 것이다. 그는 김승영과 이희섭의 이름을 댔다. 김승영은 집에서 이틀 뒤 붙들렸다. 이희섭은 이상경이 붙들려 갔다는 소식을 상경의 친구로부터 전해 듣고는 서울로 달아났다. 아버지한테는 "무슨 일이 있어 좀 숨어 있다가 오겠다"고만 얘기했다. 아버지도 더이상 물어볼 필요를 느끼지 않고 있는 것 같았다.

서울에서 희섭은 친지들의 집을 떠돌며 열흘쯤 있다가 돈이 떨어져 부산으로 내려왔다. 희섭은 부산에서 부산대 학생인 친구에게 전화를 걸었다. 둘은 오후 6시께 서면의 은다방에서 만나기로 했다.

그러나 친구는 보이지 않고 친구 어머니가 대신 나와 있었다. 친구 어머니와 얘기하고 있을 때 형사들이 희섭을 붙들었다. 희섭은 경찰에서 가혹행위를 당하지 않았다. 이상경과 김승영이 경찰에서 이야기할 것은 모두 털어놓았기에 희섭으로부터 더이상 빼낼 이야깃거리가 없었던 것이다. 8월 2일 세 청년은 주례교도소 미결수 독방으로 넘어갔다.

감방 속의 단식 투쟁

희섭은 폐결핵을 앓고 있었다. 진단서를 붙여 불구속 기소를 요청했으나 거절당했다. 독방에 들어가서 며칠 동안 희섭은 열이 나고 식욕이 떨어져 아무것도 먹을 수 없었다. 차츰 감방생활에 익숙해지면서 건강을 되찾게 됐다. 그는 사식을 거절하고 관식만 먹었다. 아버지는 일주일에 서너 번씩 면회를 왔다. 함께 기도를 해주고 책을 넣어주었다. 아무도 눈물을 보이지 않았다. 재판 과정에서 검사는 "유신은 무엇이냐"는 질문을 되풀이하곤 했다.

"모든 것을 새롭게 한다는 뜻입니다."

"그런데 왜 그것을 싫어하는가."

"모든 역사를 통해 제도는 우수하기만 했습니다. 그러나 민중이 잘 산 적은 거의 없었습니다. 법제사는 우수했지만 민중사는 불행했습니다."

재판정엔 교수들의 만류에도 굽히지 않고 중부교회 대학생 신도들과 부산의 운동권 인사들이 수십 명씩 나와 세 청년을 응원했다. 1978년 10월 26일 부산지법에서 있은 최후진술에서 이희섭은 "당신네들의 방법에 맞춰 우리도 계속 같은 방법으로 투쟁할 것이다"고 말했다.

구형은 셋 모두에게 징역 5년에 자격정지 5년이었다. 선고는 징역 1년 6개월에 자격정지 1년 6개월로 낮춰졌다. 그들은 고등법원에서도 같은 형량으로 선고되자 상고를 포기했다. 1979년 2월5일의 일이었다.

포기하고 나니 이희섭은 한결 마음이 편해졌다. 규칙적인 생활로 그는 눈에 뜨이게 건강해졌다. 이젠 독서를 할 때였다. 그는 독서 계획을 짰다. 나무젓가락을 깎아 연필을 대용, 교도소에서 내준 건빵의 상표 종이에 읽을 책 목록을 적었다.

희섭은 독서 계획을 착실히 실천에 옮겼다. 몰트만의 《십자가에 달리신 하나님》 따위의 주로 해방신학에 대한 책들을 읽었다. 희섭이 들어 있었던 4동엔 긴급조치 위반 혐의로 구속된 학생 30명쯤이 있었다. 경북대학교 학생들도 10여 명이 있었는데 이들은 1978년 10월의 데모와 관련됐다고 해서 구속됐었다. 경북대학생 김병호는 1979년 1월4일 아침 몸이 아파 점호 때 누워 있었다. 간수가 일어나라고 고함을 질렀다. 김병호는 "아픈데 왜 이러느냐"고 짜증을 냈다. 화가 치민 간수는 병호의 팔을 뒤로 젖혀 수갑을 채우고 묶은 뒤 골방으로 데리고 가 실컷 두들겨 팼다. 병호는 어찌나 맞았던지 정신이상 증세를 일으켜 부산대학병원에서 정신감정까지 받았다는 것이다. 병호가 가혹행위를 당했다는 사실은 학생들 사이에 쫙 퍼졌다. 학생들은 간수의 행동에 항의하는 단식 투쟁을 벌이기로 했다.

이희섭은 단식 시작 이틀과 사흘째가 가장 참기 어려웠다. 환상이 보이고 이상한 소리가 들리기도 했다. 그는 '환난과 핍박 중에도 성도는 자유 얻었네'라는 찬송가를 부르며 배고픔을 참았다. 학생들의 단식 투쟁이 계속되자 다른 정치범들도 가담했다. 단식을 하고 있는 사람은 80명으로 늘어났다.

간수들은 이들의 마음을 되돌리려고 윽박지르기도 하고 달래기도 했으나 아무런 효과가 없었다. 학생들은 폭력 간수의 사과를 요구하고 있었다.

식구통으로 들이미는 구수한 밥과 국 냄새를 애써 외면하며 단식을 계속하는 데는 보통 이상의 의지력이 필요했다. 그러나 한 사람도 단식투쟁 대열에서 떨어져 나오지 않았다. 단식이 시작된 지 이레 하고도 두 끼가 지난 뒤 드디어 간수들이 손을 들었다.

"다음부터는 이런 일이 없도록 하겠다."

공식 사과를 한 교도소에선 곧 이들 학생들을 분산 수용시켜 집단행동
이 어렵도록 만들었다.

이희섭과 김승영은 1979년 5월12일 형집행정지로 풀려났다. 이상경은
정부에서 요구한 각서를 끝내 거부했다가 1979년 7월17일에 풀려났다.

이희섭이 꼭 하고 싶었는데 못한 말이 있었다.

"판사님! 당신은 양심에 따라 선고를 하고 그 자리를 물러날 용기 정도
는 가져야 할 것 아닙니까. 물러나도 변호사를 해먹을 수 있지 않습니까."

동아대학교의 사정

1979년 4월19일 동아대학교 일어과 2학년 김해수(23)는 과(科) 학생들
과 함께 마음 내키지 않는 산업시찰 여행길에 올랐다. 그는 하루 전에 학
교당국이 3박 4일간의 학생부담 산업시찰 여행을 각 과에 지시했다는 소
식을 듣고 4·19를 잊게 하자는 술책이라고 생각했다. 그는 지도교수에게
"나는 4·19의 뜻을 알기 때문에 집에서 자숙하고 있겠습니다"고 말했다.

교수는 같이 가자고 명령하듯 졸랐다. 해수가 집에 돌아오니 부모는 언
제 알았는지 "눈치 보일 것 없이 여행 다녀오려무나"고 타일렀다.

해수네들을 태운 관광버스가 대구로 가고 있을 때 라디오에서 "오늘이
4·19 열아홉 돌이다"는 뉴스가 흘러나왔다. 그제서야 대부분의 학생들은
그날이 4·19임을 알아차리는 것 같았다. 김해수는 이런 꼴을 보고 가슴
이 답답했다. 4·19날에 이렇게 놀아야 하는 데 대해 아무도 문제의식을
느끼지 않는 풍토가 한탄스러울 뿐이었다. 1978년에 그가 동아대학교 들

어와 느낀 것은 학교당국이 학문보다 운동경기에 더 욕심을 보인다는 점이었다. 씨름·유도·레슬링·야구·축구부는 전국에 이름을 떨치고 있었다. 우리나라에서 처음으로 올림픽 금메달을 딴 레슬링의 양정모나 권투 플라이급의 세계 챔피언 박찬희는 둘 다 동아대 학생이었다. 일부 학생들은 '동아야구대학'이라 부르면서 학교당국의 운동경기 집착을 비꼬기도 했다.

학교에선 다른 지방에서 경기가 열리면 수십 대의 버스를 동원, 학생들을 데리고 가 응원을 하게 하는 열성을 보였다. 이런 열성적 뒷받침은 학생들이 강당을 빌려 합창대회, 보컬그룹 경연대회, 미팅 따위를 하려고 할 때나 교련검열 준비를 할 때도 나타났다. 그러나 정작 학생들이 세미나를 열고 서클끼리의 모임을 갖거나 농촌봉사를 하려 할 때는 차가운 반응을 보이기가 일쑤였다.

그는 고등학교 때부터 중부교회에 나갔다. 1976년에 〈책방골목〉 사건으로 동아대학 수학과 2학년 이태성이 구속되고 1977년 4월에 진주교도소 김대중 면담기도 사건으로 동아대 수학과 3학년 이승원이 곤욕을 치렀을 때 김해수는 동아대학이 살아 있다고 느꼈으나 막상 입학해보니 그런 기대는 산산조각이 나버렸던 것이다.

김해수는 1978년 3월 선배 몇 명과 함께 '동아독서회'를 조직, 서클로 등록시켰다. 스물 몇 명의 학생이 모임에 들어왔다. 주로 경제·역사·문학책들을 읽고 매주 한 번씩 모여 토론을 벌였다. 그때 동아대학 안에서 등록된 이념서클은 이것 하나밖에 없었다. 김해수는 또 김형기의 권유에 따라 서울의 한국기독학생총연맹 모임에도 자주 참석했다. 서울에 한 번씩 갔다 올 때마다 그는 부산의 학생들이 너무나 감각이 무디다고 탄식하게 됐다. 많은 동아대 학생들은 이웃의 문제보다도 자신의 취직 문제가 더 급한 것 같았다. 강연회에 나가는 것을 시간 빼앗기는 것으로 생각하는 학생도 많은 듯했다.

해수는 뜻을 같이하는 학생들을 끌어 모으려고 했다.

그는 이승원과 함께 열 명쯤의 동지 학생들을 모을 수 있었다. 이들은 독서회에서 이 두 사람이 뽑은 학생들, 개별적인 설득 작업을 통해 얻은 학생들이었다. 이들은 독서회와 별도의 스터디 그룹이 됐다. 중부교회를 거쳐 오는 갖가지 반유신 유인물들이 이들 손으로 학교 안에 뿌려졌다. 인권재판 소식들도 이들 손으로 학생들에게 건네졌다. 한 번에 쉰 장쯤 소화됐다.

1978년에 동아독서회는 몇 가지 사건을 일으켰다.

농촌 봉사 갔다가 경찰에 신고 돼

여름방학 때 그들은 고성으로 농촌 봉사를 떠났다. 낮엔 농민들의 일손을 거들어주는 일을 했다. 그들의 진짜 봉사는 밤일이었다. 그들은 집집마다 찾아다녔다. 농협의 부정, 군청의 횡포, 농민들의 억울한 사정들을 캐기 시작했다. 반상회에 끼어들어 농민들의 불평을 적어 오기도 했다. 이들의 조사활동을 농민들은 경계심을 가지고 받아들였다. 물음엔 입을 다물었다. 달갑지 않은 봉사 활동으로 보는 농민도 있었다. 그들 가운데 누군가가 경찰에 신고를 했다. 경찰에선 동아대학교에 알렸다. 5박 6일로 예정했던 봉사 활동이 끝나기 이틀 전에 학교 지도과에서 그들을 데리러 왔다. 학교에 알리지 않고 남녀 대학생이 섞여 갔다는 것이 꼬투리로 잡혔다. 그들은 호된 꾸중을 들었다. 서클을 해체시키겠다는 협박도 들어야 했다. 모두가 "다시는 그런 짓을 안 하겠다"는 시말서를 썼다. 농촌 문제를 그 현장에서 체험해보자는 것이 이들의 뜻이었으나 그들은 학원사찰의 체험을 했을 뿐이었다.

그해(1978년) 8월 해수는 기장 청년회의 전주대회에 참석, 반유신 데모를 벌였다가 경찰에 붙들렸다. 정외영·조태원·김명준과 함께 그는 부산으로 압송돼 와 서부경찰서로 넘겨졌다. 이곳에서 나흘간 조사를 받았다.

경찰에선 자꾸 부산대학 4·19 선언문 사건과 해수를 관련시키려 했다. 각서를 쓰고 나온 해수는 학교 지도과에 불려가 또 괴로운 신문을 받았다. 그는 이제 학교와 경찰의 끊임없는 감시 속에서 살게 됐다. 전과자처럼 무슨 사건이 있을 때마다 그는 지도과에 불려가 조사를 받았다. 그의 집으로 서부서, 중부서 정보형사들이 뻔질나게 찾아오거나 전화를 걸어왔다. 통장과 반장도 그의 행동에 관심이 많은 것 같았다.

동아독서회는 사학과 ㅅ 교수를 모시고 강연회를 가진 적이 있었다. 이 자리에서 학생들이 '우리의 소원은 자유'라는 노래를 불렀다. 이것이 또 문제가 됐다. 이 ㅅ 교수는 해수가 존경하는 두 교수 중의 한 사람이었다. 그는 다른 교수들을 불신했다. 다른 학생들도 교수로부터 학문 이외의 가르침을 기대하지 않는 것 같았다. 교수와 학생 사이에 뿌리 깊은 불신관계를 심은 것은 지도과였다. 지도과 직원들은 지도교수들을 지휘, 학생들을 감독케 했다. 학생들의 눈에는 지도과 직원이 더 높은 것 같아 보이기도 했다.

한번은 동아독서회가 학내 서클들끼리의 수평적인 연합운동을 꾀한 적

이 있었다. 우선 서클 대항 야구나 배구 등 친목 운동경기를 통해 자연스
럽게 만나고 그 다음엔 강연회를 함께 주최하는 식으로 이 운동을 확대시
키기로 했다. 그 1단계 작업으로 한 서클과 배구대회를 갖기로 하고 지도
교수의 승인을 받았다. 상대 서클의 지도교수는 낌새를 알아차렸는지 도
장을 안 찍어주었다. 이것을 지도과에서 알고는 또 해수네들을 불러 족쳤
다. 물론 연합운동의 꿈은 깨졌다.

동아대 학생들은 반유신 인사의 강연회나 인권재판 방청에 나갈 때마다
지도과에 불려가 조사를 받았다. 해수는 동일방직 노동자들의 선거법 위
반사건 재판에 방청 나갔다가 방청석에 이미 앉아 있던 지도과 직원에게
들키고 말았다. 그곳에선 모른 척하던 그 직원은 방청 온 동아대 학생들
이름을 모두 적어두었다가 학교로 돌아간 뒤 그들을 하나씩 불렀다.

"느낀 바를 말하라."

"누가 시켜 갔나."

"왜 가게 됐나."

경찰 신문조의 조사였다.

해수네들은 학교당국이 학생들을 상대로 '우민(愚民)정책'을 펴고 있다
고 봤다. 그들은 여기에 맞서 학도군사훈련단(注: 현재의 학군단) 및 학보
사 보이콧 운동을 폈다. 학도군사훈련단은 캠퍼스에 딱딱한 군대 분위기
를 가져와 자유로워야 할 대학교의 분위기를 해치고 있다고 생각했다. 학
보사는 학교당국의 앵무새로 변해 사회의 매스컴보다 더욱 힘이 **빠졌다**고
그들을 보았다. 그래서 이 두 단체에 들지 않도록 개별적인 설득 작업을
펴기도 했다.

호박과 가위

부마사태 이전의 부산의 대학 분위기를 엿보게 하는 몇 가지 에피소드를 더 소개한다.

동아대 학보사 기자 이상용(법학과 4년)은 1976년 4월16일치 동아대 학보에 김상배(법학과 4년)와 함께 수필을 썼다. 신입생과 재학생이 서로 대화를 주고받는 식의 기획 수필이었다. 이 수필 속에서 두 사람은 긴급조치 9호가 선포되고 학도호국단이 생긴 대학의 분위기를 냉정하게 그렸다. 긴급조치가 나쁘다는 표현은 한 마디도 쓰지 않았고 다만 객관적 사실로 기록했을 뿐이었다. 신문이 찍혀 나와 나눠지기 전에 학보사 주간인 박 모 교수가 이 수필을 읽고 펄쩍 뛰었다. 그는 총장에게 신문을 들고 뛰어갔다. 신문을 나눠주지 않은 상태였기 때문에 설사 문제가 될 만한 글이라해도 폐기처분하고 다시 찍으면 수습될 일이었다. 그러나 두 학생에겐 제적이란 선고가 내려졌다. 이상용은 학교에서 쫓겨난 다음 부산시에서 펴내는 부산시보사 기자로 들어갔다가 〈뿌리 깊은 나무〉 편집부로 옮겨 기자가 됐다.

1979년 5월 신민당 전당대회를 앞둔 어느 날 국제신문에서 수습 중에 있던 정원영 기자는 모교인 부산대학교 앞에서 술에 취해 친구인 부산대 학생과 말다툼을 벌이고 있었다.

"총재에 이철승이가 된다."

"아니다. 김영삼이 역전승할 것이다."

정 기자는 집으로 돌아가던 부산대 사대부속 고등학교 학생들 몇 명을 붙들고 "야, 너희들은 누가 될 것 같으냐"고 물었다. 이때 한 교사가 나오더니 수상하다면서 정 기자와 그의 친구를 교무실로 데리고 가려 했다. "기자다"라고 해도 이 교사는 믿지 않으려 했다. 그 교사는 학교로 들어가더니 10여 명의 동료 교사들을 데리고 나와 두 젊은이를 질질 끌고 교무실로 납치해 갔다. 아직 프레스 카드를 갖고 있지 않았던 정 기자는 꼼짝없이 '고등학생을 선동하는 불순분자'로 몰려버렸다. 손찌검까지 하려는 교사들도 있었다. 한 30분 후에 신분이 확인돼 풀려나긴 했지만 정 기자는 자신이나 교사들이 서글퍼지기만 했다. 이 사건도 동래서 부산대학교 담당 형사에게 체크됐다. 동래서는 중요 정보로 취급하여 부산시경 정보과장에게 바로 보고했다. 이 사실을 안 국제신문 시경 출입기자는 정보과장에게 해명하여 그 보고서를 묵살하도록 했다.

부산대 학생들은 학생시위 예방부서인 학생지도상담관실을 '학내 정보부'라 부르기도 했다. 홍준섭 실장을 정보부에서 파견된 직원이라고 오해하고 있는 학생들도 있었다. 상담관실에선 장학생 선발 및 취직 추천에서도 영향력을 행사했다. 이것을 문제학생들에게 미끼로 던지기도 했다.

1979년 초 '문제학생' 고호석은 홍 실장에게 불려갔다. 여느 때와는 달리 홍 실장은 부드럽게 웃으며 "요즘 공부한다고 욕보지?"라고 위로했다. 그리고는 5만 원을 내놓았다. 부담감 없이 받으라고 말한 그는 영수증을 고호석으로부터 받았다. 호석은 "다음엔 10만 원 주이소"라고 농담을 하면서 돈을 받아갔다. 그가 그 뒤 더욱 학생운동에 열을 올린 것은 물론이었다.

정보기관에서는 부산대학교 안에 독자적인 정보망을 만들지 못하고 있었다. 그들은 학생상담관실과 경찰에 완전히 의존했다. 학도호국단 창설 이전엔 학원담당 정보부 조정관이 학생들 사이에 정보망을 깔아두는 일이 있었으나 대학 내 상담관실의 학내사찰 기능이 강화되면서 그럴 필요성이 줄어들자 독자적 정보망은 사라져 버렸다. 공작비도 줄었다.

정보기관 안에서도 "우리의 권위는 경찰도 학교도 모르는 결정적인 정보를 빼내는 데서 생기는 것인데 너무 경찰과 학교에 의존하고 있다"고 위험성을 지적하곤 했다. 부마사태로 이 허점이 드러날 것이었다.

1979년 봄부터 부산대 학생들 사이엔 이상한 소문이 퍼졌다. 어느 공대 학생이 서울의 어느 여대생 이름으로 부쳐진 소포를 받았는데 그 속에 썩은 호박이 들어 있더라는 것이다. '부산대 학생들은 썩은 호박과 같다'는 뜻을 전해주려고 누군가가 이런 장난을 했으리라고 학생들은 수군댔다. 학도호국단 간부 앞으로 서울에서 편지가 왔는데 남자의 성기와 가위 그림이 그려져 있더라는 얘기도 퍼졌다. '그렇게 비굴하게 놀 바에야 그것을 잘라 버려라'는 뜻으로 풀이가 됐다.

부산대학교 안에 있는 운동권 조직에서 학생들의 의식을 깨우쳐 주려고 일부러 이런 말들을 만들어 퍼뜨렸다는 얘기도 있었다. 이것이 사실이라면 그 효과는 백퍼센트였다. 많은 부산대 학생들은 자신들의 용기 없음을 비웃는다고 부끄럽게 생각했다. 가슴속에 쌓인 수치감과 열등감은 폭약으로 변할 수 있는 성질의 것이었다.

2 :
점화

사이렌 소리와 함께 "모입시다!"

부마사태 한 달 전인 1979년 9월17일 낮 12시30분께. 부산시 남구 대연동 부산공업전문대학 학생들은 점심시간을 맞았다. 교내 식당으로 가거나 가져온 도시락을 잔디밭에서 까먹으려고 운동장으로 학생들이 몰려가고 있었다. 이때 난데없는 사이렌이 울려왔다. 민방위 훈련 때 울리는 파도가 밀려오는 듯한 리듬의 사이렌이었다. 소리가 나는 곳으로 한꺼번에 눈길이 쏠렸다. 한 안경 낀 학생이 게시판 슬라브 지붕 위에 올라가 휴대용 메가폰으로 사이렌을 울리고 있었다. 이 학생은 "모입시다!"고 외쳐댔다.

같은 시간, 한 키 큰 학생은 학생들이 몰려오는 강의실을 돌면서 8절지 인쇄물을 뿌리고 있었다.

학생들 500명 가량이 게시판 앞으로 우르르 달려갔다. 안경잡이 학생은 선언문을 꺼내 읽어 내려가기 시작했다. 기계과 2년 신홍석으로 밝혀진 이 학생은 격렬한 내용을 담은 선언문을 읽어 내려가면서도 자신이 수백 명의 학생들 앞에서 어릿광대 놀음을 하고 있다는 느낌이 들었다고 한다. 자신을 바라보는 학생들의 눈길은 어리둥절, 바로 그것이었다. 아무도 그의 뜨거운 마음을 몰라주는 것 같았다.

그는 가슴속의 열기를 학생들에게 도저히 전달할 수 없다고 생각했다. 공감의 광장은 만들어지지 않았다. 선언문을 다 읽기도 전에 몸집 좋은 체육교수가 뛰어올라왔다. 솔개가 병아리를 채가듯 힘센 교수는 홍석을 끼고 교무실로 끌고 갔다. 도중에서 그 교수가 홍석을 차고 때리자 비로소 학생들 속에서 고함이 터져 나왔다.

"때리지 마라!" "때리지 마라!"

선언문을 뿌리고 있던 서석권은 이제야 학생들이 움직이기 시작했다고 생각했다. 그러나 학생들의 함성은 곧 침묵하고 말았다.

부산공업전문대학 선언문 사건의 주인공 셋은 그렇게 풍족하지도 못한 집안 출신이었다. 신홍석의 아버지는 외항선원이었다. 서석권의 아버지는 일찍 돌아갔고 김맹규의 아버지는 파출소 차석이었다. 김맹규는 1977년 서울대학교 자연계열에 합격, 재학 중 학교 안에서 반독재 인쇄물을 돌렸다고 해서 출학을 당했었다. 순경 집안에 인물났다고 이웃에서도 경사를 만난 듯 기뻐했던 것도 한때, 그의 아버지는 너무나 실망하여 아들을 "집안의 원수다"고 푸념하는 신세가 됐다. 김맹규는 1978년에 다시 부산공업전문대학 토목과에 입학했다. 이 대학에선 김맹규의 과거를 몰랐기 때문에 우수한 성적을 보인 그를 받아들였다.

세 청년은 전문대학의 강의가 너무나 기술인력 양성에만 중점을 두고 있는 데 실망하고 있었다. 그들은 이 사회가 어떻게 돌아가고 있는지를 알고자 했다. 그들은 이름 없는 이념서클을 하나 만들었다. 열다섯 명의 학생들이 이 모임에 들었다. 매주 금요일 오후에 잔디밭 벤치에 둘러앉아 토론회와 세미나를 가졌다. 지난 한 주일 동안 읽었던 책을 놓고 주로 토론을 폈다. 《역사란 무엇인가》《난장이가 쏘아올린 작은 공》 같은 책들이 이들의 교과서였다.

이들은 1979년 여름방학 때는 아무도 없는 잔디밭에서 연극을 했다. 맹규가 《난장이가 쏘아올린 작은 공》을 극본으로 만들었다. 한 시간 동안 연극을 하고 난 뒤 회원들의 한결같은 소감은 '답답하다'는 것이었다. 그들의 사회관은 아직 정리돼 있지는 않았으나 우리나라의 노동자들이 고된 노동에 비해 제값을 못 받고 있다는 것을 가장 큰 문제로 느꼈다.

세 학생이 그런 행동을 한 것은 그들이 닦고 갈아온 문제의식에 비춰 당연한 귀결이었다. 신홍석은 "알고 있으면서도 행동하지 않는 것을 우리는 가장 경멸했다"고 뒷날 말했다.

그들은 유신 체제 아래에선 그런 종류의 행동 계획을 치밀하게 짜려다 간 중간에 들통나게 마련이란 사실을 알고 있었다. 그들은 셋이서만 계획을 짜나갔다.

선언문의 초안은 맹규가 썼다. 등사기와 줄판은 서석권이 부산 천주교 교구청에서 빌려왔다. 1979년 9월6일 토요일 밤에 그들은 등사 준비를 끝냈다. 다음날 그들은 아무도 없는 토목과 수리실험실에 모였다.

선언문은 미리 원지에 써왔었다. 맹규는 그때는 줄판을 못 구해 합판

조각을 밑에 받치고 글을 썼기 때문에 등사를 해도 글이 알아볼 수 없게 나왔다. 김맹규는 이 원지를 찢어버리고 다시 줄판을 받쳐 원지를 쓴 다음 등사기에 걸었다. 200장을 찍어내는 데 성공했다.

세 명은 9월13일 다시 수리실험실에 모여 이번엔 16절지로 선언문의 요약 부분을 400장쯤 등사했다. 세 학생은 이젠 동지들을 모으는 데 발 벗고 나섰다. 9월11일 신홍석은 고등학교 때부터의 친구인 부산대학교 경제과 2년 정광민(鄭光敏)을 부산역에서 우연히 만났다. 둘은 이런 일엔 협조하기로 평소 이야기가 돼 있었다.

"광민아, 부산대학은 너가 책임져라. 같이 일어나자."

"우리 학교는 아직 멀었다. 분위기가 충분히 익지 않아 자신이 없다."

광민은 거절했다. 홍석은 뒤돌아서 헤어지면서 "유신 대학 놈들아! 잘 먹고 잘살아라!"고 중얼거렸다.

세 학생은 서클 회원들에겐 계획을 설명하여 일이 터지면 다른 학생들을 설득하여 행동에 나서도록 일러두었다. 9월15일 김맹규가 교수들에게 붙들려 갔다. 정보가 샌 것이었다. 그러나 학교에선 맹규 이외의 다른 인물이 있다는 사실을 미처 캐내지 못하고 있었다. 학교에선 맹규를 김해의 절간에 보내 학생들과 격리시켰다.

9월16일 홍석과 석권은 해운대 백사장에서 다른 학생들과 모임을 갖고 행동의 계획을 의논했다. 이 자리에서 맹규의 격리 사실이 알려졌다. 학생들은 서둘렀다. 행동도 못해보고 모든 것이 들통날 것만 같았다. 이래서 9월17일 점심시간이 행동시간으로 결정됐던 것이다.

학교에선 김맹규, 서석권, 신홍석 등 세 주모 학생을 붙들었으나 도저히

감당할 수가 없다고 판단하여 경찰에 이들을 넘겼다. 닷새 뒤 이들은 긴급
조치 9호를 위반했다 하여 부산 남부경찰서에 구속됐다.

뇌관이 된 경제과 2학년생들

친구 신홍석으로부터 "유신 대학생 놈아! 잘 먹고 잘살아라"는 욕을 들
은 정광민은 부산대학교 경제과 2학년생이었다. 경제과 2학년생 76명은
부산공전 사건 한 달 뒤 정광민과 함께 폭발하여 부마사태의 기폭제가 된
다. 1979년의 부산대학교 경제과 2학년생 그룹은 1970년대에 이 대학에서
이어져 온 문제의식의 연마작업이 이룩한 결정체였다.

계열별 모집이 시작된 이후 2학년 때 경제과를 지망하는 학생들은 거의
가 사회 비판의식을 가진 젊은이들이었다. 이 학급의 총대 이덕만이 1979년
1학기 초에 학비감면 대상자를 조사했더니 대상 기준에 들어가는 가난한
학생들이 40명이나 됐다. 반이 넘는 학생들이 가정교사로 학비를 대고 있
었다. 많은 학생들이 이론경제학에 앞서 피부경제학을 체험한 것이다.

이 학급엔 군에서 제대하여 1979년에 복학한 학생들이 일곱 있었다. 이
들 예비역 학생들은 나이가 서너 살 적은 동생 또래의 다른 학생들과 스
스럼없이 어울렸다. 그러면서도 예비역 학생들은 학급을 뒤에서 밀고 학
구적인 분위기를 일구어나가는 리더 구실을 다했다. 형식면에선 선배 대
우를 받지 않으려 했으나 내용면에서 그들은 자연스럽게 학급의 지도층을
형성했다.

경남고등학교를 졸업한 박현호(당시 26세)는 안경을 낀 차분한 성격을 지

닌 학생. 그는 1974년 입학, 그해 가을에 반유신 데모를 경험했다. 1974년과 1975년에 현호는 정신적인 방황을 계속했다. 그의 아버지는 함안경찰서에서 경장으로 일하다가 간경화증에 걸려 휴직하고 집에 누워 있었다. 말단 순경의 월급으로는 약값마저 제대로 댈 수가 없었다. 현호는 가정교사로 자기 학비를 댈 수 있었으나 공부엔 정신을 모을 수가 없었다. 2학년 1학기에 그는 시험을 포기했다.

복학 뒤 박현호는 새사람이 됐다. 세 해 동안의 군대생활은 그에게 강인한 현실감각을 주었고 소녀같은 감상주의를 씻어주었다. 현호는 다른 복학생들과 함께 스터디 그룹을 만들었다. 그가 팀장을 맡았다. 10여 명의 회원은 주로 비판적인 경제이론서와 사회과학책들을 교재로 삼고 캠퍼스에 모여 토론을 벌였다. 고려대학 조용범 교수의 《후진국 경제론》, 도브, 바란, 스위지의 진보적인 경제 이론서, 갈브레이스와 뮈르달이 쓴 후진국 경제발전론 관계 책, 《민족경제론》 등 박현채의 저작들을 그들은 많이 읽고 토론했다. 외국자본과 국내 독점자본의 결탁, 정치권력과 독점자본의 악수, 농촌경제의 희생을 딛고 일어난 도시 공업경제의 취약점 등 그들은 한국경제의 어두운 면에 관심을 기울이게 됐다.

그들은 경제사적인 접근 방법으로 한국경제의 구조적 모순을 파악하려 했다. 경직된 틀 속에 한국경제를 억지로 집어넣으려 한 점에서 도식적이고 피상적일 수밖에 없었다. 한국경제의 찬란한 성과만 선전되던 그때에는 그것이 당연한 반작용이었을지도 모르겠다.

경제과 2학년생들이 감동적이란 낱말로 표현하곤 했던 강의는 상대(商大) 정동현 교수의 경제사와 법대 이대우 전임강사의 국민윤리 과목이었다.

경제과 2학년 지도교수이기도 한 정 교수는 경제과 2학년 학생들이 도브나 바란의 저작을 읽고 있는 데 놀랐다고 했다. 경제학과 교수들도 읽어본 적이 없는 책들을 학생들이 갖고 다니며 읽고 있었으니…. 그는 몇 가지 의문을 가졌다.

그들이 과연 저 원서를 읽는가. 읽는다면 이론을 이해하는가. 저 책들을 도대체 어디서 구하는가. 저 책들이 왜 많이 팔리는가.

부산대학교 앞에 있는 ㄷ 서림에서 복사 해적판으로 이 책들을 찍어 팔고 있다는 것을 그는 알았다.

그는 학생들이 도브와 같은 학자에게 흥미를 느낀 것은 학교 강의에서는 그들이 알고 싶은 것을 얻지 못했기 때문이라고 풀이했다. 그도 경제사 강의의 경우 마르크스-레닌주의는 거의 생략하고 지나갔다. 학생들은 근대경제학의 가장 중요한 이론체계를 이해하고 판단할 기회를 갖지 못했다. 학생들은 공산주의 경제이론을 알기에 앞서 그 비판론을 먼저 흡수해야 했다. 정 교수는 도브와 같은 학자들의 이론을 학생들이 배우려고 애쓰는 것을 이해는 할 수 있었으나 위태위태하게 보였다.

경제과 2학년 학급에서 여성모는 최연장자였다. 나이 서른의 이 복학생은 '올 에이' 학점을 받고 있었다. 여성모도 박현호처럼 방황과 고민 속에서 20대를 보냈다. 그의 가정은 아버지가 경남의 어느 군 농협조합장 선거에서 떨어지면서 몰락의 길을 걷게 된다.

첫 번 투표에서 그의 아버지는 당선에 필요한 3분의 2선에 한 표가 모자라 낙선했다. 두 번째 투표에선 과반수표를 얻은 사람이 뽑히게 돼 있었다. 그의 아버지는 상대방에게 한 표 차로 떨어졌다. 여성모는 아버지와 가정이 한 해 동안 이 선거에 말려들어 말할 수 없는 고통을 겪는 것을 봤다. 그는 고등학교를 졸업하자 가정의 이 풍파에 휩쓸렸다. 아버지의 실직으로 성모는 가장 역할을 맡아야 했다. 그는 회사에 취직했다. 회사를 바꿔가며 떠돌아다니다가 보니 어느새 그는 병역 기피자가 돼 있었다. 1974년에 그는 기피자 자수 기간에 자수하여 입대했다. 여성모를 다른 사람으로 만든 것은 군대생활의 고생이었다. 그는 공병대에 들어갔다. 블록공장에 배속됐다. '줄빠따' '원산폭격' '팬티 바람 집합' 따위 기합 속에서 그는 몸으로 때우는 성실성을 익혔다.

박정희 대통령이 아니더라도…

공병대엔 주로 농촌 출신의 학력 낮은 사병들이 많았다. 성모는 처음엔 무지막지하게만 보이던 이들이 사귈수록 정이 가는 순수한 사람들이란 것을 알았다. 그들로부터 성모는 인간다움의 참뜻을 배웠다. 성모는 대학 재학 중 입대한 젊은이들이 공병대에서 일하면서 그 가혹한 환경에 짓눌려 '고문관'이 돼버리는 것도 보았다. 성모는 졸병생활에서 '훌륭한 지도자는 말단으로 있을 때의 생각을 지도자가 됐을 때 실천하는 사람이다'는 교훈을 터득했다.

졸병 때 그는 고참 대신 보초를 서주고 고참에게 세수물을 떠주며 이불을 깔아주어야 했다. 내무반장이 되자 여성모는 자기 할 일을 졸병에게 넘기지 않고 스스로 해냈다. 나쁜 전통은 한 사람의 희생으로 끊어질 수 있음을 그는 증명했다. 졸병이 여성모가 고마워서 몰래 따뜻한 세수물을 떠놓고 가기도 했다.

이런 여성모와 박현호가 중심이 된 스터디 그룹은 농담이 나올 수 없는 분위기를 자아냈다. 그들은 모두 '돈은 가질 수 있는 사람이 가져야 한다'고 믿고 있었다. 여성모는 무엇보다도 '특권층 사람이 하루 저녁에 날려 보내는 돈만 있으면 경제과 2학년생들과 같은 수십 명의 머리 좋은 가난한 학생들이 아르바이트의 속박에서 벗어나 마음 놓고 공부할 수 있다'는 생각에서 특권층의 부정부패를 미워했다.

이 스터디 그룹이 중심이 돼 1979년 5월에 경제과 2학년생들은 '한국농촌경제의 문제점'이란 제목으로 그들만의 세미나를 열기도 했다.

"보수적인 농민의 자율적인 깨우침과 밑으로부터의 개혁이 중요하다."

"설사 시간이 걸리더라도 경제발전은 순리에 따라 이뤄져야 한다. 곧 농촌경제의 발전에 따른 민족자본 축적과 이를 바탕으로 한 공업경제의 발전이 순서대로 진행돼야 하는데 이것이 거꾸로 되고 있는 점이 한국경제의 큰 문제다."

"박정희 대통령이 아니더라도 우리나라 사람들의 높은 교육수준과 역사발전 단계로 미뤄 지금과 같은 경제발전은 저절로 이룩됐을 것이다."

"인간다운 삶은 경제발전과 정치발전이 조화될 때만 얻을 수 있다."

이런 말들이 쏟아져 나왔다.

정광민의 죄책감

정광민의 집. 바다 쪽으로 향한 들창문을 통해 푸른 빛깔의 가을 햇살이 방안으로 쏟아져 들고 있었다. 부산항이 앞마당처럼 내려다보이는 남구 우암동 고지대. 그의 가족이 16년째 살고 있는 20평짜리 슬레이트집은 성냥곽처럼 다닥다닥 붙어 있는 불량주택들 속에서는 돋보일 만큼 컸다.

아침에 창문을 열 때마다 가슴과 눈동자 속으로 확 밀려오는 바다, 소금기, 그리고 햇살. 겨울에 따뜻하고 여름엔 시원한 이 집이 그는 항상 자랑이었다.

그는 '오늘은 점심 때쯤 등교해서 시험 범위나 알아오면 된다'는 생각을 했고 그래서 여느 때처럼 벌떡 일어나기가 싫었다. 노부모는 새벽 일찍 계원들과 함께 설악산 관광길로 떠났다. 형은 회사로, 집안엔 여동생만 남아 있었다.

윤동주, 김정한, 뮈르달, 갈브레이스가 꽂혀 있는 책장을 쳐다보면서 정광민은 그의 가장 큰 소망이 '읽고 싶은 책들을 차떼기로 사들이는 것'임을 다시 한 번 확인했다.

이런 생각을 할 때마다 그는 가슴이 답답해 왔다. 집에서 가까운 어느 재벌총수의 예비 분묘가 생각나서였다. 수십억 원을 들여 지은 돌덩어리. 아마도 몇 세기 뒤엔 한국 최대의 고분으로 일컬어질 이 무덤엔 아직 그 총수는 들어가 있지 않았다. '미리 지어둔 그 무덤 축조 비용의 몇십 분의 일만 있어도 학급의 가난한 학생들이 가정교사를 집어치우고 마음 편하게 공부를 할 수 있을 텐데' 하는 생각을 하니 가슴이 더욱 답답해 왔다.

회사 경비원으로 일하다가 일곱 해 전 정년퇴직한 정광민의 아버지는 일흔을 앞에 두고도 화물자동차 운전사로 일하고 있었다. 한 달에 20만 원을 벌기 위해 새벽 6시에 일터로 나가는 아버지에게 그는 항상 미안했다. 그가 미안하게 느끼고 있던 게 하나 더 있었다.

한 달 전, 그의 고교동창 신홍석(부산공업전문대학 기계과 2학년)이 데모 계획을 짜고 있는데 부산대학교를 움직여 달라고 부탁했었다. 정광민은 딱 거절했다. 그럴 시기가 아니란 이유를 내세웠다. 며칠 뒤 정광민은 동래경찰서에 불려갔다. 정보과에서 조사를 받을 때 비로소 그는 친구가 일을 저질렀음을 알았다. 신홍석은 경찰에 붙들려와 정광민에게 도움을 요청했던 사실까지 털어놓은 뒤였다.

정광민은 부산공전 시위사건과 관련되어 동래경찰서에서 자술서를 쓰고 나왔다. 그때 느꼈던 친구에 대한 죄책감이 늘 그의 가슴 한구석에 남아 있었다.

역사의 큰 손을 움직이기에는 정광민만큼 걸맞지 않은 청년도 드물었다. 그는 재치나 예술적인 재능과는 거리가 먼 사람이었다. 말수가 적고 드물게 자신의 생각을 나타낼 때는 내뱉듯이 짧게 폭발적으로 했다. 검붉은 얼굴은 무뚝뚝해 보였고 아무렇게나 손질한 장발로 뒤덮인 그의 얼굴에 어글어글한 두 눈동자만이 어떤 열기를 뿜으며 박혀 있었다.

170센티미터의 키에 건장한 몸집을 가졌지만 운동에는 도무지 취미도 재능도 없었다. 정광민은 옷차림 따위엔 신경도 쓰지 않았다. 가장 즐기는 차림은 검은색으로 물들인 군용 작업복에다가 고무신이었다. 그것도 까만 고무신. 부모가 "거지같은 복장 좀 집어치우라"고 해도 그는 막무가내였다. 텔레비전을 보지 않기로 작정을 한 정광민은 사진 잘 안 찍기로도 이름이 났다. 그가 구속돼 있을 때 기자들이 그의 집을 뒤져 찾아낸 것은 대학 입시원서에 붙이고 남은 증명사진뿐이었다.

정광민은 책에 모든 정열을 쏟았다. 친구도 많지 않은 그는 책들과의 대화에 빠져들었다. 그의 이 독서 편력은 부산대학교에 들어가면서 시작됐다.

그의 아버지는 6·25 때 월남한 사람이었다. 정광민의 성장지인 우암동 일대는 부두, 철길, 석탄 화차, 군용 기름통 더미, 판잣집이 많은 곳이다. 그야말로 서민들 속에서 그는 아주 평범하게 고등학교를 마쳤다.

1977년 1월에 그는 경북대학교 영문과에 응시했으나 떨어졌다. 그때 정광민은 외교관을 바라보고 있었다. 1977년엔 집에 있는 시간보다 독서실에 있는 시간이 더 많을 만큼 재수에 땀을 흘렸다. 뛰어난 지능은 아니었지만 그는 아침에 도시락을 두 개 싸가지고 나가 오직 끈기로 참고서와 싸웠다. 1978년에 부산대학교에 합격하자 그는 시험공부에서 해방된 에너지를 책 읽기에 돌렸다.

《백범일지》《소유의 역사》《뜻으로 본 한국역사》《변혁시대의 한국사》《분단시대의 역사인식》 등…. 그는 매주 한 권꼴로 책을 바꿔갔다. 경제과 2학년이 되면서 그의 사고방식은 다른 동급생들과 같이 박 정권을 권력과 독점재벌의 결탁으로 보는 쪽으로 굳어졌다. 특히 도시공업경제에 희생된 농촌경제의 문제에 대해 그는 관심을 기울였다. 경제과 2학년 과회에서 마련한 '한국농업의-구조적 문제점과 농산물 유통과정의 문제점'이란 세미나에서 가장 날카로운 질문을 퍼부어 그를 우직한 학생으로만 여기고 있었던 친구들을 놀라게 하기도 했다.

이즈음 정광민은 글을 쓰기 시작했다. 어느새 그의 목표는 외교관에서 기자나 소설가로 바뀌어 있었다. 부대신문 수습기자 시험에 응시, 낙방한 뒤에도 그는 단편소설을 여러 편 썼다가 찢어버리는 습작을 거듭했다. 그가 가장 존경한 작가는 김정한이었다. 노작가의 굳은 지조 이외에도 김정한이 부산 토박이고 부대 교수 출신이란 점에서 친근감을 느꼈다. 김정한의 '나의 문학, 나의 인생'이란 강의를 들은 뒤부터는 이 주름살투성이의 영감에게 더욱 애정을 느끼게 됐다. '모래톱 이야기' '인간단지' 같은 작품을 읽고서 그는 김정한의 작품과 실제 삶이 이룬 놀라운 일치에 감동했다. 최남선과 이광수에 대한 경멸로 해서 김정한에 대한 존경심은 더욱 깊어갔다.

무슨 대책이라도 있나요?

정광민은 1979년 여름방학을 틈타 어느 문학잡지의 신인 문학상 모집에 보낼 단편소설을 썼다. 200자 원고지 70장 길이의 이 소설 제목은 '저것은, 저것이 공'이란 불경의 한 구절이었다. 이 소설에서 주인공 '나'는 두 어머니의 틈바구니에서 고민하고 있다. 낳은 어머니와 기른 어머니, '나'는 갈등을 '라니'라는 순박한 처녀를 통해 잊으려고 한다. '라니'는 나의 잃어버린 반쪽이다. 동시에 '라니'는 '나'의 인격 형성에 있어서 극복하지 않으면 안 되는 대상이기도 했다.

정광민은 1979년 9월에 이 환상적인 단편소설을 완성하여 잡지사에 보냈으나 좋은 소식은 없었다. 이 소설은 정광민의 숨은 고민을 보여주고 있다. 소설의 '나'는 바로 그였던 것이다. 그를 낳은 어머니는 그가 젖먹이일 때 아버지와 헤어졌다. 그 뒤 처음으로 어머니를 만난 것은 정광민이

10·26 뒤 교도소에서 석방되던 날이었다. 이때 비로소 정광민은 어머니가 몰래 그의 학비를 대어왔다는 것을 알았다고 한다.

정광민의 계모는 여동생을 낳았는데 친어머니 이상으로 그를 아꼈다. 정광민은 나이가 들수록 더욱 쓸쓸해지기 시작했다. 정광민의 아버지는 이북 피난민 특유의 끈질긴 생활력을 갖고 있었다. 낙천적인 이 60대 노인은 제분회사 경비원 자리에서 정년퇴직하고도 용달차 운전사로 뛰고 있었다. 정광민은 1979년 봄엔 고등학생 5, 6명을 모아 가정교사를 하여 돈이 모이면 몽땅 책을 사곤 했으나 넉 달 만에 그만두었다.

1979년 4월19일. 정광민은 이날을 기념하기 위해 친구와 함께 학교 뒤편 금정산성에 올라갔다. 독한 동동주를 실컷 들이킨 정광민은 오후 늦게 학교로 내려왔다. 울적한 마음을 풀 수가 없었다. 술냄새를 풍기며 그는 벌겋게 된 얼굴로 씩씩댔다. 어디에서 한지를 구해왔다. 정광민은 검은 매직펜으로 내갈겼다.

'4·19 – 19주년'

이것을 들고 그는 학교 도서관 안을 한 바퀴 돌았다. 학생 수백 명이 공부하고 있다가 이 엉뚱한 1인 데모에 눈이 휘둥그레졌다. 정광민이 바깥으로 나오자 100명도 넘을 듯한 학생들이 따라 나와 "무슨 일이냐"고 웅성댔다. 정광민은 미친 듯 "알고 지냅시다!"라고 소리쳤다.

"우리 알고 지냅시다."

정광민에게 손을 내미는 학생이 있었다. 도통하게 살진 손을 가진 이 귀염성 있는 얼굴의 학생은 "나는 김종셉니다"고 자기소개를 했다.

그 다음날 정광민은 학생 상담관실에 불려가 경위서를 썼다.

1979년 9월이 됐다. 여름방학을 마치고 캠퍼스에 돌아온 학생들은 술렁이는 분위기를 느끼게 됐다. 복학생으로 보기에는 너무 나이가 많은 것 같은 낯선 사나이들이 할 일 없이 교정을 서성대서가 아니었다. 방학 동안에 일어난 YH사건*은 경제학을 전공하는 학생들에게 큰 충격을 주었다. (注: 1979년 8월 가발 업체였던 YH무역의 여성 근로자 170여 명이 회사 운영 정상화와 근로자 생존권 보장을 요구하며 서울 마포구 도화동 신민당사에서 농성을 벌였던 사건. 이 사건으로 신민당 총재였던 김영삼이 신민당 총재 직무를 정지당한 뒤 국회의원직에서 제명당했다.) 정치권력과 독점자본의 결합이란 도식적인 관점에서 박 정권을 보아온 그들은 YH사건을 그들의 평소 생각이 옳았음을 확인해주는 증거로 보았다. 도시산업선교회를 일방적으로 규탄하는 일부 언론의 작태는 정부의 탄압 이상으로 그들을 흥분시켜 가고 있었다. 경제과 2학년 총대인 이덕만은 대학신문 기자로 일하다가 지나친 학교당국의 간섭을 참지 못해 사표를 던지고 나온 학생이었다. 그는 어느 날 학급회의를 소집했다.

몇몇 학생들이 "중간시험 전에 여학생들과 미팅을 한번 갖자"고 제안했던 것이다. 이날 모임은 미팅 찬반론으로 갈렸다. 이덕만은 "지금 상황에서 그런 일을 벌이면 욕을 먹는다"고 미팅 반대편에 섰다. 이 학급의 분위기를 이끌어가는 복학생들도 점잖게 반대론을 폈다. 콸콸한 어느 학생은 "세상이 어떻게 돌아가는 줄도 모르고 그런 착상을 하는 사람은 바로 학원가의 범법자"라고 소리치기도 했다.

학급 분위기가 이상하게 격앙돼 갔다. 모두가 억눌린 감정을 주체하지 못하고 있었는데, 그 감정이 미팅 얘기를 끄집어낸 학생들에게 쏟아졌다.

이때 정광민이 일어나 화난 표정으로 냅다 소리쳤다.

"그러면 무슨 대책이라도 있습니까."

총대를 공박하는 듯한 이 말에는 "이렇게 앉아 있을 수 있습니까"란 뜻이 담겨져 있었다. 갑자기 강의실 안이 조용해졌다. 이 학급에서 가장 나이가 많은 여성모는 그때가 폭발 직전의 분위기였다고 뒤에 말했다. 정광민은 그 한마디만 던지고 앉아 버렸기 때문에 다른 학생들은 마음속으로 "과연 나는 행동할 수 있는가"라고 자기의 용기를 점검해 볼 기회를 얻었던 것이다. 이때의 집단적인 명상은 한 달 뒤의 결정적인 행동으로 이어지는 중대한 계기가 됐다. 많은 학생들은 이 순간 이미 마음속에서 데모를 시작했던 것이다.

이진걸과 두 친구

이진걸(李鎭傑)의 별명은 곰이었다. 곰처럼 살이 찌지는 않았다. 오히려 여윈 편이었다. 이 별명은 그의 곰 같은 성격에서 생긴 것이었다. 좀처럼 열릴 것 같지 않은 입술, 치뜨면 남을 멈칫하게 만드는 눈매, 컬컬한 목소리, 그러나 가끔씩 웃을 때는 황소 웃음을 연상케 하는 것이었다. 이웃에서는 앞과 밑만 바라보며 꼿꼿이 걸어가는 착실한 학생으로만 이진걸을 기억했다. 그의 아버지는 동생이 경영하는 작은 공장에서 상무로 일하는 성실한 사람이었다. 말이 상무지 큰 기업체의 말단사원 정도의 수입밖에 없었다. 이진걸은 한때 가정교사를 하여 책 살 돈을 마련하기도 했다. 조용하면서도 뒷심이 세어 보이는 이진걸은 부산 동고등학교를 졸업할 때까지만 해도 평범한 학생이었다. 1977년 그는 부산공대 기계과에 들어갔다. 이때부터 그는 달라져 갔다.

'동녘회'란 모임이 이때 부산대학교 안에서 만들어졌다. 동고등학교 출신의 남학생들과 동여고를 나온 여학생들이 순수한 친목모임으로 조직한 것이었다. 한 해쯤은 그런 성격의 서클로 활동했다. 이 모임의 성격을 바꾼 것도 1978년 4·19 선언문 사건이었다. '동녘회' 회원 이성동이 주모자로 구속되면서 이 모임은 이념서클로 바뀌게 됐다.

모임의 주제는 미팅이나 놀러 다니는 일 따위에서 자유와 평등의 문제 쪽으로 바뀌었다. 매주 한 번씩 그들은 서클 파크의 벤치에 모여 앉아 토론회를 가졌다. 장준하·한완상·백기완·함석헌의 책들을 읽고 주제발표를 한 뒤 토론을 벌이는 식이었다.

노동자와 농민의 문제가 가장 자주 등장하는 테마였다.

이진걸은 고교 동기생인 부산상대 학생 문보현을 통해 이상경, 이호철, 이상록 등 의식 있는 학생들과도 자주 만나게 됐다. 서로 영향을 주고받았다. 이상록·이호철·김종세는 그때 부산대학교 안의 의식화 운동을 주도하는 학생들이었다. 그들은 또한 부산대학교와 바깥의 민주화 세력을 잇는 끈이었다. 이들의 영향으로 이진걸은 YMCA 강당에서 있었던 반정부 색깔이 짙은 강연회에도 두서너 번 나갔다.

이진걸은 1978년 겨울 서면의 한 책방에서 황선용을 만났다. 황선용은 서면서림의 점원으로 일하고 있었다. 이진걸은 황선용과 금새 친해졌다. 황선용은 가난한 집안에서 외로운 학창생활을 보냈다. 부산 금성중학교를 졸업한 그는 고등학교 시험에 낙방했다. 재수를 하고 있을 때 왼쪽 허벅지뼈가 골수염에 걸렸다. 허벅지뼈의 3분의 1쯤이 썩었다. 이 썩은 뼈 대신 쇠판을 이어 붙이는 수술을 받고 그는 3년 동안 병상에 누워 지내야 했다.

집안을 돕기 위해 친척이 경영하는 책방에 취직한 것은 1976년이었다. 친구가 별로 많지 않았던 황선용은 책이란 부담 없는 친구와 사귀게 됐다. 여기서 그는 자신과 비슷한 처지의 남성철도 알게 됐다. 황선용은 이진걸에게 남성철을 소개했다.

세 사람은 자주 만났다. 그럴 때마다 현실 문제에 대한 비슷한 인식을 확인해 갔다. 세 사람은 우리나라의 권력구조를 독점매판자본과 독재권력의 악수로 이해했다. 셋은 책을 통해서 익힌 현실 비판 의식을 현실의 체험 속에서 검증해 보려고 애썼다. 민주화 운동가들의 재판에 자주 방청을 갔다. 신동엽, 황명걸, 김지하 등의 금시(禁詩)를 마흔 부 등사하여 친구들에게 나눠주기도 했다. 이진걸은 1979년에 들어서면서 전공과목의 공부엔 거의 신경을 쓰지 않고 현실 비판 의식을 심화시켜나가는 데 시간을 보냈다. 책 읽을 시간이 줄어든다고 가정교사를 그만둘 정도였다. 이진걸은 황선용이를 만나면 "3학년을 그대로 넘기기 싫다"고 입버릇처럼 말했다.

여관에서 선언문 등사

그는 차츰 무엇인가를 하지 않고서는 갑갑해서 못 배길 단계에 들어서고 있었다. 그는 문제를 일으켜 퇴학되면 공장 노동자로 일할 계획까지 세워 놓았다. 일단 대학을 그만두면 화이트칼라적인 직업을 단념하겠다고 결심했다.

1979년 9월 초순 이진걸은 언젠가는 쓸 선언문 초안을 만들었다. 이진걸은 선언문 초안을 완성한 며칠 뒤 서면서림에서 황선용과 남성철을 만나 "한번 일어나자"고 제의했다.

둘은 마음이 내키지 않는 것 같았다. 황선용은 "내년 4·19까지 기다리자"고 했다. 그러나 이진걸의 열의가 너무나 굳은 것을 보고 두 친구는 협조해 주겠다고 약속해 버렸다. 이진걸은 며칠 뒤 이호철에게 계획을 털어놓았다. 이호철은 자기도 사람을 구하고 있는 중인데 당장은 어렵겠다고 했다. 이진걸은 '동녘회'의 후배들을 동원할까 생각했다. 후배들을 퇴학의 길로 몰아세우는 것은 선배의 입장에서 못할 일이란 생각이 들어 그만두었다.

10월 초순 세 음모자는 결행 날짜를 10월15일로 정했다. 13일은 토요일이었고 '동녘회'가 서클 파크로 모이는 날이었다. 이진걸은 10명쯤의 후배들을 불러놓고 당부했다.

"이것은 절대로 강요가 아니다. 너희들에게 피해도 안 줄 생각이다. 부탁할 것은 오는 15일 아침 7시쯤 이곳에 모여다오."

선언문 등사 준비는 다 돼 있었다. 황선용이 등사기를 가져왔다. 이진걸은 8절지 크기의 시험지 1000장을 사왔다. 남성철은 원지·잉크·줄판을 가져왔다. 세 청년이 이렇게 해서 서면서림에 모인 것은 10월13일 밤 10시께였다.

여기서 세 사람은 시위가 이루어질 가능성을 다시 검토해보았다. 이진걸은 좋게 보아야 40, 50퍼센트라고 말했다. "실패해도 소금 구실은 할 것이다"고 세 사람은 서로를 위로했다. 황선용은 그때 왼쪽 허벅지의 골수염

수술 자리가 도져서 재수술하기로 날짜까지 받아놓고 있었다. 황선용은 이 계획을 실천에 옮기면 틀림없이 감옥으로 갈 텐데 이런 몸으로는 견딜 수 없다고 걱정했다.

남성철과 이진걸은 "모든 것은 우리 둘이서 한 것으로 얘기하겠다"고 안심시켰다. 남성철은 그날 낮 예비군 훈련을 받았는데 온몸에 열이 나는 등 앓고 있었다. 남성철은 "책임은 내가 지겠으니 오늘 밤만은 네가 이진걸을 도와주어야 겠다"고 황선용을 설득했다. 황선용은 승낙, 남성철은 집으로 돌아갔다.

황선용과 이진걸은 등사기를 짊어지고 이날 밤 11시쯤 부산진구 전포동에 위치한 보람여관에 들었다. 미리 보아둔 여관이 아니라 깨끗하게 보였기에 무턱대고 들어간 것이었다. 숙박부엔 적당히 지어낸 이름을 써넣었다.

선언문은 원지에다가 이틀 전에 써두었다. 여관방에서 등사가 시작됐다. 처음 300장쯤은 잉크가 제대로 묻지 않아 못 쓰게 됐으나 나중엔 제대로 등사가 되었다. 900장쯤의 등사가 끝났을 땐 14일 새벽 4시께였다. 둘은 서면서림에 선언문을 맡기고 헤어졌다. 헤어질 때 황선용은 이진걸에게 몇 가지 충고를 했다.

부산대학교 신정문의 오른쪽 주택가로 내려가 시민들과 합세할 것, 교수들이 물리적으로 데모를 막으려 할 때는 폭력으로 대항할 것.

이진걸은 집에 돌아와 목욕을 한 뒤 정오쯤 남성철을 만났다. 그리고는 둘이서 전포동 강남여인숙에 들어갔다. 등사기구를 갖고 들어갔다. 오후 5시까지 둘은 할 일 없이 여관방 안에서 낮잠을 잤다.

이것은 황선용을 빼주기 위한 행동으로서 남성철이 이진걸과 함께 이 여관에서 등사를 했다는 증거를 남기기 위한 쇼였다. 경찰에 잡혀갈 때는 이날의 행동을 데모 모의로 속여 진술하기로 했던 것이다. 숙박부엔 이름도 써넣으려 했으나 여관에선 숙박부를 내놓지 않았다.

이진걸은 여관에서 나와 친구 박 모 군으로부터 가방을 빌려 그것은 자기가 갖고, 자기 가방을 남성철에게 주었다. 남성철을 부산대 학생인 것처럼 위장시킬 필요가 있었던 것이다. 둘은 선언문을 반씩 나눠 가방 안에 넣었다. 다음날(15일) 아침 7시30분에 부산대학교 시계탑 밑에서 만나기로 하고 일단 헤어졌다.

실패함으로써 성공

1979년 10월15일 오전 부산대 15일은 쾌청한 가을날이었다. 간밤에 이진걸은 꿈도 안 꾸고 깊게 잤다. 개운한 머리와 약간 두근거리는 가슴으로 그는 운명을 향해 나아갔다.

남성철은 약속대로 시계탑 밑에서 가방을 든 채 기다리고 있었다.

이진걸은 남성철을 공대 2호관 앞에 남겨두고 미라보 다리를 건너 서클파크로 갔다. '동녘회'의 후배 열 명이 벤치에 앉아 기다리고 있었다. 이진걸은 선언문을 한 장씩 나눠주었다. 오전 10시에 도서관 앞으로 나오도록 당부한 뒤 내려오는데 고등학교 선배와 마주쳤다. 선언문 덩어리를 주면서 뿌려 달라고 부탁했다.

이진걸은 남성철을 데리고 도서관 앞으로 갔다. 시험공부를 하러 오는 학생들이 모여들 때가 됐는데 거의 보이지 않았다. 9시40분까지 두 사람은 도서관 앞에서 기다렸다.

선언문에 적힌 도서관 앞 집결시간은 오전 10시였다. 앞으로 20분밖에 안 남았다. 이때 이진걸은 아주 기계적인 계산을 했다. 20분 동안 선언문을 뿌리면 그 선언문을 읽은 학생들이 10시까지는 도서관 앞으로 몰려들 것이라고 계산한 것이다.

이진걸은 본관, 남성철은 도서관을 맡기로 했다. 이진걸은 본관 3층으로 뛰어 올라갔다. 문리대, 법대, 사범대 강의실을 돌면서 그는 선언문을 나눠주었다. 그는 강의시간이 시작되기를 기다리고 있는 학생들 앞으로 나가 강의용 탁자 위에 선언문을 뭉텅이로 놓고 말없이 빠져나오곤 했다. 1층 어느 강의실에선 맨 뒷구석에 있는 학생에게 30장 가량을 주면서 "이것 돌립시다"고 부탁했다. 그 학생은 어리둥절한 표정을 짓더니 곧 눈치를 채고 앞으로 돌리기 시작했다.

본관에서 이진걸은 상대로 뛰었다. 1층 강의실에 20장쯤을 던져주고 뒷문을 거쳐 벤치로 갔더니 학생 60명 가량이 앉아서 공부를 하고 있었다. 여기서 이진걸은 정신없이 선언문을 나눠줬다.

휴게실로 내려오니 시험공부하는 학생들이 의자들을 차지하여 꽉 앉아 있었다. 이진걸은 두 학생의 탁자 위에 선언문을 얹어두고 나와 운동장 스탠드로 달렸다. 그날은 학훈단의 훈련이 있는 날이었다. 때마침 교관이 없었다. 그는 스탠드에 앉아 있는 학훈단(학도군사훈련단) 학생들에게 50장 가량을 주면서 옆으로 돌려 달라고 부탁했다. 본관 잔디에도 10여 장을 뿌린 그는 10시 직전 도서관에 당도했다.

이진걸은 지금쯤 도서관은 남성철이 뿌린 선언문으로 술렁이고 있으리라고 기대하며 달려갔다. 그러나 그곳엔 아무 일도 일어나지 않고 있었다. 당황한 이진걸은 2층으로 뛰어 올라갔다.

남성철은 그때야 열람실에 선언문을 나눠주려고 가방을 열고 있었다. 이진걸은 선언문 반 뭉텅이를 빼앗다시피 해 갖고 내려와 1층 열람실의 학생들에게 돌렸다.

학생들을 동원하는 데 돕겠다고 사흘 전에 약속했던 이호철과 김종세가 다가오더니 이진걸의 등을 툭툭 치면서 선언문 한 장씩을 받아갔다. 이진걸은 두 번째로 2층으로 올라가 행동이 느린 남성철로부터 또 선언문을 받아 내려와 1층에서 돌렸다.

"이제 무슨 반응이 있을 때가 됐다."

이렇게 생각한 이진걸이 도서관 앞에 나섰을 때는 10시 20분께였다. 잔디 벤치엔 '동녘회'의 후배 학생들만이 묵묵히 앉아 있을 뿐이었다. 이진걸은 본관으로 달려갔다. 그곳에서도 학생들은 특별한 반응을 보이지 않았다.

이진걸과 남성철은 "일이 틀렸다"고 생각했다. 둘은 터벅터벅 옛 정문을 지나 학교 밖으로 나왔다. 둘은 길가 술집에 들어갔다. 소주 한 병을 다 마시며 절망의 구렁텅이로 빠져들었다. 이 술집 화장실에 남성철은 남은 선언문을 뭉텅이로 처박아 버렸다.

패잔병 꼴이 된 남성철과 이진걸은 술집을 나와 서면으로 갔다. 어느 다방에서 황선용을 불러냈다. 황선용은 "유신 대학인데 제대로 되겠느냐?"고 비꼬는 말투로 둘을 위로했다. 황선용은 1만 9000원을 꺼내 남성철에게 주면서 둘이서 갈라 쓰라고 했다.

셋이 헤어진 것은 오후 2시께. 이진걸이 집에 당도하니 어머니가 울고 있었다. 어머니는 벌써 이진걸의 친구로부터 전화 연락을 받고 학교에서 무슨 일이 일어났다는 것을 알고 있었다. 이진걸은 "오늘 잡혀갈 것이다"라고 믿었다. 그는 판매가 금지된 책들과 선언문과 갖가지 보고서 및 동아투위 소식들을 묶어 쌌다. 그리곤 부산대학 앞에 있는 태백산맥서점 주인 노승일에게 이 '불온문서'를 맡겼다. 후배가 와서 찾아갈 것이라고 일러두었다.

이진걸은 이날 오후 해운대 백사장으로 갔다. 바다는 가을 하늘처럼 빛나고 있었다. 모래에 반사된 햇볕이 뜨겁게 살갗에 부딪쳤다. 그는 전화로 남성철을 다시 불러냈다. 둘은 백사장을 거닐면서 앞으로의 행동을 의논했다. 잡혀갈 때까지는 모른 척 지내기로 했다.

그날 오후 부산대학교 부근의 술집엔 유달리 학생들이 많이 붐볐다. 탁자를 치며 울분을 터뜨리는 학생들도 있었다.

"어느 놈이 선언문만 뿌려 놓고 자기만 빠져 달아났을까. 속았다, 속았어!"

이들은 리더의 출현을 기다리며 도서관 앞에서 몇 시간이나 기다리다가 끝내 배신감을 맛보며 발길을 술집으로 돌린 학생들이었다.

이진걸은 실패함으로써 성공했다. 이진걸의 실패는 학생들에게 울분과 안타까움을 심어 주었다. 그와 함께 내일은 무엇인가 있을 것이라는 기대감을 안겨 주었다. 많은 부산대 학생들은 내일에 관심의 초점을 맞춰 놓고 있었다. 이진걸의 가장 큰 역할은 부산대 학생들의 가슴마다에 쌓여 있던 인화물질을 기대감과 울분으로 바싹 건조시킨 점이었다. 학생들은 웅크리고 기다렸다. 인화물질에 불씨를 던질 사람을.

선별수리론의 내막

<u>10월15일 오후 공화당사</u> 이진걸이 실의에 빠져 해운대 백사장을 거닐고 있을 때 서울 남산에 있는 공화당사 의장실에선 매주 한 번씩 있는 공화·유정 합동조정회의가 열렸다. 당시 유정회 대변인으로 이 회의에 참석했던 정재호(鄭在虎)는 이렇게 증언한다.

"박준규 공화당 의장서리가 사회를 보았는데, 상기된 표정으로 개구일성 '오늘은 야당의원들의 사퇴서 처리 문제(注: 신민당 의원 66명 전원은 김영삼 총재 제명에 항의, 10월13일에 사퇴서를 국회에 냈었다)로 의제를 압축해서 이야기하자. 한 사람도 빠짐없이 발언을 하자'고 했다.

마주보고 앉은 순서에 따라 발언이 진행됐다. 구태회(공화당 정책위의장)→한태연(유정희 정책위의장)→김용태(정무장관)→고재필(정무장관)→최영희(유정회 총무)→신형식(공화당 사무총장)→오유방(공화당 대변인) 등의 차례로 발언이 이어졌다. 탁구공 치듯이 발언이 오가면서 내용도 강경으로 치달았다. 거의 전부가 사퇴서의 선별수리를 주장했다. '가지 몇 개만 자르면 된다'는 얘기도 나왔다.

나에게 발언 차례가 왔다. 지금도 생생하게 그때의 말들을 기억한다.

'지금 우리가 현미경으로 신민당을 들여다보듯 주류·비주류를 식별하려고 하는데 대세의 흐름을 놓치고 있다. 국민이 선택한 사람을 우리가 선별한다는 것은 난센스다. 나는 반대다.'

박준규 의장서리는 놀란 듯 '정 대변인은 조선일보 가십에 난 것이 진심인가, 지금이 진심인가'라고 했고, 나는 '반대'를 거듭 확인했다. 김용호 부총무도 약간 애매한 말투였지만 반대론을 폈다. 박 의장서리는 토의 결과를 공화·유정 두 대변인이 문안을 통일하여 발표하도록 하라고 지시했다. 그래서 선별수리를 주장하는 강경론이 압도적이었다는 발표를 기자들에게 했다. 나는 기자들에게 12대 1.5라는 표현을 썼다. 강경론 12명에 온건론은 나와 김 총무 두 명이란 것을 그런 식으로 암시했는데, 김 부총무의 소신이 애매하여 0.5로 매긴 것이었다.

당시 나는 대변인이란 직책 때문에 악역을 맡아야 했고, 뒤에는 선별수리론이 부산·마산 시민들을 격앙시켰다 하여 욕을 많이 먹었는데 실상은 그렇게 됐었다."

당시 공화당 의장서리 박준규도 나에게 비슷한 이야기를 했다.

"그때 김재규 부장이 강력히 부탁을 해서 일부 당직자들의 반발을 꺾고 선별수리 방침을 결정한 것이었지요. 김 부장은 대야(對野) 압력용으로 필요하니 선별수리 방침을 발표해 달라고 강권해 왔습니다."

정광민, 등사에 열중하다

15일 정오께 정광민은 학교에 당도했다. 단박에 무슨 일이 있었다는 것을 알아차렸다. 그때 이진걸의 격문을 읽고 도서관 앞에 모였던 학생들은 하나씩 흩어지고 있었다. 정광민은 같은 과 황헌규와 경영과 3학년 박준석을 만났다. 세 학생은 학교 매점으로 갔다. 정광민은 "이젠 우리가 나설 때다"고 말을 꺼냈다. 정광민은 이 말을 하고 나니 오전 내내 답답하던 마음이 확 트이는 것 같았다. 이제 주사위는 던져진 것이다. 두 친구도 찬동하는 듯했다. 세 사람은 선언문 인쇄방법부터 의논했다. 그들을 등사판을 살 돈이 없었다. 친구들로부터 빌려야 할 판이었다.

광민은 김종세 생각이 났다. 이런 일엔 꽤 경험이 있을 것 같은 종세를 만나러 도서관으로 다시 올라갔다. 김종세는 정광민에게 등사기를 구해주는 대신 등사판을 못 구할 때 최후수단으로 이용해 보라고 가는 철망을 이용한 간이 등사기술을 가르쳐 주었다. 정광민은 "내일 열 시에 결행한다"고 일러주었다. 광민, 현규, 준석, 이 세 사람의 가장 큰 당면과제는 용기도 아니고 데모 이후의 처벌도 아니었다. 등사기를 구하는 것이었다.

오후 다섯 시쯤 황헌규는 집에 일이 있다면서 먼저 가버렸다. 광민과 준석 둘은 등사기를 찾아 나섰다. 광민은 동급생 전도걸을 생각해 냈다. 그의 아버지는 초등학교 교사이기 때문에 줄판은 틀림없이 있을 것이다. 전도걸은 정광민의 가장 친한 친구였다. 안경을 쓰고 한쪽 귀의 청력이 약한 도걸은 자신을 따뜻하게 이해해 주는 광민과 잘 어울렸다. 학급에선 두 사람이 단짝으로 통했다.

연산동의 전도걸 집에 찾아간 두 사람은 도걸에게 행동 계획을 설명하고 줄판을 빌렸다. 두 사람이 나오려는데 도걸도 같이 가겠다고 나섰다. 그의 어머니가 걱정스런 눈초리로 "저녁도 안 먹고 어디 가느냐"고 말렸다. 전도걸은 무척 호기심을 느끼고 있는 것 같았다. 세 음모자는 등사기를 구하러 준석의 친구를 찾아 나섰다. 부곡동의 전정욱은 부산대학 지질학과 3학년이었다. 그는 얘기를 다 듣고 성공을 빈다면서 등사기와 등사잉크를 건네주었다. 세 학생이 택시로 정광민의 집에 도착했을 때 텔레비전에선 저녁 일곱 시 뉴스가 나오고 있었다.

15일 밤·16일 새벽 정광민의 다락방 광민은 라면 세 봉지를 사 끓여 두 친구와 나눠 먹었다. 그리곤 2200원을 꺼내 8절지 시험지 400장과 원지 석 장 및 줄필을 사왔다. 광민은 엿새 전에 써둔 선언문 초안을 찾아내 원지에 옮겨 썼다.

정광민은 등사판을 밀어본 경험이 없었다. 잉크가 골고루 묻지 않은 데다가 롤러를 서툴게 밀어 등사는 엉망이 됐다. 글자를 해독할 수 있는 것은 전체의 5분의 1도 안 됐다. 태반은 글자 모양도 알 수 없었다. 정광민은 나중에 수사를 받을 때 이 엉망진창의 선언문을 보고 원안을 기억으로 되살려 새로 써내야 했다.

몇 번이고 다시 밀고 했지만 결과는 마찬가지였다. 밤 10시쯤 광민은 앞마당으로 내려와 긴장으로 이마에 맺힌 땀을 식혔다. 그들이 작업을 시작한 곳은 반 평짜리 다락방이었다. 정광민은 부모가 여행길에 올라 집엔 아무것도 모르는 초등학교 6학년생인 여동생만 있다고 마음을 놓았다. 그러나 셋방살이하는 사람이 알면 골치 아프다고 다락방으로 올라갔던 것이다. 셋방살이하는 남 씨란 사람은 그러나 광민이가 무슨 일을 하는지 단박 눈치를 챘다. 마당에 나온 광민을 붙들고 위험한 짓 하지 말라고 타일렀다. 광민은 걱정할 것 없다면서 다락방으로 다시 기어 올라갔다.

전도걸과 박준석은 이때 바둑을 두고 있었다. 정광민이 들어오자 박준석은 "어젯밤에도 집에 안 들어갔는데 오늘은 돌아가야겠다"고 일어섰다.

전도걸도 따라 일어섰다.

"임마, 너까지 가면 광민이 혼자 어떻게 해!"

준석이는 도걸에게 의리 없는 친구라는 눈총을 주면서 원망했다. 정광민도 "올 때는 도와주러 온 것 아닌가"고 불평했다. 기어코 가겠다고 전도걸은 마당까지 따라나섰다. 정광민은 전도걸을 두 번 주먹으로 쥐어박았다. 자칫하다간 주먹다짐이 벌어질 형세였다.

"좋다. 문제가 생기면 나는 이곳에 없었던 걸로 해다오."

도걸이 꺾인 것이다. 준석을 보낸 두 친구는 다시 등사에 들어갔다. 새벽 4시까지 광민은 롤러를 밀고 도걸은 종이를 끄집어내는 식으로 선언문 200장을 등사했다. 광민의 교련복 바지는 시커먼 등사 잉크투성이가 됐다. 광민과 도걸은 잉크 묻은 손을 씻었다. 둘은 다락방에서 잠시나마 눈을 붙이려고 했다. 잠이 올 리가 없었다. 두 시간쯤 이리 뒤척 저리 뒤척하다가 일어났다. 전도걸은 집으로 가면서 "데모할 때 꼭 가겠다"고 싱긋 웃어 보였다. 정광민은 가방에 선언문 300장을 집어넣고 집을 나와 아침 8시에 버스정류장으로 나갔다. 그는 역사와 만나러 가는 길이었다.

선언문 전문

정광민이 쓴 선언문의 전문(全文)은 이러했다.

〈청년 학도여,

지금 너희들은 어디서 무엇을 하고 있는가. 우리의 조국은 심술궂은 독재자에 의해 고문받고 있는데도 과연 좌시할 수 있겠는가. 이 땅의 위정자들은 흔히 민족을 외치고 한국의 장래 운운하지만 진실로 이 나라 이 민족의 영원한 미래를 위하여 신명을 바칠 이 누구란 말인가. 청년 학도여!

최근에 일어난 일련의 사태를 돌이켜보게나. 특히 고도성장 정책의 추진으로 빚어진 수없는 부조리, 그중에서도 재벌그룹에 대한 특혜금융이 그들의 기업을 확대하고 발전시키기보다는 기업주 개인의 사욕을 채우기에 급급했으며 특수 권력층과 결탁하여 시장을 독점함으로써 시장질서를 교란시켜 막대한 독점이윤을 거두어 다수 서민대중의 가계를 핍박케 했던 것도 사실인 것이다. 그뿐만 아니었다. 정부나 기업은 보다 많은 수출을 위하여는 저(低)임금 외의 값싼 상품 공급은 없는 것으로 착각하고 터무니없이 낮은 생계비 미달의 저임금을 지불하고서도 그것이 과연 전체 국민의 후생을 증대시켰다고 할 수 있겠는가!

극심한 소득 분배의 불균형 때문에 야기된 사회적 부조리를 상기해 보라! 그 부조리는 영세한 서민층에게 물질적 빈곤만을 강요하였을 뿐 아니라 따사로운 일요일 한낮에 화목하게 모여 담소할 만한 시간도 없이 그들을 돈의 노예로 만들어 버림으로써 전가족이 마치 전쟁을 하듯이 공사장을 전전해야만 하는 것이다. 여기에 무슨 가정이 있으며 무슨 윤리가 깃들 수 있겠는가!

이러고도 정권의 아부배(輩)들은 현실을 왜곡한 채 독재자의 통치력을 입이 닳도록 찬양할 수 있겠는가! 눈앞의 모든 문제를 돈으로 해결하려는 자, 공리를 앞세우는 사회풍토보다는 오직 자신만의 이익을 내세우는 졸렬한 사회상, 이런 불합리하고 불건전한 사회에서 예술이며 전반적 문화 수준이 향상될 리 없는 것이다. 언제까지나 물질·정신 양면으로 낙후된 후진국이라는 누명을 덮어쓴 채 강대국에 질질 끌려다니는 초라한 민족의 모습. 그러나 우리는 좌절할 수는 없다. 점진적으로 이런 문제를 개선해

나가야 하는 것이다.

비단 문제는 그것으로 그치지 않는다. 소위 유신헌법을 보라! 그것은 법이 아니다. 그것은 국민을 위한 법이라기보다는 한 개인의 무모한 정치욕을 충족시키는 도구에 지나지 않는다. 소위 급변하는 현정세에 능동적으로 대처하기 위해서 만든 법이라고 하지만 교묘한 미명하에 가면을 덮어쓰고 국민을 능욕하는 술책이며 다수 선량한 지식인 내지 모든 우국지사에게는 유사시 총이며 칼인 것이다.

모든 정당한 비판과 오류의 시정을 요구하는 순수한 의지를 반민족적 행위 운운하면서 무참히 탄압하는 현정권의 유례없는 독재, 이러고도 우리 젊은 학도들은 작금에 벌어지고 있는 사회 문제에 방관만 하고 있을 것인가!

너희들의 정열은 어디에 있는가.

비록 이성이 진리 그 자체는 아닐지라도 너와 내가 추구하는 진리와 자유는 이성적 결단에 의해서만 획득되어지는 것이며 이성은 현존재로 하여금 모험을 하게 하지만 투기를 시키지 않으며 현존재로 하여금 소모시킬지언정 낭비하게 하지는 않을 것이다.

청년 학도여!

부디 식어가는 정열, 잊혀져 가는 희미한 진실, 그리고 이성을 다시 한번 뜨겁게 정말 뜨거웁게 불태우세! 혼탁한 시대를 사는 젊은 지성인으로서의 사명감, 그리고 책임감으로 우리 모두 분연히 진리와 자유의 횃불을 밝혀야만 하네!

폐정 개혁안

1. 유신헌법 철폐

2. 안정성장정책과 공평한 소득 분배

3. 학원사찰 중지

4. 학도호국단 폐지

5. 언론·집회·결사의 완전한 자유 보장

6. YH사건에서와 같은 반윤리적 기업주 엄단

7. 전국민에 대한 정치적 보복 중지

모든 효원인이여, 드디어 오늘이 왔네!

1979년 10월16일 10시 도서관으로!〉

선언문의 문장은 조리가 없으나 자극적이며, 정광민의 가족 체험을 그대로 옮긴 듯한 대목도 있다. 선언문에 나타난 그의 생각은 많은 경제과 학생들이 가졌던 후진국 경제론과 통하고 있다. 정광민도 이진걸처럼 특정한 정치적 사건을 예로 들지 않았고 어떤 정당을 편드는 내용도 담지 않았다. 선언문의 분석으로는 정광민은 박 정권의 경제정책과 권력구조에 대한 뿌리깊은 증오심과 YH사건 이후에 잇따라 터진 말기적인 정치탄압의 자극을 동기로 하여 행동한 것 같다.

감 못 잡은 경찰

정광민의 행동은 이진걸보다도 더 비조직적이었다. 이진걸처럼 격문을 나눠줄 인맥도 갖지 못했고 똑똑한 동지도 없었다. 광민은 전도걸 이외엔 친구도 거의 없었다. 학생운동의 경험을 가진 친구는 더더구나 없었다. 기껏 김종세에게 학생들을 도서관 앞에 모아달라고 부탁해 놓은 것이 유일한 사전 포석이었다. 용기는 있으나 너무 순진하고, 끈기는 있으나 치밀하지 못한 정광민은 자기 스타일대로 일을 해나갔다. 그것은 내키는 대로 밀어붙이는 것이었다.

그때의 부산대학교에 대한 정보 공작의 밀도로 미뤄 학급 단위 이상의 조직적 시위는 애당초 될 일이 아니었다. 학생회 조직을 통해 데모를 벌이던 낭만의 시대는 사라진 지 오래였다. 이 학교의 호국단 간부 학생들은 그때 선수단 독려란 명목으로 대전에서 열리고 있었던 전국체전 시찰여행을 하고 있었다.

이진걸의 실패가 있었는데도 바로 그 다음날 정광민이 두 번째 시도를 할 수 있었던 것은 두 사건이 소수 그룹의 행동이었기 때문이었다. 경찰의 정보망엔 이런 송사리들은 잘 걸려들지 않았던 것이다.

부산대학을 관할하는 동래경찰서는 10·16 사건 뒤 다분히 자기변명을 꾀한 보고서—'부대 학원소요 사태현황'을 펴냈다. 서른두 쪽으로 된 이 보고서에서 경찰은 이진걸이 격문을 뿌리기 사흘 전에 특수 정보를 손에 넣었다고 주장했다.

10월12일 오후 7시께 부산대학교 신정문 앞 정류장에서 법대 배지를 단 두 미남형 학생이 버스에 탔다.

"낭독은 누가 하지?"

"아무도 없으면 내가 하지."

두 사람의 대화를 뒷자리에서 듣고 있던 어떤 학생이 다음날 밤 아홉 시께 경찰에 첩보를 제공했다는 것이었다. 동래경찰서 학원담당 여 모 경사는 부대 정보공작의 팀장인 정보 1과 2계장에게 이 사실을 보고했다. 경찰은 14일에 상담관실에서 학생과장 이충걸 교수와 상담관실 홍준섭 실장을 불러 이 첩보를 알려주었다.

그러나 학교에선 단과대학의 학생과장들에게만 이 사실을 알리는 데 그치고 중요한 곳엔 사람을 내보내지 않아 이진걸의 격문 뿌림을 막지 못했다고, 이 보고서는 사건 발생의 책임을 학교에 떠넘겼다.

경찰이 얻었다는 첩보는 심상치 않은 일이 진행되고 있는 것 같다는 막연한 것이었던 모양이다. 이런 첩보는 하루에도 몇 번씩 뜬소문처럼 경찰이나 상담관실에 들어와 대수롭게 여기지 않을 수가 있었다.

경찰이 이진걸 편으로부터 기습을 당했다는 것은 격문이 뿌려진 15일 밤 늦게까지도 이진걸을 용의선상에 올려놓지도 않았다는 사실로도 입증되고 있다.

경찰은 이런 문제가 생기면 일단 데모 전과자나 요주의 학생들의 짓으로 보고 그들의 움직임을 뒤쫓는 버릇이 있다. 이진걸은 이름 없는 투사였으므로 경찰의 1차 수사대상엔 끼지도 않았던 것이다.

부산대학 내 정보의 백과사전격인 장전파출소장 김의관 경위는 15일 오후 5시쯤 생각에 골몰하면서 옛 정문으로 내려오고 있었다. 저런 격문을 뿌릴 만한 학생들은 손바닥 보듯 환히 알고 있는 그였지만 오늘 체크해 본 바로는 뚜렷한 혐의점을 누구한테서도 찾을 수가 없었다. 그는 부산공전 학생으로부터 데모 제의를 받았다가 거절, 자술서를 쓴 적이 있는 정광민이 마음에 걸렸다. 그래서 오후에 상대 학생에게 부탁하여 총대를 시켜 정광민의 동태를 알아보게 했다. 돌아온 대답은 정광민은 공부에만 열중하고 있다는 것이었다. 총대가 속임수 보고를 했던 것이다.

동래경찰서는 그날 일단 윤명학 등 두 학생을 격문사건의 용의자로 지목, 소재 수사에 들어갔다. 법대 4년생인 윤명학은 버스 안에서 '아무도 안 읽으려면 내가 읽겠다'고 말한 문제학생으로 지목됐고 공대 기계과 학생 김 모 군은 평소 불순한 언동을 하고 다닌다고 찍혀 있던 차였다. 김의관은 그러나 이 두 학생은 이 사건과는 아무 관계가 없다고 생각하고 있었다.

형사 100여 명 잠복

생각에 잠겨 캠퍼스에서 파출소 쪽으로 터벅터벅 내려오는 김의관의 등 뒤에서 "형요! 교수가 저를 보자는데 괜찮겠습니까?"라고 한 학생이 물었다. 어디서 많이 본 얼굴이었다. 부산대학교 출신인 김 경위를 형이라고 부르는 학생들은 많았기 때문에 그는 별 신경을 쓰지 않았다.

'아하! 지도교수들이 자기 학급의 문제학생들을 점검하기 시작했구나.' 김의관은 대수롭지 않게 생각하며 "뭐, 잘못한 것 없으면 괜찮겠지" 아주 의례적인 대답을 내뱉었다.

버스정류장에서 그 학생과 헤어지자 김의관은 갑자기 학생이 수상쩍게 생각 들었다. 다음날 아침 김의관은 학교로 올라가 문제학생 카드를 뒤지기 시작했다. 달걀처럼 살진 얼굴의 어제 그 학생 사진을 찾았다.

"김종세, 수학과 3년, 지난 4·19 때 도서관 앞에서 '공부만 많이 하면 최고냐'고 다른 학생들을 선동한 적이 있음. 기러기회 회장을 지냈고 YMCA에 출입이 잦음. 기독교회 청년회원…."

김의관은 무릎을 쳤다. 이놈이다! 이놈이 어제 도서관 근처에서 얼쩡거렸고 틀림없이 격문 사건과 관계가 있을 게다. 그는 김종세를 찾아다녔다.

이진걸의 격문이 뿌려진 15일 오후 부산대학교는 모든 직원들에게 비상근무령을 내렸다. 두 명씩 조를 만들어 학생들이 많이 모이는 도서관, 시계탑, 식당, 학생회관을 돌게 했다. "학생들이 순찰을 눈치챌 수 있도록 거리낌 없이 행동하라"고 학교당국은 직원들에게 지시했다. 학교에서도 대책을 강구하고 있다는 것을 학생들에게 과시하기 위함이었다. 도서관 직원 강태원은 캠퍼스를 한 바퀴 돌아도 아무런 낌새를 차리지 못했다. '또 불발로 끝나는구나' 하고 그는 생각했다.

이진걸의 격문 사건을 놓고 학교와 정보기관은 실랑이를 벌였다. 경찰은 학교당국이 문교부에 사태보고를 올리는 데만 정신을 빼앗겨 정보를 주지 않는다고 격분했다. 학교에서 이 사건은 외부 불순분자가 들어와 뿌리고 간 것이라고 판단하자 경찰은 책임을 지지 않으려는 억지라고 비난했다. 모 기관의 학원담당 조정관은 아무것도 모르고 앉았다가 문교부가 서울의 본부에 통보, 본부에서 부산지부로 불호령이 떨어져서야 사건을 알고 당황하기도 했다. 교수들은 그들대로 자기 학과생들이 다치지 않게 하려고 했다.

김종세의 지도교수는 16일 등교한 종세를 불러 교수방에 가두어 버렸다. 종세는 경찰이 그를 찾아 야단인 것도 모르고 교수방에서 하룻밤을 지냈다. 16일 아침 부산대학에 파견돼 있던 경찰은 전날의 비상근무 체제를 풀지 않고 경계에 임했다. 간부 경찰관 네 명과 부하 경찰관 105명을 사복 차림으로 아홉 군데에 배치했다. 학생들이 가장 많이 모일 수 있는 두 곳의 정문과 도서관 앞엔 스무 명씩 깔아 특히 신경을 썼다. 데모 참여 학생을 기소했을 때 공소 유지하는 자료로 삼기 위해 녹음과 촬영 임무를 띤 네 명의 전문직원도 배치했다.

뛰어든 불덩어리

16일 오전 9시30분 부산대 경제과 강의실 10월16일 오전 9시10분 정광민은 상대(商大) 앞 벤치에 앉았다. 준석이와 만날 시간이었다. 마침 벤치 앞으로 동급생인 박병근과 박희곤이 지나가고 있었다. 정광민은 그들을 불러 세워 "조금 있다가 교실로 뛰어들 테니 분위기를 좀 잡아달라"고 부탁했다. 준석이는 20분이 지나도 오지 않았다. 정광민은 지체할 수가 없었다. 상대 206호 강의실로 뛰어올라갔다. 첫째 시간 수업이 끝나 둘째 시간을 기다리고 있던 경영과 2학년 학생들 가운데 그는 낯익은 얼굴을 찾아냈다. 1학년 때 친하게 지냈던 엄태언에게 정광민은 선언문 마흔 장쯤을 슬며시 건네주면서 빨리 나눠주라고 눈짓을 했다. 복도에서 정광민은 또 무역과 2학년 이성식을 만나 선언문 석 장을 주었다.

"무역과를 부탁한다."

"한번 해볼게."

306호 강의실에선 경제과 2학년생 마흔 명쯤이 첫째 시간인 화폐금융론 강의가 일찍 끝나 앉은 채 중간시험에 대비, 공부를 하고 있었다. 광민은 뒷문을 통해 뛰어 들어왔다. 희곤과 병근은 얼굴이 벌겋게 상기된 광민이 들어오는 것과 때맞춰 "우–" 소리를 지르며 박수를 쳤다. 다른 학생들도 직감적으로 무슨 일이 일어나고 있는지 알았다. 정광민은 가방에서 선언문을 꺼내 책상들을 돌면서 나눠주었다.

그는 이제 흥분상태에 빠졌다. 나중에 자신이 교실에서 무슨 말을 했는지 기억해 내지를 못할 정도로 제정신이 아니었다.

여성모는 광민이 강단으로 뛰어올라 두 주먹을 휘두르며 소리치는 것을 멍하니 보고 있었다.

"여러분! 때가 왔습니다. 다른 곳과 연락이 되어 있습니다. 우리 모두 뛰어 나갑시다."

"나가자!"

마흔 명의 학생들은 우르르 몰려나갔다. 주저하는 학생은 한 명도 없었다. 1970년대를 살아온 젊은이들의 가슴마다에 쌓여 있었던 분노와 증오심, 1979년에 터져 자빠진 독재권력의 갖가지 말기증상, 그것이 조성한 발화 환경, 하루 전 이진걸의 실패가 가져온 안타까움, 이런 것들이 뒤엉켜 인화물질을 이루었고, 그 한복판으로 정광민이란 불덩이가 뛰어든 것이었다. 분노의 응어리는 폭발했다. 팽팽하게 부풀어 있는 풍선에 광민은 바늘을 찌른 셈이었다. 그 에너지가 다 빠져나갈 때까지 사태는 자연법칙에 따라 물리적 운동으로 전개될 것이었다.

박현호, 여성모, 이덕만, 전도걸 등 경제과 2학년생들은 누군가가 불을 당겨주기를 학수고대하고 있었다. 경제과뿐 아니라 상대가, 공대가, 부산대학교 전체가 그런 기다림 속에 있었다. 경제과 2학년 학생들은 경영과

206호실을 지나치며 합류를 호소했다. 경영과 학생들도 엄태언으로부터 선언문을 받아 책상 위에 놓고 지휘자가 나타나길 기다리고 있었다. 그들은 뛰쳐 나왔다. 무역과, 회계학과 학생들도 소란스런 소리를 듣고 바깥으로 나왔다가 한덩어리가 됐다. 306, 206호 강의실이 들어 있는 인문사회학관 건물 앞에서는 100명쯤의 사람 덩어리가 뭉쳐졌다. 광민은 선언문 뒷면에 검은 사이펜으로 '자유'라고 휘갈겨 썼다. 속이 텅 빈 가방은 옆에 있던 하창우에게 맡기곤 이 '자유'를 두 손으로 높이 쳐들고 앞장을 섰다. 여성모의 눈에 광민이 고고를 추는 것 같았다. 흥에 겨워 어깨까지 흔들어가면서 광민은 빠른 걸음으로 학생들을 상대 앞까지 이끌어 갔다. 이곳에서 노래가 터져 나왔다. 부산 데모의 주제가가 된 '우리의 소원은 자유'를 목이 터져라 불러댔다. '우리의 소원은 통일'이란 노래에서 '통일'을 '자유'로 대치시켜 부른 노래였다.

상대에서 미라보 다리를 지나 그들은 도서관으로 나갔다. 앞장선 광민을, 하창우와 안병민은 호위하듯 양쪽에서 끼고 수시로 도움말을 해주었다. 앞뜰의 잔디와 벤치에도 200명쯤이 흩어져 있었다. 데모대는 계단을 올라가 도서관 잔디밭에 들어갔다.

"모두 일어나자!"

간간이 이런 고함소리가 데모대 속에서 튀어나왔다. 그들은 '선구자', 교가, 애국가를 계속 불렀다.

〈금정산 기슭에 새벽별 닦아노니
하늘도 넓어지고 포부도 높아져라

진리와 이상으로 불타는 젊은 학도

외치노니 학문의 자유, 이곳이

우리들의 부산대학교, 부산대학교〉

전율로 부른 교가

1956년 그때 문리대 학장이던 극작가 한효동이 작사, 박태준이 작곡한 부대 교가는 학생들이 그렇게 즐겨 부르는 편은 못 됐다. 그러나 잔디밭에서 교가를 합창할 때 많은 학생들은 감동하여 눈물을 글썽거렸다. 무역과 김창수는 "외치노니 학문의 자유, 이곳이 우리들의 부산대학교"란 대목을 부를 땐 잔등에 소름이 끼치면서 온몸과 가슴이 감동의 전율 속에 빠져드는 것을 느꼈다.

박기채 총장, 이중걸 학생처장, 신태곤 상대 학장, 오종석 상대 교무과장이 학생들을 제지하려고 달려온 것은 이때였다. 총장은 정광민의 어깨를 툭툭 치며 타이르듯 "이제 그만 내려가라"고 했다.

오 교수는 광민의 허리띠를 붙들고 뒤로 끌어냈다. 큰 나무 밑으로 끌고 간 오 교수는,

"이것까지는 내가 책임진다. 학장실로 가자."

광민은 말을 바로 받았다.

"이젠 어쩔 수 없습니다. 2, 3년 살 각오를 하겠습니다. 끝까지 하겠습니다."

이 말을 남기고 그는 다시 대열로 돌아왔다. 상대 앞에서 100명으로 시

작됐던 데모대는 잔디밭에서 300명쯤으로 불었다. 도서관 안에 있던 학생들도 성탄절 아침의 성가대처럼 '봉선화' '선구자'를 우렁차게 불러대는 동료들을 찾아 한두 명씩 뛰어 나오고 있었다. 주저하면서 구경만 하는 학생들도 있었다. 도서관 앞에 있는 공대 교실 옥상과 베란다엔 학생 수백 명이 올라가 구경했다.

형사들의 체포작전이 휘발유 끼얹은 듯

16일 오전 10시 부산대 도서관 앞 데모대는 도서관 앞에 서서 10분쯤 노래만 계속했다. 김창수는 이러다간 노래만 부르다가 끝날 것 같은 기분이 들었다. 힘차게 시작된 시위가 모멘텀을 잃고 흐지부지 될 것만 같았다. 노래만 부를 뿐 아무도 지휘를 하려 들지 않았다. 아침 여덟 시께부터 사복을 입고 도서관 앞에 배치돼 있던 부산진경찰서 소속 이성희 형사는 서서히 정신을 가다듬기 시작했다.

스무 명의 잠복형사들은 사태가 너무 빠르게 전개돼 가는 바람에 어디서부터 손을 써야 할지 모르고 구경만 하고 있었다. 학생데모는 초동 단계에서 깬다는 것이 원칙으로 돼 있었다. 그러나 깨고 들어갈 만한 틈이 전연 보이지 않았다. 몇몇 형사들은 학생들의 팔을 잡아당기며 "학생! 이러면 안 돼"라고 말려 보았으나 막무가내였다. 서면 근방의 소매치기 소탕으로 이름을 날리고 있었던 30세의 이성희 형사는 김성수 형사의 팔을 툭 치며 "이제 깨어버리자"고 속삭였다.

그때 정광민은 준석으로부터 선언문을 한 장 받아들고 도서관 안으로 뛰어 들어갔다. 열람실을 돌아다니며 아직도 공부하고 있던 학생들에게 "우리 일어납시다"라고 소리쳤다. 광민이 다시 잔디밭으로 나오는 것을 기다렸다가 두 형사는 학생들을 헤집고 광민을 향해 뛰쳐 들어갔다.

목표 지점에 도착하여 이 형사가 광민의 멱살을 잡는 것과 동시에 두 사람은 학생들에게 둘러싸여졌다. 김창수는 이 형사의 뒷덜미를 붙들고 늘어졌다. 누군가가 면도칼이 아니면 만년필촉 같은 날카로운 쇠붙이로 이 형사의 손바닥을 그었다. 학생들은 우르르 달려들어 욕설을 퍼부으며 두 형사를 차고 밟고 했다. 잔디밭 가장자리로 몰린 두 형사는 그만 높이 3미터의 계단 밑으로 굴러 떨어졌다. 하창우는 두 형사와 뒤엉켜 같이 굴렀다. 이 바람에 엉덩이를 다쳤다. 두 형사가 자신의 직분을 다하고자 한 이 체포 시도는 노래만 부르고 있던 학생들에게 큰 자극을 주었다. 꺼져가던 열기에 휘발유를 부은 꼴이 됐다. 학생들은 비로소 외부의 위협을 느끼게 됐다. 교수들의 설득과는 질이 다른 대결의 때가 왔음을 알았다. 두 형사의 행동으로 자극받은 구경꾼 학생들도 한꺼번에 데모대열에 끼어들었다. 도서관 안에서도 학생들이 우르르 쏟아져 나왔다.

형사의 기습은 시위대열을 300명에서 1000명으로 불어나게 했다. 저절로 다섯 줄의 어깨동무 대열이 이뤄졌다.

대열은 계단을 내려가 상대 쪽으로 뛰기 시작했다. 꿈틀꿈틀하는 용의 몸뚱아리처럼 대열은 끊임없이 이어졌다. 뒤늦게 달려온 학생들이 잇따라 이 흐름에 말려들어 갔다. 여학생들도 끼어들었다. 데모엔 소극적이게 마련인 복학생과 4학년 학생, 심지어 대학원생들까지 합류했다.

몇몇 교수들은 대열과 같이 뛰면서 학생들을 잡아당겼으나 오히려 학생들에게 질질 끌려갔다. 대열은 아스팔트 산책로를 따라 상대를 지나 신관을 한 바퀴 돌고 스탠드를 가로질러 운동장으로 내려갔다.

데모대열은 이젠 2000명쯤으로 불었다.

"유신"

"철폐"

처음으로 구호가 터져 나왔다. 시위 대열은 운동장을 한 바퀴 돌았다. 교련 수업을 받고 있던 ROTC 학생들이 넋을 잃고 쳐다보고 있었다. 데모 대열은 신정문으로 향해 나갔다.

철문은 굳게 닫혀 있었다. 철문 바깥엔 스파르타 병정들처럼 방패와 방석모로 무장한 경찰관들이 진을 치고 있었다. 학생들은 농구 골대를 밀고 와 신정문에 이르는 비탈길로 굴렸으나 쇠문은 끄덕도 안했다. 보도에 깔린 붉은 보판을 깨어 경찰대열에 집어던지는 학생들도 있었다.

사진 서클 소속의 한 학생은 데모 광경을 찍으려다가 봉변을 당했다. 학생들은 정보 형사로 착각, 카메라를 **빼앗아** 필름을 **빼버렸다**. 그러나 촬영을 맡은 두 형사는 옥상에서 망원렌즈로 데모 주동자와 앞장선 학생들을 모조리 찍어대고 있었다.

도서관 앞에서 진압에 실패한 사복형사대 100명은 이때 신정문과 구(舊) 정문에 다시 집결, 학생들의 외부 진출을 막으려는 제1차 저지선을 폈다.

블랙 마리아의 추격

<u>16일 오전 10시15분 부산대 신정문</u> 그때까지만 해도 모든 학생들이 데모

에 끼어든 것은 아니었다. 운동장에서 스크럼을 짜고 돌고 있는 2000, 3000명의 학생들을 스탠드나 교실에서 구경하고 있는 학생들도 많았다. 이들은 데모의 열기에 아직 충분히 데워지지 않아서 또는 한사코 말리는 교수들에 못 이겨 대열에 뛰어들지 못하고 있었다. 다가오는 중간시험 공부가 더 급하다고 생각했거나 데모 뒤의 보복이 두려워 행동을 결정 못 짓고 엉거주춤한 채 구경만 하고 있었던 것이다.

이런 수많은 방관자들을 참여자로 몰아세우는 사건이 일어났다.

오전 10시15분께 신정문 바깥에서 동래경찰서장은 진압부대의 캠퍼스 돌격을 명령했다. 이 명령은 관할서장의 재량권에 속하는 것이었다. 정부의 학생데모 진압 제1원칙은 데모를 그 발생의 첫 단계에서 원천적으로 분쇄하는 것이었기 때문에 서장은 거의 자동적으로 이 결정을 내렸다.

맨 앞장을 선 것은 페퍼포그를 뿌리는 검은 지프차였다. '블랙 마리아'란 별명이 붙은 이 차는 하얀 가스를 내뿜으면서 교정으로 천천히 들어왔다. 그 뒤로 얼굴을 방석철망으로 가린 초록빛의 대열이 발맞춰 따라 들어왔다. 탱크 뒤를 따르는 보병들처럼.

학생 대열은 매운 가스 앞에서 무너지기 시작했다. 콜록콜록 재채기를 터뜨리고 눈물을 찔끔찔끔 짜면서 그들은 우르르 물러났다. 운동장으로, 교내 도로로.

그러나 일부 학생들은 대항했다. 시계탑 밑의 보도에 깔린 보판을 빼내 가스차에 던졌다. 유리창에 철망이 쳐져 있어 보판을 맞고도 끄덕도 않자 보판을 깬 조각으로 만들어 던지기도 했다. 잘못 던져 앞의 학생이 얻어맞는 수도 생겼다.

학생들이 대항하자 경찰은 MPG 최루탄 발사기를 쏘고 사과탄을 던졌다. 사과탄은 수류탄처럼 생긴 최루탄으로 던지면 3초 뒤에 공중에서 터지도록 된 것이다. 흰 가스, 최루탄의 폭음, 학생들의 고함소리로 캠퍼스는 삽시간에 작은 전장으로 바뀌었다. 이때 캠퍼스로 들어온 경찰은 585명이었다. 데모대를 완전히 해산시키기엔 모자라는 병력이었지만, 학생들을 자극하여 거대한 분노의 덩어리로 만들기엔 충분했다.

블랙 마리아는 운동장으로 들어가 달아나는 학생들을 뒤쫓았다. 너무나 집요하게 추격하는 바람에 구경하고 있던 지질학과 이만규는 "저러다간 학생들이 차에 깔려 죽겠다"고 소리치며 데모 대열로 뛰어들었다. 달아나는 어느 학생이 갈지자를 그리며 블랙 마리아의 추적을 뿌리치려고 해도 지프차는 스탠드 바로 밑까지 깔아 죽일 듯 그 학생을 몰아갔고 학생들은 야유를 보냈다.

사학과 졸업반 최현주는 "이럴 수가 없다"고 치를 떨었다. 최의 학급은 운동장에서 우우하는 함성이 터져 나올 때까지 수업을 받고 있었다. 교수가 바깥에 신경쓰지 말고 공부나 하자고 했으나 창문을 통해 들어오는 매운 최루가스는 학생들을 행동으로 몰아세웠다.

"지금이 공부할 때냐?"

학생들은 교수의 눈치도 보지 않고 몰려나갔다.

16일 오전 10시30분 부산대 본관 교내 보도를 통해 본관 정문 쪽으로 경찰들이 쳐들어오고 있었다. 뒷걸음쳐 온 학생들은 본관 1층 주변에 몰려섰다.

"모두 본관으로 들어가라!"

경찰은 경고방송과 동시에 최루탄을 쏘았다. 2, 3층의 유리창이 최루탄을 맞고 박살났다. 유리조각이 좌르르 우박처럼 떨어졌다. 학생들은 본관으로 피해 들어가 창문을 통해 경찰에 욕을 퍼부었다.

"창가에 서지 말라."

경찰의 두 번째 최루탄 세례가 유리창으로 날아왔다. 와장창 와장창, 곳곳에서 창문이 깨지고 복도는 최루가스로 뒤덮였다. 최현주는 캠퍼스란 성역이 겁탈당하는 분노를 참지 못하고 울음보를 터뜨렸다.

결혼을 두 달 앞둔 사학과 졸업반 김원산은 데모엔 애당초 별 관심이 없었다. 군대에 갔다 왔고 나이도 스물여덟이라 학원 자유의 문제보다는 졸업 후의 취직 문제에 더 관심을 쏟아야 할 입장이었다. 그러나 그도 캠퍼스가 초록빛깔의 집단에 짓밟히고 있는 것을 보고는 참을 수 없었다. 그 분노는 거의 본능적인 것이었다. 그도 데모 대열을 향해 뛰었다. 많은 교수들도 모멸감을 느꼈다. 몇 분 전까지만 해도 "너희들이 무얼 아느냐"고 데모하는 제자들을 꾸짖고 있었던 교수들은 이제 학생들과 마음속에서 같은 편이 되고 있었다.

학생들은 그들을 말리는 교수들에게 별다른 존경심을 보이지 않았다. 한패의 학생들은 구경하고 서 있던 음악과의 어느 교수를 끌어들였다. 같이 팔짱을 낀 한 학생은 "선생님, 같이 데모합시다"면서 끌고 갔다. 이 교수는 "익 왜 이래"라고 소리쳤지만 학생들과 같이 뛰는 꼴이 됐다. 얼마쯤 끌고 가던 학생들은 교수를 풀어주면서 야유를 퍼부었다. 공대의 어느 교수는 신정문을 가로막고 서서 학생들에게 해산하도록 설득했다. 그는 얼굴을 잘 아는 학생이 데모대 속에 보이자 그를 잡으러 들어갔다. 학생들은 욕설을 하면서 교수를 밀어내 버렸다.

경찰의 캠퍼스 돌격은 방관하던 학생들을 참여자로, 참여자를 더 용기 있는 시위자들로 만들었다. 그것은 부산대학교 학생과 교수들을 한덩어리로 만들어 버렸다. 이 교정 진압작전 이후엔 막는 쪽과 외치는 쪽이 있을 뿐이었다. 방관자의 설 땅을 없애버린 것이 바로 경찰이었다.

무너진 블록담을 뚫고

경찰의 진압작전은 잠시 성공하는 듯했다. 정문까지 진출했던 데모학생들은 본관 쪽으로 패주했다. 경찰 진압부대는 보도를 따라 캠퍼스를 한 바퀴 돌면서 학생들을 뿔뿔이 흩어 버렸다. 경찰은 운동장에 재집결했다. 10여 명의 경찰관이 팔과 다리에 돌을 맞고 피를 흘리고 있었다. 그들의 사기는 왕성한 편이었다. 경찰은 무릎 위로는 거의 완전무장을 했기 때문에 날아온 돌을 맞고도 크게 다치지는 않았다. 낮게 날아온 돌조각들이 무릎 밑을 때릴 때는 별수없이 당해야 했다.

학생들은 경찰이 일단 운동장으로 물러나자 다시 모이기 시작했다. 문창회관 앞에선 700명 남짓한 무리가 모였다. 이 무리는 구정문 쪽으로 행진했다. 구정문은 신정문에서 남쪽으로 200미터쯤 떨어진 곳에 있었다. 학생들은 어깨동무를 하고 구호를 외치며 나갔다. 체육관·도서관·본관에 몸을 피했던 학생들이 다시 쏟아져 나와 이 대열에 합세했다.

이때 경제과의 어느 학생은 본관 창문으로 머리를 내밀고 데모 대열을 구경하고 있는 마지막 방관자들에게 외쳤다.

"역사를 두려워하라!"

이 구호는 아마 부산 데모를 통해 나온 구호 가운데 가장 수준 높고 준엄한 것이었으리라. 대열이 구정문으로 꺾이는 모퉁이를 돌 때 옆에 붙은 공대 강의실에서 공대생들이 무더기로 뛰어나와 합류했다.

이제 1000명이 넘게 불어난 사람의 무리는 비탈길을 무서운 관성으로 휩쓸며 내려갔다. 경찰은 부산대학교의 지형이 데모 진압에 크게 불리하다는 점을 이번에 뼈저리게 느끼고 있었다. 이 캠퍼스는 산기슭을 깎아 만든 것이었다. 따라서 학생들이 위쪽에서 모였다가 아래쪽으로 밀고 내려오는 것을 막기가 힘들었다. 도서관 잔디밭에 학생들이 모였을 때 사복형사들은 이를 해산시켜보려 했으나 잔디밭이 그들의 배치장소보다도 3미터쯤 높은 곳에 있어 공격이 어렵다는 점을 깨닫고 포기했다. 학생들이 스크럼을 짜고 운동장으로 쏟아져 내릴 때에도 인파의 관성에 질려 적극적으로 손을 쓸 수가 없었던 것이다.

구정문을 향해 쏟아져 내려간 학생들은 철문이 굳게 닫혀 있는 것을 보았다. 그들은 수위실에 돌을 던져 박살내고 그 옆에 붙은 블록담을 공격했다. 블록담에 쳐진 철망을 걷어내고 수백 명이 한꺼번에 발길질을 하자 담이 와르르 무너져 내렸다. 드디어 학교 밖으로 나온 학생들은 100명쯤의 기동경찰대와 맞닥뜨렸다. 구정문 앞에는 가게가 있고 이 가게 앞엔 빈 음료수병이 쌓여 있었다. 학생들은 너도 나도 이 빈 병을 집어던지기 시작했다. 경찰 버스의 앞 창문이 산산조각 났다. 경찰은 이 기세에 눌려 주춤했다. 학생들은 무너진 구정문 쪽 블록담 사이로 봇물처럼 터져 나왔다. 300명 남짓한 학생들이 주택가 골목 사이로 빠져 온천장 쪽으로 뛰어갔다.

구정문 바깥에 있던 경찰이 정신을 차리고 갈라진 틈을 메워 학생들을 다시 학교 안으로 밀어붙이는 사이 신정문 바깥으로 일단 물러났던 다른 진압 병력은 다시 본관 쪽으로 쳐들어갔다. 구정문 쪽으로 몰리는 학생 대열의 꼬리를 끊어 버리려는 작전이었다. MPG 최루탄과 사과탄이 학생들 머리 위에서 폭음과 함께 터졌다. 전투경찰의 돌격 함성소리와 가을의 높푸른 하늘을 가르는 곤봉질이 한 차례 지나갔다. 흩어지는 학생들, 그들 사이에서 누군가가 "도서관 앞에서 다시 모이자!"고 소리쳤다. 이것은 마음과 마음을 통해 학생들에게 전달됐다. 부산 데모의 가장 큰 특징 중의 하나는 북새통 속에서 순간순간의 합의와 전달이 기막히게 재빨리 또 합당하게 이루어진 점이다.

우왕좌왕하던 학생들의 물결은 어느새 도서관 앞으로 흘러가기 시작했다. 경찰의 데모대 진압이 학생들의 행동 리듬을 깨뜨리는 것이었다면 그 목적은 아직도 달성되지 못했다.

경찰의 공격으로 두 번 해산당하고 수십 명이 붙들려 갔지만 학생들은 세 번째로 재집결한 것이었다.

16일 오전 11시 부대 도서관 앞 정광민은 신정문 앞에서 최루가스에 앞이 안 보일 정도로 눈물을 쏟으며 도서관 쪽으로 맨 먼저 물러났다. 그는 시청각교실로 들어가 잠시 숨을 돌리려 했다. 시청각교실엔 그때까지도 바깥의 소용돌이를 외면한 학생 몇 명이 시험공부를 하고 있었다. 광민은 구정문 쪽에서 울려오는 함성을 듣고 다시 도서관을 뛰쳐나와 아래쪽으로 치달았다. 정광민은 구정문에서 쫓겨 신정문으로 왔다가 도서관으로 재집결하는 학생인파에 휩쓸렸다.

오전 11시쯤 도서관 앞에 2000명 가량의 학생들이 모였다. 들어설 자리가 없어 다른 학생들은 근처의 캠퍼스에 흩어져 다음 순간의 전개를 기다렸다.

정광민, 피신길에 오르다

첫 번째 도서관 앞 모임이 부마사태의 불쏘시개 역할을 했다면 이 두 번째 도서관 앞 모임은 집단의식을 통한 자기최면의 효과를 가져왔다.

이 의식은 수백 명의 사복형사와 교수들, 그리고 정보형사들의 카메라 렌즈 앞에서 올려졌다. 무역과 김창수가 학생들을 모두 앉도록 했다. 선언문 낭독이 있어야 할 차례였다. 정광민은 자기가 쓴 선언문을 꺼내 읽으려 했다. 그러나 80퍼센트쯤은 희미하게 등사돼 아예 글자를 알아볼 수가 없었다. 광민이 머뭇거리는 것을 보고 박현호가 전날 받았던 이진걸의 선언문을 건네주었다.

정광민은 "우리는 학원 내 일체의 외부세력을 배격한다…"는 선언문을 우렁찬 목소리로 읽어 내려갔다. 그럴 때 상대 학생 10명쯤이 일어나 그를 둘러쌌다. 정광민에게 고개를 밑으로 꺾고 읽으라고 했다. 광민의 얼굴이 카메라에 담기는 것을 막아주기 위해서였다. 광민이 선언문의 첫 단락을 다 읽고 고개를 들었을 때 그의 눈 속으로 들어온 것은 도서관 옥상에서 그를 겨냥하고 있는 카메라 렌즈였다. 광민의 뒤를 이어 김창수가 선언문을 받아 계속 읽어 내려갔다. 낭독이 끝난 뒤 잠시 휴식. 이때 한 학생이 앞으로 나와 데모할 때 주의할 일을 설명하기 시작했다.

"경찰에게 폭력을 행사하지 말자. 그들에게 무슨 죄가 있느냐. 상점이나 학교 기물을 부수지 말자. 모두 우리가 낸 세금이다. 행인에게 방해가 안 되도록 질서를 지켜 시위를 하자."

정광민은 잠시 쉬었다가 다시 앞에 나섰다. 구호를 선창했다. 수천 명이 이를 받아 복창했다. 금정산의 암벽에 함성이 쩌렁쩌렁 메아리쳤다.

"유신헌법을 철폐하라!"

"학원사찰을 중지하라!"

"구속학생 석방하라!"

"긴급조치 위반자를 석방하라!"

"YH와 같은 반윤리적 기업을 엄단하라!"

"국민에 대한 정치적 탄압을 중지하라!"

"독재정권 물러가라!"

구호 제창이 끝나자 학생들은 데모의 목표 지점을 놓고 토론을 벌였다. 온천장으로 가자, 아니 부산역까지 나가야 한다, 이렇게 실랑이를 벌이고 있는 사이 정광민은 같은 학과 친구들에게 끌리다시피 하여 도서관 뒤쪽으로 빠져나왔다. 윤종수는 3000원을 주면서 "이제 너 할 일은 끝났다. 친구집에 가서 숨어 있으라"고 했다. 희곤이를 비롯한 네 친구는 광민이를 번쩍 들어 뒷담으로 넘겨 보냈다.

"건투를 빈다. 고성에 가거든 우리 집에 전화하라"고 희곤이가 당부했다.

정광민은 반쉐터와 교련바지 차림이었다. 반쉐터는 담을 넘기 전 친구

(엄태언)로부터 빌려 입은 것이었다.

정광민은 누군가가 자기를 뒤쫓아 올 것만 같았다. 골목을 따라서 일부러 먼 길을 돌아 온천장 쪽으로 뛰었다. 속옷은 땀으로 젖어 있었다. 도중에 그는 학생들의 구호 외치는 함성을 가깝게 들었다. 구정문으로 먼저 뛰쳐나갔던 학생들일 것이라고 그는 생각했다.

구름 한 점 없는 가을 하늘 밑에서 허겁지겁 피신길에 나선 자기 모습에 생각이 미치자 정광민은 갑자기 서글퍼졌다.

농구골대로 빗장 걸고

학생들은 목적지를 놓고 도서관 앞에서 토론을 벌였으나 결정하지 못했다. 우선 학교를 뚫고 나가기로 했다. 여덟 줄로 어깨동무를 했다. 그리곤 비탈길을 따라 무너져 내리듯 운동장 쪽으로 뛰기 시작했다. 많은 학생들이 가방을 든 채 뛰었다. 여학생들은 콜라와 사이다를 한아름 사가지고 와 대열과 나란히 뛰면서 친면도 없는 남학생들에게 나눠주었다. 경찰은 이제 이번 데모가 옛날의 그 어떤 학생 데모와도 다른 성격을 띠어가고 있음을 어렴풋이 눈치채기 시작했다. 가장 큰 특징은 놀라운 자발성이었다. 졸업반 학생과 여학생까지 스스로 끼어들고 있었다. 어느 누구도 체면치레로 행동하는 것 같지는 않았다. 학생들과 교수들이 실랑이를 벌여 자중지란이 생기고 여기에서 데모의 김이 새버리는 그런 일도 일어나지 않았다. 학생과 교수들이 서로 상대편의 처지를 이해하고 서로의 체면을 세워주기 위한 쇼를 하는 것 같기도 했다.

그날 캠퍼스에 있었던 학생들 가운데 90퍼센트 이상이 대열에 끼어들었다. 전에 없던 높은 참여율이었다. 더구나 이들은 두 번이나 깨어져 흩어졌다가도 세 번이나 다시 뭉쳐 더 거센 도전을 해왔다. 학생들의 상기된 얼굴은 신념으로 빛났고 장난삼아 데모하는 사람은 아무도 없는 것 같았다. 이날 데모에 참여한 학생들의 거의 전부가 한 번도 데모 경험을 갖지 못한 이들이었다. 그들에게 있어서 시위는 이처럼 순수하게 용기 있게 줄기차게 하는 것이었다. 자발성과 순수한 용기, 이것이 이날 데모의 가장 뚜렷한 성격이었다.

시위 대열은 운동장에서 한 바퀴 돌았다. 앞장선 학생들은 사진을 찍히지 않으려고 고개를 떨군 채 땅바닥을 향해 냅다 구호를 외쳐댔다. 몇몇 학생들은 농구골대를 밀고 왔다. 신정문으로 이어지는 비탈진 보도 위에 이 골대를 올려놓고 영차영차 밀어 버렸다. 데굴데굴 굴러간 골대는 철문에 꽝 부딪혔으나 닫힌 철문은 끄떡도 않았다.

이때 시위 대열은 갑자기 방향을 바꿔 운동장 북쪽의 사대부속 고등학교 담 쪽으로 뛰기 시작했다. 이 담엔 셔터식 철문이 달려 있었다. 학생들이 밀어붙이자 문이 떨어져 나갔다. 이곳으로 서로 먼저 나가려고 학생들이 엉겨 붙었다. 이때 누군가 "질서 유지"라고 구호를 선창했다. "질서" "유지" 어느새 합창으로 변했고 학생들은 질서를 되찾았다. 부속 고등학교는 대학 운동장보다 낮은 곳에 있었다.

교사 2층 복도를 우르르 지나간 데모 학생들은 1층으로 내려와 고등학교 운동장으로 쏟아져 나왔다. 고등학교 교사들은 수업 중인 학생들이 동요하지 않도록 신경을 썼다. 고등학교 정문 너머로 경찰이 몰려드는 것이 보였다. 학생 수십 명은 이때 농구골대를 쇠문 안쪽에 밀어붙여 놓았다. 경찰은 차를 몰아 정문을 돌파해 들어오려 했다. 지프차에 밀려 쇠빗장은 휘어졌지만 농구골대는 끄떡도 않아 잠시 경찰 진입을 늦출 수 있었다. 귀중한 시간을 번 학생들은 사대부고의 북쪽 담을 넘고 사잇문을 지나 주택가로 몰려나갔다. 1000명쯤이 빠져나오는 데 성공했다. 그들은 부곡동 산업도로 쪽으로 질주해 갔다. 여학생들은 한참 달려가다가 지쳐 뒤로 처지기도 했다.

16일 정오 부산대학 한편 경찰이 뒤늦게 사대부고 담을 봉쇄하자 미처 바깥으로 나가지 못한 학생들 2000명 가량은 어깨동무를 한 채 대학 운동장을 계속 맴돌았다.

정오께 박기채 총장이 스탠드 본부석에 모습을 나타냈다. 그는 마이크를 잡고 차분한 음성으로 학생들에게 호소했다.

"여러분이 오늘 아침에 일으킨 일은 매우 유감스러운 것입니다. 지금 우리나라의 실정은 북괴의 위협이 드세어지고 국제 정세는 매우 어려운 때입니다. 이럴 때 여러분들이 이런 일을 한 것은 매우 유감스러운 것입니다. 오늘의 일은 학생 모두의 뜻이 아닙니다. 일부 학생들의 그릇된 생각에서 비롯된 것입니다. 이 사태는 사회에 큰 영향을 준다는 것을 알고 자제해 주길 바랍니다. 여러분들은 공부를 열심히 하여 인류 공영에 이바지해야 할 것입니다. 다른 학교와 달리 우리 학교가 이렇게 한 것은 일시적인 것이지만 심히 유감스러운 것입니다. 지금 곧 교실로 돌아가 선생님의 지도를 받으시길 바랍니다."

연설을 끝내자 총장은 사무실로 돌아갔다. 교수들도 학생들이 말을 들을 것 같지 않다는 사실을 확인했기 때문에 더이상 데모를 지켜볼 필요가 없다고 깨달았는지 점심식사를 하기 위해 하나둘씩 사라졌다. 경찰도 교내 시위대에 더이상 자극을 주면 바깥으로 진출하도록 부추기는 결과를 몰고 올 것 같아 진압부대를 일단 정문 밖으로 물렸다.

학생들은 30분쯤 더 운동장을 맴돌며 시위를 벌였다. 이때쯤 해서 한 시간 반쯤 전에 구정문을 뚫고 온천장을 거쳐 사직동 원예고등학교까지 진출, 시위를 했던 학생들 일부가 캠퍼스로 돌아오기 시작했다.

부산역에서 모이자!

학생들은 다시 행동 방향을 가다듬어야 할 상황에 놓이게 됐다. 아무런 반응 없이 운동장만 맴도는 것이 싱거워질 때가 됐던 것이다.

한 학생이 아스팔트 보도 위에 백묵으로 휘갈겨 썼다.

"부산역으로!"

오후 2시에 부산역에서 만나자는 말이 나돌았다. 이것은 책임 있는 학생의 입에서 나온 얘기가 아니었다. 주동 조직에서 퍼뜨린 말도 아니었다. 이 말을 전달하는 조직적인 커뮤니케이션 수단도 없었다. 그러나 2시에 부산역에서 재집결한다는 말은 삽시간에 학생들 사이로 쫙 퍼졌다. 모두가 그것을 믿고 따랐다. 낮 1시께부터 학생들은 교정을 떠나기 시작했다. 학보사 편집국장 이만규는 밀물 같다는 생각을 했다. 말도 없이, 지도자도 없이 인파는 아주 자연스럽게 캠퍼스를 쫙 빠져나가고 있었다. 두 곳의 정문을 통해 학생들의 물결은 바깥으로 바깥으로 밀려 나가고 있었다.

경찰은 학생들이 '집으로 돌아가는구나' 하고 생각했다. 학생들이 정문을 나서는 데는 굳이 말릴 까닭을 찾을 수 없었다. 학교당국에서도 오후에는 수업을 하지 않기로 했으니 돌아가라고 하지 않았던가. 그러나 경찰의 행동에 큰 모순점이 숨어 있음을 그때는 아무도 눈치채지 못했다. 설사 눈치챘다 해도 달리 행동하기는 어려웠던 것이다.

경찰은 불과 한 시간 전까지만 해도 학생들이 교문 밖으로 나오는 것을 기를 쓰고 막아보려 했었다. 그러나 지금은 수천 명의 학생들이 당당하게 교문을 나서고 있었고 이를 막을 생각도 않고 있었다.

앞의 경우엔 학생들이 시위 대열을 이루고 "바깥에 나가려는 것은 이런 시위를 하겠다는 뜻이다"고 선전 포고한 상태였다. 그래서 경찰은 이 '현행범들'을 한사코 막아야 했다. 뒤의 경우엔 학생들이 평화스럽게 교문을 나서긴 하지만 일단 교문 바깥에 나간 뒤에는 한판 벌이겠다는 '계획범'의 행동이었다.

경찰은 자기들에게 도발을 하지 않고 교문을 지나가는 학생들에게는 손을 댈 수가 없었다. 학생들이 경찰 앞에서 어떤 태도를 취하고 있는가가 중요한 것이지 다음에 무슨 행동을 할 것인가는 중요한 것이 아니었다. 따라서 경찰의 행동은 현재의 학생 행동에만 좌우되는 숙명적인 것이었다. 이 관계는 부산사태를 통해 계속될 터였다.

경찰은 곧 학생들이 가는 곳이 부산역이라는 것을 확인했다. 앳돼 보이는 이성희 형사는 학생들 사이를 돌아다니면서 "부산역에서 만나자"는 얘기를 여러 번 들을 수 있었다. 공중전화 박스 옆에서 어떤 학생이 "우리는 했다. 너희들은 무엇하느냐"고 소리치는 것도 엿들었다. 이 정보는 부산시경에 즉시 보고됐다. 동아대학교를 비롯한 다른 대학에도 경찰의 비상망이 쳐졌다.

학생들이 캠퍼스를 빠져나간 뒤에 박기채 총장은 교수들을 강당에 모았다.

"인류 역사 시작 이래로 젊은이들은 항상 과격한 행동을 해왔습니다. 우리는 면학 분위기를 되살리는 데 최선을 다합시다."

그는 짤막한 당부의 말을 던지고 강당을 나가버렸다. 박 총장은 "학생들이 집으로 돌아간 줄 알았다"고 뒤에 말했다.

진압 경찰관들의 애환

경찰이 부산대학교 학생들의 데모를 발생 단계에서 진압하지 못한 것은 결코 훈련 부족이나 게으름에서 비롯된 일은 아니었다. 9월부터 부산경찰은 부산대학을 몇 겹으로 포위해 놓고 있었다. 9개 일선 경찰서에서 뽑힌 경찰관 100명쯤은 사복 차림으로 항상 대학교 안팎에서 서성거렸다. 이들의 일선 지휘본부는 부산대 신정문 앞의 장전동사무소 2층이었다. 동래경찰서 정보1과 2계장이 눌러앉아 지휘를 맡았다. 이곳에 뽑혀온 경찰관들은 스스로 '배경이 없는 사람들'이라고 자신을 비웃기도 했다. 이곳에 파견 나와 있을 동안엔 적어도 월급으로만 살지 않을 수 없었다. 월급 이외 수입을 보장받고 있는 형사나 아무리 혹사를 당하더라도 한 달에 10만 원의 용돈이 생기는 어느 파출소의 차석은 하루 식대 1500원을 받아 부산대학교를 맴도는 신세가 됐다.

젊은 경찰관들 가운데엔 캠퍼스 안에 들어가는 것을 죽기보다도 싫어하는 사람들이 생겨났다. 부산대 학생 가운데엔 전투경찰 출신 복교생이 많았다. 그들은 전투경찰 생활 때 알았던 형사들이 어느 날 갑자기 양복을 입고 학교에 나타나 할 일 없이 서성거리는 것을 발견하곤 했다. 인사 뒤에 양쪽은 금새 서로의 입장을 이해하게 됐다. 어색한 웃음과 농담을 뒤로 하고 총총히 헤어지는 두 사람은 다음엔 마주치지 않았으면 하고 마음속으로 빌게 되는 것이었다.

캠퍼스에 배치된 사복 경찰관들의 임무는 초동진압이었다. 정보수집 임무는 정보형사들이 따로 맡고 있었으므로 사복들은 하루 내내 언제 터질지 기약이 없는 데모를 기다리며 어슬렁거려야 했다. 이성희 형사는 잔디밭에 누워 잠자는 것이 일이었다. 어느 날 오후 1학년쯤으로 보이는 아가씨가 옆에 오더니 수줍은 듯 기어들어가는 목소리로 말을 걸었다.

"내일이 미팅날인데 파트너가 되어 주시겠어요?"

이 순진한 아가씨는 이 형사를 복학생 정도로 알았음이 틀림없었다.

"내가 학생으로 보여요?"

이 형사는 장난스레 물었다. 얼굴이 빨개진 여학생은,

"그러면 선생님입니까?"

"아직 조교밖에 되지 못 해서 미안해요."

이 형사는 울상이 된 아가씨가 다시 말을 걸어오기 전에 서둘러 자리를 떴다. 파출소에서 이곳에 뽑혀온 이 모 순경은 근 한 달간을 밀가루 음식으로 점심을 때우느라고 고생을 했다.

불온문서 수색조로 편성된 그는 아침 여섯 시까지 대학교에 도착해야 했다. 학생들이 등교하기 전에 캠퍼스 안팎을 샅샅이 뒤져야 했기 때문이다. 경찰은 밤에 뿌려지는 격문이나 낙서가 학생들의 눈길에 닿기 전에 찾아내 없애버리는 것을 철칙으로 삼고 있었다.

이 순경은 늦잠을 자고 일어나 택시를 타고 허겁지겁 달려가기 일쑤였다. 일당이 날아가도 별수없었다. 1500원이란 일당으론 300원짜리 우동이나 짜장면으로 만족해야 했다.

경찰 고위층은 "학생들을 자극하는 행동을 하는 경찰관은 엄벌한다"고 지시해 두고 있었다. 경찰관들은 그저 가만히 있는 것이 상책이라면서 무사히 세월을 보내는 데만 신경을 썼다. 이들은 사명감을 잃어가고 있었다.

부산시경은 데모진압 전문부대로서 4개 기동대를 설치, 운영하고 있었다. 한 기동대는 150명 안팎의 전투경찰관과 15, 16명의 행정담당 일반경찰관들로 조직돼 있었다. 거의가 20대인 이들은 먹고 잘 때를 빼면 데모진압 훈련으로 시간을 보냈다. 이들은 반 이상이 대학 재학 중 입대한 젊은 이들이었다. 이 정예 진압부대 이외에 아홉 개 일선경찰서는 다중범죄 진압부대를 자체적으로 편성하여 한 주일에 한 번 이상씩 강훈련을 실시하고 있었다.

데모진압 장비 백과

부산 경찰이 갖추고 있는 데모진압 장비는 일부 낡은 것도 있었지만 결코 적다고는 할 수 없을 정도였다. 페퍼포그를 내뿜는 장치를 갖춘 갖가지

화학가스차만도 열 몇 대나 됐다. 장갑가스차는 그중에서도 가장 성능이 뛰어난 이탈리아제였다.

- 엔진: 6기통(보조 엔진은 4기통)
- 무게: 7t
- 차체: 2.3mm 철판
- 앞창문: 방탄용
- 승무 인원: 7명
- 가스탱크 용량: 45리터
- 물탱크 용량: 500리터
- 보조장치: 고성능 마이크, 사이렌, 경고등, 서치라이트, 물뿌리개
- 타이어: 총탄을 맞아도 시속 80km로 갈 수 있음

이 가스차는 데모 군중에 가까이 가서 페퍼포그나 물을 퍼붓는 것을 장기로 하고 있었다. 페퍼포그는 60미터, 물은 40미터까지 뿌릴 수 있었고 90초 동안 500리터의 물을 뿌릴 수 있는 능력도 갖추고 있었다. 이 가스차를 사용하여 물에 색소를 풀어 뿌리면 데모 가담자를 나중에 가려낼 수도 있었다.

이 장갑가스차는 페퍼포그의 확산 범위가 넓고 장갑으로 돼 있어 위압감을 주며, 날아온 돌을 맞고도 끄덕 않기 때문에 데모진압 장비로는 가장 성능이 뛰어난 것이었다. 이 차는 기동대에만 있었다. 장갑가스차 다음으로 진압 능력이 뛰어난 것은 큰 가스차. 타이탄 트럭을 고쳐 만든 것이

었다. 무게 2t에 승무 인원 다섯, 고성능 확성기가 달려 있다. 유압모터로 가스탱크에서 액화가스를 끌어올려 이를 가열하여 기체로 만든 뒤 총구처럼 앞으로 뛰어나와 있는 분사구를 통해 내뿜게 돼 있었다. 30리터짜리 가스탱크가 가득 차면 70분 가량 계속해서 페퍼포그를 뿜어낼 수 있다.

6기통짜리 지프차를 고쳐 만든 작은 가스차는 부산의 일선 경찰서마다 한 대씩 배치돼 있었다. 20리터짜리 가스탱크로 50분 가량 페퍼포그를 쏘아댈 수 있다. 승무 인원은 넷. 이 지프차는 무게가 1400킬로그램에 지나지 않아 데모 군중에게 휩싸였을 땐 뒤집어지기 쉽다.

경찰서엔 이밖에 작전차로 불리는 병력 수송 및 검거자 압송용 트럭이 한 대씩 있었고 병력 수송용 버스가 있는 경찰서가 있었다. 경찰서에선 차가 모자랄 때는 관내의 기업체 통근 버스를 빌려 쓰기도 했다.

부산의 데모 진압에서 가장 요긴하게 쓰인 것은 짊어지고 다닐 수 있는 페퍼포그 분사기. 이 장비는 방역소독용 분무기와 흡사한 것이다. 경찰관이 짊어지고 데모대 속으로 돌진하여 페퍼포그를 뿜을 수 있게 돼 있다. 이 분사기는 극동방제주식회사란 방역용구 제조회사에서 만든 것. 분사기의 무게는 9킬로그램이지만 가스탱크에 3.8리터의 액화가스를 채우면 12킬로그램이 된다. 이것으로 페퍼포그를 뿜으면 10미터쯤 나가는데 한 번 채우면 15분 가량 뿜을 수 있다.

하나 단점은 1리터짜리 석유탱크와 점화장치가 달려 있어 폭발할 위험을 안고 있으며 사전 조작이 복잡하다는 것이었다. 미제 가스분사기는 국산보다는 3킬로그램이나 가볍고 최루가스를 뿜을 수 있는 시간은 5분 더 길다. 최루탄은 손으로 던지는 사과탄과 총으로 쏘는 MPG 100이 있었다.

MPG탄은 '엠피지 100'이란 소총으로 쏜다. 무게 3.5킬로그램, 길이 205센티미터의 단발 탄통부착식 총이다.

40도 방향으로 쏘면 90미터, 35도에선 85미터, 45도에선 80미터쯤 날아간다. 길이 16센티미터, 무게 470그램의 원통 모양 MPG탄을 소총 앞구멍에 꽂은 다음, M1 총알과 비슷한 크기의 추진탄을 넣고 당기면 추진탄이 밀어내는 힘으로 MPG탄이 날아가게 돼 있다. 추진탄은 다섯 발을 잇따라 쏠 수 있으나 MPG탄은 한 발씩 바꿔야 한다.

이 MPG탄을 쏠 때는 수평 발사를 해선 안 된다. 사람이 맞으면 목숨을 잃을 정도는 아니지만 크게 다치기 때문이다. MPG탄의 껍질은 플라스틱으로서 폭발과 함께 잔잔한 가루로 변해 흩어진다. 경찰은 이 최루탄이 발사된 뒤 2초나 5초 뒤에 데모 군중의 머리 위에서 터지도록 시한침을 조정하도록 경찰관들을 교육했다. 이 최루탄이 터졌을 때 최루가스는 반지름 5미터에 걸쳐 퍼진다고 교본에는 적혀 있으나 실제로는 그 영향이 훨씬 넓게 미치는 것으로 밝혀졌다. MPG탄의 효과는 사과탄의 네 배가량이다.

사과탄은 170그램짜리 플라스틱제 사과다. 안전핀을 뽑고 던지면 3초 뒤에 폭발한다. 데모 군중의 머리 위 2미터 공중에서 터지면 가장 효과가 좋다. 손 안에서 터져도 가벼운 화상을 입는 정도다.

경찰의 진압 요령

당시 한국 경찰의 데모진압 전술은 "다중범죄는 최초 상황에서 진압되어야 한다"는 원칙에서 출발하고 있었다. 따라서 경찰은 데모의 발생 자체를 미리 막으려는 정보수집 공작과 일단 데모가 터졌을 때는 그것이 번지기 전에 꺼버린다는 초동진압 작전에 주력했다. 한때 경찰은 데모가 학교 바깥으로 퍼져 나오지 않는 한 교내데모는 방관하는 방침을 세웠던 적도 있다. 그러나 유신 체제가 독재의 길을 치달으면서 경찰의 대응은 박정희 대통령 개인의 권위를 옹호하는 것에 주안점을 두게 되었다. 경찰은 초동진압을 절대명제로 내세우게 됐다. 긴급조치 9호 이후 경찰은 반유신 격문이나 벽보, 그리고 구호는 어떤 사람의 귀와 눈에도 들어가선 안 된다는 태도를 지켜왔다. 부산대학을 지키는 장전파출소 경찰관들은 새벽부터 캠퍼스를 돌아다니며 학생들이 등교하기 전에 격문이나 벽보와 낙서를 찾아내어 없애 버리는 것을 일로 삼고 있었다. 경찰의 데모진압 전술은 초동진압, 시가지진압, 입체진압의 3단계로 나누어져 있었다. 초동진압 전술은 화학탄을 쓰지 않고 데모 발생단계에서 불씨를 꺼버리는 방법이다. 병력을 데모대 속으로 집어넣어 데모 대열을 여러 조각으로 갈라버리고 이 조각들을 공격, 각개 격파하는 전술이었다.

시가지진압 전술은 데모대가 거리로 뛰쳐나왔을 때 적용된다. 찻길을 막아 차가 지나다니지 못하게 한 뒤 시민들을 데모대로부터 떼어내고 데모 대열을 분단한 다음 골목으로 몰아넣고 주모자들을 붙드는 전술이다. 입체진압 전술은 폭도로 변한 데모대에 적용된다. 데모 군중에 해산을 당부한다. 그리곤 MPG탄 유효사거리까지 데모 대열에 가까이 간 다음 MPG탄을 쏘아 기세를 꺾는다. 2단계에선 데모 군중에 50미터까지 다가가서 사과탄을 던진다. 다음 3단계에선 가스차가 데모 군중에 30미터쯤 접근하여 페퍼포그와 물을 뿌린다. 데모 군중이 무너지면 짊어지고 다니는 가스 분사기를 앞세워 군중 속으로 돌격해 들어간다. 경찰이 〈다중범죄 진압 교범〉에서 밝힌 데모 진압 경찰의 기본자세는 "집단범죄에 가담하는 군중은 우리의 형제로 일시적인 감정을 자제하지 못하고 분별없는 생각에서 집단행동을 한 군중이므로 슬기롭게 진압하는 정신자세를 가져야 한다"라고 표현되고 있다.

〈첫째, 데모 군중은 적이 아니다. 그러므로 데모 행위자에 대하여 과격한 행동으로 피해를 주어선 절대 안 된다.

둘째, 데모 행위자는 범법자다. 법을 다스리고 집행하는 경찰관은 데모를 슬기롭게 진압해야 한다.

셋째, 데모 군중은 조직적인 훈련이 돼 있지 않다. 따라서 고도의 교육 훈련을 받은 우리 경찰관과 대항할 수 없는 집단이다.

넷째, 데모 행위자는 집단으로 되었을 때 허세를 부린다. 데모대는 재빨리 해산시켜 집단 세력을 깨뜨려야 한다.

다섯째, 데모 군중은 자극을 받으면 흥분한다. 데모 군중에게 자극을 주지 말라.〉

경찰의 안전진압 수칙은 또 이렇게 지시하고 있다.

〈○ 때리지 말 것
○ 감정 섞인 말을 하지 말고 대꾸하지 말 것

○ 흩어져 달아나는 사람을 뒤쫓지 말 것

○ 개인행동을 하지 말고 부대 단위로 행동할 것

○ 데모 군중과 개별 접전을 하지 말 것

○ 경찰봉을 쓸 때는 상대편의 어깨 아래를 때릴 것

○ 집 안으로 가스탄이나 가스를 던지거나 쏘지 말 것

○ 가스탄은 안 터질 것에 대비하여 동시에 세 발 이상을 던질 것〉

경찰은 데모 진압의 성패는 데모 발생 뒤 최초의 5분 사이에 달려 있다고 강조해 왔다.

초동진압작전의 실패 이유 분석

부산대 데모에서 경찰은 최초의 5분간 아무것도 하지 못했다. 16일에 심상치 않은 일이 일어나리라고 예상하여 100명 남짓한 사복형사들을 캠퍼스에 깔아놓았는데도 데모 학생들이 상대 앞에서 도서관까지 몰려오는 것을 막지 못했다. 도서관 앞에선 두 형사가 조직적인 행동에서 벗어나 무모한 공격을 하는 바람에 학생들의 분노만 거세게 만들었다. 경찰이 부산대 데모를 초동단계에서 눌러버릴 수 있는 기회는 두 번 있었다. 한번은 상대에서 도서관 앞까지 100명 가량이 행진해올 때였다. 형사들이 재빨리 이들에게 달려들어 대열을 흩어 버렸다면 연쇄폭발은 일어나지 않았을 것이다. 아마도 부산·마산 시민봉기도 없었을 것이고 박 대통령은 죽지 않았을 것이다.

경찰이 재빨리 데모 발생에 대응하지 못했던 까닭은 무엇인가.

첫째, 지휘체계가 엉망이었고 무전장비가 허약했다. 데모대를 보고도 아무도 지휘를 하려 들지 않았다. 여러 군데 흩어져 있는 형사들을 신속히 모을 수 있는, 갖고 다니는 무전기도 없었다. 모든 사복형사들이 데모 발생 단계에서는 멍하니 구경만 할 뿐이었다. 이성희·김성수 두 형사가 데모대 속으로 뛰어든 것도 명령을 받고 그런 것이 아니었다. 아무도 자기 임무를 다하지 않은 데 대한 울분과 책임감에서 그렇게 한 것이었다.

둘째, 책임감을 갖고 적극적인 자세를 취하는 경찰관들이 거의 없었다. 데모대를 도서관까지 오게 함으로써 첫 번째 진압 기회를 놓친 경찰은 도서관 앞에 학생들이 모였을 때 이들을 깰 수 있는 두 번째 기회를 잡았다. 그러나 이때도 지휘계통이 제대로 움직이지 못한 데다가 사복형사들은 꼬리만 뺐다. 이성희 형사는 "아무도 지휘를 하지 않아 답답해서 내가 나섰다"고 했다. 도서관 앞에 데모대가 당도하는 순간 100명이나 되는 힘센 사복형사들이 한꺼번에 덮쳤더라면 초동진압을 할 수 있었을 것이다.

경찰의 훈련교범에 따르면 데모 학생들은 범법자들이다. 경찰관들이 강도나 도둑 등 범법자에게 느끼는 적개심이나 잡아야겠다는 사명감을 이때 갖고 있었다면 설사 지휘계통이 마비돼 있었다 해도 주모학생 체포 행동에 적극 나서야 했다. 그렇게 할 수 없었던 것은 경찰관들이 진압행위 자체의 정당성에 확신을 갖지 못했기 때문이었다. 이런 정신자세에서 나타난 경찰의 문제점은 데모가 학교 안에서 도심지로 번져감에 따라 더욱 두드러지게 드러날 터였다. 경찰은 숫자에서만 학생들에게 진 것이 아니라 정신력에서도 졌던 것이다.

전술적 면에서도 경찰은 초동진압작전에서 실패했다. 경찰은 초동진압 단계에선 화학탄을 쓰지 않는 것을 원칙으로 삼고 있었다. 시가지에서 데모가 폭동으로 변했을 때 비로소 입체작전을 통해 가스차와 최루탄을 사용토록 경찰의 〈다중범죄 진압 교범〉은 가르치고 있었다. 경찰이 신정문을 거쳐 장갑가스차와 진압 병력을 집어넣은 것은 데모 발생 35분 뒤였다. 35분 동안 초동진압 작전을 포기하고 있던 경찰은 갑자기 입체진압 작전으로 나온 것이다.

경찰은 학교에 들어오자마자 페퍼포그를 내뿜고 최루탄을 사용했다. 학생들은 한결같이 병력 진입보다도 최루탄과 페퍼포그에 대해 더 화가 났다고 했다. 이진걸은 "페퍼포그를 마셔 눈물과 콧물을 쏟고 기침을 캑캑 하니까, 저절로 화가 치밀더라"고 했다. 본관 앞에까지 가스차가 올라와 페퍼포그를 뿜어댄 것은 많은 학생들이 마지막까지 가졌던 학원의 신성한 권위에 대한 가냘픈 기대마저 여지없이 깨뜨리는 것이었다.

페퍼포그와 최루탄은 많은 학생들로부터 동물적인 분노와 용기를 끌어낸 셈이었다. 그런데 경찰은 맹수의 약만 올려놓고 그냥 물러나 버렸다. 경찰이 불씨가 꺼진 것을 확인도 않고 일단 병력을 철수한 것은 학생들의 돌파작전을 부추기는 결과를 가져왔다.

학생들이 두 번째, 세 번째로 모여 구정문과 부속 고등학교 담을 넘어 경찰 저지선을 돌파할 때는 경찰병력이 분산돼 제대로 막을 수도 없었다. 경찰은 진압의 타이밍을 놓침으로써 호미로 막을 것을 가래로도 못 막게 된 것이다.

경찰이 다른 지원 병력의 도착을 기다리면서 학교 바깥을 봉쇄한 채 학교 안의 시위를 잠시 지켜보고 있었더라면 제풀에 기세가 꺾였을지도 모른다. 상부로부터의 문책을 의식한 나머지 너무 조급하게 나선 것이 불티를 사방으로 확산시키는 결과를 빚게 된 셈이다.

3 :

시민 가세

학생 숨겨주는 시민들

10월16일 오전 서울 부산대학교가 최루가스와 함성으로 휩쓸리고 있던 이날 오전 국회 본회의는 휴회 기간 중에 사망한 유정회 김성환(金聖煥) 의원에 대한 묵념을 올리고 의원직을 승계한 고귀남의 의원 선서를 듣고 5분 만에 끝났다. 김영삼 총재 제명 이후 처음 열린 본회의장에서 여당 의원들은 텅 빈 야당 의석을 의식해서인지 좌석에 앉아 조용하게 대화를 나누는 등 을씨년스러운 분위기였다.

공화당 의장서리 박준규는 기자들과 만나 신민당 의원들의 의원직 사퇴 문제에 대해 "야당 의원들이 자살한다고 해도 곡할 사람이 있는 줄 아느냐"고 격한 목소리로 말했다.

유정회는 이날 유신 7주년 기념 강연회를 세종문화회관에서 가졌다.

'1980년대를 위한 유신 체제'라는 강연에서 유정회 갈봉근 의원은 "유신 체제의 궁극적 과제는 안정 속의 번영에 있는 것이며, 이는 국민총화와 능률의 극대화 없이는 이룩될 수 없다"고 전제, "이런 뜻에서도 국민총화를 깨뜨리는 요인은 그 구실이 어디에 있든지 간에 국가적 차원에서 용납될 수 없다"고 말했다.

이날 오전 박 대통령은 한강을 가로지르는 열한 번째의 다리 성수대교 개통식에 참석하여 테이프를 끊은 뒤 강남 쪽으로 걸어서 건넜다. 이어서 여의도에 있는 한국기계공업진흥회관을 방문, 한국기계 교역전을 둘러보았다. 대통령은 전시장에 온 일반 시민들과 일일이 인사를 나누었다. 대통령이 전시장을 떠날 때 관람객들이 바깥으로 나와 박수를 치자, 손을 들어 답례했다.

16일 오전 부산 온천장 경찰이 부산대학교 캠퍼스 안으로 들어가 학생들을 스탠드나 교실 안으로 몰아넣고 있을 때 부산 시경 밑에 있는 아홉 개 경찰서엔 비상이 걸렸다. 이때가 오전 10시45분쯤, 동래경찰서 관할 지역과 붙어 있는 부산진경찰서 다중진압부대 150명은 15분 만에 뒷마당에 집결했다. 방석모와 방석망과 방석복을 입고 곤봉을 찬 그들은 야구의 포수들 같았다. 그들은 5년 만에 처음으로 학생 데모 진압의 현장으로 출동했다. 그들이 그때는 아무도 정작 중요한 장비를 빠뜨리고 간다는 사실을 눈치 채지 못하고 있었다. 그들은 방패를 두고 갔던 것이다.

오전 10시50분께 부산대학교 구(舊)정문의 담을 무너뜨리고 바깥으로 나온 300명 가량의 학생들은 골목을 따라 금강공원 쪽으로 달렸다. 금강공원에서 온천장까지 구호를 외쳐 대면서 시위를 벌였다. 행인들은 눈이 휘둥그레져 쳐다보기만 했다. 조금 시간이 흐르자 행인들과 가게 주인들 가운데 "잘한다!"면서 손뼉을 치는 사람들이 한두 사람씩 눈에 띄기 시작했다. 데모대는 사직동 원예고등학교까지 나아갔다. 이 학교 앞에서 비로소 경찰 진압부대를 만나 흩어졌다. 대부분은 학교로 걸어서 돌아갔다. 온천장 부근에서 남아 서성거리던 나머지 일부는 사대부고를 통해 뛰쳐나온 데모대와 합류하게 된다. 사대부고 담을 뛰어넘고 이웃 주택가로 쏟아진 1000명 가량의 주력은 부곡동 산업도로까지 진출했다.

그들은 곧장 길 한복판을 차지했다. "유신 철폐"를 외치며 온천장 쪽으로 당당하게 나아갔다. 뛰다가 걷고 또 뛰다가 걷곤 했다. 구호와 '우리의 소원은 자유'를 부르며 그들은 앞뒤도 없이 무리 지어 나갔다. 데모대의 뒤를 따라 제1기동대 병력 50명이 트럭을 타고 서서히 뒤쫓아 왔다. 데모대가 온천장 네거리 입구에 이르렀을 때 트럭이 갑자기 데모 군중 속으로 치달려 들어왔다. 이진걸은 그때 대열 앞쪽에 있었다. 트럭이 미친 듯 돌진해 오자 받힐 것 같아 오른쪽으로 피했다. 대열은 양쪽으로 쫙 갈라졌다. 전투 경찰관들이 뛰어내려 곤봉을 휘두르기 시작했다. 화학과 2학년 박문태는 경찰을 피해 길보다 낮은 주택가로 뛰어내렸다. 뛰어내린 곳은 허술한 블록담이었다. 이 담이 무너져 내렸다.

집을 지키고 있던 주부가 놀란 눈으로 뛰어나왔다. 박문태는 계면쩍은 얼굴로 블록 더미 속에서 일어나 그 여자에게 사과를 하려는 순간 허리가 뜨끔하는 것을 느끼면서 앞으로 고꾸라졌다.

그는 이웃 주민들의 도움으로 부산시 중구 중앙동 고려신경외과로 옮겨졌다. 엑스선 진단 결과 허리뼈가 부러졌음이 밝혀졌다.

흩어진 학생들은 두 갈래로 갈라졌다. 한 줄기는 길에서 온천천으로 뛰어내려 새카맣게 썩은 폐수를 첨벙첨벙 밟아 건너 명륜동 쪽으로 달아났다.

다른 한 갈래는 저지대 주택가로 뛰어내려 사직동 쪽으로 향했다. 김창수는 주택가 쪽으로 뛰었다. 골목으로 빠져나와 보니 서른 명쯤이 따라오고 있었다. 그들은 본대열을 못 찾을 바에야 일단 학교로 돌아가기로 결정했다. 이진걸이 낀 한덩어리의 학생들도 주택가의 샛길을 빠져 사직동 큰길로 나서려 했다.

이때 주민들이 비로소 적극적으로 돕기 시작했다. 한 할머니는 샛길로 다니는 이진걸 일행에게 앞에 경찰 부대가 진치고 있다고 일러주었다. 집으로 무작정 뛰어들어 몸을 숨기는 학생들을 측은한 눈초리로 맞아주는 사람들이 많았다. 한 주부는 경찰이 지나간 뒤 다시 피신처를 뛰쳐나가려는 학생을 붙들어 두고 바깥으로 정찰을 나가 경찰이 없다는 것을 확인한 뒤 내보내 주었다.

시내버스 안에서 창밖으로 손을 흔들며 응원을 보내는 시민들도 많았다. 학생들은 큰 용기를 얻었다. 결코 외로운 싸움이 아니란 것을 확인했기 때문이었다. 온천장에서 사방으로 흩어졌던 학생들은 우연히 사직동 큰길에서 만나게 됐다. 사대부고에서 산업도로를 거치지 않고 곧장 온천장 쪽으로 질러오다가 온천파출소 앞에서 경찰의 공격을 받고 흩어진 학생들도 이곳에 모여들었다.

400명쯤으로 불었다. 숫자가 이렇게 되니 이젠 학교로 돌아갈 마음이 없어졌다. 그들은 지휘자도 없이, 토론도 없이 등을 학교로 하고 시내 쪽으로 나갔다. 모든 데모 과정이 순리대로 자연스럽게 진행돼 갔다. 사직동의 만덕터널 입구에 있는 미남 로터리 쪽으로 방향이 잡혀졌다. 학생들의 꽁무니엔 개구쟁이 소년들 수십 명이 붙어 호기심에 찬 눈으로 졸졸 따라다녔다.

하늘을 꽉 채운 투석

부산일보 사진부 김승준 기자는 다른 취재를 마치고 영업용 택시를 타고 가다가 온천장에서 데모대를 봤다. 택시를 세우고 카메라를 차창 밖으로 내밀고 셔터를 누르는 순간 데모 학생들에게 둘러싸였다. 사진기자라는 말이 통하지 않았다. 학생들은 사진기가 든 가방을 빼앗아 갔다. 김 기자는 카메라를 돌려달라고 사정했다. 한 학생이 필름통을 꺼내 햇빛 앞에서 쭉 뽑아보인 뒤 돌려주었다.

국제신문의 사진부 기자 김탁돈은 낮 11시쯤 회사에 있다가 데모 소식을 사회부로부터 전해 들었다. 찍어 보았자 신문에 낼 수 없다는 사실을 뻔히 알면서도 그는 가만히 앉아 있을 수 없었다. 카메라를 가방에 넣고 뛰어나가는데 편집국장이 "어딜 가느냐"고 소리쳐 물었다. 데모 취재를 간다고 했더니 국장은 짜증 섞인 투로 "그런 데는 가지 말라"고 잘라 말했다. 김 기자는 무안당한 꼴이 되어 시무룩하게 자기 자리로 돌아갔다.

16일 정오 부산 미남 로터리 미남 로터리로 향한 데모 대열은 로터리가 멀리 보이는 곳까지 왔다. 그때 누군가가 경찰이 있다고 소리쳤다. 경찰 병력 150명 가량이 방금 도착한 듯 로터리에서 대열을 정비하고 있었다. 이 부산진경찰서 진압부대는 처음엔 온천장으로 배치됐었다. 그러나 부대가 도착했을 때는 온천장에서 한바탕 충돌이 있은 뒤였다. 안연세 서장은 SSB 무전기를 통해 시경 경비과장의 작전 지시를 들었다. 학생들 수백 명이 미남 로터리 쪽으로 향하고 있으니 로터리로 가서 이를 막으라는 명령이었다.

로터리에 도착한 안 서장은 자기 차를 일단 유사시에 달아나기 쉽게 머리를 남쪽으로 하여 세워 두었다. 그리곤 데모진압부대를 가로로 배열시켰다. 학생들은 경찰을 보자 멈칫했다. 그들 앞에는 목욕탕이 있었고 그 옆엔 하수도 공사장이 있었다. 시멘트 하수관이 여기저기 흩어져 있었다. 군데군데 자갈더미도 있었다. 학생들은 직감적으로 이곳을 이용해야겠다는 생각을 했다. 먼저 하수도관을 굴려 경찰차가 못 넘어오게끔 바리케이드처럼 만들었다. 그리곤 너도나도 자갈더미에서 돌멩이를 한웅큼씩 끌어잡아 경찰 부대를 향해 던지기 시작했다. 양쪽은 100미터쯤 거리를 두고 있었다. 돌은 그 완충 지대에 떨어졌다. 경찰은 학생들에게 가까이 올 생각은 않고 버티고 서 있기만 했다. 몇몇 학생들은 앞으로 우르르 달려 나가 돌을 던지고는 물러나는 일을 되풀이했다. 부산진서 서동백 수사과장은 그러는 학생들이 권투 시합을 앞두고 몸을 풀고 있는 선수 같아 보였다. 기세를 돋우기 위해 일부러 학생들이 나왔다 들어갔다 하면서 산발적으로 돌을 던지는 것이라고 생각했다.

그때 갑자기 학생들이 "우—" 하는 함성을 지르며 경찰을 향해 달려오기 시작했다. 아프리카 원주민들이 괴성을 지르며 백인들에게 달려드는 영화의 한 장면 같았다. 경찰 진압부대에 30미터쯤 접근했을 때 학생들은 한꺼번에 돌을 던졌다. 500개를 넘는 돌이 뒤엉켜 날아왔다. 서동백은 하늘이 갑자기 새까맣게 되는 것을 보았다. 철새나 메뚜기떼가 덮쳐오는 것 같은 착각을 느끼게 했다. 우두둑 여기저기서 돌덩어리가 경찰 부대 속으로 떨어졌다. "어!" "아!" "아야!" 돌을 맞은 경찰관들이 비명을 질렀다. 두 번째 일제 투석이 우박처럼 또 쏟아져 내렸다. 경찰 대열은 무너지기 시작했다. 경찰관들은 이때야 방패를 들고 오지 않은 실수의 대가를 값비싸게 치르고 있음을 깨닫게 됐다.

부산진서 다중진압부대엔 80개 남짓한 방패가 있었다. 훈련대로 한다면 진압부대의 맨 앞줄에 선 경찰관들이 이 방패를 갖고 있다가 돌이나 유리병이 날아오면 방패를 머리 위로 추켜올리면서 쪼그리고 앉는다. 뒤쪽 줄에 있는 사람들은 이 방패 우산 밑으로 들어가기 위해 앞으로 달려가 쪼그리고 앉는다. 이렇게 하면 웬만한 투석 세례는 견딜 수 있다는 것이다.

경찰, 미남 로터리에서 대패

맨몸으로 주먹만 한 돌을 얻어맞게 된 경찰관들은 달아나기 시작했다. 맨 먼저 서장의 승용차가 달아났다. 작전차 운전사는 차를 호위하던 경찰관들이 달아나 차만 덩그렇게 남은 것을 알아차리자 운전석에서 뛰어나와 도망갔다. 서장이 달아나자 간부들도 지휘를 포기했다. 서동백 수사과장은 학생들이 몰려오자 모자를 벗어 버리고 길가 집으로 뛰쳐 들어가 몸을 피했다. 집 문밖으로 학생들이 몰려 지나가는 소리를 들으면서 그는 "이번 학생들은 도저히 감당할 수가 없다"고 생각했다.

경찰관 생활 스물 몇 해 동안 수십 차례 데모를 막아본 적이 있지만 저 학생들처럼 기세가 등등했던 무리는 없었다고 그는 생각했다. 갑자기 그는 나이를 느꼈다. 둘째 아들 나이 또래의 학생들에게 쫓겨 구차한 모습으로 몸을 피하고 있는 자신이 처량해졌다.

학생들은 승승장구했다. 로터리에 외롭게 서 있는 작전 트럭을 돌맹이로 두들겨 패 학생들의 표현을 빌리자면 '떡을 만들었다'. 그들은 남쪽으로 계속 뛰어갔다. 골목, 집안으로 몸을 피했던 경찰관들은 곧 정신을 차렸다. 앞서간 데모대를 뒤쫓기 시작했다. 김창수는 차례가 바뀌어 데모대 대열 뒤를 쫄쫄 따라오는 경찰관들의 모습이 우스꽝스럽게 보였다. 학생들은 돌이 많이 깔려 있는 공사장 근방에 와서 추격하는 경찰관들에게 또 돌을 던졌다.

이때 경찰 기동순찰차인 검은 포니가 학생들을 향해 독불장군처럼 질주해 왔다. 돌을 들고 있었던 학생들은 엉겁결에 조건반사적으로 집중투석을 했다. 김창수는 돌무더기가 포니의 앞창문을 부수고 차 속으로 확 빨려 들어가는 것을 생생히 지켜보았다. 운전사가 옆자리로 쓰러졌다. 차가 급하게 멈춰 섰다. 이어서 작전 트럭이 데모 대열을 양쪽으로 가르며 군중 속으로 치고 들어왔다. 학생들은 주택가 골목으로 피해 들어갔다. 이것은 경찰의 노리는 바였다. 막다른 골목에 봉착, 다시 돌아 나오던 학생들은 출구를 지키던 경찰관에게 걸어 채이고 몽둥이로 얻어맞은 뒤 끌려가 경찰버스에 실려졌다.

경찰관들도 이때는 흥분 상태에 있었다. 미남 로터리에서 동료들이 돌에 얻어맞고 퍽퍽 쓰러지는 것을 보았던 그들은 동물적 복수심을 불태우게 됐다.

김창수는 돌에 맞은 한 경찰관이 뒤쫓아 오면서 학생들에게 돌을 던지는 것을 봤는데 그의 심정을 이해할 수 있을 것 같았다. 데모 진압 때 일어나는 가혹행위는 이념의 차이에서 나오는 적개심의 표현이 아니라 몸과 몸이 부딪쳤을 때 저절로 생기는 동물적인 증오심에서 비롯되는 것이다. 어린 학생들의 입장을 이해할 줄 아는 경찰관들도 동료들이 돌이나 유리병으로 얻어맞고 피를 쏟는 것을 본 뒤엔 데모 학생들을 증오하게 되는 것이었다. 데모의 소용돌이 속에서 동창생인 데모 학생을 만난, 재학 중 입대한 전투경찰관은 반갑게 악수를 나눈 뒤 돌아서서 낯이 선 다른 학생들에겐 몽둥이를 휘두르곤 했다. 김창수도 골목으로 달아났다. 그는 잠시 숨어 있다가 조심조심 나왔다. 바로 그의 눈앞에서 한 여학생이 두 전투경찰관에게 꼭 끼인 채 질질 끌려가고 있었다. 기겁을 한 김창수는 반대편으로 뛰어 달아났다. 경찰 진압부대가 스쳐 지나간 뒤 흩어졌던 학생들은 다시 모이기 시작했다.

이들이 학교를 뛰쳐나왔을 때는 시내의 집합장소가 정해지지 않았었다. 이들은 이제부터 어디로 가야 하느냐로 망설였다. 시내엔 이미 동아대 학생들이 나와 데모를 벌이고 있다는 뜬소문이 학생들 사이에서 돌았다. 모이는 장소가 부산역이나 서면, 또는 부영극장일 것이라는 말도 나왔다.

김창수는 부산역일 것이라고 주장했다. 창수 일행은 큰길로 걷기가 위

10월16일 오전 동래경찰서 앞을 행진하는 부산대 학생들.

동래의 시가지에서 경찰의 제지를 받는 부산대 학생들.

험하다고 판단했다. 야산을 넘어 한 4킬로미터쯤 걸어 부산진구 초읍동 성지곡공원 쪽으로 넘어갔다. 공원 앞에서 시내버스를 타고 그들은 부산역으로 향했다.

이진걸은 학생들이 서면에 모일 것이라고 생각했다. 고등학교 후배를 만난 그는 후배와 함께 거제동에 있는 삼촌집에 가서 교련복을 평상복으로 갈아입고 점심을 먹었다. 서면으로 두 사람이 나간 것은 오후 2시쯤. 서면엔 아무 일도 일어나지 않고 있었다. 둘은 학생들이 모두 집에 돌아가 버린 줄 알고 다시 거제동 삼촌집으로 돌아왔다. 이진걸이 시내 데모 소식을 안 것은 오후 4시쯤. 사촌 여동생이 전화를 걸어왔다. 광복동에서 데모가 터져 야단이란 것이었다. 이진걸은 후배를 데리고 뛰어나갔다.

한편 온천장에서 경찰의 공격을 받고 헤어진 다른 한 갈래의 데모 대열은 산업도로를 따라 남쪽 부산교육대학 쪽으로 뛰어갔다. 500명 남짓한 이 대열은 '선구자'와 교가를 부르면서 "유신헌법 철폐하라!" "정치탄압을 즉각 중지하라!"고 외쳐댔다. 그들은 교육대학까지 경찰의 공격을 받지 않고 산보하듯 행진했다.

명륜동 사거리에 다시 모인 학생들도 산업도로와 나란히 난 길을 따라 교육대학 쪽으로 달려갔다. 이들도 아무런 공격을 받지 않았다. 동래경찰서 앞도 유유히 지나갔다. 그때 경찰서 병력은 몽땅 출동하고 경찰서 안엔 최소한의 당직 및 정비 요원만 남아 있었다. 데모 대열이 구호를 외쳐대며 지나가는 것을 보고만 있을 수밖에 달리 도리가 없었다.

경찰은 시위 대열이 꼭 지나가야 할 길목인 교육대학 앞에 400명 가량의 병력을 배치해놓고 있었다. 학생들이 몰려오자 경찰은 쳐들어갔다. 데모 대열은 사방으로 흩어져 달아났다. 그때엔 이미 학생들을 꽉꽉 태운 시내버스들이 서면 쪽으로 줄지어 달려가고 있었다. 흩어진 데모 대열은 버스정류장으로 향했다.

취재 포기한 기자들

16일 오전 부산진서 상황실 10월16일은 샘이 날 만큼 훌륭한 가을날이었다. 구름은 한 점도 없었다. 햇빛은 눈부시게 빛났다. 조금 더운 가을날 같았지만 바람결은 서늘하게 살갗을 스쳐갔다. 이날 오전 부산의 사회부 기자들은 사상구 괘법동에서 일어난 정병주 씨 부부 실종사건의 수사 진전에 촉각을 곤두세우면서 출입처를 지키고 있었다. 국제신문 사회부 조갑제 기자는 10시45분께 부산진경찰서 다중진압부대에 비상이 걸리는 것을 보고 상황실로 뛰어 올라갔다. 무전기가 숨가쁘게 상황을 전하고 있었다.

"참새 200마리 구정문 돌파하여 식물원 쪽으로 진출하고 있음."

"참새들 금강공원 통과."

"참새 네 마리 연행 중."

데모 상황을 보고하는 음성과 병력 배치를 지휘하는 음성이 뒤섞여 무전기는 데모 중계방송을 하는 듯했다. 조 기자의 충격은 컸다. 부산대학교에서 데모가 일어날 것이라고 기대해본 적이 없었기 때문이었다. 일어난다 해도 우리나라의 모든 대학 가운데 맨 나중에 일어날 것이라고 그는 굳게 믿고 있었다. 한 해 전 대구의 경북대학교 학생들이 학교 바깥으로 뛰어나와 거센 데모를 했다는 얘기를 들었을 때는 "역시 대구 사람들은 다르다. 문화의 전통이 깊은 도시니까…"라고 풀이한 그였다. 그는 부산대 학생들의 문제의식이 희미하다고 경멸하다시피 했다. 1979년에 들어 부산에서 잇따라 터진 토막살인사건 등 흉악범죄와 부산 사람들이 다른 지방에서 저지른 흉악범죄도 다 부산의 도시 풍토에 전통과 자부심이 없기 때문이라고 생각해 온 그였다. 그런 부산의 대학생들이 비로소 일어났다는 것이다. 그것도 운동장 안에서만 맴도는 시위를 한 것이 아니다. 바깥으로 뛰어나와 구호를 외치며 거리를 휩쓸고 있다고 한다.

"이 좋은 날씨에…"

그는 창밖으로 펼쳐진 가을의 절정을 바라보면서 "마른하늘의 천둥소리"가 이런 일을 가리키는 말이라고 생각했다. 조 기자는 사회부장에게 상황을 보고했다. 그는 "취재하러 갈까요"라는 어리석은 물음은 던지지 않았다. 그것은 신문에 날 수 없는 사건, 따라서 취재할 필요도 없는 사건이라는 것을 유신 체제에 길들여진 조 기자는 너무나 잘 알고 있었기 때문이다. 다만 다른 기자를 만나자 "우리 데모 구경 갈까요"라고 농담조로 얘기한 것이 고작이었다.

상황실의 무전기는 시간이 흐를수록 더욱 불타나게 왕왕댔다. 경찰의 우왕좌왕하는 모습이 선하게 떠올랐다. 사태가 심각해지자 경찰은 기자들에게 상황실에서 나가줄 것을 요구했다. 조 기자는 며칠 전 사회부의 후배기자가 동아대학교의 간부 직원을 만나러 갔다가 오해를 당한 것을 기억해냈다. 그날은 동아대학교에서 심상치 않은 움직임이 있다고 해서 정보기관 사람들이 캠퍼스에 깔려 있던 때였다.

후배 기자가 회사로 돌아가자마자 이 대학교의 간부 직원은 정보부 부산지부에 '기자의 수상쩍은 방문'을 알려 주었던 모양이었다. 정보부의 언론담당조정관이 편집국장에게 이 문제에 대해 주의를 주었다. 편집국장은 사회부 기자들에게 "앞으로 그런 장소엔 가지 말라"고 짜증 섞인 투로 말했던 것이다.

"쓰지도 못할 것 알아선 뭘 해."

그는 상황실에서 밀려나 점심 먹으러 갔다. 조 기자는 언제나 하는 버릇대로 점심 뒤 숙직실에 들어가 냄새가 나고 땟국이 흐르는 이불을 뒤집어쓰고 낮잠을 잤다. 얼마쯤 잤을까? 바깥이 갑자기 소란스러워졌다. 숙직실 문을 거칠게 열고 들어온 형사 둘은 국방색 전투복 차림이었다. 지친 표정이었다. 구두끈을 풀고 털썩 드러눕더니 "야! 돌에 맞아 죽을 뻔했다" 하는 것이었다.

운명의 손길, 부산역에서 광복동으로

부산진경찰서 병력 일부는 미남 로터리에서 참패한 다음 줄달음치는 데모대를 앞질러 가서 막으려고 양정의 하마정 네거리로 이동했다. 이곳에서 아무리 기다려도 데모대는 나타나지 않았다. 데모대가 경찰 공격으로 흩어져 시내버스를 타고 시내 쪽으로 가버렸다는 소식이 들려왔다.

경찰은 일단 이곳의 진압부대를 경찰서로 돌아가게 했던 것이다. 조 기자가 형사계에 들어가 보니 대학생들 열 서넛이 책가방을 든 채 잡혀와 있었다. 서면 로터리에서 타고 가던 시내버스로부터 끌려 내려진 것이다.

그들은 오늘 한 일을 시간별로 쓰라는 지시를 받았다. 조 기자는 도수 높은 안경을 낀 한 의예과 학생이 쓴 자술서를 어깨 너머로 내려다보았다.

"…부자는 더욱 부자가 되고 가난한 사람은 더욱 가난해지는 경제적 불평등에 대한 울분에서 데모에 참여하지 않을 수 없었다…"

조 기자는 가슴이 섬뜩해 옴을 느꼈다. 살벌한 경찰서에서 형사들로부터 귀싸대기를 얻어맞으면서도 이처럼 소신을 주장하는 학생이 부럽게 느껴졌다.

16일 오후 서면·부산역 그때 황성권은 한길사에서 펴낸 책《드레퓌스》를 끼고 있었다. 전날 밤 서울역에서 기차를 탈 때부터 그 책을 갖고 있었다. 그는 부산진구 부전역 앞에 있는 경남병무청 정문을 나오다가 가스차가 서면 로터리 쪽으로 달려가는 것을 보았다. 그 뒤를 전투경찰관들이 탄 작전 트럭 두 대가 쫓고 있었다. 그는 후배 김종철을 보고 "뭐가 터진 것 같다. 가 보자"라고 했다.

황성권은 서울의 대학가에선 이름이 꽤 나 있는 운동권 학생(외국어대학 스페인어과 3학년)이었다. 나이 스물여섯인 그는 마산고등학교에서 학생회장을 지냈다. 군복무 뒤 복학한 그는 1978년 9월에는 스페인어 통역으로 뽑혀 부산에서 열린 기능올림픽대회에서 일하기도 했었다. 군대 생활도 부산에서 했다. 그래서 그는 부산 지리엔 훤했다. 고교 후배인 김종철과 함께 그는 광복동으로 가기로 했다.

두 학생은 그때 이미 경찰로부터 쫓기고 있는 몸이었다. 황성권은 1978년 6월23일 밤에 있었던 세종문화회관 앞 학생 데모의 주동자들 가운데 한 사람이었다. 고려대학에 다니던 김종철도 최근에 있었던 교내 사건과 관련해 경찰의 수배를 받고 있었다. 의리가 강한 황성권은 종철의 징병 문제를 부탁하기 위해 경남병무청 징모(徵募)과장을 만나러 온 길이었다. 두 학생은 16일 저녁에 징모과장과 남포동에서 저녁을 함께 하기로 하고 헤어져 나오는 길에 가스차를 발견했던 것이다.

경찰은 학생들이 시내버스를 타고 시 중심부로 몰려가는 것을 막아보려 했다. 자동차로 시내버스를 뒤쫓았다. 학생들이 주로 많이 탄 것은 부산대학교 근처에 시발점이 있는 18, 19번 버스였다. 많은 버스가 학생들로 꽉 채워졌다. 학생들은 승강구 문을 걸어 잠그게 했다. 그리곤 정류소에 멈추지 말고 광복동 쪽으로 계속 달리도록 운전사에게 부탁했다. 경찰차가 뒤따라오자 "아저씨, 자동차 경주엔 이겨야 해요!"라고 운전사에게 응원을 보냈다. 멋모르고 신바람이 난 시내버스 운전사는 차를 내쳐 몰았다.

경찰은 서면 로터리에서 일단 학생들이 탄 시내버스를 검문하여 그들을 끌어내리려 했다. 몇 번 이 짓을 해보고 경찰은 손을 들어버렸다. 서면 로터리는 하루에 10만 대의 차들이 오가는, 부산에서 가장 번잡한 교통 중심지다. 심할 땐 20, 30분쯤 차들이 톱니처럼 서로 물려 꼼짝 못하기도 하는 곳이었다. 이곳에서 시내버스를 하나씩 세운다면 도로는 완전히 마비될 터였다. 워낙 학생 버스가 많아 모든 학생들을 끌어내린다는 것도 될 일이 아니었다.

"집에도 못 갑니까?"

이런 말엔 경찰도 어쩔 수가 없었다.

학생 버스는 서면 로터리를 지나 부산역 쪽으로 내달렸다. 학생들이 부산역에 다시 모인다는 정보에 따라 부산시경은 역 광장과 지하도 주변에 병력을 깔았다. 맨처음 부산역 정류장에 도착, 버스에서 내린 40, 50명의 학생들이 이들 경찰관에게 몽땅 붙들려 갔다.

김창수 일행은 부산역에 내리자 "이곳은 틀렸다"고 느꼈다. 전투복 경찰관들이 왔다갔다하고 있었다. 잘못하다간 잡혀갈 것 같아서 그들은 다시 시내버스를 잡아타고 시청 쪽으로 향했다. 경찰은 학생들을 가득 태운 시내버스가 잇따라 부산역 지하도 근방 정류소에 닿자 승강구 문을 열지 못하게 하고 시청 쪽으로 계속 가도록 했다. 나중엔 아예 정류장에 멈추지도 못하게 하고 그냥 통과하도록 했다.

경제과 2년 여성모가 탄 시내버스도 부산역에 멈추지 못하고 지나가야 했다.

"시청으로 갑시다."

한 학생이 부르짖었다.

"와!"

다른 학생들은 발을 구르며 환호성을 질렀다. 학생들의 집결지 목표는 타의에 의해서 시청 부근으로 바뀐 것이었다. 이것도 10·16 사태를 폭발시킨 많은 우연들 가운데 하나였다. 시청 부근인 광복동·남포동 거리가 데모에 있어서는 부산역보다 훨씬 유리한 조건을 갖추고 있음은 몇 시간 안 돼 밝혀질 것이었다.

운명의 손길은 경찰을 통해서 박 정권의 종말을 재촉하는 방향으로 중단 없이 작용하고 있었다.

광복동 사람들의 불만

광복동 일대는 바로 데모꾼들을 위해 만들어진 거리였다. 부마사태의 확대는 광복동 일대의 지리와 풍토 및 이곳 주민들의 기질에 힘입은 바가 컸다. 이곳은 데모대에겐 천국이었고 경찰에겐 지옥이었다. 데모대에겐 들판이었고 경찰에게 미로였다. 데모대에겐 피신의 성역이 됐고 경찰에게 벽이 됐다.

부산 데모의 용광로가 된 광복동 일대는 광복동, 남포동, 부평동, 창선동, 신창동, 중앙동, 동광동, 대청동, 충무동 등 아홉 개 동에 걸쳐 있는 2평방킬로미터의 시가지를 가리킨다. 가운데 용두산공원이 있다. 이를 둘러싼 상가, 사무실, 숙박업소 건물군이 사통팔달의 미로를 이루고 있다. 동서 방향으로 네 가닥의 큰 찻길이 나 있고 남북 방향으로는 다섯 가닥의 찻길이 통하고 있다. 남북 방향으로는 스무 가닥도 넘는 골목이 뚫려 있다. 바둑판처럼 골목과 찻길로 얽히고설킨 이들 미로는 데모대에게 이상적인 집결처와 탈출구를 제공했다.

모였다가 외쳤다가 달아나는 데 이보다 편리한 곳은 달리 없을 것이다. 막다른 골목이란 거의 없었다. 양쪽에서 막아 데모대를 포위할 수 있는 곳도 별로 없었다. 글자 그대로 사통팔달이었다. 따라서 경찰의 진압작전은 큰 제약을 받지 않을 수 없었다. 달아나는 데모대를 추격하다간 경찰 병력이 분산된다. 쫓겨 간 데모대가 골목을 누빈 뒤 원위치로 되돌아와 약올리듯 구호를 외쳐대는 일이 자주 있었다. 머리수에서 10대 1의 열세에 있었던 경찰은 이런 술래잡기로는 도저히 데모대의 적수가 될 수 없었던 것이다.

2평방킬로미터 정도의 이 시가지에는 수천 개의 술집과 점포가 있었다. 주인들의 의지에 따라서는 시위자들의 피난처로 변할 수 있었다.

이곳은 밤낮으로 인파가 붐비는 거리였다. 650미터의 광복동 거리 하루 유동 인구는 30만 명이다. 길이 500미터 가량의 남포동 거리 하루 통행 인구는 50만 명. 특히 야간 통행 인구가 많은 곳이다. 이런 인파의 바다에 데모대라는 물고기가 뛰어들었던 것이다. 수많은 인파는 언제나 데모대로 변할 수 있는 잠재력을 안고 있었다. 경찰은 일반 시민과 데모대를 구별하기가 어렵게 됐다. 찻길로 나오면 데모대고 인도로 달아나면 선량한 시민이었다.

이곳의 야간 인파는 거의가 20, 30대의 젊은이들이었다. 혈기 왕성한 그들은 데모라는 표현 방법으로 에너지를 방출할 태세가 돼 있었다. 이곳은 또 불쏘시개였다. 학생들이 불씨를 안고 뛰어들 때 확 번질 수 있을 만큼 그들은 바짝 말라 있었다.

광복동 일대가 그 중심인 부산시 중구 주민들의 1인당 세금 부담액은 1979년엔 27만 6000원이었다. 이것은 부신시민 평균의 네 배나 됐고 서울 시민 평균의 두 배였다. 이런 무거운 세금에 불만을 갖지 않은 상인은 아무도 없었다. 그 불만은 부가가치세 실시 뒤에 더욱 높아졌다. 이곳에서 자리를 뜨는 상인들의 거의 전부가 무거운 세금에 견딜 수 없어서라고 푸념했다. 부마사태가 터진 날, 이곳 상인들은 9일 앞으로 다가온 부가세 확정 신고일을 놓고 더욱 불평불만에 차 있었다. 제2차 석유파동에 기인한 1979년의 경기 침체는 이들의 조세저항 심리를 부채질하고 있었다.

광복동 상인들은 너무 이해타산에 밝아 우직한 행동을 할 유형의 사람들이 아니라고들 했다. 그러나 그들은 자신들과 이해가 얽힌 문제에 대해서는 끈질기고 조직적인 저항을 하는 일면도 갖고 있었다. 어느 은행 지점이 광복동의 어느 데파트에 입주하려 한 적이 있었다. 이때 상인들이 들고 일어났다. 은행은 오후 4시만 되면 셔터를 내리고 밤에는 전등도 켜지 않기 때문에 상가의 흥청거리는 분위기를 잡치게 한다는 것이 반대 이유였다. 이 은행은 결국 데파트에 들어오지 못했다.

이들 상인은 또 관청에 피해의식을 갖고 있었다. 광복동에서 ㄱ 다방을 경영하던 조창열 씨는 그때 말했다.

"우리 다방은 전세 1700만 원, 월세 70만 원으로 움직이고 있었습니다. 변두리보다 다섯 배가 넘게 비싼 것이지요. 그런데도 관청에선 커피값을 변두리와 똑같이 받으라고 합디다. 웬 단속을 또 그렇게 자주 합니까. 경찰·구청·보건소·세무서·전화국·소방서…. 우리는 뭐 동네북입니까. 물론 단속에 걸려도 돈을 주고 빠지는 경우가 많습니다만 그때마다 더러워 못 해먹겠다는 말이 절로 나옵니다. 돈을 벌어 꼭 만들고 싶은 게 있어요. 뭔지 압니까. 그것은 흥신소입니다. 보기 싫을 만큼 자주 찾아와 돈을 뜯어가는 사람들을 뒷조사하여 혼을 내주고 싶단 말입니다!"

업소 종업원들의 불만

남포동 거리엔 233곳의 술집이 있었다. 이들 술집 주인이 장사를 하면서 겪어야 하는 수모는 상상하기 힘들 정도였다. 시청과 구청 직원, 파출소 순경, 관할 경찰서 수사과 형사, 보안과 경찰관, 보건소 직원, 세무서원, 소방서원, 전화국 직원, 구청 건축과 직원들은 모두 그들이 상전처럼 떠받들고 모셔야 할 사람들이었다.

가짓수도 많은 단속법—식품위생법, 아동복리법, 소방법, 건축법, 미성년자 보호법, 공연법, 경범죄 처벌법, 광고물 단속법 등. 이들 규제법의 올가미를 덮어씌웠을 때 "나는 결백하다"면서 빠져나올 수 있는 업주는 거의 없었다. 그들은 공무원들에게 겉으로 억지 아양을 떨어야 했던 만큼 가슴속 깊이로는 울분을 쌓아가고 있었다.

넓이로 쳐서 중구(광복동 부근이 그 중심지)는 부산시 전체의 0.6퍼센트에 지나지 않는 2.8평방킬로미터다. 그러나 이곳엔 부산시 전체 접객업소의 16퍼센트인 2980개가 몰려 있었다. 술집, 음식점, 숙박업소 등 이들 업소의 종업원들은 그들의 주인보다도 더 깊은 불만을 품고 있었다. 그들의 불만은 관청에 대한 것이 아니었다. 관청과 업주를 포함한 사회 전체를 향한 불만이었다. 낮은 임금과 형편없는 생활환경 이상으로 그들을 사회의 불만층으로 만든 것은 인간답지 못한 대우였다. 손님들과 업주로부터 받는 경멸과 손찌검은 거의가 청소년들인 이들의 가슴에 원한을 심어 놓기가 일쑤였다.

데모가 터졌을 때 이들이 가세하여 파출소에 돌을 던지고 경찰차에 불을 지른 것도 이런 원한에서 우러나온 행동이었다. 그들은 어떤 사회변혁도 그들의 처지를 더 나쁘게는 만들지 않을 것이라고 믿고 있는 것 같았다. 부마사태 이전부터 그들은 자신도 모르게 데모대에 뛰어들 준비 자세를 갖추고 있었던 것이다.

광복동 일대에는 또 우리 겨레가 겪었던 치욕과 좌절, 혼란과 낭비의 상징물들이 많았다. 용두산 기슭에 있었던 왜관, 강요된 개항 뒤 일본인이 벌인 매축공사로 생겨난 땅. 그 땅에 일본인들은 주택지와 거리를 만들고 '나가데도오리'라고 이름지었다. '니시마치' '사이와마치'가 들어섰던 이 거리는 해방 뒤 광복동으로 이름을 갈았으나 주민들의 의식은 그 이름처럼 천지개벽하지는 못했다.

밀수꾼과 밀항 조직의 집합소. 깡패들의 칼부림과 술, 값싼 여자가 북새통을 이루는 남포동. 6·25사변 중 임시수도 시절 이 나라의 창백한 지식인과 예술가들이 '밀다원' '휘가로' '실로암'에 모여들어 전란 속의 현실도피를 한때나마 즐기던 곳이기도 했다.

월남전쟁의 특수경기로 광복동의 야시장은 현란하게 불타올랐으나 이곳에 즐비한 양복점, 전자상점, 카메라점, 안경점들은 그 상품만큼 빛나는 정신을 팔지는 못했다. 그런 곳에서 박 정권에 저항하는 시민정신이 민란의 양상으로 폭발하게 된 것이었다.

광복동의 오후: 태풍 전야의 정적

오후 3시. 조갑제 기자는 늘 하듯 사회부 데스크로 연락 전화를 걸었다. "광복동에 데모가 터져 굉장하다"는 부장의 목소리는 유쾌한 듯했다. 조 기자는 또 놀랐다. 이날 세 번째의 충격이었다. 유신 체제의 절대적인 통제력을 체험으로 너무나 잘 알고 있었던 그는 잇따라 터지는 뜻밖의 일들에 접하자 심상치 않은 예감을 느꼈다.

<u>16일 오후 동아대·고신대</u> 호수 같은 송도 앞바다. 그 바다가 내려다보이

는 산기슭의 고려신학대학. 이곳에 부산대 학생들의 데모 소식이 전해진 것은 이날 점심시간 때였다. 외출했던 한 학생이 도서관으로 뛰어 올라오더니 "터졌다"고 외쳤다. 이 말을 듣고 신학과 3년 황봉진은 두 친구와 함께 남포동으로 달려갔다. 학보사의 지종기 기자는 교무과에 들렀다가 직원들로부터 데모 소식을 알았다. 교육학과 강의실로 달려가 이 뉴스를 전했다. 학생 스무 명은 일제히 일어나 몰려나갔다. 오후 4시까지 고신대 학생 약 500명은 이런 식으로 학교 직원이나 경찰의 아무런 제지도 받지 않고 몽땅 광복동으로 달려갔다.

종교의 사회참여를 반대해온, 한국의 으뜸가는 보수 기독교파인 대한예수교장로회 고신파가 운영하는 고신대학에서 데모가 터지리라고는 경찰도 생각하지 못하고 있었다. 병력 배치를 전혀 하지 않고 있었다.

이 대학 재학생들은 YH사건 이후 일반 대학생보다도 오히려 더 큰 갈등을 겪었다. 고신파는 도시산업선교를 찬성하는 입장은 취하지 않았다. 중립 또는 반대하는 입장이었다. 일제시대 신사참배에 가장 용기 있게 반대했던 고신파가 유신 체제에 반대하는 태도를 분명히 하지 않았던 것은 결코 용기가 없어서 그런 것은 아니었다. 그것은 교리의 차이에서 나온 것이었다. 고신파는 정치와 종교의 활동 범위를 갈라놓고 서로 간섭하지 않는 입장을 취했다. 고신파가 저항하는 경우는 종교의 자유가 위협당할 때였다.

고신대 학생들은 도시산업선교의 문제에 대해서 여러 번 교수들에게 질문하곤 했다. 되돌아온 답은 그들을 더욱 답답하게 만들었다. 학생들은 거개가 도시산업선교의 취지에 동정하고 있었다. 그들은 자신들의 생각이 옳다는 사실을 확인해 줄, 교수의 대답을 기다렸으나 번번히 실망했다. 이제 그들은 행동으로써 대답을 구하기로 했다.

구덕산 밑에 있는 동아대학교에도 부산대학교의 데모 소식은 빨리 전해졌다. 이날 도서관 앞에는 이 학교 체육과 학생 10여 명이 휴지통에 각목을 처박아 놓고 서성거리고 있었다. 이 학생들은 특기생으로 입학한 주로 격투기 종목의 학생들인 것 같았다. 많은 동아대 학생들은 이들 체육과 학생이 학교당국이 시키는 대로 학생들에 대한 무력시위를 벌이고 있는 것으로 해석했다.

어쨌든 동아대학은 평온을 유지하고 있었다.

16일 오후 3시 광복동 오후 2시10분 중부경찰서 상황실.

"부산데파트 앞에 참새 200마리, 부영극장 앞에 300마리, 국제시장에 300마리, 춘해병원 앞에 200마리…."

학생들의 물결은 서서히 광복동으로 밀려들고 있었다. 오후 1시께부터 광복동 다방은 대학생 손님들로 붐비기 시작했다. 모두 책가방을 든 채였다. 골목마다 학생들이 건물 앞에 웅크리거나 퍼질러 앉아 무엇을 기다리고 있었다.

김창수는 시내버스를 타고 오다가 광복동 입구에서 내렸다. 시청 정문 앞에는 이미 바리케이드가 쳐져 있었다. 학생들은 묵묵히 남포동과 광복동 쪽으로 걷고 있었다. 광복동 일대는 학생들로 뒤덮였다. 잠시 태풍전야와 같은 정적이 흘렀다. 이 데모엔 주동 세력이 없었기 때문에 새로운 단계의 행동이 시작되기 직전엔 꼭 이런 기다림의 시간이 있어야 했다. 이것은 자연 발화를 준비하는 시간이었다. 광복동 일대에 몰린 수천 명의 학생들과 그들을 지켜보는 수만 명의 시민들은 누군가가 나서주기를 가슴 졸이며 기다리고 있었다. 초조·안타까움·조바심·기대감으로 숨막히는 공기였다.

터진 데모, 쏟아지는 응원

16일 오후 4시 광복동 이 건조한 공기에 불을 당긴 것은 미화당백화점 앞에 있던 학생들이었다. 상대생과 공대생 10명이 "가자!"라고 부르짖으며 어깨동무를 했다. 그리곤 국제시장 쪽으로 뛰기 시작했다. 김창수는 인도에 있다가 조건반사적으로 후다닥 이들 뒤에 붙었다. 가슴 졸이고 있던 학생들도 창수와 같은 즉각적 반응을 보였다. 긴장된 분위기에 구멍이 뚫려 그 긴장이 풀리면서 학생들의 에너지는 이제 돌파구를 찾는 것이었다.

"유신 철폐!"

시민들에겐 듣기조차 두려운 구호가 튀어 나왔다. 많은 시민들이 부르짖고 싶어 한 구호였다. YH사건과 김영삼 제명이란 터무니없는 사건들이 날마다 신문에 보도되는 것을 보면서 "이럴 수가 있나"고 화를 내던 시민들은 "유신 철폐"라는 구호가 자신의 가슴속에 맺힌 응어리로서 뱉어내고 싶었던, 그러나 용기가 없어 그러지 못했던 낱말임을 깨닫게 됐다. 학생들이 우르르 다투어 몰려나가 국제시장으로 뛰고 있는 것과 동시에 "잘한다!"는 격려의 함성들이 시민들 속에서 울려 나왔다. 고층건물의 사무실과 다방에선 시민들이 창밖으로 몸을 내밀고 박수를 보냈다. 성미 급한 사람들은 벌써 담배개비를 학생 대열을 향해 확 뿌리고 있었다. 눈송이처럼 담배개비가 학생들 머리 위로 우수수 떨어졌다. 미화당백화점 앞에서 일이 터진 한 5분 뒤 보수동파출소 앞에 있던 100명쯤의 학생들도 흑교파출소 쪽으로 뛰기 시작했다. 10분 뒤엔 동아데파트 앞에서 네 줄의 어깨동무 대열이 만들어지더니 국제시장 쪽으로 몰려갔다. 15분 뒤엔 창선파출소 앞에 2000명 가량의 학생들이 구름처럼 밀려들어 스크럼을 짰다. 이들은 북쪽의 미국문화원 건물 쪽으로 질주했다.

한번 당겨진 불은 삽시간에 퍼져 나갔다. 경찰은 데모대를 뒤쫓았다. 학생들이 요리조리 골목을 빠져나가면 그 고리엔 경찰이 물려 다녔다. 창수는 경찰도 데모에 합세한 것 같은 생각이 들어 웃음이 터져 나왔다. 한 경찰관은 가스분사기를 지고 숨을 헉헉거리며 데모대를 뒤쫓다가 고층건물에서 내려다보면서 학생들을 응원하는 시민들을 발견하자 신경질이 난 듯 최루가스를 위로 쏘아 올렸다. 그 경찰관을 향해 욕설과 야유가 사방 건물에서 쏟아져 나왔다.

몰리는 쪽은 이젠 학생이 아니었다. 경찰이 몰리고 있었다. 시민들의 학생 응원은 쫓는 자와 쫓기는 자를 바꿔 놓았다. 행동면에선 학생들이 쫓기고 있었지만 심리적으로는 경찰이 몰리고 있었다. 한 경찰 간부는 뒤에 말했다.

"솔직히 말해서 죄짓는 기분이 들었어요. 시민들까지 학생편을 드니 우리가 하고 있는 일이 무슨 잘못된 짓인 것 같은 생각이 들더군요. 그렇지 않아도 소수인 경찰입니다. 경찰에게 쏟아지는 야유와 욕지거리. 앞뒤에서, 양쪽에서, 그리고 위쪽에서 소나기처럼 퍼붓고 있었으니까 무력감과 함께 소외감을 느끼지 않을 수 없었습니다. 이래서 진압작전을 과감하게 수행할 수 없었어요. 시민들이 무슨 감시자처럼 지켜보는 가운데서 학생들을 마구 다룰 수도 없었고요."

진압작전은 술래잡기가 돼버렸다. 술래잡기엔 잘 뛰는 편이 이기는 법이다. 뛰는 데는 젊은 학생들을 경찰이 당할 리가 없었다. 더구나 경찰은 무거운 장비를 갖고 있어 몸놀림이 둔했다. 학생들은 시민들의 응원으로 신들린 것처럼 뛰어다녔고 경찰은 소극적이 됐다.

오후 4시에서 5시까지 한 시간 동안 중부경찰서 상황실에 보고된 큰 시위대만 해도 8개였다. 상황 일지를 인용해 본다.

〈○ 4시: 용두산공원에 학생들과 섞여 불량배로 보이는 청소년 4명이 2홉짜리 초산병을 들고 서성대고 있음.

○ 4시5분: 제1대청파출소 앞에서 300명, 부산우체국 앞에선 100명이 데모. 준비한 태극기를 흔들고 애국가를 부름. 동아데파트 앞에서도 시민 응원 속에 데모.

○ 4시20분: 옛 시민관 자리에서 중앙동사무소 쪽으로 데모대 진행. 그곳에서 용두산공원으로 오르려다가 밀려남. 다시 사무소 앞에 집결. 500명이 어깨동무하여 부산우체국 쪽으로 행진.

○ 4시25분: 우체국에서 제1대청파출소 쪽으로 데모. 그 가운데 300명은 용두산공원으로.

○ 4시30분: 창선동 국민은행 앞에 50명 집결 중.

○ 4시35분: 옛 남포극장 앞에 300명 모임.

○ 4시50분: 동아아케이드 앞에서 200명 유신헌법 철폐를 외치며 시위.

○ 5시: 서구 동대신동 쪽에서 동아대생들이 5~10명씩 흩어져 흑교파출소 앞 지나 시내 쪽으로 가고 있음.〉

"자네도 수고하네"

16일 오후 6시 먹자골목 경제과 2년 여성모가 낀 데모대는 국제시장 골목에서 경찰의 협공을 받았다. 학생들은 길 양쪽 점포로 뛰어들었다. 엎치락뒤치락 진열장이 부서지고 걸어둔 옷들이 무너져 내렸다. 상인들은 학생들을 모두 받아 주었다. 그리곤 셔터를 내려 버렸다. 경찰은 벽으로 변한 상가 앞에서 계면쩍게 서 있다가 돌아갔다. 고려신학대 학보사 기자 김정미는 국제시장의 이름난 '먹자골목'에서 노점 아줌마로부터 김밥을 공짜로 얻어먹었다. 이 골목에는 스무 명 가량의 아낙네들이 벌여 놓은 노점이 길 한복판을 차지하고 있었다. 김밥, 잡채, 오뎅, 통국수, 인절미, 찹쌀떡, 국밥 등 그 자리에서 퍼질러 앉아 먹을 수 있는 갖가지 음식물이 판대기 위나 함지 안에 놓여 있고, 주로 젊은 여자들이 핸드백을 깔고 앉아 스스럼없이 먹어치우는 곳이었다.

이날 아줌마들은 데모 학생이라면 무조건 공짜로 음식을 주었다. 김밥을 신문지에 싸서 던져주기도 했다. 하루 14시간씩 장사를 해도, 하루에도 몇 번씩 노란차의 단속을 피해 함지를 이고 숨어 다녀도 가난에서 헤어나지 못한 불만만이 그들을 그렇게 행동하도록 만든 것은 아니었다. 자식 같은 학생들이 쫓겨 다니는 것이 측은하게만 느껴졌기 때문이었다.

고신대 교육학과 학생 일곱 명은 데모대를 쫓아다니다가 배가 고파왔다. 남포동의 어느 식당에 들어가 우동 한 그릇씩을 먹고 돈을 내니 주인이 한사코 받질 않았다. 한 손님은 담배를 사 가지고 와 나눠주기도 했다. 남포동의 어느 칼국수집에선 학생들에게 반액으로 국수 값을 깎아 주었다. 세운상가에선 한 시민이 종이를 잘게 잘라 밑으로 확 뿌렸다. 눈송이처럼 종이조각이 흩날리는 아래로 학생들은 뛰어다녔다.

김창수는 국제시장에서 손수레 과일 장수가 던진 감귤을 받아먹었다. 타는 목을 적셔준 그 시원한 맛! 쫓긴 학생들은 다방으로 몰려 들어가기도 했다. 이들은 마담의 환영을 받고 공짜 커피 대접을 받기도 했다. 경찰이 물러날 때까지 마음 놓고 쉬었다 가라는 말도 들었다. 시민들이 청량음료와 맥주를 상자째 사주는 것은 이날의 흔한 장면이었다.

한 여대생은 약방에 드링크류를 사 먹으러 갔다가 땀투성이가 된 전투복 차림의 경찰관과 맞닥뜨렸다. 경찰은 싱긋 웃으며 말했다.

"자네도 수고하네!"

그때까지만 해도 경찰과 학생들 사이엔 큰 감정이 생기지 않았다. 학생들도 돌이나 병을 던지질 않았고 경찰관들도 도가 지나치는 구타는 하지 않고 있었다.

"독재 타도!"의 충격

"독재 타도!"

이 구호가 처음으로 나온 것은 오후 3시30분쯤 새부산예식장 앞길에서였다. 이때까지 학생들이 가장 많이 부르짖은 구호는 "유신 철폐" "언론 자유"였다. 이 구호의 호소력은 "독재 타도!"에 비할 바가 아니었다. 많은 부산 시민들은 이 직설적 구호를 19년 전 4·19 이후 처음 들었다. 입으로 내뱉기조차 두려웠던 "독재 타도!"를 수천 명이 합창하고 있었다. 그것은 학생들과 시민들이 스스로 마음속에 쳐두었던 넘지 못할 철조망을 확 걷어버리는 효과를 가져왔다. "독재 타도"를 되풀이하여 외칠 때마다 학생들은 용기를 더해갔고 그것을 들을 때마다 시민들은 주저와 공포의 껍질에서 한 걸음씩 탈출하고 있었다. 그 구호는 시민들의 마음속에 있던 유신이란 껍질을 부수는 해머 소리였다.

"독재 타도"란 구호를 확산시킨 것은 외대생 황성권이었다. 그는 김종철과 함께 오후 3시쯤 남포동 레코드점 골목에 나타났다. 최루탄 가스로 눈에서 금새 눈물이 쏟아졌다. 둘은 흥분했다. 황성권은 말했다.

"야, 우리도 한판 하자!"

운동화 끈을 졸라맨 두 사람은 어느 의상실에 가방을 맡겼다. 미화당백화점 앞에서 펼쳐지는 데모는 데모꾼 황성권의 눈엔 열기만 넘쳤지 너무 조직이 안 돼 있는 것 같이 보였다. 두 학생은 미화당에서 대청로 쪽으로 치닫는 300명 가량의 데모대 중간에 뛰어들었다.

황성권은 기회를 잡자 "독재 타도!"라고 냅다 소리쳤다. 뛰는 걸음에 맞춰 "독재" "타도"의 4박자 구호가 퍼져갔다. 성권은 자연스럽게 이 대열의 지휘자가 됐다. 그는 선두로 자리를 옮겼다. 대열을 오르락내리락하면서 그는 구호의 호흡을 맞추고 대열을 정돈했다. 대청로에서 성권의 대열은 너비 25미터의 찻길 한복판을 차지했다. 시내버스 안에 탄 승객들은 창밖으로 박수를 보냈다. 경찰이 뒤따라오자 이들 승객은 손을 무릎 밑으로 내려 숨긴 채 손뼉을 쳤다. 데모 대열은 어느새 2000명쯤으로 불었다. 이 날 광복동 일대에서는 황성권의 이 대열이 가장 컸다. 여덟 줄의 어깨동무 대열은 연거푸 "독재 타도"를 외치며 부산우체국 앞에서 우회전하여 시청으로 뛰었다.

경찰은 꽁무니를 바짝 추격, 뒤에서 한두 명씩 처지는 학생들을 몽둥이로 두들겨 뻗게 한 뒤 끌고 갔다. 뒤에 처지면 위험하다는 생각에서 학생들의 뛰는 걸음은 거의 줄달음으로 바뀌었다.

시청 앞엔 바리케이드를 친 경찰관들이 버티고 있었다. 이날 데모대의 목적은 마음껏 부르짖는 것이었지 어떤 시설물을 점령한다든지 어느 선을 돌파하는 것은 아니었다. 데모대는 경찰 저지선을 애써 돌파할 필요가 없었다. 돌아서면 그만이었다. 황성권의 대열도 왔던 길로 방향을 되돌렸다. 이때부터 성권은 자신이 사복 경찰관들로부터 미행을 당하고 있다는 낌새를 알아차렸다. 데모 학생을 가장한 형사들이 대열 속에 끼여 그를 따라다니고 있었던 것이다.

황성권은 '설마 저들이 데모대 속에서 나를 잡겠느냐'고 안심했다. 성권은 어둠이 깔리면 달아나기로 작정하고 있었다. 성권의 대열은 미국문화원과 미화당 사이를 몇 차례나 오락가락하면서 계속 뛰어다녔다. 황성권은 차츰 숨이 가빠지기 시작했다.

성권의 대열이 미화당 앞에서 왼쪽으로 꺾어 동아데파트 쪽으로 방향을 틀 때였다. 경찰 진압부대가 가스를 내뿜으며 달려드는 것과 타이밍을 맞춘 듯 대열 속에 끼어 있던 형사 넷이 황성권을 뒤에서 확 떼밀었다. 성권은 대열 밖으로 밀려나 쓰러지고 말았다. 네 형사는 성권을 그대로 질질 끌고 갔다. 바지의 무릎이 찢어지면서 피가 나기 시작했다. 창선파출소로 성권을 끌고 간 네 형사는 전화로 경찰서 간부에게 보고했다.

"거물 주동자를 잡았습니다!"

"경찰 참여!"

16일 오후 6시 광복동 오후 5시를 넘자 데모의 열기는 잠시 가라앉는 것 같았다. 영업용 택시를 세워두고 차의 지붕에 올라가 데모를 구경하던 운전사도 이제 끝나는가 보다고 생각하여 가 버리고 구두통을 딛고 데모 구경을 하던 구두닦기 소년들도 제 할 일을 다시 시작했다. 학생들의 체력이 한계에 이른 것 같았다. 부산대 학생 거의 전부가 이날 점심을 굶었다.

창수는 적어도 20킬로미터는 뛰었다고 생각했다. 술래잡기식의 데모였기 때문에 체력 소모가 컸다. 배고픔과 피로로 학생들은 길가 아무 데나 주저앉아 쉬었다. 이럴 때는 경찰도 쉬었다. 길을 사이에 두고 양쪽이 마주보며 담배를 피우고 있는 모습은 한가롭기조차 했다. 이들 경찰 진압부대를 향해 학생들은 "경찰 참여!"라고 소리지르기도 했다. 양쪽에서 다 같이 폭소가 터졌다.

창수는 국제시장 포목상 거리에 퍼질러 앉아 있었다. 그때 위에서 갑자기 귤이 떨어졌다. 호떡도 어디에선가 날아왔다. 경제과 2년 이덕만은 남포동 다방 앞에 앉아 있었는데 한 행인이 콜라 두 상자를 날라다 주었다. 학생들은 이를 '시민 하사품'이라 불렀다. 사학과 최현주 양은 그날 2만 원을 갖고 있었다. 이 돈으로 최 양은 낯모르는 학생들에게 저녁을 사주었다. 최 양은 친구 여학생 집에 전화를 걸어 데모 현장으로 불러내기도 한 극성파였다.

안경잡이인 김정미 양은 최루가스에 쏘인 눈물을 연방 닦기도 귀찮아 안경알 밑에 흐르는 눈물을 흡수하도록 휴지를 끼워두었다. 지나가는 시민마다 김 양을 쳐다보고 웃었다. 김 양은 커피 값도 없어 다방 앞에서 남학생들이 맡긴 가방을 지키며 앉아 있었다. "내가 뭐 원숭이인가"라고 생각했으나 시민들의 웃음이 싫지는 않았다.

경찰은 오후 6시까지 서른한 명을 경찰서로 붙들어 갔다. 스물아홉 명은 학생이었고 나머지는 일반 시민이었다. 경찰은 오후 5시부터 광복동 일대가 잠잠해지자 처음엔 데모가 끝나는 것으로 생각했다. 그러나 학생들은 거의 집으로 돌아가지 않고 있었다. 모두 길가나 골목에 웅크리고 있든지 음식점에서 저녁을 먹었고 힘이 넘치는 학생들은 계속 뛰고 있었다.

불길한 예감, 문교부장관 부산으로

16일 오후 서울 중앙청·유정회 신민당 김영삼 총재가 부산에서 걸려온 전화로 부산사태를 안 것은 16일 오후였다. 상도동 집에서 UPI 도쿄 지국장과 인터뷰를 하고 있었다. 자신의 선거구에서 일어난 이번 사태가 "간단하게 끝나지는 않을 것이다"는 예감이 들더라고 했다. 그는 그 자리에서 '부산 데모'를 UPI 기자에게 알려, 이 기자는 특종을 했다.

부산 출신인 박찬현 문교부장관은 김 총재보다 더 빨리 데모 보고를 부산대학교로부터 받았다. 박 장관은 일부의 반대를 무릅쓰고 몇 달 전 친구인 박기채 고려대 교수를 부산대 총장으로 임명케 했었다. 박 장관은 보고를 받자마자 김포공항으로 달려갔다. 잔뜩 긴장되어 있는 시국에 하필 부산에서 일이 터졌다는 것이 불길하게 느껴지기도 했고 친구가 수습을 잘해야 할 텐데 하는 걱정도 생겨 현장으로 내려간 것이었다. 구자춘 내무장관은 오전의 경찰 보고를 접하고 신속하게 대응했다. 김영삼 총재의 근거지인 부산에서, 그것도 평소엔 가장 얌전한 학교로 꼽히던 부산대학교에서 데모가 났다는 것이 신경을 곤두서게 했다.

구 장관은 이날 오후 송제근 치안본부 제2부장을 불러 "즉시 부산으로 내려가 시위에 대처하라"고 지시했다. 송 치안감은 육사 8기 출신으로서 치안국 정보, 작전과장으로 지냈다. 데모 진압에는 권위자로 알려져 있었다. 구 장관은 이때 이미 이수영 부산 시경국장을 해임, 송 치안감을 후임으로 발령하기로 마음을 굳혀 놓고 있었다. 구 장관은 이날 남민전(南民戰) 사건에 대한 추가 수사 결과를 발표, 이 조직은 북괴와 관련 있는 간첩단이라고 밝혔다.

유정회 사무실에 부산 사태의 정보 보고가 들어온 것은 16일 오후 3시께였다. 태완선 의장 등 당직자들은 그 문제를 심각하게 받아들이지 않았다. 오후 5시쯤 청와대 김계원 비서실장이 태 의장에게 전화를 걸었다. "내일 저녁 6시부터 청와대 영빈관에서 유신 선포 기념일 만찬이 있으니 유정회 회원들은 모두 참석하라"고 전달하면서 "KBS 김강섭 악단도 참석하며 가수들도 나온다"고 덧붙였다. 태 의장은 "부산에서 저런 일도 났는데 악단과 가수까지 부르는 것은 뭣하지 않느냐"고 말했다. 김 실장은

"나도 그런 생각이 드는데, 사태 발생 전에 각하께서 잡아 놓으신 스케줄이다"면서 "조정하는 방향으로 노력해보겠다"고 했다. 옆에 있던 모 유정회 의원은 "이후락 실장 같았으면 각하에게 보고도 하지 않고 조정했을 텐데…"라고 혀를 끌끌 찼다.

이날 오후 6시30분 싱가포르의 이광요 수상 내외가 6일간의 공식 방문을 위해 김포공항에 도착했다. 최규하 총리, 박동진 외무부장관이 영접했다. 박 장관은 그 보름 전에 UN총회 참석을 위해 미국에 갔다가 밴스 미국무장관 등을 만나 한국 사태에 대한 우려를 듣고는 박 대통령에게 김영삼 총재의 제명을 재고해달라는 전문을 쳤었다.

애국가 합창의 전율

16일 저녁 부영극장 앞 날이 어둑해지면서 동아대 학생들이 밤에 데모하러 올 것이라는 소문이 부산대 학생들 사이에 쫙 퍼졌다. 광복동 일대에서 잠시 쉬고 있던 학생들로서는 자리를 뜰 수가 없게 되었다. 어둑해질 무렵, 부영극장 앞에서 애국가가 울려 퍼졌다. 이때가 오후 5시40분께. 하기식(下旗式)에 맞추어 부른 애국가는 아니었던 것 같다. 학생들은 모두 일어나 목이 터져라 노래를 불렀다. 애국가를 뜨겁게 불러본 경험을 가진 학생들은 거의 없었다. 이날만은 달랐다. 모두가 일찍이 불러본 적이 없는 그런 애국가를 불렀다. 눈물을 흘리는 학생들도 많았다. 애국가는 부영극장에서 시작하여 남포동으로, 광복동으로 퍼져갔다. 지나가던 시민들도 멈춰서 이 장엄한 분위기를 깨뜨리지 않으려 했다. 애국가에 이어 부산대

학교 교가를 불렀다. 학생들에게 이 노래는 애국가보다도 더한 감동을 주었다. 특히 "…학문의 자유, 이것이 우리들의 부산대학교"란 대목에선 그날 오전 학교 안에서 느꼈던 전율의 감동이 몇 배나 증폭되어 발끝에서 머리끝까지 온몸을 찌릿하게 울려 왔다. 부산대학을 졸업한 시민들도 귀에 익은 노래를 듣고 따라 부르기도 했다.

창수는 한 번도 부산대학이나 학생들에게 애착이나 자랑을 가져본 적이 없었다. 문제의식이 없는 대학 풍토를 개탄하면서 그는 3년 동안 대학을 다녔다. 교가를 부를 때 김창수는 그런 불만이 싹 가시는 것을 느꼈다. "나는 자랑스런 부산대 학생이다"고 누구한테나 외칠 수 있을 것 같았다. 덕만이도 현호도 성모도 똑같은 감동을 경험했다. 그들은 처음으로 떳떳함을 느끼고 있었다.

한목소리로 부른 애국가와 교가는 그때까지 사방으로 흩어져 뛰었던 데모대의 의지와 결의를 확인하고 다지며 그 열기를 한곳에 모으는 기능을 다했다. 노래로 서로를 점호한 셈이었다. 데모대는 새로운 활력으로 거리로 다시 뛰어나갈 수 있었다. 애국가와 교가를 부름으로써 동지의식을 확인한 학생들은 모두가 친구였다. 고신대의 김정미 양은 부산대학 남학생들과 손잡고 뛰었다. 김 양이 뒤로 처지면 남학생들은 끌어당겨 주었고 쉴 때는 경찰의 눈을 속이기 위해 데이트하는 것처럼 팔짱을 끼고 노점에서 떡볶이를 사 먹기도 했다. '데모 미팅'으로 이름 붙여진 행동이었다. 학교차, 성별, 출신지 등에서 생기는 어색함과 머뭇거림은 사라지고 있었다. 낯선 젊음들은 한데 어울려 뛰었고 두들겨 맞았으며 눈물을 흘렸고 눈웃음으로 인사했고 지껄였다. 고신대의 여학생은 이름도 모르는 부산대학교 남학생들이 경찰에 끌려가는 것을 보고 간선도로변에서 엉엉 울음보를 터뜨렸다.

그들은 심각하지 않았고 행복했다. 한덩어리였기에 모두가 평소 혼자서는 가져보지 못했던 용기를 보여 주었다. 집단 히로이즘의 현장이었다. 학생들은 가슴에 응어리진 당혹·갈등·열등감·분노의 덩어리를 실컷 토해냈다. 스트레스가 한꺼번에 풀렸다. 그래서 그들은 유쾌한 청소년들이었다. 그 유쾌함은 용기 있는 행동을 하고 있다는 보람으로 더욱 고양되었다. 많은 취재 기자들은 그때의 분위기를 '축제'로 표현했다.

이 축제는 시민들이 합세하면서 그 순수성이 조금 손상되는 것 같았으나 끝까지 그 바탕을 잃지 않았다. 이 축제에 참여했던 사람들은 영원히 그 감격을 잊지 못할 것이었다. 부산의 대학생들이 사회참여 문제에서 다른 대학생들에 대해서 항상 갖고 있던 콤플렉스도 이날 밤을 마지막으로 사라졌다. 부산을 문화와 전통의 불모지라고 욕하면서 도가 지나친 상업적 분위기를 경멸해 왔던 이곳의 지식인들도 이날 밤의 감동으로 부산에 대한 인식을 새로이 하게 된다.

박찬현 문교부장관이 부산대학교에 도착한 것은 오후 5시였다. 데모는 이미 끝나 캠퍼스는 조용했다. 제헌국회의원 출신에다가 대사, 신문사 사장 경력도 가진 박 장관은 강당에 전체 교수들을 불러모아 토했다.

"여러분, 학생들로부터 어용(御用)교수란 소리 듣기를 두려워하십니까. 우리는 자랑스런 어용이 돼야 하겠습니다. 경제발전은 사회안정을 바탕으로 하여서만 이룩될 수 있습니다. 여러분은 위대한 영도자를 밀어주셔야 합니다."

연설을 끝낸 뒤 박 장관은 총장과 함께 숙소인 해운대 동백섬의 조선비치호텔로 갔다. 두 사람은 저녁까지 같이 있었다. "시내 한복판에서 야간 데모가 터져 경찰차에 불을 지르고 야단이다"는 급보가 호텔로 들어온 것은 밤 8시께였다. 경악한 박 장관은 비서를 데리고 택시를 이용, 광복동으로 달려갔다. 박찬현 문교부장관은 16일 밤 시민들과 섞여 데모 구경을 했다. 그는 1960년 3·15 마산의거 때 국회 조사단의 한 사람으로 현장에 내려갔던 일이 연상됐다. 그때 마산에선 "이게 바로 혁명이다"는 생각을 했으나 이날 밤 광복동 거리에선 그런 위기의식까지는 느끼지 못했다.

4 :
대폭발

어둠 속에서 번들거리는 유리조각들

<u>10월16일 밤 8시 남포동</u> 데모는 어둠 속으로 들어갔다. 이 시점에서도 기자들은 시위자들의 열기를 과소평가하고 있었다. 어둠이 깔리면 데모대는 집으로 돌아갈 것이라고 생각하고 있었다. 많은 사회부 기자들은 이 데모를 취재하라는 지시를 아무한테서도 받지 못하고 있었다. 기사로 쓸 수 없는 사건은 취재할 필요가 없다는 것이 좋은 핑계가 됐다. 그러나 기자는 역시 기자였다. 많은 기자들이 이날 밤을 데모 현장에서 보냈다. 취재 지시는 없었지만 이 소용돌이를 외면할 수는 없었다. 조직적인 취재는 이뤄지지 않았으나 직업의식에 따라 그들은 현장을 지켰다.

국제신문 편집국 간부는 데모 현장에 나가지 말라고 사진기자에게 말했으나 그들은 사진기를 옷 속에 감추고 데모대를 따라다녔다. 데모 현장에

서 기자들이 설 곳은 없었다. 그들은 경찰과 데모대 양쪽으로부터 배척당하고 경멸당했다. 그날 오후 국제신문 편집국엔 시민의 전화가 빗발치듯 들어왔다.

"오늘 데모 난 것 압니까?"

"왜 데모 기사가 안 났지요. 난 삼십 년 독잔데요, 내일부터 신문 끊겠습니다."

"이 X새끼야! 할복이나 해라!"

"그쪽 사정이 어렵다는 것도 압니다만 용감한 학생들 생각해서 잘해주시오!"

"학생들만 피 흘려야 합니까. 당신네들은 대한민국 사람 아닙니까?"

"우리는 끝까지 할 겁니다. 내일은 오늘보다 더 심하게 할 겁니다."

"내일은 신문에 나겠지요."

이런 전화를 받다가 지친 내근 기자들은 전화기를 내려놓기도 했다.

취재에 가장 어려움을 겪은 것은 사진기자들이었다. 데모 군중 속에서 플래시를 터뜨린다는 것은 맞아 죽을 각오가 없이는 할 수 없는 일이었다. 언론기관 표시가 된 차는 투석의 표적이 됐다.

"보도도 못하는 기자는 필요 없다."

데모대의 원한 서린 이 말에 대답할 기자는 아무도 없었다.

조갑제 기자는 저녁 7시께 광복동 입구에서 길 복판에 경찰부대가 가스차를 둘러싸고 포진해 있는 것을 봤다. 길 양쪽엔 책가방을 들고 책을 낀 장발 학생들이 모여 서서 이들을 지켜보고 있었다. 그것은 괴상한 장면이었다. 학생들은 굳게 입을 다물고 마냥 가스차를 노려보고 있었다. 눈

싸움하는 것 같았다. 조 기자는 저렇게 서 있다가 리더가 끝내 나서지 않으면 슬금슬금 흩어져 버릴 것이라고 생각하며 친구와 약속한 남포동의 일식집으로 갔다. 한 30분쯤 지났을까. 동료 기자가 헐레벌떡 뛰어들어왔다. 열린 문틈으로 최루가스가 확 들어와 눈동자를 찔렀다.

"학생이 경찰 몽둥이에 맞아 피투성이가 되고 그래도 데모는 계속되고 있어. 비참해서 못 보고 있겠더라. 도망치듯 오는 길이야."

조 기자는 또 자기의 예상이 빗나간 것을 알았다. 도대체 오늘은 몇 번이나 놀라는 건가. 그럴 때마다 몇 번이나 깨우치는 건가.

그는 더이상 술자리에 앉아 있을 수 없었다.

남포동 지하도 입구에서는 한바탕 부딪친 뒤였다. 병유리 조각, 흩어진 책들, 깨진 상점 유리, 교련복 바지를 입은 한 고등학생이 길 저쪽의 경찰을 향해 돌을 집어던졌다. 이때 조 기자가 잘 아는 서부경찰서의 ㅊ 경위가 그 학생을 붙들고 욕을 퍼붓고 있었다. 물론 그는 사복 차림이었다. 학생의 종아리를 몇 대 걷어찬 뒤 그는 자리를 떴다. 다른 시민들은 그가 학생의 파괴적인 행동을 언짢게 생각하는 양식 있는 시민인 줄 알았을 것이다. ㅊ 경위는 데모대와 섞여 다니며 데모 참여자를 붙드는 임무를 맡았으나 시민들 속에서 그 고등학생을 끌고 갈 만큼 어리석지는 않았다. 남포동과 광복동은 캄캄했다. 술집과 음식점을 뺀 거의 모든 상점이 셔터를 내렸다. 그러나 건물 옥상엔 시커먼 그림자들이 아래를 내려다보며 어른거리고 있었다.

남포동 지하도 부근의 육교 위는 구경꾼들로 꽉 차 있었다. 계단에까지 인파가 밀렸다. 불구경이 재미있다 하지만 데모 구경엔 따를 수가 없다. 더구나 이것은 19년 만에 처음 보는 데모가 아닌가. 찻길에 유리 조각이 깔려 있었다. 자동차의 헤드라이트 불빛이 스쳐갈 때마다 유리 조각들은 음산하게 번들거렸다.

부영극장 앞에서 한 쉰 살 먹은 것 같은 여자가 쇳소리로 부르짖고 있었다.

"이놈들! 아까운 세금으로 이런 짓만 하고 있어."

그는 아무 죄도 없는 행인이 최루가루를 마셔야 한다는 데 분통이 터져 못 견딜 지경이었다. 저쪽 찻길에서 우르르 데모대가 달아나는 것이 보였다. 경찰관들이 몽둥이를 휘두르며 추격해 왔지만 겁주는 데만 그칠 뿐이었다. 한 경찰관은 데모 구경꾼들을 향해서도 사과탄을 던졌다. 어둠 속의 폭발음은 살벌했다. 일부 시민들은 경찰이 공포를 쏘는 것으로 착각했다.

부산극장 앞이 갑자기 소란스러워졌다. 한 100명쯤 되는 학생들이 손뼉을 치면서 "독재 타도" "유신 철폐"를 부르짖고 있었다. 그들이 "언론 자유"를 외칠 때 조 기자는 어둠 속에서도 얼굴을 붉혔다. 학생들은 애국가를 불렀다. 그때까지도 경찰은 나타나질 않았다. 남포동 쪽에서 "온다!"는 소리와 함께 다른 데모대의 일부가 극장 앞 광장으로 쏟아져 나오자 그들도 달아났다. 그러나 금새 제일극장 앞에서 손뼉을 신호로 다시 모여 구호를 외치고 있었다.

불 꺼진 동아데파트 한 모퉁이에선 우당탕탕 부서지고 부딪히는 소리가 들려왔다. 경찰을 향해서 사방의 건물에서 집중 포격이 진행되고 있었다. 유리병과 돌멩이의 포격이었다. 경찰이 물러간 뒤에도 재미 삼아 돌을 던지는 소년도 보였다.

시민 합세, 각목 난무

16일 밤 9시 남포동 일원 어둠 속의 데모는 유리병과 돌멩이, 몽둥이와 각목이 난비하는 거친 분위기를 띠어가고 있었다. 어둠 속에서 데모대는 대담해졌다. 이젠 학생들만의 데모가 아니었다. 재수생·고등학생·업소 종업원·무직자들이 가담했다. 일반 시민들도 합세했다. 대학생 데모를 시민들이 응원하다가, 이윽고 합류했다는 점에서 사태는 새로운 차원으로 전개되기 시작했다. 경찰도 가혹하게 대응하기 시작했다.

수적으로 몰리게 된 그들은 진압책보다는 자위책에 급급했다. 가을철을 맞은 남포동에는 여러 곳에 건축 공사장이 흩어져 있었다. 이곳의 자갈과 각목은 데모대의 무기로 변했다. 일부 데모대는 가로수의 버팀목도 뽑아 경찰의 몽둥이에 대항했다. 일부 시민들은 학생들을 잡아가는 경찰관들에게 고층에서 연탄재를 집어던졌다. 최루가스에 눈을 못 뜨는 데모대에게 한 아주머니는 휴지 뭉치를 수십 개 집어 던졌다.

미남 로터리 회전에서 참패했던 부산진경찰서 병력은 중앙동 반도호텔 앞에 진을 치고 있었다. 밤 8시40분쯤 시경 상황실로부터 부영극장 앞으로 이동하라는 명령이 떨어졌다. 서장 안연세 총경의 지휘로 100명쯤 되는 병력은 기동순찰차, 작전차 2대, 서장 승용차를 앞세우고 남포동 지하도 쪽으로 간선도로를 따라 나아갔다. 그때는 남포동 지하도 근방의 데모대가 남포파출소 습격을 끝낸 바로 뒤였다. 500명 가량의 군중은 유리병,

벽돌, 돌멩이 등을 스무 평짜리 파출소에 퍼부어 박살을 냈었다. 직원들은 유리 파편을 맞아 다쳤고 사이카도 망가졌다.

이 군중은 남포동 골목으로 일단 후퇴했다. 이들이 웅성거리고 있는 것을 본 부산진서 한 간부가 서장에게 행진을 중지하고 응원 부대를 기다리자고 건의했다. 서장은 행진의 계속을 명령했다. 맨 앞에 선 기동순찰차(포니)와 작전차가 이때 교통 체증을 일으킨 일반 차량들 사이에 끼여 오도가도 못하게 됐다. 작전차에 탔던 경찰관들은 뛰어내렸다. 차를 둘러싸고 경계 태세에 들어갔다. 군중은 이 기회를 놓치지 않았다. 돌과 유리병으로 집중 포격을 한 뒤 각목을 휘두르며 경찰을 향해 우르르 몰려왔다. 서장 차가 맨 먼저 달아났다. 김 모 경장은 군중 속에 고립됐다.

"퍽!"

각목이 헬멧을 치고 나갔다. 두 번째 각목은 손등을 때렸다. 김 경장은 곤봉을 놓쳐 버렸다. 어깨와 등판에 사정없이 각목 세례가 떨어졌다. 김 경장은 살아야겠다는 집념 하나로 버스 틈 사이로 달아났다. 동료들은 피투성이의 김 경장을 병원으로 보냈다. 그는 온몸 타박상으로 전치 3주의 진단을 받았다. 김도상 형사는 경찰봉으로 날아오는 가로수 버팀목을 막다가 경찰봉을 부러뜨렸다. 그는 두 동강 난 몽둥이를 든 채 버팀목을 휘두른 젊은이에게 기합소리를 지르며 달려들었다. 젊은이는 기세에 눌려 주춤 물러났다. 이 틈을 놓칠세라 김 형사는 잽싸게 도망쳤다.

기동순찰차(포니) 운전사는 미처 탈출하지 못한 상태에서 습격을 받았다. 데모대는 유리창을 박살내고 각목을 쑤셔 넣어 운전사를 마구 찔러댔다. 다른 무리는 순찰차를 뒤엎으려고 꽁무니를 들썩들썩 들었다가 놓았

다가 했다. 운전사는 차가 기우뚱할 때 뛰어나와 길 반대편 남포파출소 쪽
으로 달아났다. 길을 건너 뒤돌아보니 군중이 순찰차를 모로 세우는 게
보였다. 이 모로 세워진 순찰차 기름통에서 휘발유가 새어 나왔다. 데모
군중 속의 누군가가 성냥불을 당겼다.

"펑!"

폭음과 함께 부산 1가 1163호 포니는 불길에 휩싸였다.

작전차 불타다

경비과장 이무영 경정은 이 불길이 바로 뒤에 붙은 작전차 2대에 옮겨붙
지 않을까 걱정이 됐다. 간부후보생 출신이며 서른다섯의 나이로 경정이
된 이 엘리트 학사 경정은 부하 서른 명을 돌아보며 "나를 따르라"고 외친
뒤 작전차를 향해 뛰어갔다.

그를 따르는 사람은 아무도 없었다. 이 경정은 작전차 운전석으로 올라
갔다. 손잡이가 뜨끈뜨끈했다. 차를 뒤로 빼려 했으나 고장이 났는지 말을
듣지 않았다. 이때 군중이 작전차로 몰려와 차 위로 기어올랐다. 이무영은
운전석에 갇혀 버렸다. 데모대는 차 위에서 쿵쿵 발로 굴러댔다. 각목으로
운전석 뒷유리창을 깨버리고 이 경정을 겨냥하여 들쑤셔 댔다. 어깨와 목
을 각목이 찔렀다. 이 경정은 운전석 양쪽 문을 걸어 잠그고 뒤통수를 감
싸고 쪼그리고 앉았다. 그는 이제 죽는다고 생각했다. 이렇게 죽다니 너
무 억울하다는 생각이 스쳤다. 그러면서 자기를 뒤따르지 않았던 부하들
이 원망스럽기만 했다. 배신감을 느꼈다. 경찰관으로서 국가재산을 보호하

다가 죽는 것이니 부끄럽지는 않다는 자부심이 들기도 했다. 데모 군중은 작전차를 뒤집어엎을 모양이었다. 꽁무니를 들었다가 놓았다가 했다. 이때 누군가가 운전석 옆 창문을 두드렸다. 한 마흔 된 것 같은 사람이 외치고 있었다.

"내가 책임질 테니 나오시오!"

"정말 나를 살려주겠습니까?"

"안심하고 빨리 나와요! 차가 넘어갑니다."

이 경정은 창문을 열고 뛰어내렸다. 그 사십대 남자가 이 경정을 품으로 안다시피 하여 구석으로 끌고 갔다. 그러면서 모자와 웃옷을 벗겼다. 러닝 셔츠 바람이 된 이 경정은 고맙다는 말만 남기고 길 건너편으로 뛰었다.

"펑!"

작전차에서 불길이 솟아오르는 것을 그는 어깨 너머로 쳐다보았다.

명령 거역한 경찰관들

부산진경찰서 소속 부산 7가 1335호 작전차에서 불길이 치솟았을 때 조갑제 기자는 그곳에서 100미터쯤 떨어진 부영극장 앞 육교 밑에 있었다. 폭음과 함께 치솟은 불길은 30미터쯤 올라갔다. 사방이 환해졌다. 이어서 MPG 최루탄을 쏘는 폭음이 빵빵 울렸다.

"우─."

데모 군중이 몰려가는 소리, 유리창이 와장창 깨지는 소리, 비명, 폭음, 불길이 한데 엉켰다. 그것은 한 폭 역사화의 민중봉기 장면이었다.

암흑의 도심지에서 치솟은 불길은 극적인 효과를 몰고 왔다. 그것은 불과 몇 시간 전에만 해도 도저히 일어날 수 없다고 생각했던 사태였다. 부산대학의 데모, 학교 울타리를 뛰어넘은 데모, 중심 시가지로의 데모 확산, 야간 데모……. 모두의 예상을 훨씬 뛰어넘으며 구경꾼이나 참여자들을 다 같이 놀라게 한 잇따른 사태 전개는 이 순간에 와서 클라이맥스를 연출한 것이다.

"이란의 시가전이 이랬을 거다."

조 기자와 함께 데모 현장을 쫓아다니고 있던 국제신문 이철호 부국장은 말했다. 4·19를 취재했던 그는 "아무래도 예감이 이상하다. 적어도 내일은 위수령이다"고 말했다.

소방차가 오기까지 작전차는 시커먼 연기와 불꽃을 내뿜으며 한 30분을 탔다. 이 불길이 데모대에 미친 심리적 효과는 큰 것이었다. 사람들은 두려움을 잊게 됐다. 조금은 신들린 듯한 기분에 휩싸였고 난폭해 졌다. 데모대는 불지를 준비를 해오지도 않았었다. 차를 뒤엎으면 기름통에서 휘발유가 새어 나오게 마련이란 것을 알게 됐다. 이 휘발유에 성냥불만 당기면 불을 지를 수 있다는 요령을 터득한 것이었다. 이 요령은 빨리 전파되었다.

부산진경찰서 병력은 데모 군중의 기습으로 순찰차와 작전차가 완전히 불타고 다른 작전차는 반쯤 부서지는 참패를 당했다. 경찰관 다섯 명이 다쳤다. 더 큰 참패는 명령 계통의 붕괴였다. 이무영 경정은 뒤에 말했다.

"데모의 도덕적 정당성을 판단할 자리에 경찰은 서 있지 않았습니다. 다만 데모대가 법질서를 파괴하고 있다는 것은 확실했습니다. 시국관에 관계

없이 그때 경찰복을 입은 사람이라면 데모를 막아야 했습니다. 내가 작전차를 구하기 위해 돌격을 명령했을 때 아무도 따르지 않았던 것은 조직의 논리가 무너졌음을 뜻한 것입니다. 명령이 이행되지 않는 조직은 이미 조직이 아닙니다."

경찰 모두가 부산진서 일부 병력처럼 극한상황에서 상관의 명령을 배신한 것은 아니었다. 서부경찰서 부민파출소 이기태 경장은 밤 10시35분쯤 보수동 쪽으로 군중 200명이 파출소를 향해 몰려오는 것을 목격했다. 그때 파출소에는 이 경장과 방범대원 한 명뿐이었다. 이 경장은 방범대원에게 파출소의 모든 문을 안으로 잠그게 했다. 자신은 정복의 매무새를 고쳐 단정하게 입고 정문 앞에 총을 든 채 버티어 섰다. 그는 다가오는 데모 군중을 노려봤다. 데모대는 파출소 10미터 앞에 멈춰 섰다. 각목·유리병·돌멩이를 들고 있었다. 유리병과 돌이 몇 개 날아왔다. 그들은 이 경장의 꿋꿋한 자세에 눌려 머뭇거리고 있었다. 이때 이 경장이 호소했다.

"여러분 돌아가 주십시오. 파출소는 여러분의 재산이 아닙니까. 여러분의 재산을 스스로 부술 작정입니까. 꼭 그러시겠다면 차라리 나를 죽이고 하십시오!"

데모 군중은 이 연설에 감동했던지 방향을 바꿔 대학병원 쪽으로 뛰어갔다. 기동대 제1중대장 홍인표 경감은 이날 부산대학교 뒷문을 막다가 학생들이 던진 유리병과 벽돌을 손목과 가슴에 얻어맞고 전치 2주일의 부상을 당했다. 그는 계속 부대를 지휘, 광복동 일대에서 진압작전을 폈다. 오후 4시40분께 큰딸인 세 살배기 영주가 영도에서 교통사고를 당해

입원했다는 소식이 왔다. 그때의 상황이 경찰에 불리하게 돌아가고 있었으므로 홍 경감은 도저히 자리를 뜰 수 없었다. 그는 자정까지 중구와 서구를 누비며 진압작전을 펴 데모대원 70명을 붙들었다고 하여 그 뒤 표창되었다.

언론기관에 민중의 돌팔매질

밤이 깊어감에 따라 경찰의 진압작전은 더욱 갈피를 잡을 수 없게 됐다. 행인과 구경꾼과 데모대를 구별할 수 없었기 때문에 진압의 초점이 흐려졌다. 경찰은 "집에 돌아가지 않고 서성대는 시민들은 데모대로 보고 체포하겠다"고 방송을 하고 다녔다. 데모 군중보다 구경꾼이 몇 곱절 많았다. 행인들은 구경꾼보다 또 더 많았다. 그런데 데모를 하지 않을 때 시위 군중은 구경꾼과 행인 속에 섞여 있었기 때문에 함부로 공격할 수 없었다. 시위 군중이 데모를 시작하면 구경꾼들은 그 뒤를 우르르 따라다녔다. 경찰의 눈에는 이 구경꾼들도 시위 군중의 일부로 비쳤다. 데모대가 흩어지면서 이 구경꾼들 속으로 달아나면 이 뒤섞인 무리는 그 자리에 멈춰 서서 우물우물 하늘만 쳐다보며 시치미를 뗐다. 데모대는 물고기요, 구경꾼들은 바다였다.

데모 군중이 경찰을 두려워하는 만큼 경찰도 그들을 겁내고 있었다. 데모대는 공격해오는 경찰과 맞붙으려고 하지 않았다. 페퍼포그와 최루탄과 곤봉 세례를 이길 수 있는 무기를 갖고 있지 못했다. 경찰이 공격하면 그들은 거의 틀림없이 달아났다. 앞장선 대열이 뒤돌아서서 도망쳐 오면 뒷

대열은 경찰을 보지도 않고 함께 달아났다. 시위 군중 편에 서 있으면 경찰이 그렇게 무섭게 보이는 것이었다.

경찰은 시위 군중의 엄청난 숫자에 질려버렸다. 시위 군중이 가장 겁낸 것은 가스 지프차였다. 이 차의 운전사 박 모 순경은 말했다.

"유리병과 각목을 휘두르는 군중을 향해 나갈 때는 내 정신이 아니었습니다. 다리가 덜덜 떨리고 속옷은 식은땀으로 흠뻑 젖더군요. 시위 군중이 몰려오는 것을 기다렸다가 가스를 확 뿜습니다. 앞을 가린 흰 가스가 걷힐 때 앞을 보면 군중이 몰려오던 그 자리가 갑자기 훤히 트인 것을 발견합니다. 폭탄이 터져 싹 쓸어간 자리같이 말입니다. 그래도 또 그 빈자리를 메우며 그들이 몰려올 때는 정말 겁이 납디다."

데모 군중의 밥은 멈춰 있는 것들이었다. 파출소, 차들 사이에 꼭 끼인 작전차, 포진한 부대, 대열에서 처진 경찰관들도 군중의 표적이 됐다. 이럴 때 경찰이 당하지 않으려면 계속 움직이는 수밖에 없었다. 또 그렇게 하면 데모대와의 술래잡기 놀이가 돼 끝없는 수렁에 빠지는 것이었다. 이날 밤 부산일보, 부산 MBC 라디오방송국 등이 데모대가 던진 돌멩이로 유리창이 부서지는 등 가벼운 피해를 입었다. 이 언론기관들은 유신시대 하의 침묵으로 해서 돌팔매질을 당한 것이었다.

밤 데모는 통행금지 시간까지 계속됐다. 밤 10시에 부평파출소가 시위 군중 200명 가량이 던진 유리병과 돌로 박살이 났다. 10시30분엔 보수파출소, 10시50분께엔 제1대청·흑교·중앙파출소가 습격을 받고 크게 부서졌다. 중부서장은 이들 파출소의 파괴된 시설을 재빨리 사진 찍은 다음 이튿날 아침까지 말끔히 보수하여 치욕의 상처를 시민들에게 보이지 말라고 지시했다. 밤 10시40분께 중부서 앞에 모였던 300여 군중은 영주동 쪽으로 흩어져 갔고 밤 12시까지는 부영극장과 동아아케이드 앞의 군중도 스스로 해산하여 부마사태의 첫날을 마감했다.

유신체제의 경직성을 강타한 데모

10월16일에 불길이 오른 학생과 시민 봉기는 큰 충격파를 던져주었다. 충격의 파장은 물리적인 면보다 심리적인 면에서 심각했다. 밤 데모가 격렬했다고 하지만 사방 2평방킬로미터 안에서 일어난 폭동에 지나지 않았다. 넓이로 쳐서 부산의 0.4퍼센트만이 데모의 영향을 받았다. 데모 참여자와 목격자는 부산 시민의 10퍼센트에도 미치지 못했다. 시민생활도 데모로 크게 영향을 받지 않았다. 남포동 간선도로에 교통 체증이 생기고 광복동 일대의 상점들이 일찍 문을 닫았으며 행인들이 눈물을 흘린 정도였다. 부산의 다른 지역은 아주 정상적으로 돌아가고 있었다. 데모 지역이 고층건물 밀집 지역이었기 때문에 칸막이 저쪽에서 벌어진 소동처럼 다른 지역의 평온을 깨뜨릴 만한 소리와 불길은 새어 나오지 않았다. 대도시 생활의 무관심은 이 사건에서도 예외는 아니었다. 광복동이 아무리 북새통을 이루고 있어도 서면·동래·사상·해운대 지구는 평온하기만 했다. 죽은 사람도 없었다.

부산시에 집계된 16일의 부상자는 110명, 경찰관이 95명, 학생 5명, 일반 시민 10명. 18명은 중상 92명은 경상자였다. 다친 학생들과 시민들은 부산시에 신고하면 화가 미칠까 걱정하여 거의 신고를 기피했으므로 시민·학생의 실제 부상자 수는 경찰보다도 훨씬 많았을 것이다.

어쨌든 죽은 사람이 없었다는 것은 16일 데모가 규모에 비해 극렬하지 않았음을 보여 주었다.

16일 데모는 17일 아침의 어느 매스컴에도 비치지 않았다. 따라서 전국에서 이 사건을 알고 있었던 국민들도 그렇게 많지는 않았을 것이다. 문제는 정부가 이 별것 아닐 수도 있는 데모를 엄청난 충격으로 받아들인 데 있었다. 일본이나 미국처럼 데모가 일상으로 돼 있는 나라에서 이런 데모가 일어났다면 대수롭지 않게 받아들여졌을 것이다. 일본의 나리타공항 개항 반대 데모는 부산봉기보다 훨씬 과격한 것이었지만 일본 정부는 예사로 대했다.

유신체제는 데모 결벽증에 걸려 있었다. 反유신 시위는 있어선 안 되고 있을 수도 없는 것으로 권력층의 머리에 박혀져 있었다. 결벽증을 가진 여자가 가벼운 입맞춤을 당하고도 큰 쇼크를 받는 것처럼 유신정권은 허용기준을 크게 넘어버린 부산 데모에 아찔할 정도의 충격을 받았다. 경직될 대로 경직돼 있었던 박(朴) 정권은 그런 충격을 흡수할 수 있는 완충제를 갖지 못하고 있었다. 여유도 유연성도 없었다.

부산봉기를 역사적 사건으로 만든 것은 학생도 시민도 아니었다. 그것은 정부의 과잉반응이었다. 유신체제의 경직된 논리는 그런 과잉반응을 부르지 않을 수 없었다. 유신체제를 비판하는 낙서를 했다고 학생을 잡아가둔 박 정권은 부산봉기에 대해 그에 걸맞는 조치를 취하지 않을 수 없는 행동논리의 지배 밑에 있었던 것이다.

16일 오후 치안본부는 송제근 치안감을 급히 부산에 내려보냈다. 그는 부산시경에서 열린 야간 참모회의에 참석했다. 부산시경 보안과장 김석등 총경은 그때, 장교 출신이며 다중범죄 진압작전의 권위자인 송 치안감이 이수영 시경국장을 대신할 사람으로 내려왔다고 생각했다. 이 참모회의에서 송제근은 자신이 사태 진압의 책임자인 것처럼 회의를 이끌어갔다. 김 총경의 짐작대로 17일 아침 정부는 이수영 국장을 대기 발령시키고 그 후임에 송제근을 임명했다.

경찰의 변명

정보부와 경찰은 부산 데모를 치밀하게 계획된 폭동으로 보았다. 방화·투석·파출소 습격·밤 데모는 유신체제에 길들여진 착하고 순한 국민들이 할 수 있는 짓이 아니라고 그들은 생각했다.

술래잡기식 데모가 광복동 일대의 지리 환경 때문에 자연스럽게 이뤄진 것인데도 그들은 배후 조직의 조종에 의한 도시게릴라 전법으로 이해했다. 이해가 안 가는 것은 불순세력의 부추김으로 몰아붙이려는 버릇이 발동한 것이었다. 그러나 이번 데모의 원인에 대한 분석은 정보부 쪽에서 진지하게 이뤄졌다. 정보부 부산지부 소속 직원들은 16일 오후 "시민과 함께 데모를 하라"는 지시를 받고 있었다. 그들은 데모대를 따라다니며 데모의 성격을 알아내려고 했다. 한 경찰간부는 데모대 속에 얼굴을 잘 아는 정보부 직원들이 많이 눈에 띄는 것을 발견하고는 '정보부가 이 데모를 조종하고 있는 게 아닌가'라고 생각했다.

그들은 첫날에 벌써 이번 데모의 동기를 장기집권에 대한 불만과 조세

저항으로 분석, 상부에 보고했다. 부산대학교를 관할하고 있는 동래경찰서는 이번 사태의 발생 책임을 모두 안아야 할 입장이 됐다. 경찰은 사건이 났을 때 그것을 해결하는 것보다는 발생 책임을 회피하는 데 더 노력한다.

동래경찰서 정보과는 데모 발생의 책임을 총장과 교수와 캠퍼스의 지리 여건에 돌리는 보고서를 쓰고 있었다.

〈○ 무기력하고 구심점 없는 총장의 학생지휘체제

○ 학교당국과 교수가 학생지도를 기피하고 정부수집에 비협조

○ 학생지도체제의 조직력 약화

○ 학생들이 경찰에 정보 제공 기피〉

이런 점을 들어 학교 당국을 비난한 다음 이 보고서는 학생지도 교수들을 전면 개편하고 책임자를 인사조치하도록 요구했다. 학생지도에 성의가 없고 무식한 교수들은 재임용 과정에서 갈아버려야 한다고 주장했으며 학생상담 지도관실을 확대 개편하여 단과대학마다 지도관을 한 명씩 뽑아두어야 한다고 건의했다.

이 보고서는 이어서 학원 정보사찰을 더 잘하려면 유급 첩자를 많이 박아두어야 한다고 주장하기도 했다. 동래경찰서는 특히 박기채 총장이 상징적 존재에 불과하다고 지적하고 지도력이 강한 총장이 없으면 '부산대학의 안전 대책'을 기하기란 불가능한 일이라고 지적, 모든 책임을 총장에게 덮어씌웠다. 한편으로는 경찰이 이번 데모에 대한 첩보를 미리 손에 넣

고 있었으나 대학 당국과 교수들이 진압에 협조를 해주지 않아 초동진압에 실패했다고 장황한 변명을 늘어놓았다.

일본 언론의 정확한 진단

동래경찰서는 17일까지도 데모 발생의 배경을 제대로 알아내지 못하고 있었다. 데모의 주역인 정광민과 이진걸을 같은 인물로 보기도 했다. 경찰은 학생들이 15일에 선언문을 뿌려 그날 오후 10시에 도서관에 모이자고 선동한 것은 경찰로 하여금 헛다리를 짚도록 한 양동작전이었고 처음부터 치밀하게 16일이 진짜 디데이로 정해져 있었다고 분석하고 있었다. 경찰은 16일 밤에도 정광민의 선언문을 구하지 못했다. 쓰레기통을 뒤지고 학보사에 침입, 서랍을 조사했으나 정광민이 등사한 선언문은 발견하지 못했다. 마지막으로 도서관에 보관돼 있던 학생 가방들을 들추니 선언문 한 장이 나왔다. 동래경찰서는 데모 사진들을 뽑아 그 속에서 주역인 듯한 학생들을 가려내는 데 힘썼다. 붙들려 온 학생들 가운데 사진에 찍힌 학생들은 집중 신문을 받았다.

경찰이 아직 감을 못 잡고 있는 것과는 대조적으로 일본 매스컴은 데모의 성격을 정확하게 집어냈다. 10월17일치 일본 아사히신문은 외신면 머리기사로 부산 데모를 보도했다. '시민이 다수 참가' '생활의 불만이 폭발' '빈부 격차 시정 부르짖은 학생에 공명'이란 제목을 단 기사였다. 이 신문의 서울 특파원이 쓴 이 기사는 "이 데모가 한국 정부에 큰 충격을 준 것은 데모 참여자가 많다든지 파출소가 습격당하고 순찰차가 불탔다는 사실 때문이 아니라 일반 시민들이 다수 참여했기 때문이다"고 정확하게 분석했다.

"이번 데모에 참여한 일반 시민들의 실체는 확실하지 않으나 현지로부터의 정보에 따르면 재수생, 서비스업 종사자, 사회 저변 노동자들이 많았다고 한다. 생활상의 불만이 학생 데모에 의해 촉발되어 폭동화한 것으로 보인다. 데모에 나타난 학생들의 주장 가운데는 국내 정치문제뿐 아니라 빈부 격차 해소 등 분배문제에 언급한 대목도 있어 주목된다. 정부·여당 측은 김영삼 총재의 지역 기반인 부산에서 일어난 이 사건은 일시적 불만의 폭발로 보고 있다. 최근의 불황으로 중소기업의 도산이 잇따르고 대졸자들의 취직난도 심각하다. 더구나 시민적 자유를 일부 정지시킨 유신체제는 벌써 7년간 계속되고 있다."

10월17일 오전의 부산시내 풍경

부산 데모가 민중봉기의 성격을 띠고 있다는 것은 17일 아침 분명해졌다. 부산진경찰서에 붙들려온 데모 피의자들 서른한 명 가운데 학생은 열 명도 안 됐다. 공부를 하고 있다가 아버지로부터 데모 소식을 듣고 집을 뛰쳐나온 재수생, 서울에서 부산으로 출장 왔다가 데모대에 휩쓸려 구호를 외친 회사 직원도 있었다.

부산대 경제학과 정동현 교수는 17일 오전 10시께 부산진역 옆에 있는 버스정류소에 나갔다. 교수들은 등교하는 부산대 학생들을 찾아내 집으로 돌려보내라는 지시를 받고 있었다. 부산대 학생으로 보이는 두 학생이

버스를 기다리고 있었다.

"학생, 오늘 수업 없다. 집으로 돌아가게!"

두 학생은 들은 척도 하지 않았다. 정 교수는 무안을 당한 기분이 들었다. 조금 언성을 높였다.

"자네들이 교수 말 안 들으면 누가 듣겠나."

그러면서 정 교수는 한 학생의 팔을 잡았다.

"쓸데없어요. 내버려 두세요."

학생은 교수의 팔을 뿌리쳤다. 정 교수는 다른 사람들이 보는 앞에서 갑자기 이런 일을 당하니 어떻게 대해야 할지 종잡을 수가 없었다. 창피하기도 하고 화가 치밀기도 했으나 학생과 시비를 벌이다가는 더 큰 창피를 당할 것 같아 꾹 참기로 했다. 어제의 데모로 학생들이 격앙돼 있는 것은 이해할 수가 있었다. 그러나 사제지간이 이렇게 되다니, 정 교수는 한참 동안 기분이 안 좋았다.

얼마나 지났을까, 정 교수는 또 다른 부산대 학생이 정류소로 다가오는 것을 발견했다.

"부산대 학생이면 할 말이 있다."

"아저씨가 형삽니까 교숩니까?"

"형사는 아니다."

"그러면 소속을 대십시오. 그래야 저도 소속을 대겠습니다."

"상대 교수다."

"예, 저는 법학과 ×××입니다."

학생은 군대식으로 대답했다.

부산대학교는 17일 상오 휴업령을 내리고 모든 교직원들을 시내버스 정류소로 보내 등교하려는 학생들을 집으로 돌려보내도록 했다. 많은 교직원들이 정 교수처럼 학생들로부터 들이받혔다.

17일 오전 9시께 부산대학교 옛 정문 앞에는 학생들이 모여들기 시작했다. 휴업령으로 학교 안에 못 들어간 학생들이었다. 그들은 버스정류소 빈터에 주저앉았다. 1000명쯤이 모였다. 교직원들이 나와 수업이 없으니 돌아가 달라고 사정을 했다. 경찰관들은 멀찌감치 서서 그들을 감시했다. 학생들은 이런저런 농담을 해 가면서 귀가 종용을 못 들은 체 계속 앉아 있었다. 학생들은 들고 일어날 기회만 노리고 있었으나 전날의 정광민과 같은 지휘자가 나타나지 않고, 박기채 총장까지 나와서 간곡히 설득, 일단 귀가했다.

오전 10시쯤 서면 로터리에 학생들이 모일 것 같다는 첩보가 경찰에 들어왔다. 그러나 서면 로터리에선 별다른 움직임이 눈에 뜨이지 않았다. 오전 10시43분쯤 한 택시 운전사가 데모 학생들이 옛 조방 자리에 모일 예정이라는 제보를 경찰에 해왔으나 거짓으로 밝혀졌다.

부산시경의 3000 병력은 이날 아침 일상 업무를 중단하고 출동 태세에 들어가 있었다. 부산진경찰서 진압부대는 동래온천장에 포진하고 있었다. 오전 10시30분쯤부터 부산대 앞 정류소에 앉아 있던 학생들은 흩어져 집으로 돌아가기 시작했다. 이들 가운데 200여 명이 갑자기 데모대로 변했다. 그들은 온천장 삼거리 쪽으로 밀고 나갔다. 그곳에는 부산진서 진압부대가 기다리고 있었다. 학생들은 골목으로 피했다. 경찰은 학생들을 막다른 골목으로 몰아넣었다. 경찰은 학생들이 되돌아 나오는 것을 입구에서 기다렸다가 붙들어 갔다.

교련복 차림으로 데모한 동아대 학생들

10월17일 낮 동아대학교 김해수와 같은 많은 동아대 학생들은 전날 밤 광복동과 남포동에서 부산대 학생들과 함께 휩쓸려 다니며 짜릿한 감동을 맛보았다. 이들은 데모에 참여하지 않았던 학생들에게도 그들의 감동을 전해 주었다. 낮 11시30분쯤부터 본관 계단 밑 잔디밭에는 학생들이 모여 앉기 시작했다. 수업이 없던 학생들, 특히 정외과 2학년생들이 많았다. 정외과 간사 강명규는 이때 잔디밭에 있다가 지도교수에게 불려가 집으로 보내졌다. 나중에 그는 학생들의 집결을 주동했다는 혐의를 덮어쓰고 구속됐다. 학생들이 불어나자 교수들이 나섰다.

"너희들 여기서 무엇들 하느냐?"

교수들의 질책은 앉아만 있던 학생들에게 좋은 표적을 제공했다.

"우우."

학생들은 교수들을 놀렸다. 함성과 박수로써 그들은 스스로 기세를 돋구었다. 데모를 하려고 모인 게 아니라 가슴에 가득 찬 울분을 짐승처럼 "우우" 하며 울부짖기 위해 모여 앉은 것 같았다. 점심시간이 되자 학생들은 500명으로 늘어났다. 아직 리더는 나타나지 않았고 구호도 없었다. 관할 서부경찰서는 낮 12시20분께 캠퍼스에 꽂아 두었던 정보과 형사들로부터 보고를 받고 영도경찰서의 지원을 받아 3개 소대 병력을 차에 태워 외곽에 대기시켰다.

낮 1시에 신순기 교무처장이 방송을 했다.

"여러분의 지금까지의 행동은 학교에서 책임진다. 즉시 강의실로 들어가 주길 바란다."

다섯째 수업시간을 알리는 사이렌이 울리자 잔디밭에 있던 학생들은 먼지를 털고 일어나 거의 다 강의실로 들어갔다. 시위 같지도 않은 시위는 이것으로 끝난 것 같았다.

이날 정법대 2학년 학생 150명은 다섯째, 여섯째 시간에 운동장에서 교련 수업을 받게 돼 있었다. 139강의실엔 정법대 법학과 2학년생들이 모여 웅성거리고 있었다. 그들은 이런 분위기 속에서 교련을 받을 수 있느냐고 고함을 치고 있었다.

"수업은 안 받더라도 강의표는 받아 놓자."

실속 차리려는 어느 학생의 말에 김 모 군이 버럭 소리를 질렀다.

"교련 수업 받으려면 받고 안 받으려면 나가자!"

유 모 군이 이 말을 받았다.

"나는 안 받겠다."

유 모 군의 이 말은 "나는 데모를 하겠다"는 뜻으로 받아들여졌다.

"유 형! 주동하려면 하고 않으려면 마시오!"

강의실 앞에서 한 학생이 외친 이 말이 신호가 됐다. 수십 명의 학생들은 집단 감전된 사람들처럼 동시에 자리를 박차고 일어났다. 그들은 교련복 차림으로 몰려나갔다. 그들은 옆 강의실 문을 꽝꽝 찼다. 놀란 교수가 바깥으로 얼굴을 내밀었다.

"때가 어느 때인데 강의를 하고 있소?"

그들은 어깨동무를 한 채 본관 계단을 뛰어 내려가 운동장으로 향했다. 정외과 2학년생들이 잔디밭에서 기다리고 있다가 합세했다. 이때 어느 교수가 맨 앞에 선 학생을 잡아당겼다. 학생들은 야유를 퍼부었다. 몇 학생들은 교수에게 붙들려 가는 학생을 잡아당겼다. 교수는 붙든 학생에게 되려 딸려 가다가 털썩 주저앉고 말았다.

"이놈들을 잡아가라!"

교수는 고함을 쳤으나 아무도 그를 돕지 않았다. 200명으로 불어난 학생들은 운동장을 돌기 시작했다. 이때 교내에 들어와 대기하고 있던 기동대 3개 소대가 페퍼포그를 쏘는 지프차를 앞세우고 사과탄을 던지며 쳐들어왔다. 어깨동무를 한 학생들은 쫓기면서 도서관을 거쳐 본관 계단으로 뛰어올라 달아났다. 이들을 구경하고 있던 2000명의 학생들도 최루가스를 피해 흩어졌다. 일부 학생들은 울타리를 뛰어넘어 구덕 수원지 쪽으로 계곡을 타고 달아났다. 경찰은 학생들이 흩어지자 병력을 뒤로 물리고 정문을 닫아 버렸다.

이때 서부서 상황실엔 하단에 있는 공대 1학년생 200명이 버스를 타고 시내 쪽으로 가고 있다는 첩보가 들어왔다. 경찰은 공대생들이 본교의 데모대와 합류하기 위해 본교로 갈 것 같다고 판단, 본교의 정문과 후문을 봉쇄하고 400명의 병력을 배치했다.

흩어졌던 학생들은 잔디밭에 모여 애국가, '봉선화', '통일의 노래'를 불러댔다. 아직 구호는 나오지 않았다. 동아대 학생들은 교내에선 이날 구호를 한 번도 외치지 않았다. 이것이 부산대학교와 다른 점이었다.

학교 당국은 학생들을 집으로 돌려보내기로 했다. 경찰은 서너 명씩 나누어 띄엄띄엄 교문을 나서게 했다. 물론 교문 바깥에서 다시 모여 시위를 벌이지 못하게 하기 위해서였다. 학생들이 나가고 있는 동안에도 도서관 앞과 강의실에선 수백 명의 학생들이 남아 노래를 부르다가 경찰에 의해 해산됐다.

김해수네들은 교문 바깥에 나오자 이대로 가만두면 끝나버릴 것 같아 소문을 퍼뜨리기로 했다.

"저녁 6시에 남포동에서 모인다!"

"부영극장에서 '챔프'(영화) 보자!"

소문은 쫙 퍼졌다. 동아대 학생들은 데모의 시간 약속을 한 것이었다.

팽팽한 침묵 속에서 "야!"

17일 낮 광복동 일원 중부경찰서 경찰관들은, 17일 낮에는 사람들이 모이거나 웅성거리는 데 대해 노이로제에 걸려 있었다. 17일 오전 8시30분에 경찰서로 한 시민이 다급한 목소리로 전화를 했다.

"지금 보수동 개다리 근방에 학생들이 모여들고 있습니다. 데모를 하려는 모양입니다."

흑교 및 보수파출소에 비상이 걸렸다. 경찰관들이 현장으로 뛰어나갔다. 그곳은 조용하기만 했다.

낮 12시35분께 남포파출소에서 중부서로 첩보가 올라왔다. 낮 12시쯤 제일극장 앞 초원양과점에 모인 너댓 명의 학생들이 나누는 얘기를 엿들었더니 "연대장이 12시까지 이곳으로 오기로 했는데 안 나타난다"고 하더란 것이다. 이 첩보도 데모와는 관계없는 대화로 밝혀졌다. 오후 1시5분께 부산 시경 정보과는 오후 2시에 부영극장 앞에 학생들이 집결하기로 했다는 정보를 입수, 중부경찰서에 통보했다. 중부경찰서는 부영극장 앞에서 모이는 학생들이 있으면 까닭을 묻지 말고 다 잡아들이도록 지시했다. 2시부터 3시 사이에 29명의 부산대 학생들이 붙들려 왔다.

오후 3시45분께, 옛 시민관 자리의 꽃밭에 80명쯤의 학생들이 앉아서 가을햇볕을 받아가며 담소하고 있는 것이 발견됐다. 경찰은 긴장했다.

오후 4시20분께, 동아대학교에서 학생들이 빠져나가 경찰 병력도 물러나고 있을 때 국제신문 앞 버스정류소에서는 동아대 학생들이 무더기로 내리고 있었다. 그들은 육교를 건너 광복동으로 밀고 들어갔다. 화단에 앉아 기다리던 학생들도 그 흐름에 섞여 들었다. 뚜렷한 군중의 흐름이 나타나고 있었다. 국제신문 앞 정류장에서, 남포동 정류장에서, 대청로 정류장에서 학생들의 물결은 모두 광복동과 국제시장 쪽으로 흘러가고 있었다.

16일에 소문 없이 데모에 적극적으로 끼어들었던 고려신학생들은 오후 2시께 벌써 광복동 거리로 나와 있었다. 그들은 정상 등교를 했으나 어제의 데모 얘기로 기분이 들떠 수업을 받을 마음이 내키지 않았다. 일부 교수들도 강의할 마음이 나지 않아 강의를 포기, 정오가 되자 학생들은 하나둘씩 학교를 나섰다. 그들은 광복동으로 모여들었다.

학생들을 제지하는 임무를 띠고 교수들도 몰려들었다.

"너희들 무슨 과 학생들이지?"

"우린 미팅 나왔어요. 내 파트너 어디 갔지?"

"쇼하지 마!"

교수와 학생들 사이에 이런 대화가 오가는가 하면 고등학교 동창들끼리 만나 반갑게 악수를 나누며 한다는 말이

"야, 이거 데모 안 하면 못 보겠는데…."

이날 오후 광복동·남포동·국제시장엔 동아대·고신대 학생들 이외에도 부산대 학생들이 이틀째 집결하고 있었다. 부산대생들 가운데 더러는 어제의 중노동으로도 아직 가슴속 울분을 다 터뜨리지 못해 이날 또 거리로 나왔던 것이다. 이날 오후 광복동 일대는 젊은 인파로 술렁이기만 할 뿐 조용히 넘어갈 것 같았다. 대부분의 학생들은 그저 모였을 뿐 뚜렷한 시위 계획을 가진 것은 아니었다. 서로 눈치를 보면서 그들은 골목골목에 주저앉거나 왔다갔다했다. 경찰도 외곽의 요소마다 진압부대를 배치, 학생들의 눈치만 보았다.

17일 저녁 남포동 대낮에는 데모를 시작할 용기가 아무에게도 나지 않았다. 오후 6시까지 광복동 일대는 젊은 물결 속에서 팽팽한 긴장, 그리고 침묵 속에 잠겨 있었다.

둘째 날 밤의 축제, 그 막이 오른 것은 저녁 6시30분 남포동 거리에서였다. 옛 남포극장 앞에 모여 있던 400명쯤의 군중이 "야!" 하는 부르짖음을 신호로 갑자기 두 갈래로 쫙 갈라졌다. 한 갈래는 구호를 외치며 광복동으로, 다른 갈래는 충무동 로터리 쪽으로 뛰기 시작했다. 이것을 신호로 하여 거의 동시에 연쇄적으로 데모가 터졌다. 광복동에서 서성대고 있던 학생 300명쯤은 국제시장을 지나 부평파출소 쪽으로 뛰었다. 충무동 로터리 쪽으로 가다가 경찰에 쫓긴 학생들은 국제시장 쪽과 부영극장 쪽으로 흩어졌다. 부영극장 앞에 모인 학생들은 애국가를 부르고 있었다. 국제시

장 밀가루골목과 부평파출소 주변에 몰려 있던 군중도 목청을 드높여 애국가를 불렀다. 저녁 7시20분께, 보수동파출소 앞에서 100명쯤의 젊은이들이 각목을 휘두르며 대청로를 따라 대청 제1파출소 쪽으로 달려가고 있었다. 파출소 앞에서 이들은 경찰의 공격을 받아 15명이 붙들렸다. 나머지는 용두산공원으로 도망쳤다.

"셔터가 안 눌러집니다!"

17일 밤 국제시장 국제시장은 17일 밤의 주무대가 되고 있었다. 국제시장은 광복동과 남포동 거리보다도 오히려 더 좋은 데모 환경을 갖고 있었다. 가로 세로로 바둑판처럼 수십 개의 블록으로 구획된 국제시장은 외치고 달아나고 숨는 데는 안성맞춤이었다. 국제시장을 가로 세로로 꿰뚫는 길엔 밤만 되면 행상과 노점이 들어찬다. 이들은 경찰의 진압 활동에 장애물이 됐고 데모대에겐 응원 부대가 됐다. 이튿날 밤엔 광복동·남포동의 상가가 거의 셔터를 내리고 장사를 포기했으나 국제시장의 영세상인들은 점포문을 활짝 열어두고 피신해 들어오는 데모 대원들을 받아주었다. 밀가루골목·먹자골목·포목상골목·청바지골목의 영세상인들은 계산에 빠른 광복동 상인들과는 달리 우직한 정의감으로 데모 군중을 도왔다. 진열품을 와르르 무너뜨리며 학생들이 피해 들어와도, 먹자판을 뒤집어엎으며 데모 군중이 달아나도 그들은 "잘한다"고 소리치고 있었다.

동아일보 부산지사 박문두(朴文斗) 기자는 16일에 데모 사진을 한 장도 못 찍었다. 그는 정병주 부부 실종 사건을 취재한다고 북부경찰서에 있다가 데모 소식을 들었다. 다른 기자들처럼 그도 어차피 신문에 나올 수 없는 것인데 취재해 봐야 무엇하겠느냐고 생각하여 취재를 포기했다. 데모가 엄청난 기세로 번진 것을 뒤늦게 안 그는 불안해졌다. 16일 밤 그는 카메라를 점퍼 속에 숨기고 데모 현장에 나왔다.

플래시를 터뜨렸다간 봉변을 당할 것 같은 분위기에 눌려 그는 플래시 없이 몇 장면을 찍었다. 현상해 보니 도저히 신문에 쓸 수 없는 사진이 돼 있었다.

17일 저녁 박 기자는 다시 시위 현장에 나왔다. 오후 5시 국제시장에 그는 나타났다. 동아대 학생들이 몰려들고 있었다. 남녀간 짝을 이루며 데이트족을 가장했으나 책가방과 핸드백을 든 그들은 대학생의 모습을 숨길 수가 없었다.

이들은 행상으로부터 떡볶이를 사 먹거나 먹자골목에서 가락국수 파티를 즐기고, 소주를 걸치면서 때를 기다리고 있었다. 이날의 데모 신호는 손뼉치기, 한 학생이 손뼉을 딱딱 치자 그때까지 기다리고 있던 학생들이 쫙 모여들었다. 금새 50명쯤의 집단이 생겼다. 이들이 구호를 외치며 달아나가자 꽁무니엔 젊은이들이 잇따라 붙기 시작, 순식간에 200, 300명으로 불었다. 손뼉치기에서 어깨동무가 짜질 때까지 걸리는 시간은 1분도 안 되는 것 같았다.

학원에서 공부하고 나오던 고등학생들 한 무리도 교련복 차림으로 데모에 가담했다. 이들 30명쯤은 책가방을 분식 센터에 맡기더니 데모대의 선두로 뛰어들었다. 그날 밤 이 고등학생들은 항상 앞장을 서 뛰어다녔다. 데모대는 경찰이 공격하면 달아나거나 흩어져 버렸다. 금방 하늘만 멀뚱 멀뚱 쳐다보는 산보객으로 변한 대학생들을 경찰은 바로 옆에 두고도 잡지 못했다. '뛰면 데모대, 서 있으면 선량한 행인'이었다.

경찰은 국제시장의 미로 속으로 병력을 들여보내는 것은 늪에 빠지는 것을 뜻한다는 사실을 알았다. 그들은 국제시장 속의 데모대가 바깥으로 빠져나오지 못하게 하는 데 힘을 쏟았다. 국제시장의 주위, 곧 미국문화원·창선파출소·국제시장 네거리·보수파출소 앞에 소대 규모의 병력을 배치, 데모의 불티가 퍼뜨려지는 것을 막아보려고 했다.

박 기자는 미국문화원 아랫길에서 데모대 꽁무니를 따라다니다가 기회를 잡고 셔터를 눌렀다. 플래시의 불빛에 놀란 젊은이 다섯 명이 그를 붙잡고 군중 속으로 끌고 갔다.

"뭐야?"

"동아일보 사진부 기자다."

"신문에도 못 내는 사진 뭣 하러 찍나?"

"동아일보 요즘 형편없어."

"그래도 동아일보인데 놓아주자."

"필름은 뺏어야 한다."

그들이 의논하는 사이 박 기자를 잡은 손이 풀리자 그는 후다닥 뛰어 달아났다.

"동아일보라는 간판이 나를 살렸다"고 그는 생각했다.

그는 밤 9시께 회사로 돌아왔다. 답답한 가슴을 가눌 수 없어 그는 서울의 본사 사진부장 집에 전화를 걸었다.

"부장님, 현장을 보고도 셔터가 안 눌러집니다."

"역사적인 현장인데 꼭 찍어야지요. 그러나 몸보다 더 귀중한 것은 없으니 요령껏 최선을 다하세요."

박 기자는 이를 악물고 다시 국제시장으로 돌아갔다.

완월동 사창가, 사상 최초의 휴업

국제시장 속의 데모대는 외곽을 지키던 경찰이 다른 데모대를 막느라고 병력을 옮기는 틈을 타 바깥으로 자주 빠져나가 서구와 동구로 데모를 확산시켰다. 국제시장은 17일 밤 데모의 인력공급 센터 구실을 하고 있었다.

이날 밤 가장 먼저 습격을 당한 것은 충무동 로터리에 있는 서부경찰서 충무파출소였다. 옛 남포극장 자리에서 출발한 데모대는 부영극장 부근에서 한 차례 경찰의 공격을 받았으나 그 주력은 신민당 서·동구 지구 당사 앞을 지나 저녁 7시40분께 충무파출소를 덮쳤다. 이 파출소는 16일 밤 10시50분께에도 습격을 받았었다. 그때 데모대는 사이카를 뒤엎고 불을 지르고 전화기·거울·유리창을 마구 부수었다. 열 몇 명이나 되는 경찰관들은 달아나거나 다른 곳에 출동가고 없었고 그들이 남긴 모자 열 개만 남아 있었다. 데모대는 이 모자를 한데 모아 불태워 버렸다. 전날의 피습 상처가 채 아물지도 않은 상태에서 충무파출소는 또 한 번 박살이 나 버렸다. 몽둥이와 돌멩이로 얻어맞은 파출소는 유리조각과 흩날리는 서류로 뒤덮였다.

서부서는 2개 소대 병력을 급히 충무파출소로 보냈다. 400명쯤의 군중은 완월동, 오성동, 초장동 등 세 방향으로 쫙 흩어졌다. 경찰은 이들을 집요하게 쫓으며 사과탄을 던지고 페퍼포그를 쏘아댔다.

완월동 사창가에도 고춧가루처럼 매운 페퍼포그의 안개가 몰려왔다. 유리방 속에 울긋불긋한 한복을 입고 휘황찬란한 조명을 받으며 나란히 앉아 손님의 선택을 기다리고 있던 창녀들은 코를 싸매고 안방으로 뛰어 들어갔다. 1500명이나 되는 이들 창녀는 장사를 포기하지 않을 수 없었다. 70년이 넘는 오랜 역사를 가진 이 동양 최대의 유곽이 문을 닫은 것은 이 날이 처음이었다.

부산 민중봉기가 김영삼의 국회의원직 제명에 큰 자극을 받은 것은 확실하지만 데모대가 그의 이름을 입에 올린 것은 필자가 확인할 수 있는 한 한 번뿐이었다. 17일 밤 9시께 충무동 로터리 쪽으로 몰려가던 수백 명의 데모대는 김영삼의 출신구인 신민당 서·동구 지구당사 앞에 멈춰 섰다. 4층 당사 사무실에서 한 사람이 창문을 열고 손을 흔들자 데모대는 서른 살 가량의 리더가 선창하는 데 따라 "김영삼! 김영삼!"이라고 몇 번 외친 다음 충무파출소 쪽으로 뛰어갔다.

위기일발의 동부경찰서

국제시장에서 밤 8시께 경찰 포위망을 뚫고 나온 200명의 시위대는 메리놀병원 앞 고갯길로 치달았다. 제2대청파출소를 지나칠 땐 돌멩이를 던져 유리창 25장을 모두 부수고 전투 기능을 마비시켰다. 이어서 과격한 젊은이들이 쳐들어가 방범 오토바이를 길 한복판으로 끌어내 동댕이쳤다. 새어 나온 휘발유에 성냥을 그었다.

평-. 불길이 치솟는 것을 뒤로 하고 데모대는 알프스산맥을 넘는 나폴레옹 군단처럼 고갯길을 넘어갔다. 이 원정 데모대는 가장 용감하고 과격한 그룹이었다. 대학생들보다는 식품 접객업소 종업원들과 일반인들이 더 많이 섞인 집단이었다. 이 시위대는 가는 곳마다 젊은이들을 흡수하여 눈사람처럼 커지면서 파죽지세로 동부경찰서 관내를 결딴냈다. 이들은 영주동 육교 앞에서 초량 뒷길로 꺾었다. 8시20분께, 제1초량파출소, 8분쯤 뒤에는 제2초량파출소를 박살냈다. 기물을 부수고 사이카는 불질렀다. 이들은 달리다시피 하여 국제시장에서 4킬로미터 떨어진 고관파출소로 쳐들어갔다. 그때 이 시위대는 원정출발 때보다 다섯 배나 불어 1000명 가량에 달했다. 이들은 눈 깜짝할 사이에 고관파출소를 으깨어 버렸다. 경찰관들은 2층 숙직실·화장실·책상 밑으로 숨어들었다. 데모 군중은 전화선도 끊어버렸다. 성난 군중은 다시 동부경찰서로 달려갔다. 이때가 밤 8시 55분, 시위대는 너비 35미터의 간선도로를 사이에 두고 동부서와 맞섰다. 부산진역 앞을 차지한 그들은 "독재 타도!" "유신 철폐!"를 외쳤다. 4·19 때 기관총알을 쏘아댔던 이 경찰서를 향해 군중은 유리병과 돌멩이를 팔매질했다. 그때 동부서 안에는 직원 50명만 남아 지키고 있었다.

머리 숫자에 있어서 턱도 없는 열세에 몰린 경찰관들은 부지런히 사과탄을 시위대에 던졌다. "막강 동부서"라고 외쳐댔다. 저녁 반주에 얼얼해 있던 이 모, 조 모 두 순경은 안전핀을 뽑은 사과탄을 들고 "형님 먼저" "아우 먼저" 하다가 경찰서 안에서 사과탄을 터뜨려 동료 직원들의 원성을 사기도 했다.

군중은 사과탄 정도로는 꿈쩍도 하지 않았다. 자칫하다간 군중이 경찰서로 몰려들어 점거할 것만 같았다. 이때 구세주가 나타났다. 구조 요청을 받은 제2기동대의 3개 소대 병력이 작전차를 타고 달려온 것이다. 이들은 군중 속으로 돌격해 들어갔다.

KBS도 함락 직전

시위대는 남쪽으로 흩어져 달아났다. 경찰은 추격은 하지 않고 동부서 자체 방어에 들어갔다. 쫓겨난 군중은 동부서에서 300미터쯤 떨어진 KBS 부산방송국을 덮쳤다. 그때 보도국 당직 기자는 중부서 흑교파출소 피습 장면을 취재하고 있던 기자로부터 전화를 받고 있었다.

"여기 데모대가 우리 방송국을 습격하러 가자고 얘기하고 있습니다."

당직 기자는 전화기를 놓자마자 바깥에서 들려오는 구호를 들었다. 그는 너무 빨리 닥친 데모대에 놀랄 겨를도 없이 건물 안의 전등을 모두 끄도록 했다. 그는 전화로 경찰을 불러 구원을 요청했다. 바로 옆에 있는 파출소 직원들이 앞다투어 달아나는 것도 내려다 보였다. 마침내 유리병과 돌멩이 포격이 시작됐다. 우당탕탕, 와지끈, 유리창이 깨지고 '와' 하는 함성을 지르며 군중이 구름처럼 마당으로 뛰어들었다. 경비원은 꽃밭에 엎드려 몸을 숨겼다. 그들은 마당에 세워둔 TV중계차를 각목으로 때려 박살을 냈다. 건물 안으로 난입하면 방송이 중단되는 사태가 생길지 모르는 급박한 상황이었다.

이때 "군인들이 쳐들어온다"고 한 시위자가 소리 질렀다. 동부서 쪽에서 완전무장한 군인들이 수십 대의 트럭에 타고 그들을 향해 달려오고 있었다. 데모 군중은 혼비백산했다. 앞을 다투어 뿔뿔이 흩어져 달아났다. 이 군인들은 계엄령 선포에 대비, 시내로 배치되고 있었지 데모 군중을 쫓으려고 온 것은 아니었다. 이 우연의 일치가 KBS를 구했던 셈이다. 세 시간에 걸쳐 여섯 곳의 파출소와 경찰서 및 방송국을 습격하여 수백 장의 유리창을 부수고 사이카 여섯 대를 불태운 이 원정 데모대는 여기서 완전히 사그라져 버렸다.

법원은 습격 안 해

밤 9시30분께 국제시장에 돌아온 박 기자는 데모대가 사나워진 것을 느꼈다. 데모대의 구성원이 크게 바뀌어 있었다. 학생층은 줄고 비학생층이 데모대를 휘어잡고 있는 듯했다. 데모대는 몽둥이와 유리병을 휘두르며 셔터를 내린 시장 점포 앞의 차양대를 두들겨 부수기도 했다. 박 기자는 택시에서 내린 대학생 모습의 네 청년이 "KBS를 부수고 오는 길이다"고 자기들끼리 얘기하는 것을 엿들었다. 이들은 동구 원정 데모대에 끼여 한바탕 뛰었는데도 울분이 다 안 풀렸는지 다시 국제시장에 돌아온 것이었다.

국제시장을 꽉 메웠던 데모대는 포위망을 뚫고 대청로로 한 가닥씩 뛰어나가고 있었다. 이날 국제시장 안에서 데모를 이끌었던 동아대 학생들 중엔 서구 대신동 쪽에 살고 있는 학생들이 가장 많았다. 이들은 집으로 돌아가는 길에 데모를 하게 됐다. 9시에서 10시 사이에 국제시장을 탈출한 데모대는 대청로를 따라 부산지방법원 쪽으로 갔다. 그곳에서 일부는 좌회전하여 대학병원 쪽으로, 대부분은 오른쪽으로 꺾어 경남도청 쪽으로 달렸다. 시위대의 교차로가 된 부산지방법원 앞으로는 이틀간 수십 차례 데모 군중이 지나다녔으나 법원은 한 번도 습격당하지는 않았다. 민중은 아직 사법부에 한 가닥 희망을 걸고 있었다. 데모대는 부용동 로터리를 거쳐 밤 9시45분께 서부서 앞을 지나가며 돌을 던져 유리창을 깼다.

경찰이 데모대 열 명을 붙들어 흩어버리자 이들은 대신 로터리에서 다시 모여 오른쪽으로 행진, 동대신동에서 시위를 벌인 뒤 다시 중구 쪽으로 내려와 흑교파출소를 습격했다.

이때 박 기자는 다시 회사 사무실에 돌아와 있었다. 또 서울의 사진부장 집에 전화를 걸어 울먹이는 소리로 하소연을 했다. 사진부장에게 얘기를 해봤자 시위대가 그를 잘 봐줄 리가 없다. 그래도 박 기자는 자신을 채찍질하는 마음으로 푸념을 해댔다. 박 기자는 조금 전 국제시장에 다시 나갔을 때 이미 이 데모가 "큰 사건이 되겠다"는 예감을 강하게 느꼈었다. 이것은 그때 데모 현장에 있었던 거의 모든 기자들의 공통된 예감이었다. 기자들의 직업적 본능이 역사적 대사건의 냄새를 맡게 했던 것이다. 그런데도 박 기자는 아직 사진 한 장 확보하지 못하고 있었다. 그는 또 차를 몰아 현장으로 나갔다. 어둠 속의 대청로는 시가전을 치른 거리 같았다. 유리조각, 돌멩이, 각목 등이 어지럽게 깔려 있었다. 양쪽 상가와 주택가는 문을 꼭꼭 처닫고 전등불을 꺼버려 암흑천지였다.

박 기자는 데모대가 도청 쪽으로 갔다는 얘기를 듣고 뒤쫓아 갔다. 마주치는 시내버스의 유리창은 모두가 박살이 나 있었다. 도청의 게시판과 경비실도 돌과 각목 세례를 받고 크게 부서져 있었다.

부용 로터리엔 차와 인파가 뒤엉켜 있었다. 통금시간이 다가오자 집으로 돌아가려는 데모대는 시내버스를 멈추게 했다. 문을 열지 않고 달아나는 시내버스에 돌을 던지고 각목으로 승강문을 부수는 사람들도 있었다. 버스 창문에 매달려 가는 청년도 있었다. 이때 경찰의 데모 진압부대가 가스차를 앞세우고 이들을 덮쳤다. 경찰은 건성으로 데모대를 흩어버리곤 돌아갔다. 경찰도 지친 것 같았다.

끝내 셔터를 못 누르고

17일 밤 12시 서부서 앞 데모대는 경찰이 사라지자 다시 엉켜 붙었다. "서부서로 가자"는 소리가 나왔다. 1000명쯤이나 되는 데모대는 서부서 쪽으로 흐르기 시작했다. 박 기자는 "됐다!"고 무릎을 쳤다. 그는 데모대를 앞질러 서부서 앞에 먼저 도착했다. 취재차를 달아나기 쉽게 뒤로 돌려놓고 시동을 걸어놓은 채 그는 데모대를 기다렸다. 이윽고 너비 12미터쯤 되는 비탈길을 꽉 메운 시위대가 저 아래 모퉁이에서 우르르 몰려 올라오는 것이 보였다. 앞장선 젊은이들은 각목·유리병을 휘두르며 뛰다시피 달려오고 있었다. 박 기자는 차에서 내려 차를 방탄벽처럼 싸고돌며 기회를 기다렸다. 카메라 렌즈에 눈을 갖다 댄 그는 데모대의 일부가 서구청에 돌을 던지는 것을 똑똑히 볼 수 있었다.

박 기자는 적어도 시위대가 10미터 안으로 들어올 때까지 기다리기로 했다. 시위대는 질서도 없이 어깨동무도 하지 않고 마구 뛰어 올라오고 있었다. 길 양쪽에 붙은 사람들은 몸을 가릴 곳이 있다는 방어 심리에서 길

가운데 대열보다도 앞질러 뛰어 올라왔다. 박 기자는 오목렌즈처럼 굽어진 선두 대열의 속에 들게 됐다. 박 기자는 셔터를 눌러 사진이 나올 수 있는 최근접 거리까지 기다려보기로 했다. 하나, 둘, 셋…. 박 기자는 셔터를 누르려다가 말고 후다닥 달아나기 시작했다. 셔터를 누르려는 순간, 렌즈를 꽉 메우며 들이닥친 것은 군중이었다. 박 기자는 데모대가 이렇게 빨리 접근할 줄은 미처 계산하지 못했던 것이다. 확— 데모대가 몰려오자 박 기자의 행동은 머리의 명령을 받지 않고 반사신경의 지시를 받았다. 그는 시동 걸린 차 속으로 뛰어들었으나 차가 비탈길을 느린 속도로 올라가자 겁이 덜컥 나 차에서 뛰어내려 서부경찰서로 달려가 몸을 피했다. 뒤돌아보니 30명쯤의 경찰관들이 방패를 앞세우고 고함을 지르며 데모대를 향해 정면으로 쳐들어가고 있었다. 숫자에서 절대 불리한 경찰은 '공격이 가장 좋은 방어'라는 교훈을 실천에 옮기고 있었다. 경찰은 쳐들어가면서 사과탄을 있는 대로 다 던졌다. 그리곤 곤봉으로 닥치는 대로 데모대를 두들겨 팼다. 폭발음과 고함소리와 비명이 자욱한 최루탄 연기 속에서 뒤엉켜 나오더니 조용해졌다. 데모대는 오던 길로 물러났다.

박 기자는 상황실로 올라갔다. 경찰관들이 뒤따라 올라오더니 "사과탄이 동났다"고 사색이 되어 발을 굴렀다. 상황실에선 산하 파출소에 사과탄을 있는 대로 거두어 서부서로 가져오라고 지시를 내렸다.

"지원 병력이 5분 뒤에 서부서에 당도할 것이다"는 통보가 시경으로부터 날아왔다. 그러나 물러난 데모대가 그 전에 다시 공격을 해온다면 서부서의 함락은 피할 수 없는 일인 것 같았다. 데모대는 다른 길을 잡고 구덕경기장 쪽으로 진출, 구덕파출소를 때려 부수었다. 박 기자는 상황실에서 비로소 비상계엄령이 내려졌다는 것을 알았다.

"드디어 큰 사건이 돼 버렸구나. 그런데 나는 사진 한 장 못 찍었다. 이게 뭐야. 사진기자로서 현장을 보고 셔터를 못 누른 것은 말도 안 된다. 나는 사진기자의 자격이 없는 것이 아닌가. 나이 탓인가. 아니다, 용기가 없는 탓이다. 그때 셔터를 누르고 데모대에 맞아 죽어야 했었다. 왜 그렇게 못했나. 다섯 해 전 현대조선 폭동 사건 때는 경찰관들의 곤봉세례 속에서도 사진을 찍고 카메라를 부둥켜안은 채 쓰러져 짓밟히지 않았던가…"

박 기자는 담배를 피우며 똑같은 폭동의 현장에서 똑같이 행동할 수 없었던 까닭을 가만히 생각해 보았다. 부산봉기에선 사진을 찍어도 신문에 날 수 없다는 생각이 모든 사진 기자들을 조금은 소극적으로 만들었다. 꼭 찍어야겠다는 집념이 생기지 않았던 것이다. 사실 박 기자와 다른 대부분의 기자들은 부산데모를 취재하라는 회사의 지시를 받지 않고 있었다. 긴급조치 아래에서는 이런 기사나 사진은 실을 수 없다는 자기검열, 그것은 취재를 포기하는 상황을 만들었다. 많은 기자들이 그날 현장에 나왔으나 기록자로서가 아니라 구경꾼으로 행동했다.

박 기자는 이런 큰 사건의 생생한 장면들을 부산의 기자들이 찍어두지 못한 것을 부끄럽게 생각해야 할 때가 곧 올 것이라고 생각하면서 자학의 감정을 떨치고 일어나 최루가스가 자욱한 밤거리로 나섰다.

여관으로 가스 발사

조갑제 기자는 10월17일 밤 8시께 광복동으로 나갔다. '오늘은 어려울 것이다'고 그는 생각했지만 행여나 하는 기대를 갖고 어제의 데모 현장으로 나선 것이었다. 광복동 거리는 젊은이들로 메워져 있었다. 책가방을 낀 교련복 차림의 대학생들, 더벅머리 재수생들, 근처 상점이나 술집 종업원인 청년들, 멋쩍은 표정으로 먼 곳을 바라다 보는 대학교수들, 데모 주모자를 잡겠다는 사복형사들이 뒤섞여 여기저기 엉켜 있었다.

군중의 숫자에 견주어 놀라울 만큼 조용했다. 초조하고 안타까운 표정의 사람들. 그들은 무엇을 기다리고 있었다.

경찰은 점포 주인들에겐 문을 닫도록, 시민들에겐 집으로 돌아가도록 마이크로 권하고 돌아다녔다. 자리를 뜨는 시민들은 아무도 없었다. 모두가 뛰고 싶어 안달이 난 사람들이었다. 그러나 앞장을 서고 나설 만한 용기를 그들은 갖지 못했다. 불을 당길 사람만 나타나면 스스로 불쏘시개가 되겠다는 마음들이었다.

군중은 이런 팽팽한 긴장감을 깨뜨리는 일이 일어날 때마다 조건반사적인 반응을 보였다. 로얄호텔에서 모임을 끝낸 사람들이 몰려나오자 아무런 까닭 없이 그쪽으로 밀려갔다. 사람이 사람을 모았다. 어떤 곳에 사람들이 몰려 있으면 그 사람들을 구경하려고 또 사람들이 모였다. 무슨 일이 터지기를 기다리는 청년들은 사람들이 몰리는 곳만 따라다니며 불을 붙여줄 사람을 찾는 것 같았다.

시간이 흐를수록 점화의 가능성이 점점 낮아지는 것 같았다. 밤 9시 30분께부터 군중이 소란스러워지기 시작했다. 휘파람소리, 야유인지 환호성인지 모를 부르짖음이 여기저기서 터져 나오면서 군중은 술렁이기 시작했다.

이런 분위기를 타고 50명쯤의 청년들이 길 복판으로 나섰다. 어깨동무를 하더니 시청을 향해 나아갔다. 어느새 군중이 그들 뒤를 구름처럼 따르기 시작했다. 손뼉을 치며 구호를 외치면서 그들은 기세를 돋구었다. 100미터 앞에는 경찰이 진을 치고 있었다.

한 30미터 접근했을 때였다. 경찰이 움직이기 시작했다. 페퍼포그를 뿌리면서 지프차가 어슬렁어슬렁 굴러오는 것이었다. 그 뒤로 경찰이 따라왔다. 그러면서 사과탄을 던졌다. 데모대의 선두는 흰 연기와 폭발음에 휩싸였다. 시위대는 무너져 내렸다. 선두부터 흩어지기 시작했다. 조 기자도 골목으로 달아났다. 무엇에 채여 그는 넘어졌다. 뒤따라 달아나던 사람들이 잇따라 그의 위를 덮치며 넘어졌다.

조 기자는 부리나케 일어나 근처 여관으로 뛰어들었다. 뒤따라 서너 명의 시민들이 숨어들자 여관 주인은 현관문을 잠그고 안으로 사라졌다. 이때였다. 페퍼포그 분사기를 짊어진 두 경찰관이 현관문을 박차고 뛰어들며 현관과 복도에서 서성대는 손님들의 코앞에 바로 가스를 뿜어댔다. 조기자는 그들이 파리약을 뿌리는 사람들 같다고 생각했다.

닫힌 여관 속은 안개 같은 가스로 휩싸였다. 기침, 눈물, 아우성, 잠옷 바람으로, 더러운 속옷 바람으로 투숙객들이 콜록대면서 뛰쳐나왔다. 그들은 변소 옆에 붙은 세면장으로 달려갔다. 우선 눈을 물로써 씻어내야 따가운 통증이 가실 것 같았다. 그러나 세면장은 만원이었다. 조 기자는 하얀 가스를 피해 화장실로 들어갔다. 문을 꼭 닫았으나 가스는 문틈 사이로 스며들어 왔다.

조 기자는 불길 사이를 지나는 기분으로 후다닥 여관 밖으로 달아났다.

여관 바깥에선 흩어졌던 청년들이 군데군데 다시 모이고 있었다. 부산 남교회 앞에는 대학생, 재수생, 접객업소 종업원들이 뒤섞인 50명쯤의 군중이 한창 토론을 벌이고 있었다.

"이래선 안 되겠다. 복수를 하자."

"안 된다. 폭력을 써선 안 된다."

"폭력엔 폭력으로 맞서는 수밖에 도리가 없지 않은가."

결국 강경론이 이겼다. 그들은 모두 빈 맥주병을 머리 위로 휘두르면서 골목을 지나 큰길 쪽 경찰 진압부대를 향해 나갔다.

가혹해진 경찰 진압

17일 밤 부산시 중심부 밤이 깊어감에 따라, 또 시위가 폭동화함에 따라 경찰의 대응도 가혹한 면을 띠게 되었다. 대낮에는 경찰도 시민들이 지켜보는 속에서 시위자를 심하게 다룰 수가 없었다. 부산 운동권의 핵심인물인 최준영(당시 26세)은 16일 오후 미국문화원 앞 육교 위에서 시위 구경을 했다. 경찰관 네 명이 한 학생을 잡아 끌고가는 것이 보였다. 그는 소리쳤다.

"경찰 죽여라."

이 순간 숨을 죽이며 이 장면을 구경하고 있던 시민들이 입을 모아 "저놈 죽여라"고 소리쳤다. 경찰관들은 이 소리에 놀란 듯 엉겁결에 학생을 놓아주었다. 이처럼 시민들의 응원은 경찰의 구타 행위를 막아주는 역할을 했던 것이다. 어둠 속에서는 사정이 달랐다. 달아나는 시위대의 꽁무니에 있다가 잡힌 사람, 사진기자, 데모대가 휩쓸고 지나간 현장에서 서성대다가 데모대원으로 오인된 시민들이 뭇매를 맞았다.

동주여상 야간부 2학년 학생 서혜인은 17일 밤 9시40분께 대청동 한국은행 앞에서 집으로 돌아가다가 경찰이 던진 사과탄을 얼굴 정면으로 받았다. 사과탄이 혜인의 얼굴에서 폭발, 땅콩만한 플라스틱 파편이 사방으로 흩어졌다. 혜인은 정신을 잃고 쓰러졌다. 같이 가던 친구들이 그를 침례병원으로 옮겼다. 코와 눈, 귀, 이마가 찢어진 피투성이가 되고 파편도 박혀 있었다. 완치하는 데 여섯 달 걸린다는 진단을 받았다.

17일 밤 10시쯤 국제신문 김정주 기자는 남포파출소 앞에 있었다. 경찰 순찰차가 지나가자 길 양쪽에서 돌멩이와 유리병이 날아왔다. 차는 때아닌 우박을 헤치며 달아났다. 이것을 보고 경찰이 데모대를 공격했다. 경찰은 달아나는 데모대를 뒤쫓았다. 꽁무니엔 술에 취해 곤드레만드레된 한 중년 신사가 따라가고 있었다. 그는 경찰관들로부터 몽둥이 세례를 받고 길바닥에 쓰러졌다. 김 기자는 피투성이가 된 채 쓰러져 있는 그를 부축하여 이웃 음식점으로 데리고 들어갔다. 식당주인이 덩달아 흥분, "선량한 시민을 왜 때리느냐"고 경찰을 향해 냅다 소리쳤다.

부영극장 앞에선 경찰관 네 명이 한 학생을 질질 끌고 갔다. 학생이 발버둥을 쳐 웃옷이 벗겨져 배가 드러나자 구둣발로 배를 짓밟아 완전히 뻗게 했다. 구덕운동장 앞 주택가에선 한 집주인이 봉변을 당했다. 그는 차고 문을 열고 승용차를 집어넣은 직후였다.

"넌 뭐야! 빨리 집에 들어가!"

데모대를 쫓던 경찰관이 말했다.

"이게 우리 집인데 무슨 소리야?"

경찰관들은 건방지게 대꾸한다고 마흔 살 가량의 시민을 개 패듯이 두들겼다. 가족들이 뛰어나와 울고불고하자 경찰관들은 비로소 그를 풀어주었다.

붙들려가 묵사발 된 사진기자

국제신문 사진부 김탁돈 기자는 17일 밤 카메라를 가방 속에 감추고 데모 현장으로 나갔다. 밤 10시에 그는 광복동 동양관광호텔 앞에서 데모대가 경찰과 충돌하는 것을 목격했다. 경찰관 세 명이 한 시민을 붙들어 몽둥이로 머리·허리·어깨를 사정없이 두들기고 있었다. 김 기자는 경찰버스 옆으로 바짝 다가갔다. 버스 뒤에 숨어 이 폭행 장면에 렌즈를 조준하는 순간 그는 뒤로부터 습격을 당했다. 전투경찰관 세 명이 건장한 김 기자의 허리를 끌고 가더니 발길질을 했다.

"국제신문 사진부 기잡니다."

"기자면 다냐."

"죽어버려!"

몽둥이·주먹·발길질이 소나기처럼 쏟아졌다. 그는 카메라 가방을 안은 채 쪼그리고 앉았다. 한 경찰관이 가방과 카메라를 빼앗아 갔다. 플래시와 필름은 빼앗기지 않았다. 김 기자는 재빨리 플래시를 웃옷 호주머니에, 필름은 오른발 양말 속에 감추었다. 그는 곧 닭차에 옮겨 태워졌다. 여기서도 한 차례 타작이 기다리고 있었다. 차엔 시위 현장에서 체포된 스물

여덟 명의 시민들이 타고 있었다. 한 부산대 학생의 가방에선 돌멩이가 수십 개 쏟아져 나왔다. 전경들은 이 학생이 뻗을 때까지 갈겼다.

이 닭차는 남포파출소로 가서 그곳에 있던 전경 서른 명을 또 태웠다. 붙들린 동아대 학생 다섯 명도 탔다. 전경들은 머리를 드는 시민들을 겨냥하여 몽둥이질을 또 해댔다. 한 동아대 학생은 발길질을 입으로 받았다. 앞이빨 세 개가 부러졌다.

닭차는 서대신동 쪽으로 달렸다. 경찰관들은 김 기자를 비롯한 연행자들에게 머리를 두 다리 사이에 박고 있으라고 지시했다. 이 차가 데모대를 잡아가는 줄 눈치채이면 돌세례를 받을 것이기 때문이었다. 이 파출소 근처에는 지친 기동대 경찰관들이 퍼져 앉아 쉬고 있었다. 그들은 데모 피의자들이 내리는 것을 보자 파출소 앞에 양쪽으로 늘어섰다.

이 인간 터널 속을 피의자들은 지나가야 했다. 주먹·발길·몽둥이 세례. 김 기자는 여기서 신문기자라고 해봤자 소용이 없겠다고 판단하여 입을 꽉 다물고 두 손으로 머리를 감싼 채 길이 30미터 가량의 터널을 빠져나갔다. 가슴을 걷어채여 한 번 넘어졌으나 벌떡 일어나 걸었다. 대학생들은 더 많이 얻어맞았다. 파출소 안에서 경찰관은 몽둥이로 머리를 때려가면서 이들을 헤아렸다.

파출소에선 서부경찰서로 전화를 해보더니 이들을 모두 서부서로 보내도록 지시했다. 다시 닭차에 올라타게 된 그들은 두 번째로 인간터널을 지나가야 했다.

김 기자 일행은 서부서 즉결심판자 대기실에 수용됐다. 빽빽이 피의자들이 들어차 경찰관들은 어깨를 밟고 다니며 숫자를 헤아리고 있었다.

젊은 전경이 보호실까지 따라 들어와 몽둥이질을 하고 그것을 한 시민이 피하려다가 유리창을 박살냈다.

"대원들은 나가라"고 서부서 직원이 언짢은 듯 소리쳤다. 김 기자가 가만히 보니 그 직원은 잘 아는 사람이었다.

"신 경사요. 접니다."

"어? 어떻게 된 거요."

"정말 이럴 수 있소?"

"어서 나오시오."

이렇게 해서 김 기자는 두 시간 만에 풀려났다. 그는 얻어맞은 분노보다도 사진을 놓친 것이 안타까워 미칠 지경이었다.

불알 터져 생식기능 장애

양복공장 종업원 안승록(당시 21세)은 17일 밤 8시20분께 부산대학병원 앞 골목에서 경찰관들에게 붙들렸다. 승록은 그때 공장에서 퇴근, 형집으로 저녁밥을 먹으러 가던 길이었다. 갑자기 뒤에서 5, 6명의 경찰관이 덮쳤다. 한 사람이 머리채를 잡고 끌고 가는데 다른 사람들은 발로 차고 머리·어깨를 몽둥이로 난타했다. 승록은 그때야 자기가 시위자로 오인된 것을 알았다. 데모대는 법원 쪽으로 대학병원 쪽으로 가다가 경찰의 공격을 받고 골목으로 달아나고 있는 중이었다.

"나는 죄 없습니다"고 그는 끌려 가면서 소리 질렀다. 승록은 경찰서 보호실에 붙들려가 수용됐다. 승록은 아랫배가 당겨 끙끙 앓기 시작했다.

잡힐 때 한 경찰관의 구둣발에 채인 고환의 상처 때문인 것을 알았다.

허리도 못 펼 만큼 통증은 심해갔다. 소변을 보려고 했더니 야구공만큼 성기가 부어 있었다. 오줌도 잘 나오지 않았다. 승록은 담당 경찰관에게 아파 죽겠다고 호소했다. 경찰에선 승록을 병원으로 데리고 가 주사 두 대를 맞힌 뒤 다시 보호실에 집어넣었다. 다음날 오전 안승록은 형사계에 불려가 조사를 받았다.

"얼마 받고 데모했냐"고 형사는 캐물었다. 조사를 받고 난 뒤 안승록은 발걸음을 옮길 수조차 없게 됐다. 그곳이 천근이나 되는 것처럼 느껴졌다. 경찰은 그제야 승록을 중앙동 광산병원으로 옮겼다. 그는 입원한 지 스무 날이 지났을 때 고환 절제수술을 받았다. 그는 성기능이 완전히 마비되어 고자가 되는 게 아닌가 걱정했다. 곧 발기 기능은 되살아났다. 그러나 죽은 정충이 많이 섞여 나와 생식 능력에 타격을 받았음이 밝혀졌다.

의사는 오른쪽 고환이 아직 제 기능을 발휘하지 못하고 있다고 말했다. 청도에 있던 안승록 아버지는 지서로부터 아들의 신원조회 연락을 받고 깜짝 놀랐다. 아들이 무슨 큰 죄를 지은 줄 알았던 이 노인은 아들이 데모에 가담했다는 얘기를 듣고는 졸도하여 이틀간 누워 있다가 지팡이를 짚고 병원으로 찾아갔다. 승록은 보호실에 있을 때 사타구니로부터 흘러내린 피가 시멘트 바닥을 흥건히 적셨는데도 경찰이 치료를 제대로 해주지 않았다고 했다. 그렇게 시간을 늦추는 바람에 생식기능이 영원히 회복될 수 없을지도 모르는 상처를 입었다고 원망하고 있었다. 10·26 사건이 나고 한 달 스무하루 만에 그는 퇴원했다. 부산 시장과 군 장성이 병원으로 찾아와 22만 원의 위로금을 전달하고 사과했다. 한편 안승록의 형은 경찰이 미리 등사하여 가져온 각서에 서명했다. 데모에 가담했으나 이를 뉘우치니 용서해 달라는 내용이었다. 동생이 데모에 가담하지도 않았다는 사실을 그의 형은 너무나 잘 알고 있었지만 말썽이 없어야 하겠다는 생각에서 이 각서에 도장을 찍어주고 말았다.

냉담해진 광복동 상인들

17일 밤에도 시민들의 가세는 계속됐다. 이날 밤 경찰에 붙들려 중부서에서 조사를 받은 시위 피의자는 91명이었다. 이들 가운데 학생은 27퍼센트에 지나지 않은 25명이었다. 나머지 66명은 일반 시민들이었다. 중부경찰서에서 16일에서 18일까지 사흘간 조사한 260명의 피의자들은 부산대 학생 45명, 동아대 학생 5명, 다른 대학교 학생 20명, 종교인 2명, 신민당 및 통일당원 2명, 일반인 186명이었다. 이 성분 분포는 그대로 부산 시위 군중의 성분 분포이기도 했다.

학생들이 앞장을 서고 시민들이 뒤를 미는 연합전선이 자연발생적으로 탄생한 것이었다. 큰 생산기업체에서 일하는 노동자들은 거의 데모에 가담하지 않았다. 식품 접객업소·양복점·가구점 종사자들과 구두닦이, 자유노동자, 운전사들이 오히려 더 많이 가담했다. 모두 억눌려 살아온 사회 밑바닥 사람들이었다.

이들의 가담으로 17일 밤의 데모가 난동의 성격을 띠게 됐다고 보는 이들도 있다. 그러나 데모대의 파괴·방화·폭력 행위엔 분명한 절제의 선이 그어져 있었음을 알아둘 필요가 있다. 데모대는 결코 민간인들의 점포나

기물을 부수지는 않았다. 혼란을 틈탄 도둑질도 없었다. 경찰관을 납치하지도 않았고 총칼과 같은 치명적인 흉기도 쓰지 않았다. 쉽게 만들 수 있는 화염병도 나타나지 않았다. 파출소를 점거해도 무기고엔 손대지 않았다. 자동차나 오토바이를 때려 부술지언정 빼앗아 몰고 다니지는 않았다.

계획적이고 범죄적인 난동은 없었다. 모두가 우발적이고 폭발적인 행동을 했을 뿐이었다. 시위대의 숫자가 수만 명에 이르렀고 이를 막는 경찰관은 3000명이나 됐으며 사흘간이나 야간 데모가 벌어졌는데도 사망자가 한 명도 없었다는 것은 데모대의 행동이 적어도 포악하지는 않았음을 반증하는 것이었다.

17일 밤의 데모 현장이 16일의 광복동·남포동에서 국제시장과 서구 및 동구로 옮겨짐에 따라 시민 호응의 양상도 조금은 바뀌었다. 영세상인·노점상·행상들이 적극적으로 데모대를 응원한 데 비해 광복동·남포동의 부유한 상인들은 16일 밤의 열광적인 응원에서 돌아서서 조금 냉담해졌다. 부산대 학생 최현주는 이날 밤 광복동의 다방 종업원들 태도가 크게 달라진 것을 알았다.

최루가스에 쫓겨 어느 다방으로 피해 들어갔다. 종업원은 "학생들 때문에 장사 못하겠다"고 짜증을 내면서 현주 일행을 몰아냈다. 또 다른 다방에 갔더니 "경찰관을 불러 잡아가도록 해야겠다"고 주인이 신경질을 냈다.

'대중은 역시 교활하다'고 현주는 생각했다. 그러나 '자갈치 아지매들'은 여전히 따뜻하게 데모대를 맞아주었다. 자갈치시장에서 현주는 청년 둘과 함께 경찰을 피해 횟집으로 뛰어 들어갔다. 이 횟집을 향해 경찰은 사과탄을 던졌다. 음식점은 수라장이 됐다. 현주는 염치불구하고 다락방으로 올라가 숨었다. 길 쪽으로 난 창문을 통해 보니 경찰관들이 청년들을 잡아 끌어가고 있었다. 현주는 겁이 와락 나 이불을 덮어썼다. 얼마나 지났을까.

"학생! 학생! 이제 내려와요."

식당 주인아줌마는 현주를 부르더니 "지금 빨리 달아나라"고 했다.

압송차 문 열어주고 달아난 시민

고신대 연수과 3학년 송길원은 17일 밤 7시께 대청동 미국문화원 앞에서 사복형사 두 명에게 붙들렸다. 가까운 대청파출소로 끌려간 그는 이미 붙들려와 있던 다른 시민들과 함께 눈을 감고 엎드려 있어야 했다. 송길원은 기독교 청년단체인 학생신앙운동(SFC) 회장이었다. 그 명함을 지니고 있었던 그는 불안했다. 데모와는 아무 관련이 없는 단체까지 욕을 볼까 걱정이 됐다. 그는 슬그머니 점퍼 호주머니에다가 주민증과 명함을 집어넣고 내버릴 틈을 엿보았다. 파출소의 창문은 인접한 한국은행 부산지점 마당과 붙어 있었다. 학생과 시민들이 잇따라 붙들려 오자 피의자들은 서 있어야 했다. 이 틈을 봐서 길원은 열린 창문 쪽으로 점퍼를 내밀고 던졌다. 은행 경비실 경비원 노인이 오더니 점퍼를 받아주었다.

"내일 찾으러 오겠으니 좀 보관해 주십시오."

이 노인은 이미 학생들의 옷가지와 가방 따위 소지품을 많이 받아 쌓아 두고 있었다. 밤 8시께 길원은 다른 피의자들과 함께 닭차에 태워졌다. 이 차는 중부경찰서로 달리다가 옛 현대극장 앞 신호대에 정지신호를 받고 멈쳤다. 이때 한 대학생이 신문지를 똘똘 말아 철망 사이로 내밀고 흔들었다. 구조 요청 신호였다. 젊은 남자와 여자가 달려오더니 닭차의 뒷문을 바깥에서 열어 주었다. 이때야 무슨 일이 일어난 줄 눈치를 챈 호송 경찰관이 운전석 옆자리에서 뛰어내렸다. 남자는 재빨리 달아났다. 그러나 아가씨는 붙들렸다. 압송 중인 피의자들은 미처 달아날 수가 없었다. 경찰관은 영업용 택시를 잡아 타고 닭차의 뒤를 따라오며 중부경찰서까지 호송했다.

17개소의 공공기관 피습

17일 밤 데모대는 열일곱 군데의 공공기관 건물을 습격하여 파괴했다. 언론기관 세 곳, 경남도청과 중부세무서, 경찰서 두 곳, 파출소 열 군데. 16일 밤에는 언론기관 한 곳, 파출소 열한 곳이 습격을 당했다. 이틀 밤 사이 스물아홉 번에 걸쳐 공공기관이 파괴된 것이다. 이 가운데 일곱 군데 파출소에선 데모대가 오토바이, 자전거, 모자, 서류 따위에 불을 질렀다. 16일 밤엔 중부서 및 서부서 관내 파출소가 주로 수난을 당했다. 17일 밤엔 데모의 확산으로 동부서 관내 파출소들이 곤욕을 치렀다. 남포파출소·충무파출소·보수파출소·흑교파출소는 두서너 번씩 습격을 받았다.

데모대 가운데에는 공공기관의 습격을 반대하는 사람들도 많았다. 파출소를 지키던 경찰관의 호소로 곱게 돌아간 데모대도 있었다. 부산진서 광무파출소에선 다른 파출소들이 습격당하고 있다는 소식을 듣고는 동네 유지들을 모셔와 경찰관과 함께 파출소를 지키게 하여 만약 데모대가 몰려오면 그들을 설득할 수 있게 했다.

습격받은 언론기관은 부산문화방송·한국방송공사 부산방송국·부산일보사였다. 데모의 현장인 광복동에 자리잡은 기독교 부산방송국은 안전했다. 유신체제 아래서 이 방송국이 보여준 용기 있는 자세에서 큰 덕을 본 것이었다. 국제신문사는 부산시경 바로 옆에 있어 데모대가 감히 습격할 수 없었다.

파출소 습격은 하나의 화풀이였다. 파출소 병력이 거의 진압부대로 빠져나가 자체 방어 병력이 적었던 것도 습격을 부른 원인 중의 하나였다. 데모대는 유리창과 기물을 부수고 오토바이를 엎어 기름이 새어 나오면 불을 놓는 것에 만족했다. 파출소 건물에 불을 지른 적은 없었다. 파출소의 물건을 약탈하지도 않았다. 파출소나 경찰서를 오랫동안 점거하려고 꾀하지도 않았다.

모자를 모아놓고 불태운다든지 박정희의 사진을 짓밟고 태워버리는 따위의 상징성 있는 분풀이는 더러 있었다. 포악·처참·잔인한 수법의 습격은 아니었던 것이다. 그들이 표적으로 삼은 언론기관은 그 나름대로 정확하게 선별된 것이란 평가를 기자 사회에서 받았다. 민중의 분노는 폭발적이라고 해서 결코 눈먼 것은 아니었던 것이다.

17일 밤의 기관 습격은 대체로 밤 9시 이후에 이뤄졌다. 이것은 밤이 깊어 갈수록 데모대에서 대학생들의 비중이 줄어들고 비학생층이 시위의 주도권을 잡게 된 것과도 관계가 있었다. 데모대가 겁이 없어지고 경찰의 대응 능력이 한계에 이른 것도 이때였다.

국제시장 일대의 시위 현장에선 밤 9시45분 흑교파출소가 200명의 군중으로부터 습격당한 것을 비롯 10분 뒤엔 남포파출소 안에서 데모 피의자가 신문지를 모아놓고 불을 지르다가 붙들렸고 15분 뒤엔 부산문화방송국에 100명의 군중이 몰려와 돌팔매질을 한 뒤 달아났다. 이 방송국은 16일에 이어 두 번째 습격을 당한 것이었다. 밤 10시30분께 보수파출소가 300명의 데모대에 의해 파괴됐다. 밤 10시15분께엔 흑교파출소에 데모대가 쳐들어와 전화선을 끊어버린 뒤 유리창 38장, 현관문 2장, 국기봉, 대통령 사진, 전화기 3대를 박살냈다. 서부서 관내에서도 밤 9시께 부민파출소가 돌팔매질을 당한 것을 신호로 서구청과 서부경찰서(9시40분), 도청(11시12분), 구덕파출소(11시45분)가 차례로 습격당했다.

군사령관 차도 피습되다

밤 9시30분께 2관구 사령관 정상만 소장은 청와대 김계원 비서실장으로부터 데모 상황을 현장에 직접 나가 알려달라는 지시를 받았다. 비상계엄령 선포를 결정하기에 앞서 지역 관할군 사령관의 최종 판단을 기다리는 것 같았다. 정 소장은 시경국장과 함께 둘러보려고 했다. 송제근 시경국장은 그러나 절정에 달한 데모진압작전을 지휘하느라고 상황실을 떠날 수가 없었다.

그는 경무과장을 자기 승용차에 태워 대신 내보냈다. 헌병 백차가 앞에서 호위하고 그 뒤를 사령관 차와 시경국장 차가 뒤따랐다. 이들이 광복동을 지나 국제시장을 거쳐 대청로에 이를 때까지는 별다른 일이 없었다. 데모대도 번쩍번쩍 경고등을 돌리면서 지나가는 이들에게 압도됐는지 길을 비켜주거나 숨을 죽이고 지켜볼 뿐이었다. 석 대의 차가 미국문화원 앞에 도착했을 때 교통 체증이 생겨 다른 차들과 함께 잠시 멈춰야 했다. 이때 이 부근을 지나던 200명쯤의 시위대가 이들을 향해 유리병·돌멩이를 날리기 시작했다. 각목을 휘두르면서 성난 군중이 몰려왔다.

맨 앞차에 탔던 헌병들이 뛰어내렸다. 사령관과 경무과장도 뛰쳐나와 피신했다. 이때 헌병들이 군중을 향해 권총을 쏘려는 것을 사령관이 막았다는 얘기도 있었다. 군중은 세 대의 차를 박살내 버렸다. 한참 뒤에 견인차가 와서 이들을 끌어냈다. 차의 지붕은 데모대원들이 올라가 쿵쿵 뛴 바람에 내려앉아 버렸다. 시동도 걸리지 않았다. 정상만 당시 소장(예편)은 최근 나에게 이렇게 말했다.

"그때 우리 차가 피습당한 것은, 군 차량이기 때문이 아니었습니다. 피해 정도가 심하지도 않았어요. 저는 그날 밤 서울에서 군 병력으로 사태를 진압해야 할 정도냐고 물어왔을 때, 그럴 필요가 없다고 보고했습니다. 뒤에 들으니 차지철 경호실장이 내가 비협조적이라고 화를 냈답니다. 계엄령이 선포된 뒤 상부에서 조사팀이 내려왔는데 제가 사정을 설명했더니 납득을 합디다. 지금도 그 사태는 군의 투입 없이 경찰 병력만으로도 막을 수 있었다고 생각합니다."

5 :
계엄령에 도전하다

영빈관의 '바보 같은 사나이'

__10월17일 밤 청와대 영빈관__ 17일 오전 구자춘(具滋春) 내무장관이 비행기로 부산에 내려와 시청·시경을 둘러보았다. 오후에 시청에서 기자회견을 가졌다. 그는 "200여 명이 경찰에 연행됐는데 100여 명이 불량배였다"면서 "지각없는 행위엔 단호히 대처하겠다"고 했다. 한 기자가 "이 회견 내용을 보도하는 것은 긴급조치 9호에 위반되지 않느냐"고 물었다. 구 장관은 "괜찮다"고 했다. 구 장관의 경고를 보도하는 형식으로 부산사태는 알려졌다.

구 장관의 기자회견에는 최석원(崔錫元) 부산 시장, 구용현(具龍鉉) 부산시 교육감, 송제근(宋齊根) 부산 시경국장, 이수영(李洙榮) 前 시경국장이 배석했다. 구 장관은 이날 오후 4시30분엔 양찬우(楊燦宇) 국회 내무위원장과 함께 부산대학교를 방문, 박기채(朴基采) 총장을 만난 뒤 오후 5시30분 대한항공편으로 서울로 출발했다.

17일 오후에 청와대에선 박 대통령 주재로 국무회의가 열렸다. 박찬현 장관은 본안건 처리가 끝난 다음 부산사태를 본 대로 보고했다. 대통령은 그 사태에 대한 정보 보고를 받고 나름대로의 판단을 이미 하고 있는 것 같았다. 대통령은 별다른 우려는 표현하지 않았다.

저녁 6시 청와대 영빈관에선 박 대통령의 마지막 공식 만찬이 된 유신 선포 7주년 기념 만찬이 열렸다. 장관들과 유정·공화당 의원 등 여당권 인사들이 모두 참석했다. KBS 전속악단도 나와 있었다.

박 대통령은 접견이 끝난 뒤 만찬회장을 돌며 의원들과 어울려 각 지방의 농사 작황, 대전 체전, 의원 외교 등을 화제로 삼아 환담했다. "해외여행을 해보니 우리나라의 빈부 격차는 극히 적은 편"이라는 어느 의원의 얘기를 들은 박 대통령은 "세계은행 통계에도 우리나라는 빈부 격차가 적은 나라로 기록돼 있더라"고 응답했다. 박 대통령은 학계와 언론계 출신 초선 의원들에게 "밖에서 보던 국회와 직접 들어와서 본 국회는 어떻게 다르냐"고 묻는 등 거의 모든 의원들에게 관심을 표명했다.

정재호 대변인은 한산도 담배를 피우고 있던 최규하 총리를 만나자 "부산사태가 어떻게 돼가느냐"고 물었다. 최 총리는 "잘 진압이 되어 평온을 찾았다"고 했다. 헤드 테이블엔 박 대통령을 비롯, 김종필, 백두진, 정일권, 태완선, 이효상, 박준규 등이 자리 잡았다. 식사는 뷔페식이었다. 식사 뒤의 여흥 시간엔 위키 리가 사회를 보았다. 가수 현인·백설희·김정구가 나와 '신라의 달밤' 등 흘러간 노래를 불렀다.

분위기가 무르익어 갔다. 그러나 참석자들의 뇌리에선 전날 밤의 부산 데모가 사라지지 않는 것 같았다. 박 문교부장관은 부산 서구가 선거구인 공화당 의원 박찬종을 만나자 "부산에 가보니 선별수리론이란 게 기름을 부었어"라고 했다. 다른 의원들도 박 장관과 박 의원에게 다가와 부산사태에 대해 물었다. 이들의 걱정과는 별도로 스테이지는 흥겹게 돌아가고 있었다.

공화당 최영철 의원이 사회를 맡더니 "공화·유정 노래시합을 하겠다"고 선언했다. 공화당 대표선수는 최재구였다. 당시 국회에서 3대 가수로 꼽히는 의원이 있었는데 그 3인은 최재구(崔載九)·정재호(鄭在虎)·김수한(金守漢·신민당)이었다. 최 의원은 "나는 최소한 열 곡은 불러야 마이크를 넘기는 버릇이 있다"고 한마디를 하더니 옛노래를 불러 젖히기 시작했다. 대통령의 18번인 '짝사랑'도 불렀다. 최 의원의 독무대가 너무 길어지자 공화당 신형식 사무총장이 독특한 손짓으로 사인을 보냈다.

최 의원은 "강요에 못 이겨 하단한다"면서 물러났다. 마이크를 이어받은 사람은 '유정회의 입' 정재호였다. 그는 "노래를 부르기 전에 이 자리를 빌려 말씀드릴 것이 있다"고 운을 떼더니 시를 낭송하듯 읊어 나갔다.

"조국 근대화를 향한 각하의 뜨거운 눈동자 가장자리에는 항상 눈물이 괴어 있습니다. 눈물의 그림자가 보입니다. 이렇게 풍만한 인정과 뜨거운 집념의 영도자를 받들어 모신다는 것은 나의 행복입니다. 우리 오늘 유신 7주년을 맞아 신명을 바쳐 일할 것을 함께 다짐합시다."

정 의원은 이어서 '삼각지 로터리에…', '나그네 설움', 그리고 묘하게도 '바보 같은 사나이'를 부르고 내려갔다. 박 대통령은 "정 의원은 가수로 전업하지"라고 평했다. 사회자 최영철은 '엽전 열닷 냥'을 부르고 노래시합을 끝냈다.

이때쯤 박 대통령 주변에선 찬공기가 감돌기 시작했다. 만찬 도중 구자 춘 내무장관은 몇 차례 박 대통령에게 다가가 귓속말로 무슨 보고인가를 했다. 대통령은 그때마다 "뭣들 하고 있는 거야"라고 역정을 내고 안색이 바뀌더니 노래시합이 끝났을 때 표정이 아주 굳어 있었다. 신형식은 청와 대 비서진들이 빨리 끝내주었으면 하는 사인을 보내는 걸 받아 밤 9시쯤 만찬을 끝내도록 했다.

이날부터 서울에서는 제12차 연례 한미안보협의회가 열리고 있었다. 3일 간 열린 이 협의회에서는 해럴드 브라운 미 국방장관이 참석했다. 이광요 (李光耀) 싱가포르 수상도 한국을 방문하고 있을 때였다. 박 대통령으로 선 부산사태가 이래저래 체면이 서지 않은 사건이 돼 버렸다.

만찬이 끝나자 총리와 내무장관 등 각료들이 한구석에 모여 뭔가 수군거 리고 있었다. 정재호는 부산사태가 진정되었으니 그 후속 조처를 상의하는 모양이라고 추측, 별생각 없이 다른 의원들과 함께 버스를 타고 나와 2차 를 하러 갔다. 버스 안에선 "오늘 작품상은 '정코'가 받아야 한다"는 칭송이 자자했다. '정코'란 박 대통령이 코 큰 정 의원에게 붙여준 별명이었다.

이 만찬장에서 박 대통령 옆자리에 앉아 있었던 김종필은 그것이 두 사 람의 마지막 합석이 될 줄은 꿈에도 몰랐을 것이다. 김 씨는 1986년 말 〈월간조선〉 오효진 기자와의 인터뷰에서 이렇게 회고했다.

"그때 내가 영감(注: 박 대통령)과 한테이블에 앉았는데, 구자춘 내무장 관이 들락거리면서 영감 귀에 대고 뭐라고 그러니까 영감 표정이 굳어집디다. 내가 그때 부산사태가 심상치 않다고 듣고 들어갔는데, 속으로 정말 큰 일이다 싶어서 걱정이 되더군요. 말기가 왔구나 하는 게 피부로 느껴졌어요. 그때 이미자하고 최희준이 와서 노래도 부르고, 또 의원들도 노래를 부르곤 했지만, 나는 그 자리에서 영 흥도 안 나고 밥도 안 먹혔습니다. 그냥 먹는 시늉만 하고 있는데 영감도 나만 쳐다보고 계셨던지 이러시더군요.

'왜 그렇게 식사를 안 해?'

'먹고 있습니다.'

'에이, 안 먹는데. 청와대 밥이 맛이 없나?'

내가 식사를 하지 않는 게 못마땅하셨던 겁니다. 그날 밤 헤어지는데 영 감이 '어디 안 가지?' 그러세요.

'예, 갈 데 없습니다. 서울에 있겠습니다.'

'내 곧 부를 테니까 연락하거든 들어와.'

그러구 헤어졌어요. 이게 영감을 마지막 뵌 겁니다."

비상계엄 선포 의결

17일 밤 중앙청 김성진(金聖鎭) 문공부장관은 영빈관 만찬회에서 중앙청 으로 돌아왔다. 그는 최 총리의 지시를 받아 총무처에서 임시국무회의 소 집을 위한 연락을 취할 것을 통보했다. 이때가 밤 10시30분. 비상연락을 받 은 장관들은 중앙청 3층의 국무회의실로 모여들었다. 이희일 농수산부장 관은 점퍼 차림에 택시를 타고 달려왔다. 11시30분에 총리 주재로 국무회 의가 열렸다. 구 내무장관이 부산사태를 보고한 후, 노재현(盧載鉉) 국방장관이 비상계엄 선포를 제안했다. 김치열 장관이 강력하게 반론을 폈다.

"부산 지방에서 데모가 난 것은 김영삼 의원 제명의 후유증이며, 민주주의가 짓밟혔다고 생각한 시민 감정의 폭발이라고 봅니다. 이런 부산에 비상계엄령을 선포하는 것은 정치도의에 어긋난 것입니다. 정부가 마지막 비상수단을 행사하지 않고서는 통치능력을 발휘할 수 없다는 평가를 받을까 두렵습니다. 관광·무역·경제에 미치는 악영향도 생각해야 합니다. 비상계엄령이 아니더라도 시장·도지사는 경찰력으로 수습을 못할 경우, 인근 군부대의 지원을 요청할 수 있습니다. 각하께선 올바른 정책 건의는 받아들일 분이니 최 총리께서는 비상계엄령 선포의 유보를 진언해 주셨으면 합니다."

김 장관의 말에 동조한 것은 신현확 부총리뿐이었다. 토의 10여 분 만에 최 총리는 부산 지역에 대한 비상계엄령 선포를 의결, 통과시켰다. 회의가 끝난 뒤 몇몇 국무위원들이 김치열 장관에게 "잘했다"고 했으나 김 장관은 "그런 말을 회의 때 해야지…"라면서 화를 냈다. 이날 총무처장관 심의환(沈宜煥)은 병석에 있어 차관 최택원(崔澤元)이 대신 참석했다. 그는 의결이 끝난 뒤 국무위원들의 서명을 받았다. 이용희(李用熙) 통일원장관은 "나는 서명 못하겠다"고 버티어 최 차관이 설득하느라 애를 먹었다.

강박심리가 부른 과잉 대응

당시의 모든 국무회의가 그랬듯 이날의 회의도 청와대의 결정사항을 의결하는 요식행위에 불과했다. 비상계엄령 선포는 박 대통령의 결단이었다.

차지철과 연관시키는 사람도 있으나, 이런 중대 결정을 주변 인물에 맡기는 것은 박 대통령의 통치 스타일이 아니었다.

박 대통령은 불과 두 시간 만에 이런 결단을 내렸다. 영빈관 만찬이 시작됐을 때만 해도 "부산은 조용하다"는 보고를 받고 있었다. 구 내무장관이 사태 악화를 보고한 것이 대략 밤 8시쯤. 10시30분에 국무회의 소집통고가 나왔으니 밤 10시쯤엔 이미 대통령의 뜻은 정해졌던 것이다. 결단은 신속했고 과격했다. 비상계엄령은 "전쟁 또는 전쟁에 준하는 사변에 있어서 적의 포위 공격으로 인해 사회 질서가 교란된 지역에 선포한다"(계엄법)고 돼 있다. 부산의 사태는 크게 잡아도 위수령 대상밖에 되지 않는 것이었다. 관계 장관인 구자춘 내무, 노재현 국방, 박찬현 문교장관도 개인적으로는 "비상계엄을 펼 만한 사태는 아니다"고 판단하고 있었다고 했다. 이들은 그러나 박 대통령의 뜻을 바꿀 수가 없었다. 대통령의 뜻이 그만큼 굳었거나 의사결정 체계가 경직돼 있었기 때문이리라.

박 대통령의 속셈은 부산사태의 불티가 다른 지역으로 튀기 전에 신속히 진화한다는 것이었다. 병세의 초기에 고단위 투약을 한다는 전략이었다. 이런 신속·과잉 대응의 기층심리엔 강박관념이 자리잡고 있는 법이다. 겉으로는 박 대통령이 확고부동한 통치력을 행사, 국내 치안을 완벽하게 장악하고 있는 것 같았지만 심리적으로는 오히려 쫓기고 몰리는 기분에 빠져 있었다. 사소한 반대도 허용하지 않으려는 그의 완벽주의는 불안감의 표현이었고 부산사태엔 드디어 과민·과잉의 대응을 보인 것이었다. 데모가 김영삼의 본거지에서 일어났다는 점도 그의 결단에 영향을 주었을 것이다. 겉으론 강하지만 속으로는 약하고, 물리적으로는 막강하지만 심리적으로는 취약한 유신정권의 모순이 부산사태를 통해 노출된 것이었다.

2관구 사령부 소속 병력이 사태 악화에 대비하여 17일 밤 부산 시내로 이동하기 시작한 것은 계엄령 선포 세 시간 전인 밤 8시 30분께였다. 밤 8시 34분께 부산진서 상황실엔 "무장 군인들을 가득 태운 군 트럭들이 서면 지하도 근방을 지나 시내로 들어가고 있다"는 보고가 접수되었다.

그때만 해도 부산 경찰은 아무리 강경책을 쓴다 해도 위수령 정도가 선포될 것으로 짐작하고 있었다. 시내로 들어간 2관구 소속 군 병력은 일단 부산역에 집결하여 상부로부터 명령을 기다렸다. 시민들은 심상치 않게 돌아간다는 낌새를 차리고 서둘러 집으로 돌아갔다. 비상계엄령이 17일 밤 11시를 기해 부산에 선포될 것이란 통보가 부산의 경찰·정보부·군부대에 떨어진 것은 밤 10시 30분께였다.

"밤 11시를 기해 비상계엄령이 선포됐고 통행금지 시간이 한 시간 당겨져 밤 11시부터 시행되니 선량한 시민들은 빨리 집으로 돌아가 주십시오."

이런 안내방송을 경찰은 11시 이전에 하고 다녔다. 그러나 임시국무회의가 18일 0시를 기해 비상계엄령을 선포키로 의결한 것은 17일 밤 11시 30분께였고 이 사실이 임시뉴스로 보도된 것도 그때였기 때문에 혼선이 빚어졌다. 일부 경찰서에선 밤 11시부터 통행금지 위반자 단속을 실시하여 멋모르는 시민들을 잡아가기도 했다.

밤 11시 이후에도 데모대는 집으로 돌아가는 길에 파출소를 습격, 유리창을 깨고 오토바이를 불태웠다. 서부서 구덕파출소는 18일 0시에 습격을 받았다. 400명쯤 되는 군중은 유리창·자전거·오토바이를 닥치는 대로 파괴한 뒤 두 갈래로 흩어져 달아났다. 이때 마침 군 병력이 대신동으로 배치돼 들어오기 시작했다. 그래도 데모 군중 2000명쯤은 법원 앞과 옛 영남극장 앞에 다시 모여 구호를 외쳤다. 서부서가 전 병력을 동원, 이들을 쫓아버린 것은 18일 새벽 2시였다.

17일 밤 10시 군수기지사령관 숙소 육군 군수사령관 박찬긍(朴贊兢) 중장은 이날 한국을 방문한 대만의 3성 장군을 해운대비치호텔에서 접대했다. 술도 좀 마셨다. 밤 9시30분쯤 숙소에 돌아왔다. 그는 전날의 시위사태를 알고 있었으나 큰 위기감은 느끼지 않고 있었다. 박 중장이 숙소에 돌아온 직후 청와대 차지철 경호실장한테서 전화가 걸려왔다. 국방부장관이 청와대에 들어와 부산사태에 대해 협의 중에 있으니 계엄령 선포에 대비해 달라는 메시지였다. 박 중장은 부산 시장, 2관구사령관, 군수기지사령부 참모장 등을 사령부로 불러 1차적인 지침을 시달했다.

김재규의 운명적인 부산 출장

10월18일 새벽 부산 중앙정보부장 김재규는 부산사태를 사전에 탐지, 예방 못한 크나큰 책임으로 거의 결정타를 맞았다. 정광민이나 이진걸 같은 아마추어의 단독 모의는 정보망에 잘 걸리지 않는 법인데, 당시엔 아직 부산사태의 진상이 밝혀지지 않고 조직적인 배후가 있는 걸로 중앙에 알려져 있을 때라 그는 변명할 자료조차 갖고 있지 못한 상태였다.

이런 상황에서 김재규는 18일 새벽 2시쯤 부산의 계엄사령부(군수기지사령부)에 나타났다. 야간 비행으로 급히 내려온 것이었다. 어둠 속에서 나타난 김재규는 박흥주(朴興柱) 대령(수행 비서관) 등 참모들을 데리고 왔다. 그는 박찬긍 중장에게 박 대통령의 지시를 구두(口頭)로 전달했다. 지시의 골자는 "데모의 징후가 여러 타지역에서도 엿보이니까 빨리 사태를 진정시키라"는 것이었다. 박 중장은 김재규가 3군단장일 때 그 휘하에서 사단장으로 1년 정도 근무해서 친면이 있었다.

김재규는 18일 아침 계엄사령부에서 열린 계엄위원회에 참석했다. 최석원 부산 시장을 비롯, 부산 지검장, 시경국장, 교육감, 관구사령관, 법원장 등 계엄위원들이 모인 자리에서 김재규는 이렇게 말했다.

"4·19는 우리 군의 수치였다. 계엄군이 본분을 이탈, 시민과 합세한 것은 잘못된 일이었다. 이번에는 군의 본분에 충실하라."

김은 또 1964년의 6·3 사태 때 6사단장으로서 서울지구 계엄 업무를 맡았던 자신의 경험을 이야기했다. 김재규의 이 부산 출장은 그와 박 대통령의 운명을 결정하는 계기가 됐다. 부산에서 그가 보고 듣고 판단하고, 또 이용하려고 한 것이 10·26의 중요한 동기가 됐다. 부산사태는 김재규의 마음을 통해 계산되고, 과장되고, 왜곡되기도 하면서 커가고 있었다.

18일 새벽 4시 서울 용산 김재규가 밤중에 부산사태의 현장을 살피고 있던 바로 그 순간 정일권(丁一權)은 악몽을 꾸고 있었다.

"박 대통령의 얼굴이 온통 피투성이였습니다. 눈꺼풀에도 피가 엉겨 붙어 있었어요. 그런 얼굴로 대통령은 '정 형!'이라고 부르며 저를 껴안는 게 아니겠습니까. 그러면서 '이놈들, 이놈들' 하며 쓰러졌습니다. 이 순간 나는 깨어났는데, 집사람을 깨워 꿈 이야기를 했더니 아내는 '꿈에 피를 보면 좋은 일이 생긴다'고 저를 안심을 시킵디다. 전에도 큰 사건 전에 들어맞는 꿈을 몇 번 꾼 적이 있어 불안을 떨쳐버릴 수가 없었습니다."

발포는 사령관의 육성 명령으로

18일 오전 부산 계엄사령부 부산에 비상계엄령이 선포되면서 계엄사령관으로 임명된 군수사령관 박찬긍 중장(뒤에 총무처장관)은 '발포 문제'로 고민하고 있었다. 간밤에 들이닥친 김재규는 "사태를 빨리 수습하고, 연행자들을 서둘러 선별하라"는 박정희 대통령의 지침만 전달했을 뿐 발포 문제에 대해선 일언반구 언급이 없었다. 계엄사령관이 알아서 하라는 뜻으로 해석했다. 경찰이 시위 군중에 밀려서 군이 나서게 된 것이니까 군까지 밀려서는 안 된다는 생각이 먼저 들었다. 박 장군은 그러나 발포를 최악의 순간까지 억제하는 지침을 휘하 부대에 내렸다.

〈첫째, 사령관의 직접 명령에 의해서만 발포를 할 수 있다.
둘째, 이 직접 명령은 문서를 통해서가 아니라 직접 면담을 통해서 받아야 한다. 급박한 상황에서 전화로 발포 지시를 받아야 할 땐 먼저 사령관의 육성을 확인해야 한다.〉

정부는 계엄 선포 첫날 신속하게 병력을 부산에 투입했다. 18일 새벽에 서울로부터 1개 공수특전여단이 날아왔고, 아침에는 포항에서 1개 해병연대가 부산으로 이동했다. 부산의 현지 군 병력과 합쳐서 계엄군의 규모는

5500명에 달했다. 19일에 다시 2개 공수여단 병력 3600명이 추가로 투입되었다. 약 9100명으로 불어난 군 병력에다가 약 1800명의 경찰 병력을 더해 총 1만 900명의 계엄군이 편성되었다.

이들 중 1500여 명은 휴교에 들어간 10개 대학에 배치되었다. 부산 시청, 방송국 등 주요 공공건물 26개소에서 약 6000명이 경비에 임했고, 나머지 3400명은 기동 부대로서 시내를 순찰하는 등의 임무를 받았다.

부산지구 계엄사령부의 구성은 계엄사령관 박찬긍 군수사령관, 참모장 이재희 소장, 합동수사단장 권정달 대령, 사령관 밑에 박희도·최세창·장기오 등 3명의 공수여단장과 박구일 해병 연대장 등 실병 지휘관들이 있었다.

계엄법에 따라 계엄위원회도 구성되었다. 위원장은 박찬긍 중장, 부위원장은 최석원 부산 시장, 위원으로는 부산지방법원장 전병덕, 부산지검장 정태근, 부산시 교육감 구용현, 중앙정보부 부산지부장 유의열, 부산시경 국장 송제근이었다. 나중에 박희도 준장 등 네 실병부대 지휘관과 군수사 참모장이 추가되었다.

박 장군은 계엄군에게 실탄을 지급하지 않도록 했다. 최루탄도 소·중대 장에게만 주었다. 데모대는 개머리판으로 진압토록 했다. 1개 소대에 경찰관 1~2명을 배치시켰다. 현지 사정에 밝은 경찰관이 데모 군중 속에서 불량배를 지적해 주면 그들을 붙잡기 위해서였다.

박 장군은 또 이번 데모의 원인을 파악하기 위하여 여론조사를 실시하도록 합동수사단에 명령했다. 지게꾼에서 대학교수까지 각계각층의 여론을 정확히 수집하도록 지시했다. 며칠 뒤 집계 분석된 여론조사의 결과에 따르면 부산 시위의 가장 큰 원인은 경제 침체에 의한 서민·상인층의 불만으로 나타났다. 다음이 김영삼 의원 제명 뒤 야당 의원들이 낸 의원직 사퇴서에 대한 여당 측의 선별수리론이었다. 석유 파동에 의한 경기 침체와 김영삼 제명이 2대 요인이었다는 얘기다.

집단살상으로 윤색된 교통사고

18일 오전 부산 양정동 계엄군 소속의 탱크 한 대가 양정동 큰길에서 교통사고를 만났다. 택시 한 대가 탱크를 앞질러 가려다가 옆구리를 부딪쳤다. 운전사를 포함, 택시 승차자 3명이 다쳤다. 택시 운전기사의 과실이었다. 이 사고는 입에서 입으로 전해지면서 "계엄군이 탱크로 데모 군중을 깔아 죽였다"는 루머로 발전하게 된다. 조갑제 기자는 이 희한한 교통사고의 현장을 취재했었다. 얼마 뒤 서울에 올라왔더니 이 사고가 루머로 변한 걸 알고 쓴웃음을 지은 적이 있었다. 부산사태에서 시위 군중이 죽었다는 잘못된 기사가 실제로 전파를 타기도 했다.

이날 오후 서울에 있는 일본 교도(共同)통신사 조양욱(曹良旭) 기자는 부산사태에 대한 총재단 대책회의가 열린다는 신민당사에 들렀다. 회의는 이미 끝났고 비서들만 있었다. 어느 비서가 "부산에서 여자 1명, 남자 2명이 죽었다"고 자신 있게 말했다.

조(曹) 기자는 사망자의 성별까지 구별하는 것으로 보아 틀림없는 사실이라 믿고 신민당 소식통에 의한 것이라고 밝히고 3명 사망설을 기사로 타전했다. 일본 방송에 이 내용이 보도되자 문공부에서 즉각 강력한 항의를 해왔다. 교도통신에선 신민당에 재확인했다. 신민당 측에선 그렇게 말한 사실이 없다고 잡아뗐다. 할 수 없이 교도통신은 기사 취소 통보를 해야 했다. 취소가 빨라 신문에는 이 기사가 실리지 않았다.

18일 오전 10시 부산대학교 간밤에 부산에 온 김재규는 부산대학교에 나타났다. 본관 현관에서 박기채 총장이 그를 맞았다. 김재규는 의례적인 말투로 "학생들은 어떻습니까?"고 물었다. 박 총장이 총장실로 안내하려니까 김 부장은 "사실은 우리 부대가 여기 주둔하게 돼서 한번 찾아보고 싶어 왔다"면서 "수고하십시오"라고 말하곤 군부대의 지휘부가 들어 있는 2층으로 올라갔다. 김 부장은 침착했고 잔말이 통 없었다.

휴강령이 마산사태 불러

18일 오후 마산 경남대학 점심 때 도서관 앞 잔디밭에선 이야기꽃이 피고 있었다. 경제과 3학년엔 부산에서 통학하는 학생이 둘 있었다. 이 두 학생이 부산 데모 이야기를 하고 있었다. 다른 학생들은 귀를 쫑긋하여 듣고 있었다. 이날 아침 학생들은 부산에 비상계엄령이 내려졌다는 사실을 알고 등교했다. 학교 게시판에는 '박정희 파쇼정권 타도'라고 쓰인 격문이 붙어 있었다. 술렁대는 분위기 속에서 점심시간이 끝나가고 있었는데, 이때 느닷없이 교내 스피커에서 "오늘은 휴강을 실시하니 학생들은 빨리 집으로 돌아가 주기 바랍니다"는 방송이 흘러나왔다. 학생들은 웅성웅성했다.

"우리는 데모도 안 했는데…."

학생들은 납득할 수 없는 휴강령에 불만을 토로하기 시작했다. 부산 데모가 경찰의 개입으로 확대된 것과 똑같이 마산 데모에 기름을 부은 것은 이 휴강 조처였다.

귀가하는 학생들은 저절로 길목인 도서관 앞으로 모여들었다. 군중이 되면 용기도 전염된다. 누가 나서주기를 바라는 분위기가 됐다. 말하자면 인화물질에 기름은 끼얹어 졌는데 성냥을 그어댈 사람이 아직 안 나타난 상황이었다.

부산이나 마산사태의 발단은 모두 우발적인 것 같아 보이지만 자세히 들여다보면 인과관계가 분명한 것이었다. 부산에서 정광민이 한 역할을 마산에서 한 것이 국제개발학과 2학년 정인권(당시 22세)이었다. 두 정 군은 울컥하는 충동적 심정으로 성냥을 그어댄 것이 아니라 오랜 고민과 결심의 결과에 따라 행동한 것이었다. 정인권은 며칠 전부터 일곱 명의 학생들과 데모 계획을 짜놓고 있었다. 중간시험이 시작되는 10월21일을 디데이로 잡고 있었다.

휴업이 길어지면 디데이를 지킬 수 없게 된다. 당황한 정인권은 대책을 의논하려고 동료들을 찾아 우왕좌왕하다가 스스로 결단을 내렸다. 그는 학생들 앞으로 나섰다.

"부산 학생들과 같이 싸우자."

"3·15 정신을 되살리자."

"부모들이 피땀 흘려 공부를 시킨 게 이럴 때 바보처럼 가만히 있으라고 한 줄 아느냐."

정 군의 일장 연설은 그 자리의 학생들을 움직이기에 충분했다. 그는 뇌관을 터뜨렸고, 그 다음부터는 학생과 시민의 자체 추진력에 의해 무서운 파괴력을 발휘하면서 저절로 굴러갈 것이었다. 그 뒤로는 정 군이 다시 지도자로 나설 필요조차 없었다. 그 뒤의 경과는 부산과 거의 같이 진행됐다.

학생들은 어깨동무를 하고 구호를 외치며 바깥으로 나가려 했다. 정문 앞을 경찰이 막자 "3·15 의거탑에서 만나자" "불종거리(의거탑에서 가까움)에서 만나자"고 속삭였다. 일부는 담을 뛰어넘어, 일부는 얼마 뒤에 집으로 가는 체 정문을 통해 노동자와 시민들이 기다리는 시내로 빠져나가기 시작했다.

"4·19는 시작됐습니다"

18일 저녁 청와대 김재규는 18일 오후 항공편으로 부산에서 서울로 올라갔다. 그는 막바로 청와대로 갔다. 김은 10·26 사건의 재판과정에서 이날의 일을 이렇게 진술했다.

"부마사태는 그 진상이 일반 국민에게는 잘 알려지지 않았지만 굉장한 것이었습니다. 본인이 확인한 바로는 불순세력이나 정치세력의 배후 조종이나 사주로 일어난 것이 아니라 순수한 일반 시민에 의한 민중봉기로서 시민이 데모대원에게 음료수와 맥주를 날라다 주고 피신처를 제공하는 등 데모하는 사람과 시민이 완전히 의기투합하여 한덩어리가 되어 있었고, 수십 대의 경찰차와 수십 개소의 파출소를 파괴하였을 정도로 심각한 것이었습니다. 본인이 부산을 다녀오면서 바로 박 대통령에게 보고를 드린 일이 있습니다. 김계원, 차지철 실장이 동석하여 저녁식사를 막 끝낸 식당에서였습니다. 부산사태는 체제 저항과 정책 불신 및 물가고에 대한 반발에 조세저항까지 겹친 민란이라는 것과 전국 5대 도시로 확산될 것이라는 것 및 따라서 정부로서는 근본적인 대책을 강구하지 않으면 안되겠더라는 것 등 본인이 직접 시찰하고 판단한 대로 솔직하게 보고를 드렸음은 물론입니다. 그랬더니 박 대통령은 버럭 화를 내더니 앞으로 '부산 같은 사태가 생기면 이제는 내가 직접 발포명령을 내리겠다. 자유당 때는 최인규나 곽영주가 발포명령을 하여 사형을 당하였지만 내가 직접 발포명령을 하면 대통령인 나를 누가 사형하겠느냐'고 역정을 내셨고, 같은 자리에 있던 차 실장은 이 말 끝에 '캄보디아에서는 300만 명을 죽이고도 까딱없었는데 우리도 데모대원 100만, 200만 명 정도 죽인다고 까딱 있겠습니까' 하는 무시무시한 말들을 함부로 하는 것이었습니다. 그런데 박 대통령의 이와 같은 반응은 절대로 말만에 그치는 것이 아니라는 것이 본인의 판단이었습니다. 박 대통령은 누구보다도 본인이 잘 압니다. 그는 군인 출신이고 절대로 물러설 줄을 모르는 분입니다. 더구나 10월유신 이후 집권욕이 애국심보다 훨씬 강해져서, 심지어 국가의 안보조차도 집권욕의 아래에 두고 있던 분입니다. 이승만 대통령과 여러 모로 비교도 하여 보았지만 박 대통령은 이 박사와는 달라서 물러설 줄을 모르고 어떠한 저항이 있더라도 기필코 방어해 내고 말 분입니다. 4·19와 같은 사태가 오면 국민과 정부 사이에 치열한 공방전이 벌어질 것은 분명하고 그렇게 되면 얼마나 많은 국민이 희생될 것인지 상상하기에 어렵지 아니한 일이었습니다. 그런데 4·19와 같은 사태는 눈앞에 다가왔고 아니 부산에서 이미 4·19와 같은 사태는 벌

어지고 있었습니다."('항소이유 보충서'의 일부 발췌)

이 대목은 김재규가 자신의 범행을 설명하기 위해 두고두고 써먹은 논리의 핵이다. 김재규의 논리에는 많은 의문이 제기된다. 박 대통령과 차지철이 과연 그런 말을 했는가, 했다 하더라도 진실된 의도에서 한 말인가, 아니면 사석에서의 단순한 과격 발언인가. 부산과 같은 사태가 전국으로 확산될 것이라는 그의 판단은 과연 옳았는가. 박 대통령의 인격이 권력 유지를 위해 발포를 사양하지 않을 그런 수준인가.

김재규는 1979년 초에 일어난 이란 혁명에 대해 연구를 시킨 적이 있었다. 일반 시민의 봉기를 제압하는 것이 매우 어렵다는 얘기를 평소에 자주 했다. 그는 부산사태의 현장 시찰을 하고 서울에 올라와서는 부산에 연고가 있는 간부들을 현지로 내려보내 사태의 원인 분석을 하도록 지시했다.

계엄령에 도전하다

18일 밤 8~9시 남포동 부산 데모의 한 가지 특징은 의외성이었다. 학생이나 정부가 예상하지도 않은 뜻밖의 사건들이 잇따라 터져 나가면서 역사적 대사건으로 이어졌다. 우연적인 것 같은 사건들은 한 줄로 꿰어져 뚜렷한 방향성을 지닌 큰 흐름을 갖게 되었다. 참여자들은 "그 순간에 저절로 그렇게 행동하게 되더라"고 얘기했다. 역사에 의지가 있다면 그것은 민중의 무의식을 통해 역사한 것이었다. 사람들을 또 놀라게 한 것은 18일의 밤 데모였다.

정예 공수부대 군인들이 탱크와 장갑차를 앞세우고 M16총을 겨눈 채 시내 요소요소를 경비하고 있는 속에서 또다시 데모가 터질 줄은 아무도 예상하지 못했을 것이다. 더구나 그날은 궂은비가 쏟아지고 있었다. 시민들은 두 시간이나 앞당겨진 통금시간에 맞추어 귀가하는 데 온 신경을 쏟고 있었다.

버스 및 택시 정류장이 몰려 있는 극장 부근 인도엔 수천 명의 시민들이 차를 기다리고 있었다. 밤 7시55분께 누군가가 "야!" 하는 고함을 지르며 찻길로 나섰다. 순식간에 300명쯤 되는 군중이 그를 따라나섰다. 손을 잡고 어깨동무를 하고 그들은 "왓샤!" "왓샤!" 남포파출소 쪽으로 행진했다. 그들은 파출소에다가 돌세례를 퍼부어 유리창을 박살냈다. 그들은 시청 쪽으로 치달았다. 시청 주변엔 200명쯤의 공수부대 병력이 배치돼 있었다. 그들은 파출소가 부서지고 있다는 연락을 받고 그쪽으로 가고 있었다. 데모대와 공수부대가 정면으로 부딪쳤다. 공수부대 군인들은 데모대를 향해 돌격했다. 사과탄이 데모대를 겨냥하여 날아갔다. 데모대는 흩어져 광복동, 남포동 쪽으로 달아나기 시작했다.

합동통신 부산지사 양원 기자는 18일 밤 8시께 계엄령 하의 시청 앞에서 데모가 또 터졌다는 소식을 들었다.

"계엄령이 내렸는데 데모를 해?"

그는 도저히 믿기지가 않았다. 노외찬 기자와 함께 취재차를 타고 광복동으로 달렸다. 부슬비가 내리고 있었다. 앞당겨진 통금시간에 맞추려고 시민들은 서둘러 집으로 돌아가고 있었다. 한꺼번에 쏟아져 나온 시민들을 시내버스와 영업용 택시는 감당할 수가 없었다. 차 타기를 단념한 시민들은 걷기 시작했다. 인도는 행인들로 **빽빽**이 메워졌다. 인파는 묵묵히 흩어졌다.

취재차가 부영극장 앞에 이르렀을 때 그곳은 한바탕 데모바람이 지나간 뒤였다. 눈을 찌르는 가스만 날아다니고 있었다. 이틀 동안 시위대의 함성 속에 파묻혔던 부영극장 앞 광장 주위는 스산하기만 했다.

회사로 돌아가려고 취재차를 남포동 동명극장 쪽으로 몰았다. 극장 앞 지하도 입구에서 앞서가던 택시가 손님을 태우려고 멈췄다. 취재차도 멈췄다. 이때 길 건너편 남포동 입구 골목에서 "와!" 하는 함성과 함께 300명쯤의 시위대가 우르르 몰려나왔다. 경찰과 군인들에게 쫓기는 데모대가 분명했다. 이들은 찻길을 가로질러 취재차까지 다가왔다. 지휘자인 것 같은 한 청년이 맨 앞에서 언론기관의 취재차임을 알아냈다.

"어! 합동통신 차다. 조져!"

청년의 손짓에 따라 데모대는 이 포니차를 덮쳤다.

"우당탕탕!"

돌멩이와 유리병이 소나기처럼 날아왔다. 가로수 버팀목을 뽑아 든 군중은 이 차에 몽둥이질을 했다. 양원은 '이제 죽는구나'고 생각했다. 책가방을 낀 한 고등학생이 창 쪽으로 다가오더니 손가락질을 하며 소리쳤다.

"야! 이 새끼들아! 보도 똑똑히 해."

"알았다."

노 기자가 말했다. 그 학생은 더 크게 소리 질렀다.

"똑똑히 하란 말이다, 새끼들아!"

"알았습니다."

겁에 질린 양 기자의 입에선 절로 높임말이 나왔다. 한 청년이 운전석 창문으로 몽둥이를 쑤셔 박으며 운전사를 찔러댔다. 운전사는 문을 열고 혼자 달아났다. 다른 청년이 창을 통해 운전석 뒷자리에 앉은 양원을 겨냥하여 우산대를 찔렀다. 배에 박히는 순간 "억!" 하면서 몸무게 80킬로그램의 그는 우산대를 잡아당겼다. 우산대를 빼앗은 순간 이번엔 노외찬에게 위협이 다가왔다. 한 청년이 창문을 열려고 했다. 노 기자는 급히 자물대를 눌렀다. 그 청년은 이번엔 앞창문으로 손을 내밀어 자물대를 뽑아 올렸다. 노 기자는 옆문이 열리는 것과 동시에 후다닥 군중 속으로 뛰어들었다. 차 안에 홀로 남은 양원은 노 기자가 데모대 속에서 맞아 죽을 것이라고 생각했다. 양 기자는 이틀 전에 바로 이 장소에서 있었던 작전차 방화 장면을 퍼뜩 머릿속에 떠올려 보았다. 누가 기름통에 성냥불을 그어 대지 않나 뒤돌아보는데 옆창문이 열리더니 수많은 손들이 양원을 붙잡아 끌어내는 게 아닌가.

"퍽!"

발길질이 그의 입에 와 닿았다. 땅바닥에 쓰러진 그는 꽝, 꽝, 사과탄이 바로 옆에서 터지는 소리를 들었다. 군중이 흩어져 달아나는 것을 느낄 수 있었다. 양 기자는 그대로 남포파출소를 향해 뛰었다.

이번 데모에서 세 번이나 습격을 받았던 이 파출소엔 한 50명의 병력이 바리케이드를 치고 대기하고 있었다. 그들은 100미터쯤 앞에서 취재차가 데모대에 동네북처럼 얻어맞는 것을 보고도 손쓸 엄두를 못 내고 있었다.

다만 사과탄을 데모대에게 던져 위협을 주었을 뿐이었다. 양 기자는 파출소를 향해 뛰면서 뒤돌아보았다. 마지막까지 남은 데모대는 차를 모로 세우고 있었다. 기름이 흐를 것이다. 누가 불을 지를 것이다.

이렇게 생각하고 있을 때 데모대가 시청 쪽에서 행진해 들어오는 공수부대 병력을 발견, 쫙 흩어져 버렸다. 공수부대는 찻길로 나와 있던 데모 구경꾼들을 닥치는 대로 두들겨 팼다. 한 청년이 쓰러지자 그의 연인인 것 같은 아가씨가 "이 사람은 학생이 아니에요"라고 소리치며 짝을 부둥켜안았다. 파출소로 뛰어든 양원은 "뭘 하러 이곳에 왔느냐"는 경찰관들의 핀잔을 들어야 했다.

먼저 달아났던 노 기자는 부산상대 학생의 도움으로 무사했다. 이 학생은 노 기자에게 뭇매를 때리려는 군중을 막고 그를 안전한 곳으로 데리고 나왔던 것이다. 그 학생은 "우리가 노린 것은 이런 폭력이 아닌데…"라고 사과하듯 말했다.

취재차는 100만 원을 들여 고쳐야 할 만큼 크게 부서졌다. 더 크게 상처를 입은 것은 양 기자의 마음이었다. 화가 나서 미칠 지경이었다. 다음날부터 그는 자기의 배를 우산대로 찌른 그 청년을 찾으려고 네 경찰서의 보호실을 뒤지고 다녔다. 경찰관들이 데모대를 두들겨 패는 일이나, 형사들이 붙들어 온 데모 청년들을 매질하는 마음을 어느 정도 이해할 수 있을 것 같기도 했다.

양원 기자를 두들겨 팬 데모대는 밤 8시40분까지 두 차례 더 시청에의 접근을 시도했다가 실패했다. 흩어진 데모대는 걸어서 집으로 돌아가는 시민 대열 속으로 들어가 중부서 앞을 거쳐 영주동 육교 앞까지 와서 인파 속에서 소멸됐다. 경찰은 이들이 소멸될 때까지 뒤따라가면서 일일이 그 동태를 보고했다. 상황이 끝난 것은 밤 9시10분.

무차별 구타로 뇌수술 받기도

정부가 계엄령 선포 직후 전투력이 가장 뛰어난 공수단과 해병대를 긴급 투입한 것은 부산사태를 철저하게 진압하겠다는 의지를 보여준 것이었다. 그러나, 그것은 과잉 대응이었다. 파리를 잡는 데 도끼를 휘두른 꼴이었다. 현지의 군 지휘관은 위수령의 필요성조차 느끼지 않았고, 경찰 병력만으로도 사태 장악이 가능하다고 보았는데 비상계엄령에다가 특수부대 투입이란 고단위의 진통제가 투여된 것이었다.

특수부대는 적과의 싸움에서도 가장 위험성이 높은 특수한 전투 목적에 쓰여야 할 부대이고 훈련도 그런 식으로 받아왔다. 이런 부대가 비무장의 민간인을 상대하는 임무를 받은 것이 애당초 잘못된 것이었다. 부대의 성격상 과격한 진압은 예정된 것이었고, 이로 인한 민간과 군대 사이의 감정은 대한민국 존립의 절대 명제인 국가안보를 위해서도 나쁜 것이었다. 공수부대와 시위대의 충돌에서 비롯된 광주사태의 원인은 부마사태 때부터 배태됐다고 볼 수 있다.

계엄령이 내려진 18일의 밤 데모는 군인들을 자극했다. 그들은 '군복에 대항하는 것은 국가에 대적하는 것이며 따라서 적으로 간주하라'는 평소 생각에 따라 행동했다.

부산사태에서 부산시가 집계한 일반 시민과 학생 부상자들 65명(자진 신고 기준) 가운데 11명이 중상으로 분류되었다. 그들 가운데 다섯 명은 18일 밤에 군인과 경찰로부터 얻어맞아 뻗은 이들이었다. 65명 중 37명이 18일 밤 시청 부근에서 군인들에게 두들겨 맞아 크게 다친 사람들이었다.

데모에 가담하지 않은 시민들인데도 구타를 당한 경우가 많았다.

동래구 동상동 신희철(회사원·당시 37세)은 18일 밤 8시50분께 서구 충무동 상륙다방 앞에서 공수부대 군인들에게 끌려가 개머리판으로 얻어맞아 머리를 크게 다쳤다. 뇌좌상과 뇌경막 손상을 당한 그는 봉생신경외과에서 뇌수술까지 받았다. 동래구 장전동에 사는 김재룡은 기동대 경찰관들에게 남도학원 앞에서 뭇매를 맞고 두부파열 및 전신타박상을 입었다.

부산진구 당감동에 사는 금은방 종업원인 전병진(당시 32세)은 계엄령 첫날인 10월18일 밤 9시30분께 서면 태화극장 앞 택시 타는 곳에서 택시를 먼저 잡으려고 찻길로 조금 나가 서 있었다. 앞당겨진 통행금지시간이 30분밖에 남지 않아 시민들은 서로 먼저 타려고 법석을 떨고 있었다. 이때 공수부대 한 소대병력이 찻길을 따라 남쪽으로 행진해 오고 있었다. 그들은 앞에 걸리는 사람들을 청소하듯 해버렸다.

술에 조금 취해 있었던 전병진은 미처 피할 틈도 없이 당했다. 개머리판으로 머리를 몇 대나 맞았는지 구둣발로 얼마나 채였는지 알 수 없었다. 정신을 차렸을 때 그는 정차한 택시 꽁무니에서 몸을 피하고 있었다. 군인네 명이 다시 그를 끌어내 발길질과 개머리판으로 녹초를 만들었다. 그는 쓰러졌다. 군인들이 다 지나갔을 때 그는 벌떡 일어났다. 얼굴에서 피가 쏟아지고 있었다. 갑자기 머리가 핑 돌았다. 지하도를 건너서 한독병원을 찾았다. 한독병원에서는 간단한 응급치료만 시켜주고 자가용에 태워 당감동 한태일 신경외과로 옮겨다 주었다. 진단을 해보니 앞니 다섯 개가 부러졌고 오른쪽 귀 위의 머리뼈에 분쇄골절이 생겼음이 드러났다. 수술을 받았다. 그는 분쇄골절된 부분을 잘라내는 수술과 그 자리에 플라스틱을 대신 끼우는 수술을 두 차례 받았다.

광복동에서 카메라점을 경영하는 강영복(31)은 부인 유시연(28)과 함께 18일 밤 8시께 시청 앞 버스정류소에서 시내버스를 기다리고 있었다. 이때 공수부대 군인들이 줄을 서라고 했다. 시민들이 머뭇머뭇 줄을 만드는데 갑자기 한 군인이 행동이 느린 강영복의 머리를 개머리판으로 찍었다. 피를 흘리며 그는 쓰러졌다. 유시연은 남편에게 달려가 감싸며 "왜 이러느냐"고 군인에게 대들었다. 이 여자에게도 발길질과 주먹질이 시작됐다. 두 사람이 길바닥에 엉켜 쓰러지자 그 군인은 물러났다. 강영복은 전우식외과에서 머리에 여섯 바늘을 꿰매는 치료를 받았다.

칠성음료주식회사에 다니는 최홍일(25)은 그날 밤 8시께 동료 직원 네 명과 함께 영도다리를 걸어서 시청 쪽으로 오고 있었다. 사람들이 밀리자 군인들이 길을 막고 인도에서 줄을 서서 차례로 걸어가라고 했다. 시민들은 시키는 대로 줄을 서서 시청을 지나 버스정류소 쪽으로 갔다. 상공회의소 앞 육교 밑에서 그들은 군인들에게 붙들렸다. 영도다리 쪽의 군인들이 보내주어서 왔다고 해도 막무가내였다. 그들은 길바닥에 꿇어 앉혀졌다. 군인들은 개머리판과 곤봉으로 머리·어깨부터 때리기 시작했다. 최홍일은 얼른 안경을 벗어 호주머니에 넣어야 하겠다는 생각이 들었다. 그가 얼굴을 숙이는 것과 거의 동시에 군인의 무릎이 그의 안경 낀 얼굴을 강타했다. 왼쪽 안경알이 깨어지면서 유리조각이 눈 밑에 박혔다. 비명을 질렀지만 곤봉세례는 사정없이 그들의 머리와 허리에 쏟아져 내렸다.

공수부대에서 쓰는 곤봉은 야간 전투에 쓰도록 만든 것으로서 경찰관의 그것보다 훨씬 길며 조금 휘어 있어 환도처럼 생긴 것이었다. 이 몽둥이로 얻어맞은 최홍일 등은 모두 머리가 찢어지는 상처를 입었다. 그들은 군인들이 놓아주자 대어들 생각도 못 하고 피가 흐르는 머리를 감싸 잡고 광산병원으로 뛰어가 치료를 받아야 했다.

경찰관도 뭇매 맞고

18일 밤에 부산사태에서 계엄군에 두들겨 맞은 시민들은 수백 명에 이를 것이다. 이런 사태는 20일까지 계속됐으나 가장 심한 것은 18일 밤이었다. 광복동 부근에선 넥타이를 매지 않고 장발을 했거나 젊어 보이는 남자들 중에서 까닭 없이 붙들려 견딜 수 없는 수모를 당한 사람들이 많았다. 천천히 걸으면 빨리 안 간다고 붙들려 갔고 빠른 걸음으로 걸어가면 수상하다고 붙들려 갔다.

오십대쯤 되는 시민이라야 마음 놓고 요소요소를 지키는 군인들 앞을 지나갈 수 있었다. 첫날(18일)엔 데이트하는 젊은 남녀는 비교적 안전한 것으로 여겨졌으나 다음날에는 그렇지도 않았다.

시민들은 길바닥에 꿇어 앉혀져 몽둥이질을 당하고 있는 사람들을 못 본 체하고 지나가는 버릇을 익혀야 했다. 구타를 말리려다가 얻어맞기도 했다. 경찰관들도 안전하지 못했다.

동부경찰서 ㄱ 경위는 두 형사와 함께 남포동에 나왔다가 공수부대 군인 두 명이 한 시민을 개머리판과 발길질로 심하게 때리는 것을 보았다. ㄱ 경위는 불끈 화가 치밀었다. 몇째 동생 나이밖에 안 되는 그 군인들에게 "이러면 안 된다"고 타일렀다.

"넌 뭐야?"

"경찰관이다."

ㄱ 경위는 신분증을 보여주었다.

이때 대위 계급장을 단 장교가 오더니 버럭 고함을 질렀다.

"경찰 같은 것 쓸데없어. 이 새끼들 조져!"

이 명령이 떨어지자 근처에 배치돼 있던 공수부대 사병들 10여 명이 몰려와 세 경찰관을 으슥한 골목으로 끌고 갔다. 주먹과 발길이 어지럽게 오갔다. ㄱ 경위는 전치 2주의 상처, 형사 한 명은 고막을 다쳤다. 그들은 어디 항의할 데도 없어 꾹 참기만 했다.

군인들의 마구잡이 폭행은 데모대가 모일 수 있는 틈을 아예 주지 않으려는 작전으로 풀이됐다. 이른바 위력 시위였다. 그러나 시간이 흐름에 따라 그들의 행동은 아무 목적도 없는 가혹행위로 변질됐다. 데모 군중에게 곤봉을 쓸 때는 어깨 밑을 때리는 것이 상식으로 돼 있다. 군인들은 데모 군중도 아니고 아무런 위협도 주지 않는 양민들의 머리를 주로 때렸다. 군인들에게 맞아 다친 시민들의 80퍼센트 이상이 머리에 상처를 입었다. 구타의 강도와 피해자의 머릿수를 생각할 때 사망자가 없었다는 것은 하나의 기적이었다. 다친 시민들의 진단 병명을 늘어놓으면 군인들이 어떻게 두들겨 팼는지를 알 수 있을 것이다.

창자파열(남부민 2동·김종열), 뇌좌상, 뇌진탕, 전두부파열상, 후두부열창, 안면열창, 안면부내부열창, 전신타박, 뇌경막손상….

이 나라 사람들이 군인들에게 느끼고 있는 친근감은 체험에서 우러나는 것이다. 쉰 살 밑의 거의 모든 남자들이 군대생활을 경험했다. 사랑하는 아들을 군대에 보낸 아픔과 사랑을 가져보지 못한 부모들은 드물다. 어른들에게 젊은 사병들은 아들이요 형이요 아우였다. 경찰이 권력의 도구로 이용되는 것을 너무나 자주 보아온 국민들은 군인들에게 굳은 믿음을 가지고 있었다. 군은 절대로 그들의 기대를 배신하지 않을 언덕이었던 것이다. 4·19 때 군이 국민의 편에 서거나 적어도 중립함으로써 그들의 믿음을 확인시켜준 기억이 부산 시민들에게 새롭게 되살아나고 있던 때였다.

이런 희망을 산산조각으로 만든 일부 군인들의 폭행 사태는 아물기 어려운 상처와 배신감을 그들에게 심어주었다. 광주사태 때 정부는 부마사태 때와 같은 방법으로 진압하기 위해 공수부대를 초장에 투입했다. 부산에서와 똑같은 구타가 대낮에 벌어졌다. 이것을 보다 못한 시민들이 동물적 분노심에서 들고 일어난 것이 광주사태의 가장 큰 원인이었다. 국민을 떠난 군대는 있을 수 없다는 것을 두 사태는 뼈저린 교훈으로서 보여주고 있다.

빗발친 시민들의 항의 전화

언론기관과 시청 및 계엄사령부 민원실엔 군인들의 폭행 사태를 고발하고 항의하는 시민들의 전화가 빗발치듯 걸려왔다.

이런 전화를 받는 기자들은 시민들을 도울 방법이 없다는 무력감과 굴욕감에 빠졌다. 신문사에 전화를 거는 사람들도 매스컴이 이를 보도할 수 없다는 것을 알았을 것이다. 그러나 그 울분을 그런 식으로라도 하소연해야 마음이 조금이라도 누그러지는 모양이었다. 광주사태 때는 경상도 군인들이 와서 살상을 한다는 말이 퍼졌는데, 부마사태 때는 전라도 군인들이 구타에 동원되었다는 말이 시중에 퍼졌다. 이 말의 진위는 제쳐 두고, 도저히 납득되지 않는 가혹행위를 시민들은 그런 식으로라도 설명하지 않고는 답답하여 죽을 지경이었던 모양이다.

부산시는 마침내 군인들에게 얻어맞아 다친 시민들을 무상 치료해주기로 결정했다. 이런 결정 사실을 매스컴을 통해 알릴 수도 없었다. 반상회나 통반 조직을 통해 부상자를 조사하는 수밖에 없었다. 시에선 데모 때 다친 사람들도 신고를 해주면 아무런 처벌을 않고 무료로 치료해 주겠다고 약속했다. 거의 모든 시민들은 이것이 데모 가담자를 찾아내려는 방법이라고 오해하여 신고를 꺼렸다.

부산시가 발표한 부상자 통계에 따르면 16~19일 사이 197명이 다쳤다. 그중 132명이 경찰관으로 67퍼센트였다. 일반 시민은 28.4퍼센트인 56명, 정작 시위의 주류였던 학생은 9명뿐인 것으로 집계되었다.

경찰 부상자의 88퍼센트인 117명은 16일과 17일의 데모 진압에서 다쳤다. 이에 대해 시민과 학생 부상자의 66퍼센트인 42명이 계엄군이 주둔한 18일 이후에 다친 것으로 집계됐다. 적어도 공식 통계로는 데모를 할 때보다도 데모를 하지 않을 때 더 많은 시민들이 군인과 경찰관에게 두들겨 맞았다는 것이다.

16일에 다친 학생과 시민은 15명, 17일엔 8명이었는데 계엄군이 들어온 첫날인 18일엔 38명이나 다친 것이다.

다친 시민과 학생들 가운데 남자는 62명, 여자는 3명, 나이별로는 20대가 41명, 30대가 12명, 10대 5명, 40대 5명, 60대 2명이었다.

경찰관들은 거의 데모대가 던진 돌이나 유리병, 또는 각목에 맞아 다쳤다. 중상이 18명, 나머지는 모두 경상으로 발표됐다. 경찰 부상자들 가운데엔 경남도경에서 도우러 나왔던 14명도 끼어 있었다.

경찰관들이 가장 많이 다친 날은 기습을 당한 16일로 85명이 다쳤다. 그들이 싸움 채비를 강화한 17일엔 데모는 더 거셌는데도 22명만 다쳤다. 데모 첫날 다친 경찰관들은 거의 방패를 가져가지 않았던 사람들이었다.

가장 크게 다친 경찰관은 제1기동대의 문정규 순경(25). 16일 오전 11시께 부산대학교 앞에서 돌에 맞아 안면찰과상을 당했고 정체가 밝혀지지 않은 파편이 왼쪽 발꿈치 위 종아리에 박혀 전치 5주의 중상을 당한 것이다.

경찰은 문 순경의 종아리에서 뽑은 파편을 감정했다. 이 감정 결과 이 파편은 길이 1센티미터 가량, 구리로 만든 것으로 밝혀져 한때 사제총에서 발사된 총알이 아닌가 하여 경찰을 긴장시켰다. 사냥용 산탄 총알은 물체에 부딪치면 모양이 바뀌는데 문제의 이 파편은 그런 자취가 없고, 사냥용 산탄 총알은 납인데 이것은 구리로 사제총이라면 단발식으로 3미터쯤 앞에서 쏜 것이라고 경찰은 분석, 사제총에 대한 수사를 일선 경찰서에 지시하기도 했었다. 경찰에 따르면 문제의 파편은 문 순경의 목 긴 구두를 뚫고 들어와 박혔다는 것이었다. 끝내 이 파편의 출처는 밝혀지지 않고 10·26을 맞았다.

부산시는 경찰 부상자는 물론이고 학생과 시민 부상자들까지 무료로 치료해 줬다. 아무 병원에서나 치료를 받게 한 뒤 그 병원에 의료보험수가로 쳐서 시에서 치료비를 내준 것이다. 박 대통령 시해사건 뒤에 군과 시 당국은 시민과 학생들을 위문하고 10만 원에서 20만 원까지의 위로금도 주어 마음을 달래려고 애썼다. 시장, 보사국장, 군장성들이 직접 억울한 환자들을 찾아다녔다.

"불 꺼! 셔터 내려!"

18일 밤 마산 불종로 김재규가 청와대에서 박 대통령에게 부산사태를 보고하고 있던 바로 그 순간 마산의 중심부 불종거리 주변은 투석·함성·비명·화염의 도가니로 변해가고 있었다. 오후 5시를 지나 마산 시내로 진출한 경남대 학생 약 200명은 오후 7시쯤 마산 수출자유지역의 정문 쪽으로 몰려갔다. 노동자들의 합세를 유도하기 위해서였다. 그러나 노동자들은 퇴근한 뒤였다. 그들은 다시 불종 네거리로 돌아가기로 했다. 경남대 학생 장정욱은 데모대에 앞장서 네거리를 향해 뛰어 돌아오다가 깜짝 놀랐다. 어두한 네거리에 수천 군중들이 뒤엉켜 웅성웅성대고 있었다.

얼굴은 보이지 않고 어둠 속에서 윤곽만 잡혀 사람들의 덩어리로만 느껴졌다. 군중을 향해 학생들이 달려오자 구호와 박수가 터졌다. 군중 속으로 돌입한 학생들은 이 사람 덩어리에 폭발력을 불어넣었다. 군중은 움직이기 시작했다. 달리기 시작했다.

"불 꺼!" "셔터 내려!" "공화당사를 작살내자!"는 고함소리와 함께 엄청난 인파는 오동동 유흥가를 거쳐 수출자유지역 정문 앞을 지나 공화당사 쪽으로 달렸다.

시내 상점들과 자동차들까지도 소등, 캄캄해졌다. 오동동 개울다리목에서 경찰부대를 만났다. 군중은 경찰 트럭을 개울 밑으로 밀어 넣어버렸다. 상가 건물의 2층에 있는 공화당 지구당 사무실에 쳐들어간 군중은 집기와 유리창을 박살냈다. 이어서 이웃한 양덕파출소가 습격을 당해 경찰관들은 파출소를 비우고 달아났다. 군중은 대통령의 사진을 찢었으나 태극기는 떼어내 높이 치켜들고 기세를 돋구었다.

몽둥이를 든 20대 청년들이 앞장선 가운데 군중은 산호동파출소에 불을 지르고 북마산, 오동동파출소엔 돌멩이 포격을 퍼부었다. 경남신문과 마산문화방송에도 돌을 던졌다. 남성동파출소를 2시간쯤 점령하기도 했다.

머릿수에서 워낙 열세인 경찰은 난폭해진 수천, 수만 군중을 도저히 다룰 수가 없었다. 마산사태는 처음부터 데모의 차원을 벗어나 폭동의 길로 치닫고 있었다. 암흑천지로 변한 불종로 일대는 다음날 새벽 3시까지 수라장이 됐다. 경찰 병력이 증원되면서 반격이 시작된 건 밤 9시께였다.

마산 데모대에선 학생들의 비중이 부산처럼 크지 못했다. 대부분은 일반 시민, 특히 요식업소 종업원을 비롯한 군소업소들의 종업원들이 많았다. 그래서 마산의 데모대는 더 과격해졌고 경찰의 난폭한 대응이 상승작용을 일으켰다.

마산에서 경찰이 연행한 시위 혐의자는 505명이었다. 마산보다 인구가 여섯 배나 많은 부산에선 체포 시위 혐의자가 1058명이었던 것과 견주면 상대적으로 마산 데모가 격렬했음이 드러난다. 마산엔 경찰서가 한 곳밖에 없었기 때문에 이들 피의자들은 밀집 수용으로 큰 고통을 겪었다.

콩나물시루가 된 보호실

18일 밤 마산경찰서 김효영 소년(16)은 부산시 영도구 신선동에서 홀어머니 김명애(53)와 함께 어렵게 살았다. 막내인 그는 신선중학교를 졸업하고도 돈이 없어 고등학교에 들어가지 못했다. 이 소년이 취직한 곳은 마산시 중성동의 중국음식점 제훈반점.

10월18일 밤 10시께. 마산시가를 쓸고 있는 데모에 겁이 와락 난 그는 어머니 품 속을 생각하며 귀가길을 서둘러 마산역으로 가고 있었다. 탱크가 역 앞을 지나갔다. 그는 발걸음을 재촉했다.

그때 뒤에서 "서라!"는 고함소리가 들려왔다. 김 군은 '설마 나보고 지르는 소리는 아니겠지'라고 생각하며 계속 걸어갔다.

그때 전투복 차림의 경찰관이 달려오더니 소년을 낚아챘다. 팔을 뒤로 젖히고 꺾더니 빗물 괸 땅바닥에 메어쳤다. 그는 기절해 버렸다. 그가 눈을 떴을 때는 수십 명의 청소년들과 함께 '닭차'에 실려 경찰서로 붙들려 가고 있는 중이었다. 빗물에 섞인 피가 핏물로 변해 머리카락을 타고 얼굴로 흘러내리고 있었다. 눈에 핏물이 들어갔다.

마산경찰서. 여기선 신고식이 기다리고 있었다. 경찰서 입구 양쪽으로 경찰관 수십 명이 늘어서 있었다. 붙들려 온 사람들이 이 터널 속을 지나 경찰서로 들어가야 했다. 터널 속은 아비규환으로 변했다. 효영은 앞서가던 스무 살 가량의 한 처녀가 몽둥이로 종아리를 얻어맞고 퍽 쓰러지는 것을 봤다. 쓰러진 그 처녀에게 경찰관은 발길질을 해댔다.

한 40평밖에 되지 않은 보호실에 수백 명이 수용됐다. 앉을 면적이 생기지 않았다. 피의자들은 18일에서 21일까지 콩나물처럼 서서 지냈다. 벽 쪽에 붙어 선 사람들이 그래도 편했다. 잘 때 기댈 수가 있었으니까. 나머지는 서서 졸았다. 누울 수 있는 자리가 한 군데 있었다. 긴 나무의자 밑에 들어가면 누울 수 있었다. 긴 의자 위엔 얻어맞아 다리를 다친 처녀 등 부상자 10명이 다리를 뻗고 앉아 있었다. 남자·여자 구별도 없이 뒤섞여 있었다. 여자라고 잘 봐줄 수도, 그럴 여유도 없었다.

가장 큰 고통은 변소에 갈 때였다. 뒤편에 변소가 있었는데 그곳으로 가려면 사람 속을 헤칠 수가 없어 철망벽을 원숭이처럼 타고 가야 했다. 여자들은 선 채 오줌을 싸기도 했다.

왜 하필 부마에서 터졌나?

마산으로 불티가 튀었다는 소식이 서울의 권력 핵심에 전해졌을 때, 그것은 단순한 충격이 아닌 불길한 징조로 받아들여졌다. 당시 청와대 비서실장 보좌관이었던 권숙정(權肅正·전 중앙국립도서관장)은 "마산이란 지명이 마음에 걸렸다"고 했다. 4·19란 대폭발의 기폭제 역할을 했던 것이 마산 3·15 의거였다.

실제로 마산사태에 참여한 많은 사람들의 심리적 동기에는 3·15 의식이 자리잡고 있었다. 당시 경남대 학생이었던 장정욱(지금 사업)은 "마산 학생들은 등하교길에 하루 두 번씩 의거탑 앞을 지나다닌다. 자연스럽게 3·15를 우리 도시의 자랑으로 여기게끔 교육을 받으며 자라왔다. 평소에는 의식하지 못했던 그 생각이 마산사태 같은 결단의 시기에 서니까 본능적으로 되살아나 행동을 재촉하더라"고 했다.

이것은 부마사태가 왜 하필 두 도시에서 터졌느냐 하는 데 대한 설명은 되지 않는다.

두 항구도시는 전통성이 약한 상공업 위주의 도시였다. 상인과 노동자가 주류인 서민계층은 특히 경기에 민감하고 소득 격차에 불만이 많을 소지를 안고 있었다. 1979년 제2차 석유파동에 기인한 경치 침체와 부가가치세의 무리한 실시, 1978년 현대아파트 특혜분양 사건 등에서 드러난 부(富)의 분배 문제들, YH사건과 도시산업선교회의 문제 등 주로 경제적 사건들이 서민계층의 反정부 불만도를 전반적으로 고조시켰다. 부마사태의 바닥에 깔린 일반 원인은 이런 경제문제였음이 계엄사의 여론조사에서도 밝혀진 바 있다. 뇌관 구실을 한 부산대학과 경남대학의 주모 학생들도 거의가 경제과 학생들이었고 경제적 불평등에 대한 울분을 가장 큰 문제의식으로 인식하고 있었다. 특히 마산의 경우, 수출자유단지의 저임금 현상은 학생들에게 피부로 와 닿는 교육을 시켰다.

여기에 특수 요인으로 작용한 것이 김영삼 총재 제명 파동이었다. 더구나 부산에 기반을 가진 김영삼이었다. 그의 제명은 경제적 불만에다가 정치적 불만을 더해 불만의 공감대로 학생과 시민을 묶어놓는 역할을 했다. 이 공감대가 인(因)이었다면 도화선 역할을 한 정광민, 정인권 군은 연(緣)이었다. 아무리 인화물질이 깔려 있어도 어떤 의지력이 불을 당기지 않으면 인연, 즉 폭발은 이루어지지 않는 법이다.

두 정 군은 '욱!' 하는 심정으로 불을 당겼고, 그 불은 공감대를 타고 시민 쪽으로 확산됐다. 그러나 분노의 단순 표현인 그 '욱!'의 배경엔 오랜 기간의 방황과 의식화 과정이 있었다. 두 정 군의 의식화에 영향을 준 것은 1970년대 후반부터 확산된 민주화운동이었다.

부마사태는 겉으로는 우연의 연속처럼 보이지만, 속을 들여다보면 필연의 기반 위에 선 우연, 즉 '필연적 우연'임이 확실해진다. 그런 뜻에서 부마사태는 근대화 과정에서 생긴 모순의 집약적 폭발이었던 것이다.

연행자 처리 지침

부산과 마산 경찰이 붙들어간 데모 관련 피의자들은 모두 1563명(부산 1058명, 마산 505명)이었다. 경찰은 이들을 A, B, C급으로 갈랐다. A급은 데모에 앞장서거나 주동한 사람과 공공건물을 파괴한 사람, 이들에겐 구속 수사를 원칙으로 정했다. B급은 데모에 적극적으로 가담한 사람, 즉심에 돌리기로 했다. C급은 소극적으로 데모에 가담했거나 무턱대고 따라다닌 사람, 이들은 훈계 방면키로 했다.

계엄사 합동수사반은 A, B, C급으로 나눠진 피의자들에 대해 법 적용을 다음과 같이 하라고 경찰에 지침을 내려보냈다.

〈㉠ 1979년 10월16일 오후 6시 이전에 학생 신분으로 교내외 데모에 가담한 학생은 긴급조치 9호 위반, 민간인은 집회 및 시위에 관한 법률 위반 혐의로 처리.

㉡ 10월16일 오후 6시부터 10월17일 밤 12시까지 부산 시내에서 다중과 합세, 데모에 가담한 학생과 민간인 가운데 투석, 방화, 폭행 따위의 행위

로 공공건물 및 기물 따위의 파괴에 가담한 자는 소요죄, 그리고 행위는 없었으나 단순히 구호를 외치며 데모를 한 자는 형법 116조의 다중불해산죄 적용.

ⓒ 10월18일 0시 이후 데모 가담 학생 및 일반인들 가운데 투석·방화·폭행으로 공공건물 및 기물을 부순 자는 소요 및 포고령 위반, 구호를 외친 데모 가담자는 다중불해산죄 및 포고령 위반, 단순 데모 가담자는 포고령 위반 적용.

ⓔ C급 해당자는 정보부 직원과 조정하여 즉심 또는 훈방 처리.〉

합동수사반은 진술조서 작성 및 증거를 만드는 요령에 대한 지침도 내렸다.

〈16일 오후 6시 이후의 가두데모 참여자에 대해선 먼저 그때의 데모 상황을 관할 경찰서 경비·정보과와 협조, 상세히 베껴 실황조사서(사진 붙임)를 만든다.

두 번째, 피의자의 진술과 데모 상황(군중 숫자, 데모 모습 따위)이 일치되도록 진술조서를 만든다. 같은 장소에서 일어난 사건은 경찰서끼리 협조하여 한꺼번에 모아 처리한다.

세 번째, 대통령긴급조치 위반 및 다중불해산죄 해당 사건은 부산지검 제204호실 검사 김택수의 지휘를 받아 구속·불구속을 결정한다. 그 밖의 소요죄 및 계엄법 포고령 위반 혐의자는 합동수사반의 조정을 받아 부산지구 계엄보통군법회의에 돌려 처리한다.〉

계엄사의 이런 처리 기준으로 가장 큰 혜택을 받은 것은 정광민이었다. 그는 부산 데모의 가장 중요한 주모자였음에도 16일 오후 6시 이전에만 데모에 참여한 뒤 달아나 버렸기 때문에 긴급조치 위반 혐의로만 구속돼 민사 재판으로 돌려졌다.

반대로 종범에 지나지 않은 전도걸은 16일 오후 6시 이후에도 데모대에 끼어 있었다가 소요죄로 몰려 군재로 넘어가 정광민이 면소 판결을 받고 풀려난 넉 달 뒤 고등 군재에서 집행유예 2년을 선고받고 석방됐다.

계엄사는 검사를 거친 긴급조치 9호 위반 및 다중불해산죄 혐의자는 민간 재판부로, 합동수사반을 거친 소요죄 및 포고령 위반 혐의자는 군재로 넘겼던 것이다. 이것은 계엄법 제16조가 비상계엄지역 안에 있어서 군법회의의 재판을 받도록 규정한 스물다섯 가지 죄목 중에 소요죄 등이 들어 있었기 때문이었다.

집회 및 시위에 관한 법률은 옥외 집회 또는 시위를 하려는 사람은 48시간 이전에 관할 경찰서장에게 신고를 하도록 돼있고 해돋이 이전, 해넘이 이후엔 누구든지 옥외 집회나 시위를 할 수 없도록 규정하고 있다. 다중불해산죄는 '폭행, 협박 또는 손괴의 행위를 할 목적으로 다중이 집합하여 그를 단속할 권한 있는 공무원으로부터 세 번 이상의 해산명령을 받고 해산하지 않는 죄'이다.

억울한 피의자들 많아

데모 현장에서 경찰에 붙들린 이들은 행동이 굼뜬 사람들이 대부분이었다. 경찰은 데모대 속에 들어가 시위자들을 잡을 수는 없었다. 경찰의 공격을 받고 대열이 흩어지면서 뒤편에 처지는 사람들이 많이 붙들려갔다. 이들은 데모에 가담한 것이 아니라 뒤에서 구경삼아 따라다니다가 잡혀가곤 했다. 숫자가 많고 절도 있게 행동한 데모대엔 경찰이 함부로 손을 대지 못해 붙잡히는 시위자는 적었다.

정보부의 어느 조정관은 창선파출소에 있다가 경찰이 잡아온 데모 피의자들을 여럿 만났는데 "불쌍해서 모두 풀어주고 싶더라"고 했다. 집으로 돌아가다가, 최루가스 때문에 기침을 하면서 경찰에 욕설을 퍼붓다가, 술에 취해 비틀거리다가, 박수를 치다가 잡혀 온 시민들이 거의 전부더라는 말이었다.

택시 운전사 김영배(26)는 16일 밤 8시께 광복동에서 차를 세워두고 데모구경을 하다가 진압 경찰관과 부딪쳐 넘어졌다. 그는 벌떡 일어나 경찰관에게 불평을 했는데 그 경찰관은 김영배를 데모꾼으로 몰아 끌고 갔다. 그는 즉심에 돌려졌으나 선고유예 판결을 받았다. 선원인 이대수는 술에 취해 17일 저녁 6시께 충무동에서 데모 군중을 구경하며 비틀거리다가 붙들려갔다. 19일 밤에 외출 나온 어느 상선 선원 아홉 명은 떼지어 다니다가 군인들에게 몽땅 붙들려 갔다. 이 배는 출항시간을 늦춰야 했다.

경찰은 데모와 아무런 관계가 없는 행인들까지 붙들어 갔다. 데모대가 경찰에 쫓겨 흩어진 현장에 우연히 나타난 시민들은 데모대로 몰려 진압 경찰에게 끌려가 흠씬 두들겨 맞기가 일쑤였다. 이럴 때는 경찰도 피해의식과 보복심에 불타고 있었다. 눈에 띄는 시민들은 모두 데모대로 보였고, 붙들면 두들겨 놓고 보았다. 다른 지방에서 부산으로 출장 왔던 회사원들 가운데는 신바람이 나서 가담했다가 붙들린 사람들도 더러 있었다.

한국일보 광고부 사원인 홍성관(21). 그는 부산에 출장 왔다가 데모를 목격, 젊은 혈기를 못 참아 뛰어들었다. 16일 낮 2시30분께부터 정신없이 뛰어다녔다. 밤엔 경찰차가 불타는 것을 보고 환호성을 지르고 제1대청파 출소엔 돌을 집어던졌다. 밤 10시께엔 자신이 신문사에서 일하고 있다는 것도 잠시 잊고 다른 데모대와 함께 부산일보사에 돌을 던져 유리창을 박살냈다. 밤 10시30분께엔 부산문화방송에 쳐들어가려다가 경찰에 쫓겨났다. 밤 11시50분께엔 부평동 제일식당에서 다른 젊은이에게 데모 가담을 선동하다가 붙들렸다. (피의자 신문조서 내용)

이밖에 최금구(회사원·34)는 17일 새벽 1시10분까지 데모대의 꽁무니를 따라다니다가 통행금지 위반 혐의로 붙들려 즉심에서 구류 5일 선고를 받았다.

792명을 훈계 방면

부산 및 마산 경찰은 연행자의 절반에 해당하는 792명을 훈계 방면했다. 이들은 거의 전부가 억울하게 잡혀 온 사람들이었다. 즉심에 돌린 사람들은 42퍼센트인 651명. 부산에서 잡힌 데모 혐의자들 가운데 훈방된 것은 47퍼센트인 471명이었는데 마산에선 총 연행자의 60퍼센트인 321명이 훈방됐다. 마산 경찰이 시민들을 더 무리하게 잡아갔다는 얘기다.

즉심 판사들은 대학생과 노동자를 차별해서 구류 처분을 매겼다. 대학생들은 같은 죄목인데도 노동자들보다도 3~5일씩 짧은 구류 선고를 받았다.

똑같은 나이의, 똑같은 범죄라도 학생은 불구속되고 공장 노동자는 구속되는 예가 허다하다. 당시 판·검사들이 대체로 노동자를 홀대하고 학생에겐 관용을 베푸는 성향을 보였다. 사회의 선도가 가장 필요한 청소년 노동자가 고등학생보다도 더 엄한 대우를 받는 일이 많다. 데모 피의자의 처리에서도 같은 경향이 나타났던 것이다.

구류 처분을 받고 유치장 생활을 한 젊은이들은 괴롭기만 했던 것은 아니다. 그들은 유치장 속에서 많은 것을 배웠다. 경찰의 마구잡이 수사를 체험으로 공부한 법대생은 헌법이 보장한 인권과 실제의 차이를 뼈저리게 느꼈다. 꽁보리밥과 단무지 반찬 한 가지로 된 관식도 그들은 맛있게 해치웠다. 학생들은 유치장 속에서 열띤 토론도 벌이며 1970년대의 젊음이 공유해야 했던 아픔을 외면하지 않고 받아들였던 자신들의 용기에 보람을 느끼기도 했다.

뜻을 같이하고 고통을 나눠 갖는 데서 우러나오는 동지애를 그들은 체험했다. 어떤 학생들은 노동자들보다도 편한 대우를 받는 자신들에 대해 죄책감을 느꼈다. 그들은 이제부터는 노동자들의 고통에 더욱 깊은 애정으로 동참해야 한다고 맹세하기도 했다.

경찰서 유치장 속의 정신병자

고신대생 송길원은 17일 밤 중부서 보호실에 갇혔다. 송길원 일행이 보호실에 들어가자 먼저 잡혀 와 있던 시민들이 박수로 이들을 맞아주었다. 헛소리를 하는 정신병자도 잡혀 와 있었다. 이날 밤은 부산했다. 연거푸 비상벨이 울리고 경찰관들이 급히 뛰어나가는 소리가 들렸다. 데모대가 갇힌 사람들을 구출하러 온다는 소문이 보호실에까지 전파돼 왔다. 그들은 비상벨이 울려 경찰관들이 다른 데 정신이 팔린 틈을 타 보호실 문을 부수고 탈출할 것을 의논하기도 했다. 계엄령이 선포된 다음 날 새벽부터 분위기가 싹 바뀌었다. 무자비한 고문 선풍(旋風)이 불었다. 송길원은 통닭구이, 고춧가루 탄 물 먹이기, 손가락 사이에 송곳 끼워 비틀기 따위 다채로운 종류의 가혹행위를 당했다. 경찰은 송길원에게 불지른 사실을 자백하라고 강요했다. 고통을 견디다 못한 그는 집에서 휘발유를 가져와 뿌렸다고 거짓 자백을 했다. 화끈해진 형사는 이 사실을 수사과장과 서장에게 보고했던 모양이었다. 수사 간부가 직접 면담하겠다고 길원을 불렀다.

이 자리에서 길원은 고문에 못 이겨 허위 자백했다고 말했다. 화가 치민 수사 간부는 형사를 불러 심하게 나무랐다. 이 형사는 분풀이를 길원에게 했다. 옷을 벗기고 몽둥이질을 하고 원산폭격을 시켰다.

옆방에선 같이 잡혔던 신학과 3학년 조충일이 신문을 받고 있었는데 얻어맞고 울부짖는 비명이 들렸다. 송길원은 두 다리의 무릎 사이에 각목을 끼우고 허벅지를 밟는 고문을 가장 무서워했다. 뼈까지 그 고통이 퍼져가는 것 같았다.

보호실엔 변소가 없었다. 캐비닛 안에 대변 덩어리를 집어넣는 피의자도 있었다. 장발이 피로 뒤엉켜 귀신같은 몰골을 한 젊은이도 있었다. 송길원은 구류 10일 선고를 받았다.

송길원이 들어간 유치장 방엔 정신병자가 들어 있었다.

"호는 설여, 이름은 정해영."

이렇게 자기 소개를 한 스물여섯 살의 이 청년은 유치장의 귀염둥이이자 노리개가 됐다. 그는 짧은 영어회화도 곧잘 했으며 노래를 특히 잘 불렀다. 그의 18번은 '맹진사댁 셋째 딸'이었다. 그는 밤중에 가끔 간수를 깨웠다. 눈을 부비며 짜증스러운 눈초리로 바라보는 간수에게 그는 "노래 신청 받습니다"고 애교를 떨었다. 성냥개비로 삼각형을 만들어 놓고 물끄러미 바라보기도 하고 YX를 복잡하게 쓴 수식을 풀겠다고 머리를 싸매곤 하던 정해영은 어째서 데모 피의자로 잡혀와 있는지도 잘 모르는 것 같았다. 다른 피의자들은 친척이 넣어준 사식을 맛있게 먹고 있는데 그 혼자만 배를 주리고 있는 모습은 처량하기만 했다.

"아저씨, 배가 고픕니다. 김밥 하나 주이소."

송길원은 이 정신병자가 어떻게 판사의 구류 선고를 받게 됐는지 도무지 이해가 가지 않았다. 형사들은 대학생에겐 "학생이 공부나 할 것이지", 학생이 아닌 피의자에겐 "학생도 아닌 것이 무슨 데모를 한다고…" 비웃어가면서 두들겨 패기도 했다. 송길원은 정신병자를 구류 처분한 판사나 이런 형사가 다를 것이 없다고 생각했다. 출감 전날 밤 송길원이 들어 있던 유치장 9호실에선 이별을 아쉬워하는 파티가 열렸다. 초대 가수는 정해영이었다. 파티가 끝난 뒤 그는 말했다.

"나는 어디로 가지?"

광복동의 어느 안경점 종업원이 "나하고 같이 일하자. 주인에게 소개시켜 주겠다"고 했다.

정해영은 자존심이 강한 정신병자였다. 길원과 오목을 자주 두었는데 한 번 지면 이길 때까지 계속 시합을 요청해왔다. 그래도 끝내 못 이기자 "당신은 대학을 다닌 사람이니까"라고 서운한 표정을 짓기도 했다.

송길원이 유치장을 나오던 날 아침에도 정해영은 자기의 러닝셔츠를 벗어 물걸레로 만들어 변소청소를 하고 있었다. 길원은 "설여, 잘 있어"라고 작별 인사를 했다. 돌아서 나오는 그의 눈엔 이슬이 맺혔다.

'민중봉기'로 본 김재규

<u>10월19~20일 정보부장 공관</u> 부산에 다녀온 직후인 김재규를 가장 가까이에서 관찰했던 사람은 김봉태였다. 김재규 처제의 남편으로서 의사인 김봉태는 퇴근 뒤엔 거의 매일 남산 기슭의 정보부장 공관으로 손윗동서를 찾아갔다. 김재규 부부와 저녁을 먹으면서 가끔 충고를 하기도 했다. 김재규가 부임 뒤 지은 공관은 호화판이었다. 여기에 초대된 적이 있었던 박찬현 당시 문교장관은 "청와대보다도 더 으리으리해 놀랐다"고 말했다.

김재규는 퇴근이 빨랐다. 일주일에 다섯 번쯤은 저녁 7~8시에 귀가, 김봉태와 저녁을 함께 할 정도였다.

"김 부장의 부부간 금슬은 참 좋았습니다. 간이 나빠져 술을 마시지 않게 된 그분은 붓글씨, 바둑(10급), 골프(핸디 16), 테니스 등 취미를 즐기곤 했습니다. 정보부장이 되고부터는 '전임 부장들이 어떻게 술 마실 시간이 났는지 모르겠다'면서 보고서를 한 아름씩 갖고 퇴근, 밤 늦도록 읽더구먼요. 부산사태 시찰에서 돌아온 다음날인가, 저녁식사 때 이런 대화를 나눈 기억이 납니다."

김봉태가 부산 데모가 어땠느냐고 물으니까 김재규는 "글쎄, 그게 데모일까? 나쁘게 표현하면 민란이지"라고 했다.

"민란이면 반란 아닙니까?"

김재규는 "자네가 그런 말을 하나"고 꾸짖더니 "그렇지, 그건 민중봉기야, 민중봉기"라고 말하더란 것이다.

이날부터 김재규의 분위기는 싹 달라졌다고 한다. 식탁에서도 말이 없었고 굳은 표정으로 무엇을 골똘히 생각하는 것 같았다. 사람도 피했다. 저녁식사 뒤에는 여느 때처럼 잡담도 하지 않고 바로 2층으로 올라가 버렸다.

김재규는 군단장 시절부터 일기를 쓰고 있었다. 일기장이 수십 권이나 됐다. 이 일기장이 남아 있었다면 그의 이즈음 심경이 밝혀질 터인데, 10·26 다음날 가족들이 그걸 태워 버렸다고 한다.

김재규는 이즈음에도 낮에 시간을 내어 내연의 관계인 장정이(張貞伊) 여인 집을 찾아가곤 했다. 장 여인도 부산에 갔다 온 직후 김의 태도가 확 달려져 표정이 굳어 있더라고 했다.

서울 강동구 출신의 통일민주당 김동규 의원(당시 상공부 차관보)은 이런 증언을 한다.

"19일인가, 20일인가 날짜는 확실하지 않는데 궁정동 사건 일주일 전쯤 공관으로 김 부장을 찾아갔습니다. 같은 김녕 김씨이기 때문에 알고 지내는 사이였고, 그분이 종친회 회장일 때 내가 부회장을 지낸 인연도 있습니다. 그 자리에서 김 부장은 부산사태 이야기를 하면서 청와대에서 박 대통령에게 보고를 했더니 차지철이가 옆에서 강경한 발언을 해 앞날이 걱정스럽다고 하더군요."

김재규는 10월24일 당시 공화당 의원 이후락을 만났을 때 지나치는 말처럼 "제가 싹 해치우겠습니다"고 했다고 한다. 이후락은 그때 "신민당을 해치우겠다"는 뜻으로 들었는데 10·26 뒤에 비로소 그 말이 다른 뜻이었음을 깨닫게 됐다고 말하더란 것이다.

김재규가 가장 존경했던 이종찬 장군(당시 유정회 의원)도 이 무렵 김을 찾아가 "유정회 의원을 더이상 못 해먹겠다"고 하소연을 했다. 김재규는 "조금만 기다려 주십시오"라고 사정하더란 것이다.

김재규가 부산에서 돌아와 청와대 보고를 한 뒤 심경 변화를 일으켰음은 여러 측근의 증언으로 거의 확실한 것 같다.

마산의 위수령

<u>19~20일 청와대</u> 박 대통령은 19일 오후 싱가포르 이광요 수상의 예방을 받았다. 이 수상은 16일에 내한했었다. 박 대통령은 이 수상에게 우리 농촌에 대한 인상을 물었다. '농촌'이야말로 박 대통령의 보람이며 자랑거리였다. 이 수상은 "농민의 생활수준이 대단히 높은 데 놀랐다"고 답했다. 대접견실에서 훈장 수여와 기념 촬영이 끝나자 두 사람은 서재로 옮겨 요담에 들어갔다. 창가에는 가을 양광이 따스하게 비치고 있었다.

이날 박 대통령은 대단히 만족해하였다. 이 수상과 뜻이 통했던 것이다. 그해 6월에 한국에 온 카터 대통령과의 거북한 만남과는 대조적인 대면이

었다. 두 사람 다 공산주의자와 싸워가면서 아시아의 후진국을 개발도상국으로 도약시키는 데 성공한 국가 지도자인 만큼 서로의 고뇌를 동병상련의 마음으로 이해했던 것 같다.

이날 저녁에 베풀어진 리셉션 및 만찬에서 이광요 수상은 답사를 통해 "대한민국의 성공과 경제 번영은 대한민국 국민과 그 지도자들의 자질이 어떠한가를 가장 잘 나타내는 징표이며 한국이 공업·농업 분야에서 이룩한 발전은 다양하고 뚜렷하다. 이와 같은 발전은 첫째, 능력 있고 추진력이 강한 국민과 둘째, 확고한 지도력 없이는 성취될 수 없는 것이다. 어떤 지도자들은 그들의 관심과 정력을 대중매체로부터 각광을 받고 여론조사에서 호의적인 반응을 얻는 데 소모하고, 다른 지도자들은 일에 모든 정력을 집중하고 자신들의 평가를 역사의 심판에 맡긴다. 박 대통령 각하가 바로 눈앞의 현실에 집착하는 분이었다면 오늘의 대한민국은 존재하지 않았을 것이다"고 말했다.

그러나 이날 밤에도 마산 시내에선 격렬한 폭동이 이틀째 계속됐다.

박 대통령은 이 위기를 회피하지 않았다. 6·3 사태, 1·21 사태, 3선개헌, 1971년 대통령 선거, 유신 선포, 김대중 납치 사건, 1·2차 오일쇼크, 문세광 저격 사건, 박동선 사건 등 파란만장한 위기의 산맥들을 강철 같은 의지력으로 넘어온 그였다.

박 대통령은 두 번이나 직접 부산지구 계엄사령관 박찬긍 중장에게 전화를 걸었다. "마산은 당신의 책임 구역이 아니지만, 현지 부대장과 의논하여 자네의 책임 지역으로 생각하고 도와주라"고 말했다. 박 장군은 부산에 내려온 공수특전사 병력 중 1개 여단을 마산으로 급파했다. 마산에 위수령이 발동된 것은 그 뒤인 20일 정오였다.

마산지역 사단장 조옥식 소장은 "경남지사의 요청에 의해 국방장관의 승인을 얻어 마산시 일원에 위수령을 발동한다"고 했다. 위수령은 그 지역 행정 책임자의 요청에 의해서 내려지게 돼 있지만, 김성주(金聖柱) 당시 경남지사는 병력을 요청한 사실이 없었다. 모든 실제 행동은 청와대 주변의 권력 핵심에서 이뤄졌고, 발표는 요식행위에 지나지 않았다.

박 대통령은 신속한 강경 진압책과 함께 시국수습 방안의 연구를 직접 지시했다. 20일께엔 공화당 신형식 사무총장에게 전화를 걸어 "시국수습에 관한 당 의원들의 의견을 수집 보고하라. 발언 내용에 대한 일체의 책임은 내가 질 테니 정확한 보고를 올려라"고 명령했다. 정보부뿐만 아니라 경찰, 검찰, 행정 조직, 그리고 차지철의 사적인 정보기관 등 정권의 모든 촉각은 부마사태의 원인 규명과 그 대응 수립 쪽으로 풀가동되기 시작했다.

소년의 울분

<u>10월20일 밤 9시 서면</u> 부산 시민들을 마구 패는 군인들에 대해 다방의 주방장 김석만(18)은 순진하게 그 불만을 표현했다. 포항 출신인 이 소년은 1979년 10월20일 밤 8시50분께 서면의 부산진세무서 앞길에서 계엄군 옆으로 지나가다가 아무 까닭도 없이 불려가 얻어맞았다. 김 군은 서면 로터리의 동국빌딩 앞길을 지날 때 이번엔 민간인 두 명이 군인에게 얻어맞는 것을 보았다. 이 두 민간인은 택시를 서로 먼저 타려고 다투다가 군인들에게 붙들려가 폭행을 당했다. 김석만은 화가 치밀었다. 동국빌딩

계단을 올라가 5층 옥상에 있던 음료수 공병 3개를 집어 길바닥으로 던졌다. 김석만은 누구를 겨냥하여 던진 것이 아니라 화를 풀려고 아무 데나 던진 것이었다. 공병 깨지는 소리를 듣고 공수부대 소령이 즉시 근처의 경비부대 40명 병력을 집결시켰다. 그리고는 이 '불순 건물' 안으로 쳐들어갔다. 이 5층 건물 안엔 사무실이 많이 있었다. 한 사무실 안에선 여섯 명의 아가씨들이 계엄군 위문 바자회 준비를 하고 있었다. 군인들은 이런 저런 사정을 봐주지 않았다. 사무실 안에 있던 24명의 시민들을 모두 지하실로 몰아넣고 무릎을 꿇리고 두 손을 머리 뒤로 붙이게 했다. 이 젊은 소령은 부산진경찰서 수사과장과 형사계 형사들을 호출했다. 이 소령은 아버지뻘 되는 서동백 수사과장을 이끌고 건물 내부를 샅샅이 뒤졌다. 플라스크, 비커, 약품병 따위 실험기구가 많은 공해대책 회사 사무실이 하나 있었다. 소령은 여기서 흥분하고 말았다.

"사제 폭탄을 만드는 비밀공장을 드디어 발견했다"고 기고만장해 하였다. 30년 동안 경찰관 생활을 하면서 온갖 풍상을 다 겪은 서 과장은 '이 장교가 돌았구나'는 생각이 퍼뜩 들었다.

소령은 '비밀 폭탄공장'을 샅샅이 수색케 했다. 자신의 추리를 뒷받침할 아무 단서도 발견하지 못하자 지하실로 몰아넣은 민간인들을 족쳤다. 김석만은 자기 때문에 수많은 민간인들이 고통을 당하는 것을 보다 못 견뎌 "내가 했다"고 나섰다.

소령은 부신지서 상황실에 있던 여단 임시지휘본부로 달려가 이 사실을 여단장에게 보고했다. 여단장은 소령의 흥분된 보고를 차분히 듣더니 싱긋 웃으며 "그것은 경찰에 넘겨 조사시키는 것이 좋겠다"고 말했다.

서 과장은 소령과 준장은 역시 다른 점이 있다고 생각했다. 경찰서로 넘겨지자 24명의 민간인들은 비로소 안도의 한숨을 내몰았다. 경찰은 이들 중 김석만과 김광호라는 대학생만 붙들어두고 나머지는 풀어주었다. 경찰은 김석만을 야간 주거침입 및 상해미수 혐의로 구속영장을 신청했다. 형사들도 소년에게 동정을 했지만 오해를 사지 않으려고 구속영장을 신청했다. 은근히 기각될 것을 기대하면서. 그러나 구속영장이 떨어졌다. 형사와 기자들은 다 같이 혀를 찼다.

김광호는 군인들에게 잡힐 때 동인시집 《반시(反詩)》를 갖고 있었다. 경찰은 시집의 이름이 도발적이라고 생각했다. 1978년 1월25일자로 문공부에 출판물로 등록된 책이란 것은 알았으나 경찰은 군인들의 눈치를 봐야 하는 입장에 있었다. 경찰은 이 시집의 불온성 여부 감정을 부산 동부교육구청 관리과장에게 맡겼다. 그 과장은 시인이 아니었다. 그래도 그는 '시 감정서'를 써주었다.

"…어떻게 이런 내용의 책이 시판되고 있는지 모르겠습니다. 불온한 것은 아니지만 부분적으로 한국의 현실에서는 자극적인 데가 있습니다. 여가가 있다면 좀 더 건전한 책을 읽었으면 합니다."

이 어처구니없는 감정서를 받고 형사들은 어떻게 이 사건을 처리해야 할지 망설였다. 감정서의 내용이 이 책을 불온으로 모는 듯했기 때문이었다. 서동백 과장이 결단을 내려 김광호를 풀어주었다.

20일 오전 서면 20일 아침 서면 로터리 근처의 육교 위에 삐라 한 장이 뿌려진 것을 부전2동 직원이 발견, 경찰에 신고했다.

"동아대학교 만만세. 박 정권 몰아내자. 박 정권은 엉터리 방송, 엉터리 신문, 엉터리 말로 국민들을 기만하고 있습니다. 군인, 학생, 국민들은 모두 불쌍한 사람들입니다. 다 같이 힘을 합쳐…."

계엄령이 해결한 언론계의 고민

부산 시위는 언론계 종사자들에게 충격·분노·수치심을 함께 던져주었다. 16일 데모 현장에 있었던 기자들은 이 큰 사건을 어떤 수단을 써서라도 알려야 한다는 조바심으로 안달이 났다. 민중의 돌팔매질을 당한 언론이었지만 한 조각 양심은 남아 있었다. 문제는 용어와 행동이었다.

"편집국 회의를 열어 기자들의 전체 결의로 이 사건을 보도하자."

"호외를 내자."

"어젯밤에 광복동·남포동 거리가 유리조각과 나무토막으로 뒤범벅돼 몇 시간이나 교통 체증이 있었고 주민들은 지독한 냄새가 나는 가스로 밤잠을 이루지 못했다라고 써 간접으로라도 이 사건을 알리자."

별별 얘기가 다 나왔으나 언론계 내부에는 애당초 그런 생각을 행동으로 옮길 수 있는 조직된 세력이나 집단적인 용기가 존재하지 않았다.

17일 아침 편집국 회의를 소집하거나 적어도 간부들끼리라도 보도 문제를 심각하게 거론한 언론기관은 없었다. 구체적인 취재 계획을 세우거나 기록으로라도 남겨놓자고 한 곳도 없었다. 모두가 자학하면서 스스로를 포기하고 비웃으며 이 경천동지의 대사건을 모른 척했다. 10월 유신 일곱 돌이란 사실은 충실하게 알리면서 수월하게 그날치 신문을 만들었다.

17일 오후 5시께 국제신문 편집국장은 부산 정보부 언론담당조정관으로부터 "구 내무장관 회견 기사는 1단 이상 취급하지 말라"는 지시(?)를 받았다. 편집자는 이 기사의 제목으로 3호 고딕활자를 썼다. 편집의 상식을 부수면서 그는 오기를 부린 것이다. 편집국장은 이 오기를 대장에서 발견, 공장으로 달려가 편집자 몰래 3호 제목을 5호 활자로 바꿔버렸다. 그래 놓고 속이 편치 않았던지 술을 잔뜩 마신 그는 "내일은 회사에 나오지 않겠으니 부국장 당신이 알아서 하라"는 말을 남기고 집으로 갔다.

계엄령 선포는 언론계의 이 고민을 일단 풀어주었다. '전화에 의한 단수 조정'은 사라지고 언론통제는 군 검열로 일원화됐다. 이 기사를 실어야 하느냐, 몇 단으로 다룰 것인가, 신문에 난 뒤 귀찮게 굴 것 아닌가 등의 고민을 할 필요가 없었다. 모든 것은 검열관에게 맡기면 될 일이었다. 작디작은 언론 자유를 갖고 이놈을 어떻게 말썽 없이 써먹느냐로 고민하던 언론계는 그 작은 자유마저 송두리째 뺏긴 날 절대자와 같은 군 검열관에게 귀의함으로써 오히려 편안해졌다. 자유와 불안과 갈등으로부터의 도피는 굴종과 의사 결정의 포기를 뜻했지만 "군이 검열하는데 우린들 어떻게 하란 말이냐"는 기댈 언덕이 있었던 것이다. 포기함으로써 편안해진 것이었다.

출근을 않겠다던 국제신문 편집국장은 계엄령이 선포되자 회사에 나왔다. 전날 밤의 고민은 사라진 것 같았다. 그는 "정보부에서 전화 안 걸려 와 살 것 같다. 이제부터는 일찍 집에 돌아가 책을 읽어야겠다"고 즐거워했다.

계엄령 아래서의 언론 상황을 역설적으로 표현한 것은 국제신문 편집부 김영훈 기자였다. 그는 "계엄령 때문에 신문이 살게 됐다"고 잘라 말했다. 계엄령 선포로 부산 데모가 정부 발표문을 통해서나마 그런 대로 알려지게 됐기 때문이었다. 모든 결정을 검열에 내맡기면 되기 때문에 '알아서 길' 필요도 없어졌다. 싣는다, 못 싣는다, 줄여라, 키우자…. 편집국장과 기자 사이에 날마다 되풀이돼 온 승강이도 없어지게 됐다. 김 기자는 정보부의 언론통제기준보다도 우리나라 언론의 자체 통제기준이 더 비겁한 것이었다고 믿어왔다. 검열을 군인들에게 맡김으로써 더 많은 것을 보도할 수 있을 것이란 김 기자의 예측은 불행하게도 적중됐다. 이것은 솥뚜껑 보고도 놀라는 한국 언론이 정부가 요구하는 선보다도 훨씬 밑도는 수준의 사실보도를 해왔다는 것을 입증한 사례였다. 1970년대 언론의 무기력은 외부에서 강요된 것이 아니라 안에서 스스로 만들어 낸 것이었다.

검열 지침

부산지구 계엄사령부는 18일 공고 제2호를 발표, 보도 검열 요령을 알렸다.

〈가. 검열 장소: 부산시 공보실(뒤에 상황실로 바뀜).

나. 검열관: 계엄사 언론출판 검열관.

다. 검열 시간: 석간 오전 8~10시, 조간 오후 2~10시. 방송 및 통신 수시, 주·월간 잡지 및 기타 간행물 오후 1~3시.

라. 요령

① 신문은 가인쇄 2부 제출.

② 방송 및 통신은 원고 1부 제출.

③ 그 밖의 간행물은 견본 2부 제출.

마. 보도 지침

다음과 같은 사항은 보도할 수 없다.

① 비상계엄에 관계하여 목적을 부당하게 선동하는 내용.

② 국민 여론 및 감정을 자극 보도하는 사항.

③ 치안 확보에 유해한 사항.

④ 군 기밀에 저촉되는 사항.

⑤ 군 사기를 저하시키는 사항.

⑥ 공식 발표하지 않은 일체의 계엄 업무 사항.

⑦ 그 밖에 국가이익에 반하는 사항.

⑧ 부산지역 언론기관 이외의 모든 언론기관에서도 당해 지역에 관한 보도시는 계엄사령관의 사전 검열을 받는다.〉

동아일보의 최선

첫날 검열은 보안사 부산 분실 요원들의 손으로 실시됐다. 그러나 며칠 뒤부터는 소령급 정훈장교들이 검열 실무를 맡았다. 이들은 보안대 파견관(준위)의 통제를 받았다. 검열하에서 언론은 두 갈래 길을 걸었다. 검열하지만 최선을 다해 알려야 할 것은 알리겠다는 언론기관이 있는가 하면 오히려 민중을 반역하는 기자들도 있었다. 10월18일 동아일보는 1면에 치안본부의 데모사건 발표문과는 별도로 부산지사에서 보낸 데모 기사를 실었다. 데모의 발단부터 공공기관 습격 상황까지 데모 개요가 200자 원고지 4장분으로 실려 있었다. "유신 철폐" "독재 타도"란 구호를 외쳤다는 내용까지 실렸다. 다른 언론기관이 모두 치안본부 발표문만으로 부산사태를 소개한 것에 견준다면 크게 돋보이는 기사였다. 이런 기사가 검열에 통과될 줄은 누구도 상상하지 못했다.

동아일보 부산지사에서는 이 기사를 통과시키기 위해 꾀를 냈다. 문제의 기사 원고를 맨 밑에 깔고 그 위에 계엄에 협조적인 내용의 긴 기사 원고를 얹었다. 검열관은 읽어 내려가다가 그 원고뭉치가 모두 그런 내용인 줄 알고 통과 도장을 찍어버렸던 것이다. 이 기사가 서울 가두 판매판에 나왔을 때에야 군 당국에서 비로소 실수를 저질렀음을 알았다. 그러나 신문사에 따질 수는 없었다. 일단 검열을 통과시킨 뒤의 책임은 검열관이 질 일이었다. 군에선 "독재 타도" "유신 철폐"란 글귀만 빼달라고 동아일보에 사정했다. 이런 수법은 그 뒤에도 여러 번 이용됐다.

"항도 부산에 평온이 다시 찾아왔다. 지난 16일과 17일 이틀 동안 '소란' 속의 소용돌이를 겪었던 시민들은 다시 정상을 회복한 18일 이른 아침부터 '소요는 무질서와 손실만을 가져올 뿐'이라며 어지럽혀진 도로를 청소하기에 바빴다. …광복동의 ㅈ음식점 종업원은 '다시는 이런 일이 없었으면 좋겠다'고 말했다."(한국일보)

계엄군에선 부산 시위를 탓하는 기사를 쓰도록 강요하지 않았다. 유신체제에 길들여진 기자의 정신이 위와 같은 기사를 쓰도록 했을 뿐이었다.

검열로 취재기자들은 훨씬 편해졌다. 첫째 이유는 골치 아픈 기사는 이젠 쓸 필요가 없다는 생각 때문이었다. 둘째는 특종이 거의 불가능해짐으로써 경쟁심이 무디어진 것이었다. 검열실은 언론기관별로 갈라져 있지 않았다. 트인 방에서 여러 매스컴 기관이 함께 검열을 받게 됐다. 따라서 상대 언론의 기사나 대장을 넘겨볼 수 있어 자기편의 빠진 기사나 상대방의 특종 기사를 알 수 있게 됐다. 조판 이전에 상대지의 특종을 베껴 넣을 수도 있게 된 것이었다.

외신 기자의 비웃음

부산 기자들은 외신 기자들을 조심하라는 지시를 회사로부터 받고 있었다. 계엄령이 선포되자 수십 명이나 되는 외국 기자들이 부산으로 내려왔다. 미국의 어느 텔레비전 기자는 무비 카메라로 계엄군을 찍다가 붙들려가기도 했다. 그는 곧 풀려났지만 부산 실정에 어두운 외국 기자들은 취재에 큰 어려움을 겪었다. 낯선 지방에 취재하러 갔을 때 기자들이 가장 먼저 할 일은 현지 기자들을 상대로 취재하는 것이다. 이 원칙은 동서양을 가리지 않고 통용됐다. 많은 외국 기자들이 부산 기자들을 붙들고 질문을 던졌다. 어느 날 저녁 뉴욕타임즈 도쿄 지국장인 스톡스 기자가 국제신문 편집국을 찾아왔다. 그는 이 신문의 이 모 논설위원에게 자기를 소개하는 소개장을 가져와 이 위원을 찾았으나 퇴근한 것을 알고 편집국에 들러 기자를 찾은 것이다.

편집국 기자들은 거추장스러운 사람이 왔다는 눈초리로 세계 대신문의 이름난 기자를 힐끗힐끗 쳐다보기만 했다. 못 본 척하는 분위기를 접하자

스톡스 기자는 멋쩍게 우두커니 서 있었다.

"적당히 얘기하여 돌려보내라"는 지시를 받은 사회부 김정주 기자가 그를 의자에 앉힌 뒤 이쪽 사정을 설명해 주었다. 운동화를 신고 티셔츠를 입은 스톡스 기자는 씁쓰레한 표정을 지으며 물러났다. 사회부 조갑제 기자는 스톡스 기자의 입가를 스치고 지나간 것이 경멸이라고 생각했다.

부마사태를 기록으로 남기려고

이즈음, 곧 부산 시위에서 박 대통령 피살까지의 열흘 동안 기자들 사이에서 부마사태의 정확한 기록을 남겨야 한다는 얘기가 나오기 시작했다. 비록 가까운 기일 안에 신문에 낼 수는 없다 하더라도 역사의 기록으로서 정리해 두고 후배들에게 넘겨주어야 한다고 생각한 기자들이 있었다. 기자들이 하루하루의 정보 메모를 적어 사회부장에게 내도록 한 신문사도 있었다.

조갑제 기자는 부산봉기에서 기자 생활의 새로운 지평을 발견했다. 그는 '내가 기자 생활을 해야 할 이유가 어딘가에 있을 것이다'는 생각을 갖고 기자 생활을 아홉 해째 하고 있었다. '특히 부산에서 기자 생활을 하도록 한 까닭이 있을 것이다.'

부산사태가 터지자 그는 '이 역사적 사건을 기록하라고 하느님이 나를 기자로 만들었다'고 생각해버렸다.

조(趙) 기자는 기자란 직업을 그만두고 다른 직업을 택하든지 서울의 언론기관으로 옮겨갈 수 있는 기회를 세 번 가졌다.

첫 번째는 1974년 8월 그가 한국기자협회에서 주는 한국기자상(취재보도 부문)을 받았을 때였다. 기자 생활 4년 만에 이 영광을 차지한 그는 이것을 뜀 판으로 이용, 서울의 신문사로 가려고 했다. 조 기자는 그때 이미 석유 개발과 문화재 발굴 취재에서 여러 번 전국적인 특종을 하여 이름을 내고 있었는데 기자상 수상작품은 중금속 오염 문제의 보도였다. 조 기자는 중금속 오염 문제를 다루면서 부산수산대학 원종훈 교수의 전국 해안 수산물의 오염도 조사자료를 기사화한 적이 있었다. 이것이 문제가 돼 수산대학 학장이 사표를 냈다. 문교부는 "앞으로 공해와 관련된 논문을 발표할 때는 관계 부처와 협의하라"는 유명한 지시를 내렸었다.

조 기자는 그러나 1974년 가을에 전국 언론기관에 번진 언론자유 투쟁의 불길에 휩쓸려 자신의 문제는 잊어버렸다. 그는 국제신문 언론자유대책위원회의 간사로 일했다. '밝힘'이란 지하신문을 내면서 이 위원회는 활발하게 움직여 그때 국제신문의 보도자세에 좋은 방향으로 영향을 끼쳤다.

기자가 특종을 잇달아 터뜨리고 취재에 정열을 쏟는 동안엔 다른 문제엔 관심을 두지 않게 되는 법이다. 조 기자는 1975년 1월엔 부산대학 미술실기 문제가 사전 누설된 것을 보도, 재시험을 치도록 만들었다.

부산대학의 의과대학 일부 교수들이 돈을 받고 박사학위 논문을 대신 써준 사건도 석 달 동안 취재하여 기사를 썼다. 이 기사는 사회면 머리에 들어갔다가 대장에서 빠져버렸다. 분통이 터진 그는 싣지 못한 기사를 사내 지하신문에 실어 동료 기자들에게 뿌렸다.

1975년과 1976년은 조 기자가 석유개발 취재에 힘을 쏟는 해였다. 제6광구 시추, 포항 석유 발견을 취재했다. 1976년 초 그는 서울의 어느 통신사로부터 문화부 기자로 오라는 제의를 받았다. 그때도 조 기자는 자신의 신상 문제엔 관심을 쏟지 않을 만큼 바빴다. 그는 논문을 쓰고 있었다. 그때 세상은 포항 석유 발견으로 들떠 있었다. 조 기자는 그런 세상에 찬물을 끼얹을 준비를 하고 있었다.

"포항 석유 경제성 없다"로 직장 잃고

그는 포항 석유가 정치적으로 이용되고 있다고 믿었다. 그는 정보부가 주관한 이 포항 석유개발이 박정희라는 개인의 기대를 만족시키려고 기술과 과학의 틀을 깨고 어처구니없는 방향으로 빗나가고 있다고 생각했다. 진상을 모르는 언론은 환상에 가까운 기대감만 대중에 심고 있었다. 조 기자는 그가 갖고 있던 자료를 정리, '한국의 석유개발—비공개 자료의 분석에 의한 전망과 제언'이란 논문을 냈다. 11만 원을 들여 200부를 찍은 그는 아내를 시켜 전국의 연구기관·관계 교수·언론기관에 부치게 했다.

이 논문이 말썽이 됐다. 일본 산케이신문 서울지사의 이나바 특파원은 이 논문을 따서 기사를 썼다. 1976년 6월6일 산케이신문 외신면 머리에 "포항 석유는 경제성이 없는 것 같다"는 내용의 기사가 실렸다. 조 기자는 정보부 부산지부 정보과에 불려가 조사를 받았다. 정보부에선 석유 시추 관계 자료를 외국 언론기관에 보낸 것은 정보 유출이 아닌가 하고 따졌다. 정보부에서 서울로부터의 지시라면서 논문을 받은 쪽에 편지를 쓰라고 했다. 내용에 잘못된 점이 있어 회수한다는 뜻의 편지를, 그는 썼다. 이것을 근거로 해서 정보부 직원들이 직접 문제의 논문들을 거두고 다녔다.

이 사건 후 며칠 되지 않아 정보부에선 국제신문사에 "조 기자로부터 사표를 받으라"는 압력을 넣었다. 회사에서는 "조 기자는 글 안 쓰는 부서로 보낼 테니 사표만은 안 쓰게 해 달라"고 간청했다. 그들은 거절했다.

1976년 6월30일 조 기자는 사표를 냈다.

"직장을 바꿀지 모르지만 결코 직업은 바꾸지 않을 것이다."

수습기자 시절부터 그런 말을 입버릇처럼 하고 다녔던 그는 펜을 잃지는 않았지만 지면을 상실했다.

그는 허전한 마음으로 일주일쯤 경주 등지를 돌아다녔다. 그러면서 앞일을 생각했다. 조 기자는 아내도 국제신문사 조사부의 기자로 일하고 있었다. 당장 생계가 흔들릴 정도는 아니었다. 조 기자는 글을 실어줄 신문 지면을 잃었지만 어쨌든 기자로 남아 있기로 작정했다.

〈월간중앙〉에서 평론가상 작품을 모집한다는 광고가 나왔다. 그는 여름에 부산에 있는 열두 곳의 동족(同族) 부락을 찾아다니며 동족 집단이 급격한 도시화를 어떻게 견뎌내고 있는가를 조사했다. '동족 부락의 변모'란 그의 논문은 입선작으로 뽑혔다. 조 기자는 그의 글이 신문 아닌 잡지에 실린 것을 특별한 감회로 다시 읽었다. 그는 계속 글을 썼다. 울산 장생포의 고래잡이 얘기를 다룬 '고래 등에 노을 지다' '북양개척 10년'이 잇따라 〈월간중앙〉에 실렸다.

재벌의 내부에서 목격한 것들

글은 네 가지 즐거움을 그에게 주었다. 자료를 모을 때, 성실한 인간상과 새로운 자료를 발견했을 때의 기쁨. 글을 쓸 때의 집중과 몰입이 주는 즐거움. 그것이 잡지에 실려 인쇄된 활자를 읽을 때에 다시 맛보는 기쁨. 그리고 원고료를 받았을 때의 흐뭇함.

1976년 9월 조 기자는 서울의 어느 통신사에서 중견 외신 기자를 모집한다는 광고를 읽고 시험을 쳤다. 합격했다. 그러나 언제 알았는지 정보부에서 통신사로 연락이 왔다. 받아주지 말라는 것이었다.

그는 "다른 회사는 좋다, 그러나 언론기관은 단념하라"는 통보를 받았다.

1976년 12월 그는 국제상사 간부사원 모집 시험에 합격해 세계에서 가장 큰 신발공장의 기획실 계장으로 취직했다. 그는 곧 회사 중역, 특히 사장의 총애를 받게 됐다. 사장의 연설문을 잘 써준 것이 그런 계기가 됐다.

회사 안에서 그의 관심은 저절로 노동자 문제에 쏠리게 됐다. 2만 명이 일하는 공장에서 그는 취재의 보고(寶庫)를 발견한 셈이었다. 그는 국제상사가 보잘것없는 신발공장에서 출발하여 손꼽는 재벌로 성장한 역사를 쓰고 싶었다. 그런 성장이 성실하고 순한 노동자들의 피와 땀을 딛고서 이뤄졌다는 것은 이미 알려진 사실이었다. 그러나 화려한 성장 뒤에서 침몰해간 수많은 노동자들의 얘기를 건져 올리고 싶었다. 국제상사에서는 공장에 불이 나면 회사가 잘된다는 우스개 같은 말이 떠돌고 있었다. 60여 명이 불타죽은 1960년의 큰 불, 20여 명이 숨진 1974년 여름의 불. 이런 화재, 숨 막히는 작업 환경, 긴 노동 시간을 견디며 살아온 노동자들의 역사와 성장 일로를 치달아 온 경영자의 세계를 대조시켜나감으로써 한국 재벌의 탄생 과정을 그 내부에서 해부해 보겠다는 것이 그의 욕심이었다. 조 계장은 밤 늦게까지 공장에 남아 야간 노동자들과 얘기를 나눴다. 카본블랙을 고무에 배합시키는 일을 하는 노동자는 눈동자의 흰자위만 내놓고 온통 검둥이였다. 그는 "사장님에게 얘기해서 환풍기를 하나 달게 해달라"고 호소했다. 카본블랙이 살갗에 박혀 일을 끝내고 매일 목욕을 한 시간씩 해도 검댕이 지워지지 않는다는 것이었다. 그가 만나는 노동자들마다 원한과 좌절과 경영자의 배신을 얘기했다. 현장 노동자들과 사무실 근무 직원들 사이엔 도저히 넘을 수 없는 불신의 강이 가로놓여 있음도 알았다.

그는 경영의 부도덕성과 엘리트의 좌절을 목격했다. 대학교를 우수한 성적으로 졸업한 젊은이들이 재벌의 메커니즘에 짓눌려 윤리적 판단 기능을 잃은 한낱 도구로 변해버리는 비극을 보았다. 탈세 회계학과, 경영자에 대한 개인숭배가 판을 치는 속에서 조 계장도 마음이 편치 못했다. 사장의 배려로 해외여행을 한 달쯤 하고 돌아온 그에게 어느 날 정보부 언론담당관이 전화를 걸어왔다. 이 사람과는 석유논문 사건 이후 친해진 사이였다.

"당신 사건은 우리 회사에서도 잊어버렸다. 정보부장이 바뀌고 간부 이동이 있어 당신 사건을 기억하고 있는 사람은 이제 없다. 그러니 신문사로 복직하고 싶으면 해보라."

추방 열여섯 달 만에 그는 신문사로 돌아왔다. 국제상사에선 "앞이 창창한데…"라면서 말렸으나 그의 선택은 요지부동이었다. 신문사에 돌아와 두 번째 기자 생활을 하면서 그는 늘 이런 생각을 했다.

'나에게 또 펜과 지면을 주신 하느님의 뜻은 무엇일까?'

그런 의문 속에서 조갑제 기자는 부마사태와 만난 것이었다.

6 :
수사와 고문

미리 결정된 수사 결론

부산봉기에 대한 수사의 결론은 수사가 시작되기도 전에 이미 내려졌다. 박 대통령은 '지각없는 일부 학생들과 이에 합세한 불순분자들'이 난폭한 행동으로 사회를 혼란시켰다고 계엄령 선포에 즈음한 특별담화문에서 밝혔다. 치안본부는 '우발적인 군중 시위행동이 아닌 조직적인 폭거'라고 규정했다. 따라서 수사의 목표는 민중의 시위가 사전에 치밀하게 계획된 것이고 학생과 민중을 뒤에서 조종한 배후 조직이 있다는 것을 증명하는 것이 되지 않을 수 없었다.

수사는 세 갈래로 진행됐다.

부산대 및 동아대 학생 데모의 주역들에 대한 수사는 동래경찰서와 영도경찰서가 각각 맡았다. 시내에서 붙들린 시위 혐의자들은 아홉 개 경찰서에 흩어져 수사를 받았다. 수사 당국이 배후 세력으로 점찍은 재야 저항운동 인사들은 계엄사 합동수사반에서 중앙정보부 주관 아래 조사를 받았다. 일선 경찰서는 수사 과정에서 중요한 피의자를 발견하면 합수반에 넘겨 그곳에서 정밀 조사를 받도록 했다.

부산대 학생 데모의 주동자에 대한 수사를 맡은 동래경찰서는 부산 데모의 동기를 이렇게 분석했다.

첫째, 집안이 가난하고 가정환경이 좋지 않은 학생들의 문제의식과 학원사찰·언론탄압·장기집권에 대한 현실 불만이 합쳐졌다.

둘째, 최근에 일어난 서울대·경북대·계명대학교의 시위에 자극을 받았다.

셋째, 1974년 10월의 구속학생 석방요구 시위 이후 한 번도 데모를 하지 못했다는 수치감이 쌓여왔다.

넷째, 태백산맥서점 주인 노승일, 중부교회 최성묵 목사, 김광일 변호사, 김영일, 김형기 등의 반체제 인사로부터 영향을 받았다.

동래경찰서는 17일 오후 늦게까지도 이 데모의 리더들에 대해 감을 못 잡고 있었다. 정동현 교수는 17일 한 정보형사로부터 "정광민이 이번 사건에 깊게 개입된 것 같다"는 얘기를 들었다. 정광민이 깊게 개입된 정도가 아니라 바로 도화선이 됐다는 것을 알고 있었던 그는 경찰의 상황판단이 어두운 데 놀랐다. 이때까지 이진걸의 이름은 수사선상에 오르지도 않고 있었다. 전과가 있는 학생들을 중점적으로 사찰해왔던 경찰의 정보망은 독불장군 같은 신인의 출현을 예기치 못했던 것이다. 이렇게 엄청난 사태는 치밀한 조직에 의해서만 이루어질 수 있다는 고정관념에 사로잡혀 있었던 경찰은 한 개인의 히로이즘을 이해할 수 있을 만큼 눈이 맑지 못했다.

이진걸 체포되다

경찰의 눈을 가렸던 안개는 17일 오후 3시30분께 김종세가 붙들림으로써 걷히기 시작했다. 김종세가 10월10일 법대 2학년 신재식으로부터 데모 때 사람들을 모아달라는 요청을 받았으나 거절한 사실, 13일엔 이호철로부터 이진걸을 소개받은 사실, 15일엔 광민에게 간이 등사법을 가르쳐준 사실이 신문 과정에서 드러났다. 이호철은 18일 새벽 5시께 집에서 붙들렸다.

이진걸은 이틀 동안 데모 현장을 누비느라고 자신의 걱정도 잊어버렸다. 19일 그는 거제동에 있는 삼촌 집에서 쉬고 있었다. 아침에 동래서 정보과장이 삼촌에게 전화를 걸었다. 삼촌은 라이온즈클럽의 총무를 지낸 적이 있어 정보과장과 잘 아는 사이였다. 정보과장은 이진걸을 보내달라고 했다. 경찰차를 보내겠다고 했다. 삼촌이 머뭇거리는 사이 독촉전화가 뻔질나게 걸려왔다. 이진걸은 달아나기로 결심했다. 시외버스를 타고 그는 진해의 이모 집으로 갔다. 이모부는 진해경찰서 정보과 형사였다. 이진걸은 시치미를 떼고 놀러온 것처럼 행세했다. 점심을 먹고 부산의 집에 전화를 걸었다. 여동생이 전화를 받았다.

"오빠! 조금 전에 서클 후배된다는 학생이 꼭 전할 말이 있다면서 전화를 걸어왔어요."

이진걸은 후배 이름을 물었다. 동생이 댄 이름은 모르는 사람이었다. 이진걸은 경찰이 자기를 찾으려고 건 전화라고 생각했다. 그렇다면 자기가 이곳으로 온 사실도 이미 경찰은 알아냈을 것이다. 그러나 또 달아날 마음은 내키지 않았다. 에라 모르겠다, 될 대로 되어라, 그는 자포자기의 마음에 빠져 이모 집에 머물렀다.

탕탕탕. 문 두드리는 소리. 이진걸은 단잠에서 깨어났다. 20일 새벽 0시 40분께였다. 경찰 백차의 경보등이 번쩍번쩍 돌아가는 것이 보였다. 아무 것도 모르는 이모부가 문을 열어주자 집안으로 들이닥친 형사 세 명은 진걸의 두 손에 수갑을 채웠다.

도망자 정광민의 행복한 하루

혼자 학교 뒷담을 뛰어넘고 달아난 정광민은 16일 낮 1시께 범천동 시외버스 주차장에 도착했다. 빵과 우유로 허기를 채운 그는 마산행 시외버스를 탔다. 버스가 김해를 지나자 추수를 앞둔 황금들판이 광민의 눈 속으로 들어왔다. 몇 시간 전에 광민이 벌여놓은 싸움판과 사뭇 딴판인 목가적 풍경이 펼쳐지고 있었다. 광민은 불안감을 잊을 수 없었다. 눈을 붙이려 해도 잠이 오지 않았다. 마산에 광민이 도착한 것은 오후 2시30분께였다. 그는 곧장 고성행 버스에 올랐다. 고성읍에서는 다시 구만리로 가는 버스에 올랐다. 구만리에 내린 것은 어둑해지고 있던 저녁 6시께였다.

그는 쉽게 친구 재구의 집을 찾았다. 지난 여름방학 때 놀러왔던 기억이 되살아났다. 재구 엄마는 예고 없이 찾아온 아들의 친구를 보고 놀라는 기색이었다. 정광민은 "놀러온 길에 들렀다"고 안심시키려 했다. 그러나 재구 누나가 아무래도 못 믿겠다는 표정을 지었다. 할 수 없이 광민은

"데모가 터져 피해왔다"고 털어놓았다. "재구는 걱정 없습니다"고 안심을 시켰다.

쉰 살 된 재구 엄마는 "마음 푹 놓고 묵었다가 가라"면서 방을 하나 비워주었다. 다음날(17일) 아침 광민은 재구 가족과 함께 논으로 나갔다. 베어 둔 나락을 묶는 일을 거들어주었다.

광민은 화창한 가을 하늘 아래에서 땀을 흘리며 일을 하다가 보니 걱정도 잠시 잊었다. 농촌에서 먹는 점심도 별미였다. 갈치찌개 반찬과 삶은 고구마의 맛이 그저 그만이었다. 재구 엄마는 단감과 밤알도 깎아주었다. 오후에도 광민은 추수를 도왔다. 저녁을 먹고 나서는 안방에 모여 앉아 함께 감을 깎았다. 재구 엄마와 누나와 광민은 오손도손 이야기를 나눴다.

광민이 폐를 끼쳐 미안하다고 했더니 재구 엄마는 "한번만 그런 소리를 하면 쫓아버리겠다"고 고함을 지르며 웃었다. 재구 집에서 둘째 밤을 지내고 일어난 광민은 아침 8시 뉴스를 들었다.

"부산에 비상계엄령을 선포하고……."

광민은 뒤통수를 몽둥이로 얻어맞은 것처럼 한참 멍해졌다. 17일 밤 텔레비전 뉴스를 통해 내무장관의 회견이 보도되면서 데모가 확대된 것은 알았으나 이처럼 엄청난 결과를 빚을 줄은 상상도 못했던 것이다.

광민은 자기의 작은 행동과 비상계엄령 선포 사이의 인과관계를 따져보려 했으나 생각이 정리되지 않았다. 분명한 것은 자기가 '공적 제1호'가 됐다는 점이었다. 그는 재구 가족에게 화를 미치지 않게 하려고 이 집을 떠나야 하겠다고 결심했다. 경찰은 이미 재구의 고향집을 광민이 숨은 곳으로 지목, 형사들을 보냈을지도 모를 일이었다.

아침을 먹고 그는 재구 엄마가 말리는 것도 뿌리치고 집을 나섰다.

재구의 형 옷을 얻어 입고 노잣돈까지 받은 광민은 재구 가족들을 뒤로 하고 마산으로 향했다. 마산에 닿은 것은 18일 오후 2시쯤. 그는 경남매일 신문을 사보고 사태의 심각성을 헤아릴 수 있었다.

이제 어디로 가야 하나. 광민은 돈이 떨어진 마당에서 아무래도 아는 사람들이 많은 부산으로 가는 수밖에 없다고 생각했다. 시외버스 편으로 부산에 돌아왔을 때는 오후 5시. 부슬비가 내리고 있었다.

그는 조방터 부근에 사는 친구 이 모 군의 집을 찾아갔다. 친구로부터 부산 데모의 진상을 속속들이 들었다. 광민은 한 3년 옥살이할 각오를 했다. 저녁밥이 목구멍에서 넘어가질 않았다. 광민은 밤 10시쯤 친구 집을 나섰다.

정광민은 우암동의 자기 마을로 갔다. 그러나 집으로는 가지 못하고 친구들이 자주 모이는 김 모 군의 방으로 갔다. 김 모 군은 군에 입대했으나 그의 어머니는 아들 방을 친구들에게 빌려주어 언제든지 와서 놀게 하고 있었다. 그 방에선 친구인 네 청년이 모여 바둑을 두고 있었다. 광민이 들어가니 모두 놀란 표정을 지었다. 여기서 그는 집에 형사들이 와서 잠복하고 있다는 사실을 알았다.

정광민, 교수 설득으로 자수

친구들은 집에 가지 말고 이곳에서 자라고 권유했다. 정광민은 잠이 들었다. 다음날인 19일 아침밥을 얻어먹은 그는 서면으로 고 모(高某) 양 집을 찾아갔다. 고 양은 부산대학 어문계열 1학년이었다. 광민이 가깝게 알고 지내는 오직 하나뿐인 여학생이었다. 고 양은 걱정스런 표정으로 광민을 맞았다. 광민은 애써 화제를 바꾸려 했다. 한두 시간 둘은 문학을 얘기했다. 광민은 나오면서 책을 많이 읽으라고 권했다. 광민은 이것이 감옥 바깥에서의 마지막 만남이 될 것이라고 생각했다.

광민은 낮 1시에 부산역으로 갔다. 곳곳에 집총자세로 버티고 있는 얼룩무늬 공수부대 사병들이 바로 자기 때문에 저러고 있는 것이라고 생각하니 더욱 불안해지면서 한편으론 어떤 시련도 이겨낼 수 있겠다는 용기와 보람을 느끼기도 했다. 정광민은 16일 새벽에 전도걸과 헤어질 때 19일 낮 1시께 부산역에서 만나자고 약속했었다. 전도걸은 끝내 나타나지 않았다. 정광민은 도걸이 붙들려갔다고 믿었다.

그는 다시 친구 최 모 군의 집으로 갔다. 오후 5시쯤. 구봉성당 뒤쪽에 있는 4수생 최 군의 집에선 광민이 이번 데모를 주동했다는 사실을 알고 있었다. 최 군의 누나는 광민에게 달아나라고 권했다.

광민은 그날 밤을 그곳에서 보냈다. 광민은 주민증을 갖고 있지 않았다. 최 군의 누나는 주민증 대신 신분증명에 쓸 수 있는 광민의 병적확인서를 떼가지고 왔다. 그리곤 광민이 정처 없이 전국을 떠돌아다닐 것에 대비하여 담요, 속옷, 치약, 칫솔, 수건 들을 가방에 차곡차곡 넣어주었다. 이 누나로부터 노잣돈으로 만 원까지 얻은 광민은 밤거리로 나왔다. 이리저리 걸어 다녀봤으나 잠잘 곳을 찾을 수 없었다. 주인 없는 포장마차 술집 안에 들어가 잘까도 생각했으나 용기가 나지 않았다. 광민은 우암동의 한 친구 집에 전화를 걸었다.

"큰일 났다. 너의 집에 형사들이 찾아와 야단이다."

"그건 그렇고 어디 잠잘 데 없을까?"

"글쎄…."

광민은 씁쓸한 마음으로 전화를 끊었다. 광민은 서대신동에 있는 신태곤 상대 학생과장 집 생각이 났다. 부산공전 사건 직후 한 번 찾아간 적이 있었다. 밤 8시께 문을 두드리니 교수가 나왔다. 깜짝 놀라는 표정이었다. 그는 광민을 불러들이더니 커피를 마시게 하고 한참 침묵을 지켰다.

"기분 같아선 뺨이라도 때려주고 싶다만…. 너를 아주 멋있는 놈으로 키워보고 싶었다. 이렇게 나를 배신하다니…."

정광민은 부산공전 신홍석과 관련된 혐의로 경찰에서 조사를 받고 나와 학생과장에게 앞으로는 공부만 열심히 하겠다고 다짐했던 일을 기억해 냈다.

신 교수는 광민에게 그동안 겪었던 교수들의 수모를 얘기해 주었다. 광민이 안 잡히면 경제과 2학년생 모두가 경찰에 붙들려가야 할 판이라고 그는 말하면서 자수를 하라고 말했다. 광민은 교수 집을 찾아올 때는 자수하고 싶은 마음이 조금도 없었다. 신 교수는 끈질기게 광민을 설득했다. 경찰에 고문을 않도록 특별히 부탁을 하겠다고 다짐했다. 광민은 자기 때문에 급우들이 고역을 치르고 있다는 얘기를 듣곤 마음이 흔들리기 시작했다. 그토록 고맙게 자기를 밀어주던 그들이 혼자 달아난 자기를 얼마나 원망하고 있겠는가. 광민은 결단을 내렸다.

"제가 십자가를 지겠습니다."

그는 울먹이면서 말했다. 교수도 눈물이 글썽거렸다. 신 교수는 학생지도관실의 홍 실장에게 자수 문제를 의논했다. 신 교수는 광민을 데리고 동래경찰서 정보과장실로 들어갔다.

"너가 광민인가?"

서울에서 내려왔다는 한 수사관이 그들을 맞았다. 과장은 반장을 불러 진술조서를 받도록 진시했다. 신 교수는 몇 번이고 과장에게 "광민을 잘 부탁합니다"고 부탁한 뒤 광민에게 3000원을 주고 "몸조심하라"는 당부를 남기고 떠나갔다. 문을 나서면서도 몇 번이나 뒤돌아보곤 했다. 광민을 맡은 정보과 형사는 부산공전 사건 때도 광민을 조사했던 신 모 형사였다. 첫날 밤 광민은 정보과 사무실 책상 위에서 이불을 덮고 잠에 들었다.

절망의 늪 속에서 가혹한 신문

이진걸과 정광민 같은 시위 주동자에게는 10·26까지의 며칠간이 가장 암담한 기간이었다. 그들은 끝이 안 보이는 까마득한 터널로 들어온 것 같은 절망감을 느꼈을 것이다.

"살아서 이곳을 빠져나갈 수 있을 것인가."

"젊어서 다시 세상을 볼 수 있겠나."

그런 생각이 들기도 했다. 이들의 절망과는 대조적으로 수사관들은 스스럼없이 가혹한 신문을 할 수 있었다. 계엄령 하에서는 영장 없이 체포·구금이 가능하고 골치 아픈 기자들은 검열로써 침묵시킬 수 있다.

이진걸은 두 차례 통닭구이 고문을 받으면서 여덟 번 물을 먹었다.

"너가 한 짓이 아니다. 누군가가 조종한 놈이 있다. 신민당인가, 남민전인가, 중부교회냐."

이진걸은 없는 배후를 만들어서 얘기할 수는 없었다. 그러나 황선용을 빼주려고 했던 계획은 손쉽게 들통이 났다. 경찰은 이진걸의 등사판을 보관하고 있던 박정일(부산의대 본과 1년)을 붙들어 두었다가 이진걸이 잡히자 함께 여관으로 끌고 다니며 현장검증을 하여 황선용의 공동모의 부분을 밝혀냈다. 이진걸은 보안사령부 부산 분실에 설치된 합동수사단에 넘겨져 배후 조사를 이틀간 더 받았다. YMCA 강당에서 열린 반체제 인사의 강연회에 두 번 간 적이 있다는 것이 밝혀졌다. 이것은 그를 중부교회 최성묵 목사와 김광일 변호사를 중심으로 한 재야세력에 연결시킬 수 있는 자료였다. 합수단에서 이진걸로부터 진술 조서를 받은 부산진서 정 모 형사는 이진걸의 당당한 진술 태도와 굽히지 않는 주장과 성실한 성품에 깊은 인상을 받았다고 뒤에 말했다. 정 형사는 진걸의 필체와 선언문의 필체가 다른 것 같아 선언문을 다시 써보게 했다. 이진걸은 한 자도 틀리지 않고 선언문의 전문을 썼다.

진걸의 조사에서 남성철과 황선용이 드러났다. 진걸로부터 선언문을 받아 뿌린 동고등학교 후배들도 붙들렸다. 태백산맥서점 주인 노승일과 남사당주점 주인 조미화 양도 잡혀왔다. 노승일은 17일에 부산대 학생들에게 "최루탄을 맞고 쓰러진 여고생의 배가 찢겨졌는데도 경찰관들이 계속 두들겨 패더라"는 유언비어를 퍼뜨렸다는 혐의로 구속됐다. 이제 경찰은 김종세·이호철·이진걸·남성철·황선용·노승일을 한 조직 계열로 묶을 수 있게 된 것이었다.

황선용의 투신자살 미수

황선용은 16일 정오께 부산대학교 앞 태백산맥서점에 놀러갔다가 전투경찰관들이 정문 앞에 모여 있는 것을 보았다.

"정말 터졌구나."

기쁘기도 했지만 한편으로는 불안했다. 경찰의 수사가 진행되면 틀림없이 자신에게 화가 미칠 것이라고 생각했다. 그는 집에 있던 지하유인물을 모두 불태웠다. 용공 서적은 절대로 아니지만 오해될 수 있는 책도 불태워 버렸다. 친구들의 이름을 쓴 수첩도 없애버렸다. 교도소에 들어갈 것에 대비하여 교도소에 넣을 책들의 목록을 만들어 사촌동생에게 맡겨두었다. 황선용은 10월18일에 병원에 찾아갔다. 의사에게 당장 수술을 받게 해달라고 졸랐다. 경찰의 손이 닿기 전에 수술을 받고 드러누워 버려야 하겠다는 계산이었다. 그러나 의사는 지금 상태에서는 수술을 할 수 없다고 거절했다.

남성철에 이어 황선용은 10월22일 밤 서면서점에서 붙들려 동래경찰서로 끌려갔다. 고문이 그를 기다리고 있었다. 배후 세력을 대라고 했지만 황선용은 할 말이 없었다. 최성묵 목사와 언제 만났느냐, 양서조합에 들었느냐, 배후 세력으로부터 돈을 얼마 받았느냐…. 목 비틀기, 팔 뒤로 젖히기, 물 먹이기가 계속됐다.

황선용은 수술을 앞둔 골수염 환자라고 했으나 형사들은 아랑곳하지 않았다. 24일 오후 황선용은 동래경찰서 3층 정보과에서 조사를 받고 난 뒤 1층 보호실로 끌려가고 있었다. 3층 계단을 걸어내려 2층 복도에 이르렀을 때 그는 복도 끝이 바깥의 가을 하늘과 환하게 통하고 있는 것을 보았다. 자기도 모르게 그는 그 터널의 끝을 향해 뛰고 있었다. 감시 책임을 맡았던 형사는 벙벙한 상태에서 우두커니 서 있기만 했다. 황선용은 아래로 몸을 날렸다. 머리를 밑으로 하고서. 그래야만 쉽게 죽을 수 있을 것 같았다. 그의 몸은 높이 3미터쯤에 걸쳐져 있던 전기줄에 걸렸다. 몸이 덜컹 한 바퀴 돌면서 그는 땅에 떨어졌다. 오른쪽 어깨가 먼저 닿았다. 그는 이렇게 외쳤다고 한다.

"역사는 끝났습니다."

그때만 해도 황선용은 새 역사가 시작되려 하고 있음을 알 길이 없었던 것이다. 황선용은 어깨에 약간의 상처를 입었을 뿐이었다. 골수염을 앓고 있었던 다리도 무사했다.

정광민, 물고문으로 기절·입원

경찰이 이진걸 계열로 지목하여 붙들어간 부산대 학생들은 거의가 동고등학교 출신과 공대 학생들이었다. 정광민 계열로 지목된 학생들은 대부분 경제과 2학년생 등 상대 학생들이었다.

경제과 2학년 박현호는 10월23일 집에서 동래경찰서 형사들에게 붙들려갔다. 정광민이 선언문을 읽을 때 그는 자기가 갖고 있던 이진걸의 선언문을 건네주었었다. 이것이 죄가 된 것이었다. 정광민이 달아날 때 바꿔 입을 옷을 주었던 엄태언, 정광민의 가방을 받아 갖고 다녔던 하창우, 15일에 정광민과 식당에서 선언문 등사에 대한 얘기를 하다가 결론 없이 헤어졌던 황헌규도 붙들려 가 조사를 받은 뒤 즉심에 돌려져 5일에서 10일까지의 구류를 살았다.

정광민은 자수한 다음날(20일) 밤 10시께 보호실에서 형사들에게 불려 나갔다. 검은 안대로 그의 눈이 가려졌다. 형사들은 그를 끌고 계단을 오르락내리락했다. 밤바람이 그를 스치며 지나갔다. 한쪽이 트인 복도인 것 같았다. 광민은 형사들에게 끌려다니다 보니 어디가 어딘지 알 수가 없었다. 일부러 그렇게 하는 것 같았다. 취조실에서 그는 물을 먹이는 통닭구이 고문을 세 번 당했다. 물고문을 당할 때 광민은 숨을 가득 들이켜 허파를 미리 공기로 채워놓았다. 그들은 거꾸로 매달고 콧구멍 속으로 물을 붓기 시작했다. 2분쯤 지나자 허파에 비축된 공기도 소진되고 그는 정신을 아득하게 잃어갔다. 의식을 잃을락 말락 할 때 형사들은 광민을 풀어주었다. 광민은 숨을 헉헉 몰아쉬었다. 벽에 머리를 박고 자살하고픈 마음이 생기기도 했다.

광민은 경찰의 신문에서 모든 것을 털어놓았다. 전도걸과 함께 선언문을 등사한 사실, 도망다닌 경위, 배후 관계가 없다는 것 따위. 그러나 경찰은 배후 조종자를 대라고 끈질기게 다그쳤다.

"너의 아버지는 고정 간첩이지"라고 묻기도 했다. 이 말에 광민은 악이 받쳤다. 공산당이 싫어 죽음을 무릅쓰고 38선을 넘어온 사람을 간첩으로 몰다니. 광민은 의식이 아득해지는 속에서도 이 비열한 형사에 대한 증오로써 고통을 이겨냈다는 것이다.

정광민은 세 번째 '수도공사'를 당하고는 뻗어버렸다. 팔다리에 경련이 오더니 뻣뻣하게 굳어지기 시작했다. 새파랗게 질린 것이 고문 형사였다.

그들은 광민을 가까운 대동병원으로 옮겼다. 포도당 주사를 맞고 광민은 새벽에 정신을 차렸다.

"이제 괜찮은가 보구나."

근심스런 표정으로 광민을 지켜보던 두 형사는 반갑게 광민의 회복을 맞았다. 그 뒤 광민은 고문을 당하지 않았다. 광민은 보호실에서 처음으로 이진걸을 만났다. 둘은 곧 친해졌다. 정광민은 보호실에 있던 경영과 3학년 권영일이 시멘트 모서리에 머리를 박고 쓰러지는 것을 봤다. 경찰은 권영일이 간질병을 앓고 있어 발작한 것이라고 발뺌했으나, 광민은 집요한 신문을 못 이겨 자살하려 한 것이라고 생각했다.

남민전 관련 수사

황성권은 경찰이 불순분자로 몰기에 가장 알맞은 조건을 갖추고 있었다. 그는 부산 학생이 아니라 서울에서 내려온 대학생이었다. 더구나 그는 서울에서 여러 차례 시위를 주동한 활동가임이 밝혀졌다. 1978년 6월26일 밤의 광화문 시위, 그달 29일 저녁의 YMCA 회관 앞 시위에 황 군은 가담했다는 것이다. 마산이 고향이라 부산에 이어 터진 마산 데모와도 관계가 있을지도 모른다고 경찰은 생각했다. 황성권의 16일 광복동 데모대 지휘는 일사불란했고 구호도 가장 적극적인 것이었다. 때문에 경찰은 데모대 속에 자기의 선동꾼을 심어둔 것으로도 추측했다. 중부경찰서 정보과는 황성권을 수사과 112수사대에 넘겼다. 112수사대는 소매치기나 특수한 강력 범죄를 다루는 형사반이다. 요원들은 고참 형사들. 112수사대장은 부산시경 안에서도 이름을 날린 민완 형사였다. 효주 양 첫 번째 유괴 사건을 해결하여 경위로 특진한 그는 신문을 기술적으로 잘하는 사람으로도 이름이 나 있었다. 황성권을 맡은 형사 다섯 명은 호텔 수사를 시작했다. 남의 눈에 잘 뜨이지 않게끔 수사를 해야 할 때 경찰은 곧잘 호텔방을 빌린다. 목욕탕은 고문 시설로는 뺄 수 없는 것이고 여간 비명을 질러도 바깥으로 새나가지 않기 때문이다. 새부산호텔과 반도호텔을 끌려 다니며 황성권은 문초를 당했다고 한다.

"배후 세력을 대라."

"누가 너를 이곳으로 보냈느냐?"

이것밖에는 묻지 않았다. 다른 말은 들으려고 하지도 않았다. 그가 대답을 하지 않자 형사들은 성권을 고문에 걸었다고 한다. 엎드려 눕게 해놓고 등에 걸터앉아 목을 비틀고 팔을 뒤로 치켜 올리며 자백을 강요했다. 물도 먹였다는 것이다.

고통을 참다못해 그는 "박 아무개를 잘 안다"고 말했다. 박 양은 부산 사태 전에 남민전 요원으로 발표됐었는데 성권은 이 여자와 몇 번 만난 적은 있었으나 당시에는 남민전이란 것이 있는 줄도 몰랐다.

형사들은 흥분했다. 중부서는 시경을 통해 치안본부로 남민전 용의자 체포 사실을 즉시 보고했다. 다른 공안 수사기관에는 알리지 않았다. 치안본부가 생색을 낸 뒤 뒤늦게 이 소식을 통보받은 모 기관은 당황했다. 기선을 경찰에 빼앗긴 것을 알았기 때문이었다.

중부경찰서는 축제 분위기가 됐다. 형사들 사이에 특진 경쟁이 벌어졌다. 성권을 잡아온 형사에게 특진의 기회가 돌아가야 하는가, 아니면 성권의 남민전 관련 사실을 밝혀낸 112수사대 형사들이 특진돼야 하는가로 다툼이 벌어진 것이다.

모 기관 부산 지부의 왕 모 수사관은 성권을 합동수사단으로 데려갔다. 형사들은 왕 수사관이 경찰서장의 양해도 없이 공명심에 눈이 어두워 멋대로 데려갔다고 원망했다고 한다.

이때부터 왕과 황(성권)의 대결이 시작됐다.

"너가 죽어야 내가 산다."

몸무게가 100킬로그램도 넘을 것 같은 왕 수사관은 이렇게 선전포고를 했다는 것이다. 엎드려 눕게 한 뒤 팔을 뒤로 머리까지 치켜올리는 고문을 했다. 성권은 고문 그 자체보다도 고문을 기다리는 순간순간이 더욱 두려웠다. 눈을 가린 채 다음엔 어떤 종목의 고문이 닥쳐올지 조마조마하게 기다리는 순간은 정말 지긋지긋했다. 고무신으로 뺨을 때리거나 물을 먹이고 목을 비트는 그 순간은 오히려 몸의 고통만 있어 견디기가 쉬웠다. 그런 고문은 오히려 성권의 악만 키워주었다. 성권은 왕을 골려주고픈 마음이 생겨 얻어맞으면서 껄껄 웃어젖혔다. 화가 머리끝까지 치민 왕 수사관은 숨을 씩씩 몰아쉬며 성권을 두들겨 팼으나 성권의 얼굴로부터 경멸의 웃음을 지우지는 못했다.

"나는 어릴 때부터 원대한 꿈을 키워온 사람이다. 당신은 날 때릴 자격이 없다."

성권은 그런 소리를 하기도 했다. 며칠 뒤, 서울에서 남민전 전문가들이 내려왔다. 남민전 사건을 취급했던 요원들이었다. 그들을 번갈아가며 황성권을 신문했다.

황성권과 왕 수사관의 대결

황성권은 닷새 동안 잠을 못 잤다. 더 버틸 기력도 사라지고 있었다. 그의 오직 하나 희망은 몸을 눕히는 것이었다. 황성권은 친구들의 이름을 대기 시작했다. 한 쉰 명쯤은 댔을 것이다. 그 가운데는 정애란이란 이름도 끼여 있었다. 정애란은 황성권의 친구인 서 모 군의 여자친구였다. 황성권과도 뜻이 통하는 여자였다. 정애란은 이화여대 법학과를 졸업하고 서울 구로공단의 전자제품 공장에 노동자로 들어갔다.

경기여고를 졸업한 인텔리 어머니와 의사인 아버지는 한사코 딸을 말렸으나 그는 넉 달 동안 공장에서 일하며 한 달에 4만 원의 임금을 받았다. 잠이 모자라 죽겠다던 정애란은 그때 마산의 집에 붙들려 있었다. 황성권은 자신을 누구보다도 잘 아는 정애란이 불려오면 자신이 남민전과는 관계가 없음을 자연스럽게 입증해 줄 것이라고 믿었다. 황성권은 그러나 정양이 바로 옆방에서 조사를 받는 소리를 듣고 미안하여 어쩔 줄 몰라 했다. 성권을 조사하러 내려온 팀은 10명도 넘는 것 같았다. 황성권이 조사받은 방은 붉은 카페트가 깔린 넓은 곳이었다. 김창룡이 썼다는 탁자가 유물처럼 놓여 있었다.

성권은 어느 날 자기를 맡은 다섯 수사관에게 다짜고짜 말했다.

"솔직히 말씀드릴 것이 있으니 한 분만 남고 나가주십시오."

황성권은 홀로 남은 책임자에게 "나는 남민전과는 관계가 없음을 솔직히 말씀드립니다"고 점잖게 얘기했다. 수사관은 그제서야 성권으로부터 놀림을 받은 것을 알고 흥분하여 성권을 두들겨 팼다. 합동수사단은 황성권의 문제로 수사간부회의를 가졌다. 경찰·보안사·정보부 대표들은 성권의 남민전 관련 여부에 대해 견해를 발표했다.

부산 경찰에서 파견된 손창원 경감은 될 수 있는 대로 이 사건을 맨 먼저 제기했던 중부서의 편을 들어주려 했으나 무리로 생각되어 남민전과는 관계가 없다는 견해를 발표했다. 이 회의에서 황성권에 대한 수사를 원점으로 되돌려 다시 시작하기로 방침이 정해졌다.

왕 수사관은 "이 새끼야 스토리가 연결이 돼야 할 게 아니냐"고 다그쳤으나 성권은 자신에게 유리하게 분위기가 돌아가는 것을 깨닫고는 더욱 왕의 각본에 말려들지 않기로 결심을 굳혔다. 수사관들은 성권을 중심으로 한 배후조직의 도표까지 그려 보이며 자백을 요구하기도 했다.

선배 황성권과 함께 16일 오후 광복동에서 데모에 휩쓸렸던 김종철(24·고대 법대 4학년)은 그날 밤 마산으로 갔다. 10월19일 밤 마산 데모 현장에서 붙들린 그는 곧장 부산의 계엄사 합동수사단으로 넘겨졌다. 이곳에서 그는 다음날 새벽 6시까지 일곱 시간 동안 혹독한 신문을 당했다. 수사관들은 그를 발가벗긴 뒤 군 작업복으로 갈아 입혔다. 그는 몇 번이나 기절했다. 수사관들은 남민전 두목 이재문과의 관계를 대라고 윽박질렀다. 기절하면 찬물을 끼얹기도 했다. 박 대통령이 시해되기까지 그는 최근 두 달 동안의 생활을 자술서란 형식으로 수십 차례나 되풀이해 썼다. 원하는 대로 자술서가 써지지 않았다고 판단되면 책상 밑으로 기어들기, 맨바닥에 머리 박기, 머리·허리·엉덩이 등 온몸 구타…. 그는 참다못해 "어머니에게 유언장이라도 쓰게 해 달라"고 수사관에게 소리쳤다.

"너 같은 놈 죽어봐야 자살로 처리하면 끝이다!"

한 소년의 체험기

18일 밤 마산경찰서에 붙들려간 김효영 소년은 19일부터 조사를 받았다. 형사는 다짜고짜 돌을 몇 개 던졌느냐고 물었다(이하는 김 군이 석방된 뒤 나에게 말한 내용을 정리한 것이다).

"안 던졌습니다."

"이 ×새끼가 거짓말을 해?"

형사는 수갑 채인 소년의 팔을 위로 치켜올렸다. 소년은 비명을 질렀다. 소년은 "바른 대로 말하겠다"고 했다.

"돌멩이 몇 개 던졌어?"

소년은 그러나 거짓말을 할 수 없었다.

"안 던졌습니다."

화가 치민 형사는 소년의 무릎 밑에 각목을 끼우더니 꿇어앉게 했다. 구둣발이 허벅지를 짓밟았다. 온몸이 감전된 것처럼 찌릿찌릿 저려왔다. 그래도 이 악바리 소년은 굽히지 않았다.

"몇 개나 던졌는지 모르겠습니다."

"불은 어디에 질렀어?"

"안 질렀습니다."

형사는 지경복이란 17세 소년을 데리고 왔다. 지 군은 혼이 빠진 것 같았다. 그는 김효영과 함께 파출소에 불을 질렀다고 말했다. 김효영은 지경복이 심한 조사의 충격으로 머리가 돈 것이 아닌가 생각했다.

그래도 김 군이 자백을 않자 형사는 지하실로 두 소년을 데리고 갔다.

형사는 효영의 두 눈을 띠로 감아버렸다. 수갑 찬 손목엔 붕대를 감아 상처가 나지 않도록 했다. 그리곤 거꾸로 매달았다. 소년은 몇 번이나 기절했다. 이미 혼이 빠진 지경복은 "나는 기름을 뿌리고 효영이가 성냥을 그었습니다"고 말하고 있었다. 다음날엔 형사가 드라이버를 가져와 책상 위에 내놓았다.

"이것으로 누구를 찔렀지?"

"이것이 뭡니까?"

"이 ×새끼야! 너가 이것으로 우리 경찰관을 찔렀잖아?"

형사는 김효영 군에게 찔렸다는 뚱뚱한 경찰관을 데리고 왔다. 끝까지 소년이 찌르지 않았다고 하자 형사는 소년을 또 지하실로 데려갔다. 이번엔 철봉에 매달리게 했다.

셋째 날엔 형사의 책상 앞에 광택이 나는 차돌멩이 하나가 놓였다. 이돌은 마산경찰서에 붙들려온 사람들에겐 눈에 익어 유명해진 것이었다. 여자 대학생의 핸드백에서 나왔다고 해서 투석의 증거물이 된 그 돌이 이번엔 소년이 파출소에 던진 돌로 변했다. 이 못생긴 돌은 수많은 사람들을 잡아넣는 도구로 사용됐다.

김효영 소년은 돌을 던지고 불을 지르고 경찰관을 드라이버로 찌른 혐의를 덮어쓰고 21일 구속됐다.

유치장에서 김효영 소년은 새벽 2시쯤만 되면 조사를 받고 울면서 돌아오는 여자 5명을 눈여겨봤다. 그들은 유치장에 들어와선 울음을 그치고 찬송가를 목 놓아 불렀다.

"내 주는 강한 성이요…"

"저 높은 곳을 향하여…."

최 모 양은 연방 "우리가 이겼다"고 외쳐댔다. 아가씨들이 '고향의 봄'을 부를 때 소년은 엄마 생각이 나서 따라 울었다.

창원공단의 노동자인 노영식(23)은 19일 밤 마산 시내로 나와 술집에서 술을 마셨다. 밤 9시 반쯤 그는 창원으로 돌아가려고 합성동 버스정류소로 가는 도중이었다. 군인들과 경찰관들을 태운 차들이 오락가락하고 상점은 모두 문을 닫아 거리는 캄캄했다. 암흑 속에서 노영식은 경찰관들에게 덜미를 잡혔다.

"이 새끼가 오동동파출소에서 불지른 놈이다."

변명할 시간도 주지 않고 노영식을 차에 태웠다.

마산경찰서로 끌려간 노영식은 혹독한 고문을 당했다. 직업이 노동이라고 했더니 형사는 "김일성이로부터 무슨 지령을 받았느냐"고 족쳤다. 무릎 사이에 알루미늄 샷시대를 끼우고 허벅지를 구둣발로 콱콱 밟았다. 원산폭격 자세를 시킨 뒤 몽둥이질을 했다. 엎드려 눕게 한 다음 등 위에 올라탄 형사는 목과 팔을 뒤로 젖혀 관절이 우두둑 소리가 날 때까지 당겼다.

"바른말을 하고 싶거든 주먹을 펴!"

고통에 못 이긴 영식은 주먹을 폈다. 그러나 지령을 받은 적이 없으니 무슨 거짓말을 만들어 내고 싶어도 낼 수가 없었다. 오동동파출소가 어디에 붙어 있는지도 모르는 몸인데 불을 질렀다고 얘기하자니 앞이 캄캄했다. 요구하는 대답이 안 나오자 형사는 영식의 목을 비틀었다. 한 150도쯤 돌아갔다. 숨이 막혀 죽을 것 같았다. 형사는 "술에 취한 사람이 오동동파출소에 불을 지르더라"는 목격자의 진술을 들이대며 자백을 강요했다.

영식은 그제야 자기가 술을 마셨다는 것이 용의점이 되어 여기에 붙들려 온 것을 깨달았다. 노영식은 결국 구속돼버렸다.

배후세력 수사

재야의 민권운동 인사들은 부산사태의 현장에 나타나기를 꺼려했다. 그들은 그런 현장에 가까이 있었던 사실 하나만으로도 배후세력으로 몰릴 수 있었기 때문이다. 데모를 하고 싶어 안달이 나면서도 그들은 멀리서 구경을 하거나 현장을 애써 피하거나 일찍 집에 돌아가 박혔다.

19일 김광일 변호사는 엠네스티 임시 간사 김영일을 불러 부산사태를 조사하라고 지시하고 10만 원을 주었다. 토요일인 20일 낮 1시께 부산의 핵심 민권운동가들이 중구 대청동의 어느 개인 의원 2층에 모였다. 맨 나중에 최성묵 목사가 들어왔는데 서울 기독교교회협의회에서 내려온 간사 손학규를 데리고 왔다.

이 자리에서 그들은 우선 부산데모의 실상을 서울에 알리는 것이 급하다고 의견을 모았다. 그래서 보고 들은 것을 모두 손 간사에게 얘기해 주었다. 손 간사는 열심히 노트에 메모했다.

최 목사는 "들어올 때 보니 형사들이 이 주위에 깔려 있더라. 빨리 나가자"고 했다. 김광일은 사무실로 가고 나머지는 중부교회 앞에 있는 대도다방으로 갔다. 이곳에서 그들(최성묵·박상도·김형기·손학규·김병성·김영일)은 뒤따라온 형사들에게 몽땅 붙들렸다.

양서조합 회원인 김병성은 형사들이 다방에 와 있는 것을 모르고 "오늘은 고등학생들이 뛰어 나온단다"고 외치며 들어왔다가 재수 없게 붙잡혔다. 이들은 시내의 모 기관 분실로 끌려갔다. 이들은 양서조합과의 관계를 추궁당했다. 수사기관에서는 양서조합을 이번 사태의 배후조종 세력으로 지목하고 있었다. 이들은 용공으로 몰리지는 않았다.

이들이 기독교인이란 점 외에도 최성묵 목사 같은 이는 혁혁한 반공투쟁 경력을 갖고 있었다. 그는 열여덟 살에 포항에서 6·25 사변을 맞자 청년학도군에 들어가 향토방위를 위해 싸웠고 북괴군에 붙들려 총살형을 당했으나 시신더미 속에서 살아났었다. 부산 미국문화원에서 일했다는 경력도 그의 사상을 보증하는 역할을 했다.

합수단에서 이들은 모두 '잠 못 자는 고문'을 당했다. 최 목사와 김광일 변호사를 뺀 나머지 사람들은 심하게 두들겨 맞았다. 최 목사는 딱딱한 의자에서 5일 동안 한숨도 자지 못했다. 그는 끊임없이 자술서를 써야 했다. 똑같은 내용의 자술서였다. 그러나 수사관의 질문엔 굳게 입을 다물었다. 그를 믿고 고문을 견디며 버티고 있을 동지들을 배반할 수가 없었다.

일찍 포기하고 불기 시작한 까닭

이들 중 가장 먼저 고문에 굴복한 것은 김형기였다.

"지금 생각하면 부끄러운 일입니다만 그때는 모든 것이 끝났다고 생각했습니다. 적어도 10년 이상 징역을 살아야 할 것이라고 계산했으니까요. 그래서 이상록과 고호석의 이름을 대게 됐습니다. 이때 저는 곰곰이 생각했습니다. 일이 어차피 크게 벌어질 바에야 김광일 변호사를 같이 물고 들어가야 나와 후배들이 유리할 것이라는 생각을 하게 됐습니다. 김 변호사가 우리들의 부담을 덜어줄 것이고 법정투쟁에서도 큰 힘이 되리라고 믿었습니다. 이런 운동을 하는 사람들은 후배의 행동 책임을 모두 홀로 안고 들어가는 의지를 가져야 합니다. 내가 그런 의리를 지키지 못하고 먼저 후배의 이름들을 불어버린 것이 큰 잘못이었어요. 후배들이 버티지 못하고 불어버리는 일들을 내가 안고 들어갔어야 했는데 거꾸로 된 것이지요."

뒤에 그는 이상과 같이 솔직하게 자기비판을 했다. 김형기는 양서조합의 성격을 조금 과장하여 진술했다. 양서 보급은 허울에 지나지 않고 속셈은 반유신 운동이라는 투로 얘기하여 수사관들을 흥분시켰다.

김형기의 진술을 바탕으로 하여 합수단에선 부산 민중봉기의 배후조직으로서 이들의 계보를 도표로 그려냈다. 총책은 최성묵이었다. 그와 수평관계에 있는 자금책은 김광일이었다. 총책 밑엔 두 사람의 중간 보스가 있었다. 김형기는 학원 담당책, 박상도는 교회 및 노동 담당. 두 사람 밑에는 다시 실무간사가 있었다. 김형기 밑에는 이상록·고호석 계열, 박상도 밑에는 조태원·김영일. 합수단에선 이상록·고호석 라인을 김종세·이호철·이진걸·정광민으로 연장할 작정인 것 같았다. 말하자면 양서조합이란 단체를 조직한 이 배후세력이 부산대학 봉기를 원격 조종했다는 방향으로 수사를 해갈 작정이었던 모양이다.

조직 계보의 그림은 그럴 듯했지만 이 조직이 부산봉기에 개입했음을 뒷받침할 만한 증거는 아무것도 없었다. 수사관들이 기껏 들추어낸 것도 보잘 것 없는 내용이었다. 10월16일 밤 김광일은 협동서점에 들렀다. 이 서점에는 김형기와 부산대학교 사범대학 음악과 3학년 윤 모 양이 있었다.

김 변호사는 수고한다고 위로한 뒤 "아이들이 들르면 빵을 사주라"고 5만 원을 내놓았다. 김형기는 윤 양에게 빵을 사오도록 시켰다. 합수단에선 김 변호사가 돈을 건네주면서 "오늘 밤은 즐거운 밤이다. 우리 모두 잔치를 벌이자"고 말했다고 주장, 김 변호사가 부산봉기의 배후조직에 자금을 댔다는 증거로 삼으려 했다.

김광일 변호사의 연행

김광일이 최성묵, 박상도 등이 대도다방에서 붙들려간 사실을 안 것은 다음날인 21일이었다. 일요일인 이날 집에서 쉬고 있는데 최준영이 전화를 걸어주었다. 김광일은 다음 차례는 자기일 것이라고 확신했다.

그는 그날 오후, 친구와 함께 사무실로 나가 지하유인물과 민권운동 관계 문서를 보따리에 쌌다. 그리곤 친구의 어머니 집에 갖다 놓았다. 22일 오후 예감대로 중부서 형사가 사무실로 그를 찾아왔다.

"선생님, 이런 일을 맡게 돼서 괴롭습니다만 함께 좀 가셔야겠습니다."

"어디로?"

"계엄사에서 부릅니다."

김광일은 올 때가 왔다고 생각했다. 부산사태의 배후조종 책임을 덮어 써야 할 운명이 그들에게 지워졌다고 믿었다. 그는 사무장을 불렀다. 아무래도 오래 못 올 것 같으니 사건 변론 문제는 친구인 이흥록(李興祿) 변호사와 의논해서 처리하라고 일렀다. 그리곤 비밀저금통장을 내주며 아내에게 가져다주라고 말했다. 김 변호사는 이런 일이 닥칠 것에 대비, 아내 몰

래 적지 않은 돈을 저금해두었던 것이다. 김광일을 태운 승용차는 중앙
동 반도호텔로 갔다. 3층의 어느 방에서 그는 '최 대령'이라고 자기 소개를
한, 서울에서 내려왔다는 정보부 직원과 마주앉았다.

"김 변호사 얘기는 많이 듣고 왔소. 내 부하들은 선생을 이곳으로 모시
는 것을 반대했소. 그들은 더 험한 곳으로 데려가야 한다고 했지만 내가
먼저 선생의 인상을 보기로 했소."

그는 위압적이면서도 정중하게 운을 뗐다. 그런 뒤 10월16일을 전후한
일주일간의 행적을 시간 단위로 써달라고 했다. 김광일의 자술서를 본 뒤
최 대령은 10월16일 사건에 대해 의견을 써달라고 했다.

김광일은 "이번 데모는 학생들의 순수한 행동이며 박 정권에 싫증을 느
낀 시민들이 가세했고 계엄군의 구타 행위는 민심을 동요시키고 있다"고
썼다.

저녁 7시쯤 최 대령은 김 변호사에게 돌아가도 좋다고 했다. 얼떨떨해진
김 변호사는 처음보다는 훨씬 부드럽게 인사를 나눈 뒤 돌아왔다. 그 뒤
며칠 동안 김 변호사는 재판이 밀려 눈코 뜰 새 없이 바빠 불안해할 여유
조차 없었다. 25일 오후 낯선 남자가 사무실로 그를 찾아왔다. 가자는 것
이었다. "어디로?"란 물음에 그는 자기도 모르겠다고 했다. 무조건 내려와
차를 타라는 것이었다. 업무를 정리할 시간을 달라고 했더니 그 남자는
M16소총을 든 헌병을 문 앞에 세워두고 밑으로 내려갔다.

김광일은 이번엔 합수단으로 연행됐다. 어느 방에 김광일이 들어서자마
자 책상 앞 의자에 앉아 있던 사람이 벌떡 일어나 고래고래 고함을 질렀다.

"김광일! 변호는 잘하더라만 목숨 아까운 줄은 몰랐지!"

'저 친구가 겁주려고 저러나' 하고 생각하는데 누가 뒤에서 그의 눈을 수건 같은 것으로 가렸다. 동시에 두 사람이 그의 두 팔을 끼더니 일부러 거칠게 다루면서 지하 계단으로 끌고 내려갔다. 지하 취조실에서 그는 허름한 군 작업복으로 갈아입혀졌다. 한 남자는 그가 입었던 옷을 보관한다는 보관증을 내놓으며 "우리는 국민의 사유재산을 철저하게 보호합니다"고 했다. 김 변호사는 '사유재산은 제쳐 두고 몸이나마 잘 보호해 주었으면 좋겠다'고 속으로 중얼거렸다. 누군가가 그의 눈가리개를 벗겼다. 매트리스와 몽둥이가 김 변호사의 시야에 들어왔다. 그는 접는 의자에 앉혀졌다. 벽을 보도록 앉혀진 김광일의 뒤엔 방위병이 보초를 섰다. 뒤돌아보면 "뭘 봐!"라고 그 방위병은 소리를 질렀다.

"조용한 포구에 김광일이 나타난 뒤로는…"

이윽고 신문이 시작됐다. 최 모 수사관이 그를 맡았다.

"선생은 율사지요. 잘 아시겠지만 이런 사건 수사가 좀 무리해도 문제되는 것 못 보셨죠. 나는 당신의 부엌에 있는 숟가락 숫자까지 알아요. 그런데 당신이 쓴 진술서는 거짓말투성이더군요. 그러나 애들은 순진해요."

그는 김 변호사가 16일 밤에 5만 원을 양서조합 서점에서 건네 준 사실을 물고 늘어졌다.

"아, 즐겁다. 오늘 잔치를 벌이자"고 고함지르며 김광일이 돈을 던져 주더라고 학생들이 자백했다는 것이었다. 김영일에게 조사비 10만 원을 준사실도 그들은 알고 있었다. 먼저 불려간 사람들이 신문을 받고 입을 열었음이 틀림없었다. 김광일은 다른 사람들이 얘기한 것만 확인해주었다. 수사관은 김광일을 배후조직의 자금책으로 설정한 것 같았다. 그는 진술서 한 쪽을 쓰는 데 한 시간을 잡아먹을 만큼 수사관과 실랑이를 벌였다. 수사관은 책상을 치며 위협도 하고 달래기도 했다.

"조용한 포구이던 부산에 김광일이 오면서부터 시끄럽게 됐다"고 무성영화 변사 같은 열변을 토하기도 했다.

그날 늦게 김 변호사는 다시 사복으로 갈아입혀져 시내 분실로 옮겨졌다. 입구 방에 김영일이 의자에 차렷 자세로 앉아 있는 것이 보였다. 그도 같은 신세가 됐다. 김광일이 꾸벅꾸벅 졸면 군인이 와서 깨웠다.

"정 그렇게 졸면 물리력을 행사하겠다"고 협박하기도 했다. 잠 안 재우는 고문이 시작된 것이었다. 김광일은 자기를 지키는 방위병과 군인들의 이름을 외워두었다. 법정에 섰을 때 잠을 못 자게 했다는 증인으로 그들을 세우려는 계산에서였다.

김광일은 할 수 있는 데까지 싸우며 버티기로 했던 것이다. 수사관에게는 "언젠가는 이 사회에서 다시 만날 터인데 이럴 수가 있느냐"고 은근히 위협을 했다.

"남의 인권을 위해 투쟁해온 내가 내 인권이 이처럼 짓밟히는데 가만히 있을 줄 아느냐"고 말하기도 했다. 김광일은 수사관들이 강요하는 내용을 진술서에 써넣을 때에는 용어를 그들의 부르는 대로 쓰고 글자의 끝을 치켜 올리는 식으로 표기했다. 법정에서 그는 "재판장님! 진술서의 문장과 필적이 표가 나게 다른 부분이 있습니다. 그것은 가혹행위로 강요된 진술 부분입니다"고 말할 참이었다.

7 :

박정희의 마지막 나날들

"각하께선 한번 쉬셔야"

10월21일 오후 김계원 실장 집 일요일인 이날 유정회 조일제(趙一濟) 의원은 김계원 비서실장으로부터 '만나자'는 전갈을 받았다. 정보부에서 국내 정치담당 과장·국장·차장보를 오래 지낸 조 의원은 과거의 상관인 김 실장 집으로 찾아갔다. 김 실장은 시국수습에 대한 의견을 물었다. 유신 선포 무렵의 정치공작을 맡았던 조 의원은 이틀 전 부산·마산을 다녀와 그 전날 태완선 유정회 의장에게 현지 실정을 보고한 적이 있었다.

조 의원은 솔직하게 이야기했다.

"유신헌법의 정신이 지금 왜곡되고 있습니다. 당초의 헌법 정신은 대통령이 당적(黨籍)을 갖지 않고 초당적 차원에서 국정을 통괄하고, 국무총리는 야당도 될 수 있도록 한 것입니다. 2원집정제적인 요소가 있는 헌법입니다. 그래야 대통령이 국회의원의 3분의 1을 지명할 수 있는 정당성을 갖게 되는 것 아닙니까. 그런데 박 대통령께서 공화당 총재직을 맡아 여당의 당수가 되셨습니다. 야당 입장에서 보면 정권장악이 구조적으로 불가능하게 된 것입니다. 그러니 극한투쟁이 안 될 수가 있겠습니까. 이제는 우리나라의 체구도 커졌으니 옷을 갈아입어야 합니다. 대통령이 공화당 총재직을 내어놓고 국방, 통일 문제 등 큰 줄기만 붙들고 자질구레한 건 민주화해야 합니다."

김 실장은 무릎을 탁 치며 말했다. 얼마 전 대통령이 "김 실장, 아무리 생각해도 내가 공화당 총재를 맡은 건 잘못된 것 같아"라고 말하더란 것이다. 10년간 대만에서 대사 생활을 하는 바람에 국내 정치정세에 어두워진 김 실장은 무슨 뜻인지 몰라 가만히 있었다는 것이다.

김 실장은 "그런 질문을 다시 할지 모르니 건의서를 하나 써달라"고 부탁했다. 조 의원은 며칠간 국회도서관에 틀어박혔다. 유신 선포의 막후 연출가인 이후락 의원을 찾아가 당초의 구상을 확인하기도 했다. 유신 선포 당시 정치담당 국장이던 조 의원은 2원집정제의 논리로 야당 인사들을 설득, 유신 찬성 서명을 받았었다. 그러나 박 대통령이 공화당 총재직을 수락하자 화가 나서 공화당 고위 당직자에게 "이건 사기 아니냐"고 대든 적도 있었다고 한다.

이날 자 내외통신에 따르면 북괴는 20일에 이른바 조국전선중앙위 긴급확대회의를 소집한 데 이어 21일에는 평양시 군중대회라는 걸 열고, 부산 사태의 전국적인 확산을 겨냥하여 한국 대학생 및 시민들의 반정부 투쟁을 극렬하게 선동했다는 것이다.

10월22~23일 공화당 의원회의 박 대통령의 지시에 따라 공화당은 이틀간 무역회관 식당에서 상임위원회별로 의원들의 시국수습책을 들었다.

식당 문을 닫아걸고 기자들의 출입도 막았다. 신형식 총장은 "발언내용은 내가 책임진다"는 대통령의 말을 전하고 "한 사람도 빠지지 말고 이야기해야 한다"고 했다. 오랜만에 언론자유를 얻은 여당 의원들은 솔직한 이야기들을 쏟아놓았다. "정보부장을 바꾸라" "청와대 비서실을 개편해야 한다" "후계자를 빨리 부상시켜야 한다"는 이야기에 이어 "각하께서 한번 쉬시는 게 좋겠다"까지 나왔다. 신 총장은 이 발언들은 첨삭하지 않고 충실히 기록, 두툼한 보고서를 만들었다. 청와대에 보고서를 가져가기 직전인 24일 대통령 비서실에서 전화가 왔다.

"각하께서 그 보고를 안 듣겠다고 하십니다."

신형식은 맥이 탁 풀렸다. 그는 지금도 "그때 안 듣겠다는 것이 대통령의 뜻이 아니었다고 생각한다. 대통령의 귀를 가리는 자들의 소행이었을 것이다"고 말하고 있다.

엇갈린 보고 올려

백두진 당시 국회의장은 이 무렵 김재규의 직접 전화를 받았다. "부마사태를 조종한 것은 남민전 조직이라는 증거가 나오기 시작했다"는 내용이었다. 김의 이 통보는 황성권을 남민전 관련자로 착각한 부산 수사진의 보고를 그대로 전한 것으로 보인다. 김정섭 제2차장보도 10·26 뒤 계엄사 합동수사본부에서 조사를 받을 때, 부마사태의 배후조직을 ①남민전,

②기독교 계통, ③불평불만자라고 진술한 것으로 미루어 '남민전 조종' 쪽으로 수사 방향이 기울고 있었던 것 같다. 18~25일 사이 김재규는 부마사태에 대해 매우 엇갈리는 보고를 올렸다. 개인적으로는 측근들에게 부마사태가 장기집권에 대한 염증에서 비롯됐고 배후는 없다고 말하곤 했지만 공식회의에선 상투적인 원인 분석을 보고하곤 했다.

임방현(林芳鉉) 당시 청와대 대변인(지금 민정당 의원)의 증언: "관계자 회의에서 김재규는 부마사태의 주모자를 첫째 신민당, 둘째 학생, 셋째 제5열의 개입 등 세 갈래로 추정, 조사하고 있다고 보고하는 것을 들었다. 박 대통령을 마주 보지도 못하고 아래로 시선을 비켜 던진 채 풀죽은 표정으로 보고서를 읽고 있었다. 정보부장이 저런 애매한 보고를 해선 곤란하다는 생각이 들었다."

김치열 법무장관의 증언: "안보회의에서 김재규의 보고사항 중에 신민당이 조종했다는 내용이 분명히 들어 있었다. 나는 다른 계통으로 부산사태에 대한 정보를 받고 있었으므로 '저게 아닌데' 하는 생각을 했다."

재판 과정에서의 진술대로 김재규가 내심으로는 부마사태를 정확히 파악하고 있었는지는 알 수 없으나, 공식적인 자리에선 신민당이나 불순세력의 조종을 보고하고 있었다. 이것이 자신의 역심(逆心)을 위장하려는 행동이었는지는 알 수가 없다. 10월22일 현홍주 국장이 작성, 대통령께 보고한 부마사태에 대한 전반적인 판단서는 정확했다는 평을 받고 있다. 이 1차 보고서는 부마사태의 원인을 여러 갈래로 분석한 것이었다. 그 뒤의 김재규 보고는 주로 배후세력 수사에 관련된 부분이었다. 수사가 오락가락했으므로 김재규의 보고도 일관성이 없었는지는 알 수 없으나 국가 위기에 있어서의 정보책임자로서는 신뢰감을 주지 못했던 것 같다.

김재규는 대체로 부마사태를 과대평가하는 쪽으로 보고한 흔적이 있다. 5대 도시로 확산된다든지 하는 것이 그런 예이다. 반면 차지철은 확산의 염려가 없다는 식으로 보고했다. 박 대통령은 이 경우에도 차의 보고를 선호했던 것 같다.

김재규는 이때 파리에서 일어난 김형욱 실종 사건에도 신경을 쓰고 있었다. 부하 간부가 10월22일 해외출장 목적지에 파리를 집어넣어 결재를 올리자 "이럴 때 왜 하필 그곳에 가느냐"면서 신경질을 내곤 목적지 변경을 지시했다.

정국 전환의 구상에 몰두

10월23~24일 청와대 10월22일 김치열 법무장관은 박 대통령의 부름을 받고 청와대에 들어갔다. 단둘이서 장시간 부마사태 등 시국문제를 이야기했다. 다음날도 두 번째의 단독 면담을 했다.

두 차례 면담에서 김 장관은 난국을 타개하는 근본적인 대책으로서 유신헌법의 개정을 건의했다. 개헌의 골자는 유정회 제도를 없애고 통대(統代·통일주체국민회의 대의원)에 의한 대통령 간선제를 바꾸자는 것이었다. 박 대통령은 "나도 같은 의견이다"는 태도를 보였다. 김 장관은 "개헌문제를 연구해보라"는 뜻으로 해석했다. 첫날 면담 도중 박 대통령은 "정보부에서 몇 년 근무했지" 하고 물었다. 김 장관은 1970~1973년 사이 김계원·이후락 부장 아래에서 차장으로 일한 적이 있었다. 박 대통령의 물음에서 김 장관은 대통령의 보다 깊은 의중을 읽었던 것 같다.

김 법무는 한 달 전에도 대통령과 단독 면담을 했었다. 이 자리에서 박 대통령은 "이번 임기가 끝나기 전에 그만두고 싶다"고 얘기했다고 한다. 박 대통령은 유신체제를 시한성이 있는 비상조치로 생각하고 있더란 것이다.

박 대통령과 김 장관의 면담 직후 권력층 주변에선 '후임 정보부장에 김치열'이란 얘기가 돌았다. 당시 공화당 의원이었던 이후락은 10월24일에 같은 선거구 출신인 신민당 의원 최형우를 만나 당직 사퇴를 권유하면서 그런 귀띔을 했다.

김치열 장관은 박 대통령에게 직언을 설득력 있게 잘하고 대통령의 신임 또한 두터운 사람으로 알려져 있었다. 신민당이 득표율에서 공화당에 1.1퍼센트 앞섰던 1978년 12월12일의 총선은 '역사상 가장 깨끗했던 국회의원 선거'로 평가되기도 한다. 당시 내무장관이었던 김치열은 "정치 민주화는 조국 선진화의 요체이며, 이를 위해선 관권선거의 전통을 이 기회에 끊어야 한다"고 대통령에게 건의했다. 정보부에서도 "유정회가 있는데 굳이 부정선거를 할 필요가 없다"고 건의, 이 총선에서 행정기관은 공화당 의원들이 매정하게 생각할 정도로 중립을 지켰다.

김 장관은 신민당 김영삼 총재 제명 직전엔 "강경책이 백약지장(百藥之長)이라면 팔레비나 소모사의 말로가 왜 그렇게 되었겠습니까"라는 일종의 '상소문'을 개인적으로 박 대통령에게 올린 적도 있었다. 그는 열흘 전의 임시 국무회의에서 부산 지역에 대한 비상계엄령 선포에도 반대했었다. 이러한 김 장관에게 박 대통령이 중앙정보부장 자리를 맡기기로 결심했다면 그것은 정국의 근본적인 전환뿐만 아니라 유신체제의 진로에 대한 재검토를 뜻하는 것이었으리라.

박 대통령은 늘 장기집권의 심리적 부담을 느끼고 있었다. 한 달 전쯤 새마을운동 담당의 박진환(朴振煥) 특별보좌관에게 박 대통령은 불쑥 "김영삼이 대통령이 되면 정치적으로 새마을운동을 없애버리겠지"라고 말했다. 박 대통령은 정권에 관계 없이 새마을운동이 계속되려면 농협이 앞으로 이 운동을 주관하도록 해야 한다고 말하더란 것이다.

박 대통령은 부마사태를 계기로 두 달밖에 안 남은 1980년대에 대한 큰 구상을 하고 있었음이 확실하다. 1978년 유신헌법 하의 두 번째 임기에 취임한 직후 박 대통령은 통대 제도를 '당적을 가진 선거인단 제도'로 바꾸고, 대통령 후보도 정당 추천이 가능하며, 찬반 연설도 할 수 있도록 개선해야겠다는 소신을 피력한 적도 있었다.

부마사태 이전부터 임방현 대변인은 1980년도 기자회견 내용의 준비 작업을 하고 있었는데, 그 줄거리는 1980년대에 우리 사회를 '자율과 개방'으로 성숙시켜 나가겠다는 것이었다. 박 대통령의 이런 1980년대 구상의 상당부분이 제5공화국에 의해 수용된 점은 주목거리다.

김영삼 총재가 제명되던 날 차지철은 대통령을 수행, 지방 시찰을 갔다가 서울로 돌아오는 차 중에서 카폰으로 공화당 간부와 전화 연락을 하여 제명을 확인한 다음, 도중의 어느 호텔에서 점심을 먹는 자리에서 대통령에게 "각하, 이제부터야말로 진짜 정치를 할 때입니다"고 힘주어 말했는데 대통령은 묵묵부답이었다. 박 대통령이 구상하던 1980년대의 새 정치가 차지철이 생각한 새 정치와 같을 리야 없겠지만, 그것은 '민주주의'가 아니었음도 명백한 것 같다. 당시 청와대의 정치담당 수석비서관이었던 유혁인은 최근 나에게, "요즈음 발표되는 회고물 기사에 보면 박 대통령이 10·26 직전에 자신의 거취에 관한 구상을 하고 있었고, 누가 대통령에게 물러날 것을 권했다는 증언이 나오는데, 나는 두 가지 점을 확언할 수 있다. 대통령 면전에서 그만두라고 한 사람도 없고, 대통령이 장기집권 체제 자체를 양보하려고 한 적도 없다"고 말했다.

박 대통령은 5·16 때부터 그가 혐오해온 '구 정치인' 집단을 청소한 뒤 깨끗한 정치판을 합리적인 정치인들에게 물려주고 일선에서 물러나 후견인 역할을 할 뜻도 있었다는 게 당시 측근들의 얘기다. 김영삼 제명은 그런 청소 작업의 시작이었다는 풀이다. 박 대통령의 구상을 실천하기 위해선 정운갑 대행체제로 상징되는 야당의 어용화가 그 수단으로 이용되어야 했고, 여당권의 도구화도 불가피한 것이었다. 정치의 결벽성을 무리하게 추구하면 정치를 위해 정치를 말살시키는 결과를 빚게 된다는 걸 몰랐다는 점에서 "박 대통령은 본질적으로 정치인이 아니라 개혁가(reformer)요 교사(teacher)였다"는 해석도 있다.

안보담당 특별보좌관이었던 김경원 박사는 박 대통령 생존 시에는 "이분은 유교적이고 일본적인 철학을 가진 우리나라의 마지막 통치자가 될 것이다"는 평가를 하곤 했다.

주변을 정리하기 시작

이즈음 박 대통령은 이승의 생활을 정리하는 듯한 행동을 보였다. 이것은 물론 10·26 뒤 박 대통령의 행적을 되돌아보았을 때 느낀 감회이긴 하다.

박 대통령은 10월6일 박지만 육사 생도를 데리고 경북 구미시 상모동 선영을 찾아 성묘를 했다. 박 대통령은 이날 갑작스런 귀향을 반기는 주민들의 인사에 일일이 답례하고 생가에 들러 주민들과 잠시 담소를 나누었다. 박 대통령은 마을 어귀에 세워진 노인정을 찾아 바둑을 두고 있던 노인들과 인사를 나누기도 했다.

그 두 달 전인 8월7일에는 역대 각 군 참모총장들을 청와대로 초청, 만찬을 대접했었다. 참석자들은 느닷없는 대통령의 초대에 영문을 몰라 어리둥절해 하며 만찬 장소인 청와대 구내 영빈관에 들어섰으며 생일 케이크가 놓인 것을 보고 다시 한 번 의아해 했다. 그들이 아는 한 박 대통령의 생일은 분명히 11월14일(음 9월30일)이었기 때문이었다. 만찬장에는 악사들이 궁중복 차림으로 앉아 은은한 아악(雅樂)을 연주하고 있었다.

만찬이 시작되자 박 대통령은 참석자 중 제일 연장자인 건군의 산파역 이응준(李應俊) 장군과 메인테이블에 자리를 잡고 인사말을 했다.

"선배님 생신을 제가 모르고 지내 송구스럽게 생각합니다. 며칠 전 어느 신문을 보고 지난 7월20일이 선배님 생신이셨던 것을 처음 알았습니다. 그래서 뒤늦게나마 생신을 축하드리기 위해 선배님과 역대 총장들을 모시고 저녁이나 함께 하자고 이 자리를 만들었습니다."

그제야 의문이 풀린 참석자들은 이 장군의 생일을 박수로 축하하고 모처럼 대통령과의 한때를 흥겹게 보냈다.

만찬이 끝나고 헤어질 때 박 대통령은 이 장군에게 은밀히 "한 가지 청을 들어달라"며, "선배님께서 아흔 고령에 차가 없어 무척 불편해하신다는데 조그만 성의지만 생일선물로 승용차 한 대를 준비했으니 받아주십시오"라며 이 장군에게 자동차 한 대를 선사했다. 이 장군은 "대통령 각하께서 여러 가지 국사로 바쁘신데 다 늙은 노인을 잊지 않고 이렇게 생일 축하를 해줘서 몸 둘 바를 모르겠다"고 눈물을 글썽이며 감격했다.

박 대통령은 10월8일 오후 서울 종로구 구기동 북한산 계곡에서 청와대 비서실 직원들과 함께 자연보호운동을 벌였다. 박 대통령은 "그동안 자연보호운동으로 자연경관이 많이 깨끗해졌으나 자연보호운동을 하는 날만 깨끗해서는 안 되며 평소에도 항상 깨끗해야 한다"고 강조했다. 박 대통령은 이날 자연보호운동을 마치고 산을 내려오는 길목에 허술하게 세워진 방범초소를 지적, "예산을 지원해서 잘 지어주도록 하라"고 지시하는 등 평소의 그의 세밀함을 나타내었다.

10월11일 저녁엔 이례적으로 주한 외교사절들을 경주 보문단지로 초청, 만찬을 베풀었다. 이것이 한국 주재 외국 외교관들과의 하직 인사가 됐다. 12일 오후 박 대통령은 그의 역사의식이 상징된 경주 통일전을 참배하고, 화랑교육원을 시찰했다.

박 대통령은 통일전을 나서면서 누렇게 물결치는 논 사이로 훤히 일직선으로 뚫린 신작로를 내려다보며 경내의 조경 상황을 치하하고 앞으로의 관리 등에 관해 지시했다.

이어 화랑교육원에 들른 박 대통령은 정문 앞에 도열한 교직원들을 일일이 악수로 격려하고 대강당에서 마침 연수 수강 중인 영남대학교 학생들의 책상 사이로 들어가 교과서를 펼쳐보며 학년과 학과 등을 물어보고 잠시 강의 광경을 지켜봤다.

박 대통령은 경내를 걸어가면서 신축 중인 분임토의실을 살펴보고 교직원 사무실과 연수생 숙소 내부를 자세히 돌아봤다. 박 대통령은 이 자리에서 화랑교육원 교직원과 통일전 직원들을 위해 3~4층 규모로 약 50세대분의 아파트를 짓도록 하라고 김무연(金武然) 경북지사에게 지시하고 즉석에서 아파트 대지를 지정하고 설계도를 작성해 보내면 건설비를 지원해 주겠다고 말했다.

때마침 교육원 입구에서 삼국통일에 관한 설명을 듣고 있던 관광객들과 초등학교 학생들이 손을 흔들며 인사하는 가운데 이곳을 떠난 박 대통령은 분황사지에 들러 지난번 시찰 때 지시했던 경내 정화사업의 추진 상황을 직접 확인했다.

김재규·황낙주의 담판

10월24일 오전 궁정동 부산지구 계엄사령부는 25일 오후 포고문 제2호를 발표, 통금시간을 종전대로 환원한다고 발표했다. 일단 사태는 수습된 것으로 판단한 것이었다. 김재규도 이날부터 신민당 공작을 본격적으로 재개했다.

신민당 황낙주 총무는 23일 정보부 김정섭 차장보로부터 만나자는 전화를 받았다. 이튿날 오전 약속된 장소인 백남빌딩의 한 사무실로 들어갔다. 들어가자마자 모르는 사나이가 불쑥 전화기를 내밀었다. 엉겁결에 받았다. 김재규였다.

"아이고, 황 총무님 오랜만입니다. 중대한 문제가 있으니 지금 이리로 와 주십시오. 안내는 김 차장보가 할 겁니다."

이렇게 해서 황낙주는 생각도 못 했던 장소로 가게 됐다. 그는 백남빌딩 사무실에서 집으로 전화를 걸어 "지금 정보부로 가는데 저녁까지 안 돌아오면 김영삼 총재에게 연락하라"고 당부를 해놓았다.

황 총무를 태운 뉴코로나는 낡아서 페인트가 벗겨지고 안에는 흙탕물이 괴어 있어 발을 놓을 수가 없을 정도였다.

불안 속에서 차가 당도한 곳은 궁정동의 정보부장 사무실이었다. 문 앞에서 낯익은 김 부장이 기다리고 있었다. 응접실로 황낙주를 안내한 김재규는 30분 동안 딴소리만 했다. 도쿠가와 이에야스 이야기를 하더니 "지도자는 후퇴를 잘해야 한다"고 말하기도 했다. 박 대통령의 위대성에 대해서는 열을 내며 말했다. 이윽고 부마사태 이야기가 나왔다.

"신문에선 양아치와 불량배가 데모했다고 하지만 실은 선량한 시민들과 학생들이 대부분이었습니다. 우리가 이 난국을 수습 못 하면 광화문 네거리가 피바다가 됩니다. 이걸 수습할 분은 나와 황 총무뿐입니다."

이렇게 해서 본론이 시작됐다. 김재규는 "난국 수습을 위해선 김영삼 총재가 당의 일선에서 물러나야 하며, 황 총무도 원내총무직을 사퇴해 주어야겠다"고 말했다. 그는 이어서 "김영삼 총재는 나와는 같은 피가 섞인 일가가 아닌가. 내가 그분이 망할 일을 하겠는가. 당신도 사퇴하면 진해여상의 확장을 도와주겠고 2~3년 뒤에는 롤백할 수 있도록 밀어주겠다"고 미끼를 던졌다.

황 총무는 김재규가 말을 조리 있게 잘하는 데 놀랐다. 김재규는 계속해서 "만약 황 총무가 불응하면, 아무리 내가 당신과 친하지만 윗분의 지시가 있을 경우, 감옥에 안 보낼 수가 없다. 당신에 대한 모든 비위 조사는

다 돼 있다"고 위협했다. 황 총무는 "당신과 나의 의견은 하늘과 지하실만큼의 차이다. 차라리 서대문형무소로 가겠다"고 했다. 평행선만 긋는 이야기는 무려 네 시간이나 계속됐다. 김재규는 애원·설득·협박을 번갈아 하면서 끈질기게 물고 늘어졌다. 황낙주에게 그것은 고문이었다.

부마사태가 진정되자 김재규는 중단된 신민당 당직자 사퇴 공작을 재개했었다. 이후락에게 부탁, 자신이 실패했던 최형우 의원의 당기위원장 사퇴 설득을 다시 시도하도록 했다. 이후락은 같은 선거구 출신인 최 의원에게 사퇴를 종용했으나 실패했다. 김재규의 의도는 황 총무 등 당직자들을 사퇴시키고 정운갑 대행체제를 출범시키겠다는 것이었다.

황 의원은 오후 4시쯤 "선약이 있다"고 거짓말을 한 뒤 궁정동 사무실을 나왔다. 김재규는 문밖까지 따라 나오면서 "내일 기자회견을 통해 사퇴를 발표해 달라. 일을 잘 처리하고 함께 진해의 맑은 공기나 마시러 가자"고 다짐을 놓았다.

황 의원은 그 길로 같은 선거구의 공화당 의원 박종규를 찾아갔다. 박 의원은 황 의원의 이야기를 다 듣고 나서 바로 청와대에 대통령 면담 신청을 했다. 오후 5시30분께 최광수 의전수석비서관이 "지금 바로 들어오시랍니다"란 연락을 해왔다.

박 대통령, 박종규에게 교섭 지시

24일 저녁 청와대 박종규가 청와대에 들어가니 대통령은 집무실 옆 식당에서 칵테일을 들고 있었다. 신직수, 김계원, 유혁인 등이 함께 있었다.

"마산은 어땠어? 자네 집은 피해 없었나?"

박종규는 자기가 보고 들은 부마사태의 심각성을 이야기하고, 온건한 대책을 건의했다. 7시 반쯤 저녁 식사가 끝나고 다른 사람들이 일어서는데 박 대통령은 "자네는 남게"라고 했다. 두 사람만 남자 박종규는 "각하, 오늘 낮에 황낙주 총무가 찾아왔습니다"고 말문을 열었다.

"김재규를 만났대?"

"그런 말은 없었습니다. 만났더라도 그런 말 하지 말라고 주의를 받았겠지요."

"알아. 아까 다 보고받았어."

박종규는 김영삼 제명과 선별수리론의 부당성을 험구까지 섞어가며 솔직하게 털어놓았다. 그는 공화당의 경직성도 비판했다. 박 대통령은 "당에서 김영삼이를 제명해야 한다길래 나도 처음엔 반대했는데 계속 제명을 주장하더니 이렇게까지 몰고 갔어"라고 했다. 두 시간쯤 이야기를 했는데 대통령은 "그렇다면 자네가 나서서 일단 김영삼과 의견을 나누어보게"라고 했다.

10월25일 오전 청와대 박종규는 25일 아침 황 총무를 초대, 아침을 먹으면서 박 대통령과의 대화 내용을 들려주었다. 그리고나서 김 총재의 태도를 빨리 알려달라고 했다. 김 총재를 만나고 나서 황 의원은 다시 박 의원에게 "김 총재도 난국 수습엔 동감이다. 긴급조치 9호의 철폐와 민주화 추진은 선행돼야 한다. 야당 분열공작도 중단돼야 한다"는 뜻을 전했다.

박종규는 5일 오전 10시께 그 내용을 가지고 박 대통령을 만나 1시간가량 이야기했다. 박종규는 이 자리에서 "박 대통령께서 김 총재의 조건을 거의 긍정적으로 받아들였다"고 생전에 증언했었다. "단, 앞으로도 질서 파괴와 폭력을 수반하는 불법 행위는 없어야 한다"고 친필로 메모까지 해 주었다는 것이다. 박 대통령을 하직하고 나오는데 입구에 차지철 경호실 장의 보좌관이 기다리고 있다가 "실장님이 점심을 대접하고 싶다고 하십니다"는 전갈을 했다. "시간이 없으니 차나 한 잔 들고 가지" 하면서 경호실장실로 들어갔다. 차 실장은 박 의원을 '실장님'이라고 부르면서 깍듯이 대했다.

"이틀 동안 각하와 무슨 말씀을 나누셨습니까?"

"중요한 이야기는 하나도 없었어."

박 의원은 퉁명스럽게 하대하는 말을 했다.

"혹시 김재규 정보부장을 바꾸겠다는 말씀은 안 하셨습니까?"

박종규는 '김과 차의 불화가 이 정도로 깊은가' 하고 속으로 탄식했다. 박종규는 차를 높게 평가하지 않고 있었다. 밑에 데리고 있을 때 그의 성품을 간파했기 때문이었다. 겉으로는 우쭐해 하지만 소심하고 겁이 많은 것이 차지철이었다.

그래서 1974년에 후임을 천거할 때도 박종규는 5·16 때 맨 처음 한강다리를 건넜던 해병대 출신 오정근(吳定根)을 밀어 대통령의 내락까지 받았었다. 그러나 대통령의 인척이 다녀간 뒤 박 대통령은 갑자기 태도를 바꿔 차를 선택했다는 것이다.

최근 김영삼은 나에게 "박종규 씨가 말한 그런 교섭에 대해서는 아는 바가 없다. 박종규 씨가 대통령으로부터 그런 중대한 일을 위임받았으리라고는 생각되지 않는다"고 말했다.

정보부 무능 준열히 꾸짖어

25일 정오 청와대 박진환 농촌담당 특보는 여느 때처럼 청와대 경호실 식당에서 점심을 먹고 있었다. 그때 본관에서 그를 찾는 전화가 왔다. 박 대통령이 부른다는 것이었다. "좀처럼 낮에 부르는 일이 없는 분인데…" 하면서 박 특보는 혹시 개각을 하는데 자기보고 뭘 맡으라고 하는 게 아닌가 상상했다.

박 대통령은 식당에서 김계원 실장, 김용식 주미대사, 최광수 의전수석 비서관과 함께 스테이크를 들고 있었다. 박 대통령은 박 특보에게 스테이크 한 덩어리를 더 먹으라고 권하곤 다른 동석자들과 이야기를 계속했다. 그러다가 갑자기 "박 박사 고향이 마산인데, 이번 사태를 어떻게 생각해?"라고 물었다.

박 특보는 며칠 전 마산에 사는 친척들을 만나 들은 이야기가 생각났다.

"민심이 떠나가는 것 같은 기분이 듭니다. 국민들이 새마을운동에도 옛날처럼 열을 내지 않는 것 같습니다. 지방 관리들이 올리는 새마을 관계 보고나 통계도 과장된 것이 많습니다. 정부와 국민이 뭔가 헛돌고 있는 것 같습니다."

"그건 고약한 일인데."

"12월 초에 장충체육관에서 열 새마을지도자 대회도 박수만 요란하지 김이 빠질 것 같습니다."

박 특보의 말을 한참 듣고 있던 박 대통령은 이렇게 말했다.

"그래, 그것 참. 부산 광복동에서 파출소에 불을 질렀는데, 옆에 있던 반티이(함지박) 장수들이 손뼉을 쳤다는 거야. 그렇다고 그 아줌마를 좌익이라고 할 수 있어? 평소에 그 파출소에서 노점 아주머니들을 얼마나 괴롭혔으면 그랬겠어. 역시 이것은 정당이나 정치에 맡겨야 할 문제가 아니라 정부가 나서서 책임지고 해결해야 할 문제야."

말을 끝맺자 박 대통령은 벌떡 일어섰는데, 박 특보의 눈에는 '결연한 의지'의 표시 같았다. 비서관이 "회의 시간이 다 됐다"고 대통령에게 알렸다.

박 대통령은 근본적으로 정치에 기인한 부마사태를 정치로서가 아니라 행정으로 해결하겠다고 하고 있었다. 정치가로서 그의 한계였다.

25일 오후 청와대 청와대 소접견실에서 오후 2~4시 사이 안보회의가 열렸다. 대통령, 총리, 부총리, 외무·법무·내무·국방·보사·문공장관과 청와대에서 김계원·서종철·신직수·유혁인·고건·임방현, 정보부에서 김재규·현홍주가 참석했다. 현 국장이 부마사태에 대한 총괄적인 보고를 했다(현 국장은 10월22일에 대통령에게 1차 보고를 했었다). 원인 분석 중에 '장기집권 운운'하는 이야기가 나오니까 박 대통령은 "정부의 실정보다는 김영삼이의 영향이 더 크다"고 코멘트를 했다.

보고가 끝나자 박 대통령은 준열하게 꾸짖었다.

"이번 부마사태에 대해 정보부와 내무부 등 정보기관은 크게 반성해야 한다. 사전에 정보활동을 충분히 해내지 못했기 때문에 큰 소요로 확대된 것이다. 이번 사태는 ①사전 정보활동의 부족, ②초동단계 진압의 실패,

③일선 공무원들의 안일한 대(對)국민 자세에서 기인한 만큼 각 기관은 이의 시정을 위해 최대한 노력하도록 하라.”

한편 10월22~25일 사이 김계원 비서실장은 이미 전면 개각을 위한 인선작업에 착수, 친한 사람들로부터 인물들을 추천받고 있었다.

김 실장이 박 대통령의 명령에 따라 인선작업을 진행했는지는 확실하지 않으나, 박 대통령이 정보부장 등 권력 핵심부의 교체를 계획하고 있었음은 확실하다.

정보부장에는 김치열 당시 법무장관과 김용식 당시 주미대사가 거론되고 있었고 강창성 당시 해운항만청장과 조병규(趙炳奎) 당시 유정회 의원의 입각도 거의 확실해진 상태였다. 차지철은 10월24~25일께엔 친한 사람들에게 “이번에 정보부장을 바꾸겠어!” 하고 큰소리를 치고 있었다.

박 대통령, 최상의 기분

<u>10월26일 새벽 2시 박종규 집</u> 잠자리에서 박종규는 전화벨 소리를 들었다. 시계를 봤다. 새벽 2시였다. 수화기를 드니 대통령이었다.

“자네 어제 낮에 나한테 한 말이 틀림없지? 아침에 삽교천에 가는데 돌아와서 구체적인 이야기를 하도록 하세.”

대통령은 상당히 기분이 좋은 것 같았다.

<u>26일 오전 청와대</u> 김재규는 삽교천 방조제 준공식 행사에 자기도 참석하고 싶다는 뜻을 경호실에 알려왔다. 이날엔 삽교천 행사 이외에 김재규의

업무와 관계가 있는 시설의 준공식도 있을 예정이었다. 차지철은 매정하게 김의 제의를 거절했다. 이것이 이날 김재규에겐 첫 번째의 기분 나쁜 일이었을 것이다.

김계원 비서실장은 부산·마산을 다녀온 박승규(朴升圭) 민정수석비서관으로부터 보고를 받았다. 계엄군의 강경책이 민심에 악영향을 끼치고 있다는 내용도 있었다. 김 실장은 "내일 대통령께 보고할 때 차 실장의 월권행위에 대한 보고도 같이 하라"고 지시했다. 김 실장은 얼마 전 박 대통령에게 "정치문제에 청와대가 직접 손대는 것은 좋지 않다"고 완곡하게 말한 적이 있었다. 박 대통령은 금방 알아듣고 "차 실장은 국회의원을 지냈으니 알아서 할 것이다"고 했었다. 김 실장은 김재규가 차의 견제를 받는 바람에 부하들로부터 "왜 우리가 할 일을 못 찾아 먹느냐"는 반발을 받고 있다는 것을 알고 있어 그를 도와주고 싶어 했다.

10·26 뒤 군사재판정에서 김계원은 차 실장의 월권 문제에 대해서 이렇게 진술했다.

"정치문제에 대해 대통령을 직접 보좌하는 청와대 근무자 이외에는 정치에 개입치 말아야 하나 차 실장은 정치에 비교적 깊이 개입했습니다. 또 군 관계에 있어서도 지휘계통을 문란시킬 위험성이 눈에 띄었습니다. 이런 것을 저는 월권적이라고 생각했습니다."

"차 실장을 내보내는 것은 내가 할 일이 아닙니다만 박 대통령 각하께 건의하여 대통령이 직접 차 실장에게 주의를 주시도록 해야겠다고 마음먹었습니다."

한편 부산지구 계엄사령부는 이날 새벽을 기해 시내에 배치했던 군 병

력을 주둔지로 철수시켰다. 계엄사령부는 평온한 시내 분위기의 지속을
당부하는 담화문을 발표했다.

불길한 징조, 노루의 횡사

26일 오전 삽교천 김계원 실장은 삽교천 방조제 준공식 행사에 참석한
대통령을 수행했다. 대통령 전용차에 동승한 김 실장에게 박 대통령은,
"노모님의 병세가 어떻습니까" 하고 물었다. 김 실장이 병세가 좋지 않다
고 했더니, 대통령은 "내일과 모레 고향에 내려가 자당님을 모십시오. 이
틀간 찾지 않겠습니다"고 말했다.

오전 11시 정각 박 대통령은 헬리콥터 편으로 당진에 도착했다. 삽교천
방조제 준공식에서는 이희일 농수산부장관의 경과보고에 이어 박 대통령
의 치사가 있었다. 이날 치사를 라디오나 텔레비전을 통해 들은 사람들 중
엔 "대통령의 목소리 같지 않다"고 느낀 이들이 많았다.

단상 행사를 마친 뒤 박 대통령은 준공 테이프를 끊었다. 이 마을 최고
령자인 83세의 이길순 노인을 나오게 하여 같이 끊었다. 이 노인이 당황하
자 대통령은 "하나, 둘, 셋 하면 자르십시오"라고 가르치기도 했다.

테이프를 자르고 배수갑문 스위치를 눌렀다. 용트림하듯 쏟아져 나가는
물줄기를 바라보는 대통령의 표정은 밝았다. 방조제 위의 포장도로를 시
주한 뒤 삽교호 기념탑 제막식에 참석, 제막용 줄을 잡아당겼다. 기념탑에
씌워진 커튼이 반밖에 걷히지 않는 '사고'가 났다.

기념탑 주변 평야에 야적된 볏단을 바라보던 박 대통령은 뒤를 따르는

관계관 및 출입기자들에게 "물이 괸 논은 벼를 다발로 묶어 십자형으로 나무를 세우고 그 위에 걸쳐 말리면 습기가 완전히 제거되어서 벼이삭도 잘 건조된다"고 설명해주기도 했다.

박 대통령이 방조제 준공식에 참석하러 내려올 때 이용한 3대의 헬리콥터가 도로에 대기하고 있었다. 비서실장·경호실장과 함께 1호 헬리콥터에 오른 박 대통령은 헬기가 시동을 걸고 준비를 하는 동안 앉은 자리에서 먼 들판을 응시하고 있었으며 헬기가 이륙하기 직전 고개를 돌려서 좀 떨어져 대기하고 있던 출입기자들에게 손을 흔들어 보였다. 국내외 출장 등 갖가지 공식 행차에 그림자같이 수행하며 대통령의 동정을 취재 보도하던 수행기자와의 마지막 작별인사는 이처럼 말 없는 속에 이뤄졌다. 박 대통령은 헬리콥터편으로 인근에 도착, 최근 완공된 한 통신시설의 준공 테이프를 끊고 내부 시설을 돌아본 뒤 건물 앞뜰에서 기념식수를 했다.

26일 정오 도고온천 박 대통령은 통신시설을 둘러본 뒤 점심을 들기 위해 헬기편으로 도고온천 관광호텔로 향했다. 헬기가 내릴 때 두 번째 '사고'가 났다. 이 호텔에서 사육하는 노루가 프로펠러 소리에 놀라 뛰다가 무엇인가에 부딪쳐 즉사한 것이었다.

이날 박 대통령의 기분은 최상이었다. 언제나 농촌에만 나서면 신이 나고 힘이 펄펄 솟는 사람이었다. 1973년 11월 광주의 전국 새마을지도자 대회에서 "후세에 너의 조상이 누구냐 묻는다면, 나의 조상은 1970년대의 새마을운동에 앞장서서 알뜰하게 일한 바로 저 마을의 농민이었다고 떳떳하게 말할 수 있는 유산을 후손에게 남겨주자"는 즉석 연설을 한 사람이었다.

　이 대회가 끝난 뒤 서울로 돌아오는 도중 내장사(內藏寺)의 숙소에서 그날의 감격을 '새마을 노래'의 제4절 작사로 푼 사람이었다. 음악과를 나온 둘째 딸과 함께 피아노를 치면서 '나의 조국'을 작사·작곡한 사람이었다. '나의 조국' 가사를 직접 지어 노산 이은상에게 교열을 부탁했더니, 노산은 빨갛게 고쳐서 돌려주었다. "백두산의 푸른 정기 이 땅을 수호하고…" 식의 가사는 고루하고 궁상맞게 들리니 정의와 자유라는 낱말을 많이 쓰는 게 좋겠다는 의견까지 달았다. 박 대통령은 이에 대해 여러 사람의 의견을 구한 뒤 자신의 고집대로 해버렸다.

　1974년 8월16일 새벽 육 여사의 빈소를 지키고 있는 장관들에게 "국민장이라고 해서 모든 장관들이 있을 필요가 없으니 수원 새마을연수원에 입교하도록 된 장관들은 예정대로 들어가라"고 당부한 사람이 박 대통령이었다.

　도고호텔에서 점심을 들면서 박 대통령은 7일 전에 있었던 이광요 수상과의 대화를 소개했다.

　"이 수상이 그러는데, 공산당과의 싸움에선 내가 죽든지 적을 죽이든지 하는 두 길밖에 없다는 거야. 어중간한 방법으로 안 된다는 거야."

서울 상공 한 바퀴 돌며…

　<u>26일 오후 2시 아산만</u> 도고호텔을 떠난 헬리콥터 1호기는 박 대통령을 태우고 아산만 상공으로 향했다. 대변인 등 청와대 참모들이 탄 2호기는

1호기로부터 "먼저 통과, 서울로 가라"는 연락을 받았다. 경호원이 탄 3호기는 기체 고장으로 이륙이 약간 지체됐다. 이것은 이날의 세 번째 '사고'였다. 박 대통령의 1호기는 제2종합제철 후보지로 거론되던 아산만 상공에서, 또 대통령이 가장 존경하던 충무공의 현충사 상공에서 한참 머물러 있다가 서울로 향했다. 박 대통령의 공중 시찰 때문이었다. 청와대엔 2호기가 먼저 착륙했다. 청와대 참모들은 1호기를 기다렸으나 보이지 않았다. "무슨 일이 생겼나"는 생각이 들 정도로 오래 기다렸다.

이때 박 대통령은 1호기로 서울 상공을 한 바퀴 돌고 있었다. 6·25의 폐허 위에서 솟아나 그의 시대에 세계적 대도시가 된, 콘크리트 정글의 모습을 그는 마지막으로 보고 있었던 것이다.

26일 오후 청와대 한참 만에 청와대에 착륙한 1호기에서 내리면서 박 대통령은 기다리던 사람들에게 아주 다정하게 손을 흔들어주었다. 계속 기분이 좋은 것 같았다. 오후 5시 조금 넘어 임방현 대변인은 초등학교 동창회에 참석하기 위해 퇴근 채비를 하고 있는데, 박 대통령으로부터 전화가 걸려왔다. "연두 기자회견 준비는 어떻게 돼가나?"라고 물었다. "이미 착수했습니다"고 했더니 대통령은 매우 기분이 좋은 듯 "참 잘했어. 아주 잘했어"라고 칭찬을 한 뒤 전화를 끊었다.

8 :
살의(殺意)의 탄생

'해치울 수 있는 기회'

10월26일 오후 정보부장실 26일 점심 때 김재규 부장은 박준규 공화당의
장을 궁정동의 부장 사무실로 초대, 식사를 같이 했다. 김 부장은 부산사
태 직후인 10월18일 부산에 다녀온 이야기를 했다. 그는 시민이 학생과 합
세, 폭동으로 번진 가장 큰 원인이 조세저항이라고 말했다. "제가 몇 시간
동안 광복동에 서서 왜 여기서 대규모 시위가 터졌는지 지형을 관찰했었습
니다"고 말하기도 했다. 이날 오후 2시 김재규는 며칠 전 귀국한 장성 출
신 재미동포 이 모 씨를 남산 사무실에서 만났다. 이 씨는 김형욱의 자서
전이 안 나오도록 김재규와 김형욱 사이에서 교섭을 중계해준 사람이었다.
10분간 계속된 면담에서 김 부장은 초조해 보였고 표정은 굳어 있었다.

오후 4시쯤 김재규는 집무실에서 차지철의 전화를 받았다. "오후 6시부

터 궁정동에서 '대행사를 갖는다"는 전갈이었다. 김계원 실장은 오후 4시 30분쯤 차 실장의 전화를 받았다.

"오늘 6시에 각하를 모시고 만찬을 하게 되니 6시 전까지 부장한테 가시오."

김계원의 사무실에는 유정회의 최영희(崔榮喜) 의원이 와 있었다. 저녁 식사를 같이 하기로 약속이 돼 있었던 것이다.

궁정동의 정보부장 공관 옆 식당에선 한 달에 열 번쯤의 만찬이 있어왔는데, '대행사'란 여자 2명과 대통령, 경호실장, 비서실장, 정보부장이 참석하는 모임을 이르는 말이었다.

궁정동 행사는 보안 유지를 위해 이후락 부장 때부터 시작했고 신직수 부장 때부터 본격화됐다. 50명의 정보부 경비병이 배치돼 있었다. 정보부 경비병은 외곽 경호, 대통령을 수행하는 청와대 경호원은 내부 경호를 책임졌다.

차의 전화를 받은 김재규는 15분쯤 있다가 정승화(鄭昇和) 육군참모총장에게 전화를 걸어 "저녁이나 같이 하자"고 했다. "사복으로 갈아 입고 저녁 6시30분까지 궁정동의 부장 집무실로 오라"고 했다. 김은 이어 김정섭 제2차장보에게 "5시30분까지 궁정동으로 오라"고 지시했다. 김재규는 대통령과의 만찬이 있는 줄 알면서 정 총장을 겹치기로 초대했다. 그것은 바로 '살의(殺意)의 탄생'이었다. 결행 뒤 육군참모총장의 힘을 빌리겠다는 계산의 실천이었다.

차의 전화를 받은 그가 정승화 총장에게 전화를 걸기까지의 15분 사이 무슨 생각을 했는지는 알 길이 없다. 추리만 가능할 뿐이다. 확실한 것은 이날 박 대통령의 기분은 최상이었는데, 김재규의 기분은 최악이었다는 점이다.

김재규가 박 대통령에게 26일까지 마무리짓겠다고 약속했던 '신민당 당직자 사퇴 및 정 대행 출범 공작'은 전날에 완전 실패로 끝나고 말았다. 황낙주·최형우의 설득이 실패한 것은 물론이고 당직 백지화 운동을 벌이던 비주류 의원들까지도 갑자기 김영삼 총재 지지 쪽으로 돌아서버렸다. 이런 급변은 24일에 공화당이 신민당 의원직 사퇴서를 일괄 반려할 방침을 밝힌 것과도 유관했다. 이것은 여당 측도 김영삼 체제를 인정한다는 인상을 주어 신민당에서의 김 총재 입장이 강화됐던 것이다.

김재규는 "공화당의 발표가 대(對)신민당 공작을 물거품으로 만들었다"고 화를 냈고 김 차장보는 박준규 공화당 의장서리에게 이 불만을 전달했다. 어쨌든 김재규는 또다시 실패함으로써 대통령을 볼 면목이 없게 된 것이었다.

김재규는 이때쯤 김치열 법무가 정보부장 후임 물망에 올라있다는 사실을 알았을 것이다. 본인은 재판정에서 시종 몰랐다고 했으나 부마사태 이후 청와대 주변에선 개각설과 정보부장 교체설이 파다했었다. 실제로 김계원 실장은 여권 내의 친한 사람들과 만나며 정보부장 후임자 추천과 이에 대한 인물평을 모으고 있었다. 당시 내무장관 구자춘도 정보부장 후임으로 거론되고 있었다. 김재규는 박 대통령으로부터 버림받는다는 소외감을 느끼지 않을 수 없었을 것이다. 동시에 자신의 관리 하에서 '해치울 수 있는 기회'는 그날이 마지막이란 생각을 했을 것이다.

부산사태의 현장 시찰에서 민심이 박 정권에서 떠났다는 판단을 했고 그런 생각은 그에게 용기를 더해주었을 것이다. 그의 법정진술대로 유신의 심장만 쏘면 정권은 저절로 붕괴될 것이라고 생각했는지도 모른다. 여기에다가 차 실장에 대한 증오감은 극에 달해 있었다. 더구나 이날 아침엔 자신의 대통령 수행 제의도 거절하지 않았던가.

"차지철, 저놈이…"

<u>26일 오후 5~6시 궁정동</u> 김재규는 오후 5시 조금 지나서 궁정동에 도착, 2층 사무실로 올라갔다. 금고에서 7연발 월터 권총을 꺼내 노리쇠를 전진 후퇴시켜 고장 유무를 확인한 뒤 서가 뒤에 숨겼다. 5시 10분쯤 김계원 비서실장이 왔다. 궁정동엔 비서실장도 비서를 대동치 못하며, 식당에는 직접 들어갈 수가 없고 반드시 안내원의 안내를 받아 부장 사무실로 가야 한다.

김계원은 김재규의 사무실에서 그를 위로했다. 김 부장이 이 며칠간 야당 공작에 애를 썼으나 실패한 걸 알았기 때문이었다.

"나도 정보부장을 지냈지만 마음대로 안되는 것이 정치요."

"사회의 공기가 얼마나 험악한지 실장님은 모르실 겁니다. 계엄 선포로 며칠은 조용하지만 얼마나 가겠습니까."

"왜 그렇게 약하오. 우리 정부가 오늘 내일 쓰러질 것도 아닌데 왜 겁이 나서 그러오?"

"차 실장 저놈이 무슨 일만 있으면 야당 의원 한두 명의 이야기만 듣고 쪼르르 달려가 고자질만 해서 각하의 판단을 흐려놓고 있습니다. 오늘 그 친구를 해치우겠습니다."

대강 이런 이야기가 사무실과 정원에서 오갔다. 김재규가 "형님, 뒷일을 부탁합니다"는 말을 했다는 데 대해서 김계원은 법정에서 부인했다. "해치우겠다"는 말도 그 전에 여러 번 들었기 때문에 심각하게 여기지 않았다는 것이다.

김재규는 식당으로 가는 도중 "오늘 갑자기 웬일입니까" 하고 물었다. 김계원은 "나도 몰라요, 삽교천 제방공사 준공식에 참석, 먼 거리를 여행하신 후라 피로하여 일찍 쉬실 줄 알았는데…"라고 답했다.

"나도 갑자기 연락을 받았는데, 그 전에 정 총장을 초대해 놓았습니다."

이 대화로 보아 갑작스런 궁정동 만찬은 차 실장이 박 대통령을 위로하기 위해 마련한 것임이 거의 확실한 것 같다. 부마사태로 심기가 불편하던 대통령이 농촌바람을 쐬고 기분이 좋아지자 여흥으로 발전시킨 것이다.

한편 정승화 총장은 오후 5시30분경에 총장실에서 나와 한남동 공관에 가서 사복으로 갈아입었다. 오후 6시10분경에 공관을 출발했다. 전속부관 이재천(李在千) 소령이 승용차 앞자리에 앉았다. 정 총장은, 6시35분쯤 궁정동 정보부 사무실에 도착했다. 정문초소 안에서 경비원이 바깥을 보더니 문을 열어 주고 누군가가 나와서 안내를 해 주었다.

정 총장이 안내자를 따라서 들어가는데 뒤에 도착한 승용차에서 내린 한 중년 신사가 따라왔다. 사복 차림의 전속부관 이재천이 그 신사에게 "우리 참모총장이십니다"라고 소개를 했다.

신사는 문전(門前)에서 "제2차장보입니다"라고 인사를 하더니 정 총장을 안내하여 1층 대기실로 같이 들어가 앉았다. 이때 정보부장 수행 비서관 박흥주(朴興柱) 대령이 오더니 차장보에게 귓속말로 말했다.

"부장께서 각하와의 만찬자리에 가시면서 두 분이 먼저 식사를 하시라고 했습니다."

김정섭(金正燮) 차장보는 정승화 총장에게 양해를 구했다.

"부장님이 대통령 각하의 저녁 부름을 받아서 제가 대신 왔습니다. 미안하다고 말씀하시면서 총장님을 모시고 있으면 끝나는 대로 오시겠다고 하셨습니다."

정승화 총장은 기분이 나빴다. 돌아갈까 하다가 전에도 있었던 비슷한 일이 생각났다. 지난 봄인데 김재규가 3군 참모총장들을 저녁에 어느 음식점으로 초대해 놓고서 불참했다. 갑자기 대통령의 호출을 받았다는 것이었다. 이때도 김학호(金學浩) 정보부 감찰실장이 대신 와서 접대를 하다가 김재규가 늦게 합류한 적이 있었던 것이다.

26일 저녁 6~7시 궁정동 식당 박 대통령과 차지철이 도착한 것은 오후 6시5분경. 나동(棟) 만찬장의 자리 배열은 직사각형 식탁의 한쪽에 박 대통령이 혼자 앉고, 그 맞은편에 김재규와 김계원, 차 실장은 김재규의 왼쪽 측면에 떨어져 앉았다. 상 밑이 패여 발을 아래로 걸치고 앉을 수 있는 자리였다.

박 대통령은 앉자마자 부마사태와 관련, 국내 치안에 별 이상이 없느냐고 물었고, 김재규는 평온하다고 대답했다. 이어서 삽교천 이야기, 신민당 공작 실패, 정보부의 무능, 김영삼 구속 문제 등으로 화제가 전개됐다. 박 대통령은 김재규를 공박하고 차지철은 이에 가세하는 형편이 됐다.

김계원은 김재규가 일방적으로 너무 몰리는 것이 안타까웠다. 분위기를 바꾸어 보려고 이렇게 말했다.

"김 부장이 칵테일도 잘합니다. 그런데 김 부장, 칵테일은 어떻게 하는 거요."

"술 한 잔에 물 두 잔을 부으면 됩니다."

무뚝뚝하게 대답하는 김 부장에게 위로의 뜻으로 술을 권했더니 큰 잔에다가 양주를 희석시키지도 않고 그냥 부어서 돌려주는 것이었다.

뒷날 김계원은 법정에서 이렇게 진술했다.

"김재규가 앞마당에서 저와 이야기할 때 시해 계획을 세웠던 것으로는 생각지 않습니다. 만찬이 시작된 후 40~50분 동안 정치 얘기가 오갔는데, 이때 김재규 피고인이 굉장히 어려운 처지에 몰려있어 갑자기 결심한 것으로 보입니다."

이때 이 방과 붙은 대기실에서 대통령 경호관들과 함께 앉아 부름을 기다리고 있던 여가수 심수봉 양도 "누구 목소리인지는 모르겠지만 언성이 높아지는 것을 들었다"고 증언했었다.

자리를 빠져나와

저녁 7시를 지난 시각, 여가수 심수봉과 여대생 신재순이 들어와 박 대통령의 양쪽에 앉았다. 두 여자의 등장으로 술자리의 분위기는 다소 누그러졌다. 박 대통령은 빠른 속도로 술잔을 비웠다. 그는 시바스 리갈을 주전자에 부어서 마시고 있었다. 양주잔은 주로 대통령과 김계원 비서실장

사이에서 오고갔다. 차지철 경호실장과 김재규 정보부장은 술잔에 입술을 갖다 대는 시늉만 하고 있었다. 김재규는 담배도 피우지 않았다.

신재순 양이 보니 김재규가 맞은편에 앉아서 고개를 떨구고 있는데, 신양의 오른쪽에 앉아 있던 차 실장이 또 한마디를 거드는 것이었다.

"요즘 정보부는 뭘 하는지 모르겠어. 부산사태만 해도 그렇지."

대통령은 다시 시국문제를 꺼냈다. 차 실장이 계속해서 자극적인 발언으로써 대통령을 부추겨 이 화제에서 벗어나지 못하게 하고 있는 형국이었다.

"오늘 삽교천에 가 보니 공해도 없고 공기는 그렇게 좋은데, 신민당은 왜 그 모양이오."

"신민당은 주류가 중심이 되어 강경으로 돌아섰습니다. 정운갑을 미는 것은 비(非)주류인데 국민들은 이들을 사쿠라시(視)하니 힘이 없습니다. 주류의 협조가 없이는 정 대행 체제의 출범이 불가능합니다. 우리가 공작하던 현 당직자 백지화도 수포로 돌아갔습니다."

"그까짓 새끼들 싹 쓸어버리겠습니다."

차 실장은 예의 강경한 소리를 되풀이했고, 김 부장은 대책 없는 비관론을 되풀이하니 대통령도 난감한 표정이었다.

김재규가 암살준비를 위해서 만찬장을 뜬 시각은 지금까지의 수사발표에선 저녁 7시 직후로 되어 있었다. 이번에 필자가 관련 수사자료를 면밀히 검토한 결과 저녁 6시40분경임이 확실해졌다. 김재규가 두 번째 자리를 뜨고 나서 상당히 오랫동안 돌아오지 않자 (아마도 10~15분간 자리를 뜸) 김계원 비서실장은 불안해졌다.

"각하를 모시고 하는 행사인데 주인이 되는 사람이 자리를 비워 송구스럽고 그 전에 정치문제로 이야기가 전개되었을 때 난처한 입장에 놓여 있었기 때문에 혹시 하는 생각이 나서 불안해졌다."(합수부 진술서)

그 사이 김재규는 슬그머니 안방을 나와 마당을 지나서 쪽문을 통해 한 50미터 떨어진 본관으로 갔다. 식당으로도 쓰이는 1층 회의실 문을 여니 정승화 총장과 김정섭 제2차장보가 환담하고 있었다. 양복 차림의 김재규는 좀 과장된 말투로 말했다.

"정 총장, 정말 미안합니다. 계엄사태 하에서 정보부가 여러 가지로 판단한 자료를 가지고 이야기를 좀 나누려고 했는데, 대통령 각하께서 갑자기 만찬에 부르시니 안 갈 수도 없고…. 금방 끝내고 올 테니 이 사람과 이야기를 나누고 계십시오."

김재규는 억지기(氣)가 있는 너털웃음을 터트리더니 이렇게 덧붙였다.

"이 사람, 국내담당 차장보는 나라 안이 돌아가는 것을 저보다 더 잘 알고 있습니다. 저도 빨리 끝내고 오겠습니다. 같이 식사를 하면서 기다려 주십시오. 김영삼이도 내가 다 손들게 만들어 놓았는데, 제 말을 안들어 이 지경이 되었습니다."

정 총장과 김정섭 차장보를 모시는 책임을 지고 있던 윤병서(尹炳書) 비서는 김재규가 이 두 사람과 한 5~10분쯤 이야기하다가 나왔다고 기억했다. 김재규는 회의실을 나와서 2층으로 올라갔다. 화장실에서 소변을 보면서 그는 엄청난 생각을 하기 시작했다.

"차 실장을 쏘아 버릴까. 그런데 차 하나 쏘아서 근본적인 문제 해결은 안 되지 않는가. 한다면 각하를 제거해야지 하고 거사를 결심하게 되었습

니다."(합수부 진술서)

김재규가 범행 이틀 뒤인 10월28일에 작성한 자필진술서의 이 대목은 당시 살의의 발전경로를 정직하게 고백하고 있다. 범행 직후에 썼다는 점에서도 그러하고 그 뒤 여유가 생겨서 자신의 행동을 과장, 미화, 합리화하기 전 비교적 순수한 상황 아래에서 작성했다는 점에서도 그러하다. 이 진술서 그대로 그의 살의를 격발시킨 것은 이날 밤 차 실장의 오만방자한 언동이었다. 대통령과 저녁을 같이 하게 되어 있다는 것을 알고도 육군참모총장을 별실로 초대할 때부터 김재규는 살의의 불씨를 지펴가고 있었으나 확정된 의지는 아니었다.

이날 대통령과 경호실장이 다른 모습을 보였더라면 김재규의 생각도 바뀌었을 것이다.

그런데 이날 분위기는 두 사람이 마치 짜고 그러는 듯이 김재규 부장을 일방적으로 몰아붙이고 있었다. 여기서 결정적으로 울컥해 버린 김재규는 문제의 차지철을 죽이려고 했으나 대통령이 걸림돌이 됐다.

'더구나 대통령은 저 오만방자한 차지철을 편애해 왔고 이날도 합세하다시피 하여 나를 몰아세우지 않는가' 하는 생각. 바야흐로 배신감이 살의로 바뀌고 있었다.

"각하까집니까?"

"박정희까지 쏘자"는 결론에 도달한 김재규는 화장실에서 나와 서가 뒤에 감추어 두었던 32구경의 작은 독일제 호신용 권총을 꺼내 바지 오른쪽 호주머니 속의 유달리 크게 만든 라이터용 주머니에 집어넣었다. 나동(棟)의 관리책임자인 남효주는 대통령 일행이 식사 중인 안방에 음식을 들고 들어갔다가 부장이 보이지 않자 신경이 쓰였다. 그는 방을 나오자마자 현관으로 가 보았다. 부장의 신발이 없었다. 주방으로 돌아오니 식당차 운전사 김용남이 보였다.

"과장님이 어디에 계신가?"

"저 뒤 어디에 있을 것입니다."

남효주는 경호원 대기실로 가 보았다. 그는 의전과장 박선호를 발견하고는 "부장이 나가신 지 오래되었는데요"라고 일러주었다. 박선호는 항상 갖고 다니는 손전등을 비추면서 구관 쪽으로 건너갔다. 구관과 본관 사이 쪽문에서 경비를 서고 있던 장민순(張珉淳) 경비원에게 물어보니 부장은 5분 전에 쪽문을 지나 본관으로 갔다고 했다.

부장 수행비서관 박흥주 대령은 본관 1층에 있는 부속실에서 오전에 하던 여권 서류정리를 계속하고 있었다. 박 대령은 김재규가 정승화 총장을 만난 뒤 2층으로 올라가서 권총을 꺼내 바지 호주머니에 넣고 내려올 때까지도 서류정리에 몰두하고 있었다.

본관 정문에서 인터폰으로 "부장이 나가십니다"는 연락을 받고서야 현관 문밖으로 나가서 부장이 나오기를 기다렸다. 김재규는 본관을 나오더니 박흥주 대령에게는 아무 말을 하지 않고 구관 쪽으로 걸어갔다. 이때 박선호는 본관 현관을 걸어 내려오는 김재규·박흥주 두 사람을 만나자 플래시를 비추면서 부장 곁을 따라갔다. 박흥주는 뒤에 처졌다. 구관으로 통하는 쪽문에 거의 다 가더니 김재규는 돌아서서 박 대령을 향해서 이리로 오라는 손짓을 했다. 세 사람은 구관으로 들어가서 잔디밭에 들어섰다. 김재규가 말했다.

"둘 다 이리와."

어두운 가을밤 찬 공기를 마시면서 이야기하는 모습이 됐다. 박흥주가 보니 김 부장은 '주기(酒氣)가 어리고 긴장된 표정'이었다. 김재규는 상의를 들어올리고 오른쪽 바지 호주머니를 툭툭 치면서 흥분된 말투로 말했다. 박선호가 보니 호주머니가 불룩했다. 박 대령의 시야에는 호주머니에 있는 권총이 살짝 들어왔다.

"자네들 어떻게 생각하나. 나라가 잘못되면 자네들과 나는 죽는 거야. 오늘 저녁에 내가 해치운다. 방에서 총소리가 나면 너희들은 경호원들을 처치하라. 육군참모총장과 2차장보도 와 있다. 너희들 각오는 다 되어 있 겠지."

"각오는 되어 있습니다."

박선호는 얼떨결에 대답했다. 그는 이 말을 하면서 박흥주의 표정을 슬 쩍 보았다. 박흥주는 "느닷없는 이야기에 입만 벌리고 듣는 수밖에 없었 다"(합수부 진술서)면서도 "예" 하고 대답했다. 침통한 표정이었다. 김재규 는 본관 쪽을 가리키면서 "이미 총장, 차장보도 와 있다"는 말을 여러 번 했다. 박선호가 입을 김 부장의 귀에다 대고 속삭이듯 말했다.

"각하까집니까?"

김재규는 고개를 끄떡하면서 "응" 했다. 박선호는 내키지 않는 표정이었 다. 그는 거짓말을 했다.

"오늘 저녁은 좋지 않습니다. 경호원이 일곱 명이나 됩니다. 다음에 하지요.”

“안 돼. 오늘 처치하지 않으면 보안이 누설되어서 안 돼. 똑똑한 놈 세 명만 골라 나를 지원해. 다 해치워.”

박선호가 주춤하는 기색을 보이자 김재규는 다시 밀어붙였다.

“믿을 만한 놈 세 놈 있겠지.”

박선호는 엉겁결에 “예, 있습니다”라고 답했다.(군검찰 진술)

“좋습니다. 그러시면 30분의 여유를 주십시오.”

“안 돼. 너무 늦어.”

“30분이 필요합니다. 30분 전에는 절대로 행동해서는 안 됩니다.”

“알았어.”

김재규는 박흥주 대령을 향해서 느닷없이 “자유민주주의를 위하여”라고 중얼거리더니 권총이 든 호주머니를 탁 쳤다. 그러고는 두 말 없이 나동으로 들어가는 것이었다. 박선호는 플래시를 비추면서 부장을 따라 나동 현관까지 수행했다. 이들의 수작하는 장면을 바라보고 있었던 본관 정문 초소 근무자 이말윤에 따르면 이 세 사람들이 붙어 서서 대화한 시간은 1분쯤이었다고 한다. 이 짧은 시간에 무슨 진지한 논의가 있을 수 없었다. 김재규의 일방적인·저돌적인 명령이 있을 뿐이었다. 그는 엄청난 계획을 던져놓고는 그냥 만찬장으로 들어가 버렸다.

담배만 피우는 朴 대령

이 계획이 성공하느냐 실패하느냐 하는 열쇠는 이제 김재규의 손을 떠나

두 朴 씨 손에 넘어온 셈이었다. 나중에 계엄사 합동수사본부 수사관 앞에서, 그리고 법정에서 박흥주는 당시의 기분을 이런 줄거리로 설명했다.

"부장이 '오늘 해치운다'고 했을 때 처음에는 무슨 말인지 몰라서 어안이 벙벙했습니다. 부장과 박선호 과장 사이의 대화 내용과 그 뒤에 계속되는 말을 듣고 보니 대통령 각하와 경호실장은 자기가 살해할 테니 경호관들은 박선호와 제가 처치하라는 뜻으로 알아들었습니다. 김 부장의 말을 듣고 정신이 없을 정도로 놀랐습니다. 헤어져서 제 사무실로 오면서도, 부장은 '민주주의를 위해서' 하면서 각오가 서서 들어갔는데 나는 어떻게 해야 하는가 하는 생각을 골똘히 했습니다.

저는 이미 호신용 25구경 베레타 권총을 오른쪽 허리에 차고 있었으나 너무 작아 쓸 생각을 하지 않았습니다. 본관 주차장에 가서 부장 차에 두고 내렸던 저의 휴대용 가방을 열고 독일제 9연발 권총을 꺼내어 일곱 발을 장전한 다음 왼쪽 허리에 찼습니다. 이 총은 1978년 4월1일 수행비서관으로 부임하면서 정보부에서 지급받은 것이었지만 너무 무거워서 차고 다니지 않고 항상 가방에 넣고 다녔습니다.

그리고는 1층 부속실에 들어가서 담배를 피우면서 생각해 보았습니다. '육군총장과 정보부 2차장보도 와 있다. 준비도 다 되어 있다고 한다. 부장은 한국에서 모든 정보를 다 알고 있는 분이다. 부장은 나도 모르게 이미 모든 준비와 계획을 다 해놓고 있다가 오늘 기회를 포착하게 되자 갑자기 명령하는 것이 아닌가.'

한편으로는 저의 마음 한구석에 언제 그런 준비를 했을까 하는 의심도 생겼으며 착잡한 심경이었습니다. 시간은 자꾸 흘러갔습니다. 내가 김 부장과 아무런 인연이 없었다면 이런 일도 없는 것인데…. 이제는 어쩔 수 없다는 생각이 들었습니다."

　궁정동 본관 1층 부속실에서 생각에 잠긴 박흥주 대령이 초조해 보였던 모양인지 옆에 있던 윤병서 비서가 물었다.

　"과장님, 왜 담배만 피우세요?"

　"아무것도 아냐."

9 :
김재규, '야수의 마음으로'
박정희를 쏘다!

노래와 銃聲

1979년 10월26일, 암살작전의 지휘자 박선호(朴善浩) 의전과장은 작전 배치를 끝내고는 저녁 7시20분쯤 경호원 대기실로 들어갔다. 대통령이 식사하고 있는 안방과는 마루를 사이에 두고 있었다. 두 해병대 친구는 자신이 맡겠다고 결심한 터였다. 사살하지 않고 무장 해제시킬 수도 있을 것이라는 생각을 했다. 해병대 간부후보 동기생 정인형(鄭仁炯) 처장과 후배인 안재송(安載松) 부처장은 땅콩을 먹으면서 텔레비전을 보고 있었다. 미8군 방송이었다. 박선호는 문 쪽에 있는 소파에 앉아서 같이 텔레비전을 보고 있다가 7시38분쯤 문 밖으로 나왔다. 그는 아무것도 모르는 식당관리인 남효주를 시켜 부장에게 전화가 왔다고 전하라고 했다. 안방 앞에 있는 부속실로 나온 김재규는 박선호에게 "준비 다 되었지" 하고 물었다.

준비 완료를 확인한 김 부장이 곧장 안방으로 돌아가는 바로 그때 세계 사격대회 한국 대표선수이기도 했던 안재송이 대기실에서 나와 복도를 건너 화장실로 들어가는 게 아닌가. 박선호가 질려서 마루에 서 있는데 안재송은 이내 화장실에서 나오더니 대기실로 다시 들어갔다. 박선호는 안재송을 따라 대기실로 들어가 입구 쪽에 있는 소파에 앉았다. 손은 허리에 가 있었다.

저녁 7시40분쯤 김재규가 슬그머니 바깥으로 나간 사이에 차지철 경호실장의 지명으로 신재순이 노래를 부를 차례가 됐다. "사랑해 당신을 정말로 사랑해…"까지 부르는데 기타가 멎었다. 음치에 가까운 신 양의 노래를 심수봉의 기타 반주가 따라갈 수가 없었던 것이다. 심수봉이 신 양의 음정에 맞추려고 기타를 퉁겨 보고 있는 사이에 대통령이 말했다.

"이 노래는 나도 아는 노래인 것 같은데. 우리 아이들이 가끔씩 부르거든."

김재규가 안방으로 돌아오니 신재순이 노래를 부르고 있었다. 작곡을 할 정도로 노래에 소양이 있는 대통령은 나지막하게 따라 불렀다.

"각하도 그 노래 아십니까?" 차지철이 말했다. 신 양은 노래를 부르면서도 김재규가 소리 없이 들어와서 맞은편 자리에 앉는 것을 눈여겨 볼 수 있었다.

"사랑해 당신을. 정말로 사랑해. 당신이 내 곁을 떠나간 뒤에 얼마나 눈물을 흘렸는지 모른다오…"

박정희가 신재순과 함께 이렇게 콧노래로 흥얼거리고 있을 때였다. 노래는 후렴으로 들어와서 "예이예이예이…"로 넘어가고 있었다.

김재규가 행동을 개시했다. 오른손으로 옆에 앉은 김계원의 허벅지를 툭 치고는 "각하를 똑바로 모십시오"라면서 권총을 오른쪽 바지 호주머니에서 뽑았다.

"각하, 이 따위 버러지 같은 자식을 데리고 정치를 하니 똑바로 되겠습니까?"

"탕!" 소리와 거의 동시에 "김 부장, 왜 이래" 하는 차지철. 그는 "피, 피, 피" 하면서 피가 솟는 오른 팔목을 붙잡고 일어나 실내 화장실로 뛰어갔다. 차 실장은 "경호원, 경호원 어디 있어"라고 소리쳤다. 제1탄은 차지철이 엉겁결에 내민 오른 손목을 관통했던 것이다.

이 순간 김계원은 일어서면서 "각하 앞에서 무슨 짓이야"라고 소리치고 바로 왼쪽에 있던 김재규를 밀었다고 주장한다.

"뭣들 하는 거야!"

노래를 흥얼거리던 대통령은 이 한마디를 벽력같이 지른 뒤에는 정자세 그대로 가만히 있었다. 최후의 대통령을 옆자리에서 가장 냉정하게, 가장 정확하게 관찰한 신재순은 "대통령은 그 모양을 보지 않으려는 듯 눈을 감고 정좌를 하고 있었다. 위기일발의 상황에서도 미동도 하지 않았다"고 기억하고 있다.

"움직이지 마!"

김재규는 달아나는 차지철을 따라갈 듯 일어나서 다소 엉거주춤한 자세에서 박정희를 내려다보면서 발사했다. 오른쪽 가슴 상부에서 들어간 총알은 허파를 지나 오른쪽 등 아래쪽을 관통하고 나왔다. 차지철을 쏜 제1탄과 박정희를 쏜 제2탄 사이에는 몇 초의 간극이 있었다. 김재규가 말했듯이 '야수의 마음으로 유신의 심장을 쏘기 위한' 결심에 필요한 시간이었는지, 자신을 친동생처럼 아껴 주면서 능력에 비해 과분한 배려를 해 주었던 동향의 선배에 대한 순간적인 주저였는지는 알 수가 없다.

김재규는 법정에서 "차 실장에게 꽝 하고 각하에게 꽝 했으니까 1초도 안 걸렸습니다"라고 진술했다. 여러 사람들의 증언을 종합하면 김재규의 이 주장은 사실과 다르다. 그는 차 실장을 쏜 뒤에 4, 5초 정도 머뭇거렸다.

김계원은 박정희가 총을 맞고 왼쪽으로 스르르 쓰러지는 것까지 보고 마루로 뛰어나갔다. 김계원은 "김재규와 차지철이 싸우는데 각하가 옆으로 피하는 줄 알았다"는 것이다(1심 법정진술).

대통령 바로 오른쪽 옆자리에 있었던 신재순은 "박 대통령은 총탄을 맞은 뒤 고개를 떨구고 기울어졌는데, 이마가 식탁 위에 닿았다"고 기억한다.

"김계원 씨가 김재규를 말리는 행동을 본 적은 없고 일어서는 것을 본 적도 없습니다. 김 실장은 아마 전깃불이 나가 제가 볼 수 없었을 때 일어나 마루로 나간 것 같습니다. 거무튀튀한 권총을 손에 든 제 정면의 김재규 표정은 무서웠습니다. 저의 오른쪽에 앉아 있던 차지철은 어이없다는 표정이었습니다."

김재규는 박정희에게 한 발을 쏜 뒤에 다시 연발사격을 하려고 방아쇠를 당겼다. 방아쇠를 당겼는데 발사가 되지 않았다. 그는 차지철의 반격이 있을까 당황하여 연거푸 노리쇠를 후퇴시켜 보았지만 노리쇠가 움직이지 않자 마루로 뛰어나갔다. 김재규는 차지철이 권총을 차고 있다고 생각하고 있었다.

그 순간 전깃불이 일제히 나갔다. 옆방인 대기실과 주방에서는 '탕, 탕, 탕' 하는 권총소리와 "움직이지 마!" 하는 고함소리가 뒤범벅이 되어 아수라장을 연출하고 있었다. 안방에서 마루로 뛰어나간 김계원은 "불 켜, 불 켜"라고 소리쳤다.

10·26 사건 수사에서 풀리지 않고 있는 부분이 김재규의 권총 고장이다. 고장 이유에 대해서 조사가 이루어지지 않았기 때문이다. 사건 직후 합수부에서 김재규는 "박정희를 쏜 제2탄의 탄피가 방출되지 않아서 장전이 되지 않았다"고 주장했다. 그러나 기자가 이 독일제 월터PPK 권총을 작동시켜 보고 내린 결론은 김재규의 주장이 사실과 부합하지 않는다는 점이었다.

합수부의 현장검증조서를 보면 이 권총에서 발사된 두 발의 탄피가 다 발견되었으므로 김재규의 진술은 사실오인이다. 이 권총은 007영화에서 제임스 본드가 즐겨 쓰던 것이다. 32구경에 손잡이가 짧고 얇아 손아귀에 잡혔을 때 안정감이 크다. 이 권총은 손잡이를 잡은 오른손의 엄지손가락을 위로 펴서 안전장치, 즉 자물쇠를 올리고 사격을 하도록 되어 있다. 어떤 충격이나 손가락의 작용으로 해서 이 자물쇠가 내려오면 실탄장전이 되지 않는데, 사격 중에 그런 고장이 잦다는 것이 이 권총의 약점이다. 김재규는 자물쇠가 내려와서 잠겨진 것을 모르고 노리쇠만 후퇴시키려다 실패했던 것으로 보인다.

결투

대통령 일행의 만찬장과 마루 하나를 사이에 두고 붙어 있는 경호원 대기실. 직선거리로는 박정희와 약 12미터쯤 떨어진 곳에 정보부 의전과장이자 이날 밤의 암살작전 지휘자 박선호가 앉아 있었다. 박선호는 마루와 통하는 대기실 문을 들어가서 바로 오른쪽에 있는 응접 의자에 앉아 총성을 기다리고 있었다. 이 경호원 대기실은 여섯 평쯤 되는데, 가운데엔 길쭉한 탁자가 있고 그 3면을 둘러서 의자 일곱 개가 놓여 있었다. 안쪽 벽에는 텔레비전이 붙어 있었다.

박선호와는 친형제보다도 더 가까운 해병대 간부후보 동기생 정인형 경호처장은 박선호와는 오른쪽 대각선 방향의 의자에 앉아 안주를 먹으면서 텔레비전을 보고 있었다. 국가대표 사격선수 안재송 부처장도 방금 전에 화장실에 갔다 와서는 박선호의 왼쪽편 맨 안쪽 의자에 앉아 무얼 먹으면서 텔레비전을 보고 있었다.

박선호는 손을 허리에 찬 권총에 대고 옆방인 만찬장에 신경을 집중시켜 놓고 있었다. 심수봉의 기타 소리가 들려왔다. 박선호는 박정희의 콧노래 소리는 듣지 못했다. 기타 소리 속에서 총성 일 발. 김재규가 차지철을 쏜 것이다. 박선호는 권총을 뽑아 들고 일어났다. 경호처장 정인형, 부처장 안재송 두 사람은 의자에 앉은 채 박선호의 얼굴을 쳐다보았다. 의아한 표정. 안재송이 허리에 찬 총을 뽑으려고 손을 가져갈 때 박선호가 소리쳤다.

"꼼짝 마!"

이어서 두 번째 총성. 김재규가 박정희의 가슴을 내려다보면서 쏜 것이다. 박선호는 제1발과 제2발 사이는 4~5초 간격이었을 것이라고 했다. 두 경호관의 손이 권총으로 향했다.

"총 뽑지 마! 움직이면 쏜다! 야, 우리 같이 살자!"

박선호는 둘도 없는 친구 정인형을 향해서 소리쳤다. 정 처장의 안색이 변하더니 포기하는 기색이었다. 옆방인 주방 쪽에서는 연발 총성과 고함이 잇따라 들려왔다. 안재송이 정인형의 얼굴을 보더니 결심한 듯 권총을 뽑으려고 앉은 자세에서 상체를 오른쪽으로 홱 돌렸다. 박선호의 권총이 불을 뿜었다. 안재송은 엎어지듯이 쓰러졌다.

검시(檢屍) 결과 왼쪽 어깨로 들어간 총탄은 등판의 오른쪽 아래를 향해서 진행하다가 살에 박혔다. 이 탄도(彈道)는 안재송이 일어서지도 못한 상태에서 피격되었음을 말해 준다. 육군과학수사연구소 법의과장 정상우 소령의 사체검안서에 따르면 안재송은 이 한 발에 허파나 심장이 손상되어 사망에 이르게 된 것으로 사료된다는 것이다.

이 순간, 박선호의 맞은편 의자에 앉아 있던 정인형도 몸을 일으켜 권총을 뽑으면서 박선호를 향해서 덮쳐 오듯 다가왔다. 박선호는 문쪽으로 2보가량 뒤로 물러서면서 절친한 친구를 향해서 방아쇠를 당겼다.

"탕!"

정인형은 앞으로 꼬꾸라졌다. 탄알은 왼쪽 목으로 들어가 오른쪽으로 직선관통을 했다. 정상우 소령이 작성한 사체검안서에 따르면 목 관통상으로 목에 나 있는 기도(氣道)와 혈관이 파괴되어 질식사 또는 공기전색증으로 사망케 된 것으로 보인다는 것이다.

박선호는 "그때 두 사람이 동시에 달려들었으면 나는 당했을 것이다. 뒷걸음치다가 문지방에 걸려 넘어질 뻔했다"고 재판정에서 진술했다. "같이 살자"면서 그가 두 경호원을 붙들어 둔 시간은 약 15초. 박선호는 그 15초가 길게 느껴지더라고 했다. 박선호는 또 "안재송이가 총을 뽑지 않았더라면 정인형도 뽑지 않았을 것이고, 그랬다면 본인도 그들을 죽이지는 않았을 것입니다"고 군검찰에서 진술했다. 안재송은 0.7초 안에 권총을 뽑아서 25미터 떨어진 곳에 있는 박카스 병을 맞힐 정도의 실력을 갖고 있었지만 선수(先手)를 빼앗겼던 것이다.

"움직이면 쏜다!"

박선호가 대기실에서 마루로 뛰어나가는 순간 전깃불이 나갔다. 이 전깃불이 조금 일찍 나갔더라면 박선호가 당했을지 모른다. 그랬다면 두 경호원이 안방으로 뛰어 들어가서 치명상을 입지 않은 박정희를 구출할 수 있었을 가능성도 있다. 마루로 나선 박선호는 주방을 향하여 플래시를 비추면서 "나 과장이다. 불 켜!"라고 고함을 질렀다.

나동(棟)의 지하실에는 보일러와 냉동시설 및 배전시설을 통제하는 방이 있었다. 이곳을 관리하는 강무홍(姜茂弘) 기관공은 신문을 읽고 있다가 총성을 들었다. 그는 순간적으로 전기 합선이라고 생각했다. 냉동실 문 바깥에 있는 배전판을 열고 인입선 주(主) 스위치를 내렸다. 나동 전체가 정전(停電)이 된 것이다. 강무홍이 지하실 계단을 통해서 지상으로 올라가는데, 주방 쪽에서 "꼼짝 마! 움직이면 쏜다!"는 소리가 들렸다. 그는 합선은 아닌 것으로 판단했다. 급히 뛰어내려 와서는 라이터를 켜고는 배전판을 비추면서 스위치를 다시 올렸다. 겁이난 그는 지하실 문을 안으로 걸어 잠그고 전등을 다 끄고는 숨을 죽이고 있었다.

불이 다시 켜지는 것과 동시에 박선호의 눈에는 안방 문 모퉁이를 도는 마루에 김계원이 엉거주춤 서 있는 것이 보였다. 김계원은 김재규가 안방에서 두 발을 쏘고 불이 꺼지자 자신은 마루로 나와서 "대기실, 주방, 안방 사이 중간 지점 벽에 (기대고) 있었다"고 진술했다. 그는 "한 20초 뒤에 다시 전깃불이 들어오고 김재규가 마루에서 박선호의 권총을 빼앗아 가는 것은 보지 못했다"고 진술했다.

이게 사실이라면 김계원은 공포와 주기(酒氣)로 해서 벽에 기대어 눈을 감고 있었다는 뜻이다.

승용차 제미니 안에서 박흥주·이기주·유성옥 세 사람은 허리에 찬 권총에 손을 대고 총성이 나기만을 기다리고 있었다. 차의 앞뒤 문은 살짝 열려 있었다. 이 제미니는 주방 벽면과는 나란히 놓여 있었다. 유성옥과 이기주가 앉은 자리는 주방 쪽이었고 박흥주는 반대편이었다. 유성옥이 차 안에서 주방 쪽을 주시하고 있는데 청와대 경호원으로 보이는 세 사람은 주방 밖 정원에 모여 잡담을 하고 있었다. 식당차 운전기사 김용남이 제미니 쪽으로 다가오더니 앞자리에 앉은 박흥주 대령을 힐끗 살펴보고는 주방 안으로 사라졌다. 조금 후에 두 경호관이 주방 안으로 들어가고 한 사람이 혼자 바깥에 남아 있었다. 차 안의 세 사람은 손을 권총에 갖다 대고 총성을 기다리고 있었다.

안방에서 첫 총성. 해병대 하사 출신 경비원 이기주는 딱총 소리 같다고 느꼈다. 박흥주와 이기주·유성옥은 권총을 빼들고 미리 열어 둔 차문을 열고 나가 약 7미터 떨어진 주방을 향해서 뛰었다. 박흥주 대령은 권총의 안전장치를 풀면서 뛰었다. 총성과 함께 주방 바깥에 남아 있던 사람(대통령 승용차 운전기사 김용태)이 안으로 뛰어 들어갔다. 그를 향해서 유성옥은 뛰었다. 그 사람(유성옥은 그를 경호원이라고 생각했다)은 오른쪽 출입문을 통해서 주방으로 들어서더니 뒤돌아보는 동작을 취했다. 유성옥은 그가 권총을 빼고 있다는 판단을 했다. 약 3미터 앞에 있는 그를 조준하여 첫 총탄을 발사했다. 그는 푹 쓰러지더니 안쪽 바닥으로 기어가고 있었다.

세 저격수

정보부 운전사 유성옥은 제1탄을 맞고 안쪽으로 기어가는 대통령 승용차 운전사 김용태를 향해서 세 발을 연속 사격했다. 김용태는 왼쪽 허리와 등에 두 발을 맞고 절명했다.

부장 수행비서관 박흥주 대령은 제미니에서 뛰어나와 주방을 향하여 달리면서 권총의 안전장치를 푸느라고 사격 개시가 약간 늦었다. 경비원 이기주, 유성옥 두 사람이 먼저 달려가 벌써 탕탕 하는 소리가 들렸다. 박흥주 대령은 주방 벽면 밑으로 난 지하실 입구 계단으로 가서 창문을 통해서 주방 안을 들여다보니 아무도 안 보이고 벽만 시야에 들어왔다. 박흥주는 "꼼짝 마! 일어나면 죽어!" 하면서 갈겼다. 그는 다섯 발을 쏘았다. 다시 오른쪽으로 가서 출입문에 붙으면서 두 발을 더 쏘았다. 이기주는 차에서 뛰어나와 주방을 향해 뛰면서 보니 오른쪽 문으로는 박흥주·유성옥 두 사람이 달려 가고 있었다. 그 문에서 세 사람이 쏘기에는 너무 좁다는 생각이 들었다. 주방 안을 내려다보게 되어 있는 높이 70센티미터 블록난간 위로 뛰어올라 갔다. 방 안에 하얀 벽과 사람이 보였다. 5, 6명이 가운데에 식탁을 놓고 둥글게 앉아 있었다. 창문 안을 향해서 "꼼짝 마! 손 들어!" 하는데 벌써 총소리가 났다. 창에 쳐져 있는 방충망을 통해서 안으로 두 발을 발사했다.

이기주는 주방 안 경호원들이 자신을 향하여 쏜다고 생각하고 몸을 낮추면서 난간에서 내려왔다. 그는 오른쪽 문으로 이동하면서 두 발을 더 쏘았다. 이기주는 "총에 실탄이 남아 있으면 남들은 다 쐈는데 꾸지람 들을까 봐서 두 발을 더 쏘았다"는 것이다. 이 순간 전깃불이 꺼졌다. 마루로 통하는 주방 안쪽 문에서 플래시 불이 주방 천장을 비쳤다.

"나, 과장이다! 불 켜라!"

유성옥은 옆에 있는 박흥주와 이기주를 향해서 "과장님이다! 쏘지 마!"라고 외쳤다. 플래시 불빛, 고함소리. 다시 전깃불이 들어왔다. 경호원들에 대한 일제사격에 걸린 시간은 20초를 넘지 못할 것이다. 세 저격수가 쏜 권총 실탄은 모두 열다섯 발이었다. 열다섯 발이 집중사격이었기 때문에 '콩 볶듯 했다'느니 '기관총 사격 같았다'느니 하는 과장된 표현이 생기게 된 것이다.

불의(不意)의 기습을 당한 경호원 편에서 상황을 다시 보자. 저녁 7시 30분쯤 정보부 궁정동 시설의 대통령 만찬장 나동(棟) 식당차 운전사 김용남이 주방 바깥에서 잡담하고 있던 대통령 경호원 박상범(朴相範)에게 다가왔다.

"주방에 저녁을 준비해 놓았으니 식사를 하시지요."

박상범·김용섭(金鏞燮)은 주방 안으로 들어가고 대통령 차 기사 김용태(金容太)는 식사를 안 하겠다고 하여 바깥 의자에 앉아 있었다. 박·김 두 사람은 주방 가운데에 있는 조리대에 국과 밥이 놓여 있는 것을 보고는 의자에 앉았다. 두 경호원에게 식사를 차려 주고 있던 김용남은 경비원 관리책임자 이기주한테서 걸려온 인터폰을 받았다. 이기주는 "과장님을 바꾸어 달라"고 했다가 김용남이 "지금 대기실에 계신다"고 하니까 "그러면 과장님께 말씀을 전해 달라"고 하면서 이렇게 말했다.

"손님이 왔다고만 전해 주세요(注: 이 말은 준비가 끝났다는 뜻인 듯)."

김용남은 경호원 대기실로 갔다. 박선호 과장에게 말을 전한 뒤 주방으로 돌아와서 식사를 2인분 차려서 대기실로 가져갔다. 평소에는 형제처럼 친한 해병대 출신 세 사람이 함께 식사를 할 터인데 이날은 박 과장만이 문 쪽 의자에 멀리 떨어져 앉아 있었다. 김용남이 처장, 부처장 앞으로 찬을 놓고 있는데, 정인형 처장이 박선호 과장을 향해서 말했다.

"식사 안 해?"

"바깥에서 먹었어."

김용남은 주방으로 돌아와서 매운 것을 싫어하는 안재송 부처장한테 줄 국을 따로 끓이고 있었다. 몇 숟갈을 떴을까 박상범은 안방 쪽에서 희미한 총성을 들었다. 일어서면서 총을 뽑아 안방으로 통하는 마루로 연결되는 문 쪽으로 향하면서 보니 왼쪽에 앉아 있던 김용섭이 자신과 같이 일어나 오른쪽 옆으로 돌아서면서 총을 빼어 드는 것이었다.

그 순간 오른쪽 창문에서 총알이 쏟아져 들어오기 시작했다. 박상범은 하체를 쇠막대기로 얻어맞는 것 같은 충격을 받고는 정신을 잃었다. 김용섭 경호원은 이때 다섯 발을 맞았다. 이는 몸집이 큰 그가 일어나 대응자세를 취하니까 주방 바깥에서 보기에는 좋은 표적이 되었기 때문이다.

그는 오른쪽 어깨, 오른쪽 가슴, 왼쪽 옆구리, 왼쪽 아랫가슴, 오른쪽 아랫배를 피격당했다. 주로 이기주 경비원이 주방 바깥의 낮은 담처럼 생긴 난간에 올라가서 창에 쳐진 방충망을 통하여 그를 내리쏠 때 맞았던 것으로 추정된다. 김용섭의 몸에 난 탄도(彈道)검사 결과 총알은 모두 위에서 아래쪽으로 향하고 있었다. 이날 대통령 경호원들은 항상 입게 되어 있었던 방탄조끼도 입고 있지 않았다. 김용섭 경호원의 경우 그 조끼를 입고 있었더라면 치명상을 면하고 반격도 할 수 있었을 것이다.

"응, 나는 괜찮아"

조리대에서 요리를 하고 있던 김일선(金日先)은 총성이 나자 주방 한구석으로 가서 쪼그리고 앉았다. 한바탕 총격이 스쳐간 뒤에 주위를 살펴보았다. 몇 발자국 거리에 요리사 이정오가 누워서 왼쪽 옆구리에서 피를 흘리고 있었다. 그 바로 옆에는 박상범이 쓰러져 있었고 어느 곳에서는 "날 살려 줘… 나 좀 살려 줘…" 하며 애원하는 소리가 들렸다. 그는 정신을 못 차리고 그냥 쪼그리고 있었다. 그는 외부에서 테러분자들이 침입하여 각하 일행이 기습당했다고 생각했다. 식당차 기사 김용남은 엎드린 채 있었는데 "아이구, 아이구…" 하는 소리가 들려 돌아보니 김용섭 경호원이 바닥에 엎어져 지르는 비명이었다.

다시 안방. 박정희가 엉거주춤 일어선 김재규로부터 가슴에 최초의 한 발을 맞았을 때 대통령의 왼편에 앉아 있던 심수봉은 기타를 치우려 몸을 약간 빼려고 했다. 그때 대통령의 이마가 식탁에 닿을 정도로 스르르 상체가 숙여졌다.

심수봉이 기타를 왼쪽 벽에 세우고 돌아와 자신 쪽으로 쓰러진 박정희의 몸을 부축하여 앉히면서 비명을 질렀다. 신재순은 일어나 심수봉 쪽으로 가서 대통령의 등에 손을 댔다. 뜨거운 게 물컹 잡혔다. 피였다. 한 차례 총성이 멎자 실내 화장실로 피했던 차지철이 문을 빼꼼히 열고 머리만 내밀고는 "각하, 괜찮습니까?"라고 물었다. 신재순이 보니 총 맞은 차지철의 오른 손목에서 피가 뚝뚝 떨어지고 있었다.

"난 괜찮아."

대통령은 나지막하게 말했다. 심수봉이 앉았던 방석이 대통령의 유혈(流血)로 적셔졌다. 신 양은 손수건 같은 것을 찾았으나 보이지 않았다. 피가 솟고 있는 대통령의 등에 손을 꼭 댔다. 신재순의 손가락 사이로 선혈이 콸콸 쏟아지고 있었다. 박정희의 숨소리는 '크르렁, 크르렁' 하고 있었다.

"각하, 정말 괜찮습니까?"

신 양이 물었다.

"응, 나는 괜찮아…"

신재순이 박 대통령의 등에서 솟고 있는 피를 손바닥으로 막으면서 "각하, 정말 괜찮습니까?"라고 물었을 때 박정희 대통령이 한 말. "응, 나는 괜찮아…"는 그가 이승에 남긴 마지막 육성(肉聲)이 됐다. 신재순은 이 말엔 "난 괜찮으니 너희들은 여기를 빨리 피하라"는 뜻이 담겨 있었다고 말하고 있다.

"그 말을 들으면서 그 자리에서 느꼈던 것이 아직도 생생합니다. 일국의 대통령이시니까 역시 절박한 순간에도 우리를 더 생각해 주시는구나 하는 느낌을 가졌습니다."

27일 새벽 김종필이 연락을 받고 청와대에 갔을 때 김계원은 간밤에 있었던 이야기를 실토하면서 "각하께서는 그 상황에서도 여자 아이들 걱정을 하십디다"라고 말하더란 것이다. 마루로 피해 나온 김 실장은 대통령이 "난 괜찮아"라고 말하는 것을 다 듣고 있었다는 의미이다.

"각하, 진짜 괜찮습니까?"

신재순, 심수봉 두 여자가 번갈아 물었다. 이제는 대답이 없었다.

대통령의 신음소리가 간헐적으로 들렸다.

野獸의 마음으로

정보부장 의전비서관 박흥주 대령은 이기주·유성옥과 함께 대통령 경호원들을 죽이기 위해서 주방 안으로 집중사격을 가한 뒤 안이 조용해지자 나동 건물을 오른편으로 돌아서 현관 앞으로 뛰어갔다. 어두운 잔디밭에서 흰 와이셔츠 차림의 김재규가 황급하게 뭔가를 작동시키려고 하는 모습이 보였다. 구부린 자세로 양손을 비비는 것 같았다. 불발된 권총의 노리쇠를 앞뒤로 진퇴시키려 했으나 움직이지 않았다. 다가간 박흥주 대령은 "박 비서관입니다"라고 하면서 김재규의 두 팔을 잡으려고 했다. 김재규는 박 대령의 손부터 보았는데 총이 없었다. 그는 팔꿈치로 박 대령을 밀고는 다시 현관 안으로 뛰어 들어갔다. 현관에는 위에 달려 앞뒤로 흔들거리는 쪽문이 붙어 있었다. 박흥주가 그 쪽문 사이로 보니 안쪽 마루에서 양복 상의를 벗은 김계원 실장이 안방에서 나와 후다닥 뛰는 것이었다. 황급히 피하는 모습이었다.

이때 김재규는 차지철이 권총을 차고 있다고 생각하고 있었기 때문에 여간 마음이 급한 게 아니었다. 그는 고장난 권총을 고치지도 못하고 현관에서 마루로 다시 뛰어들어 가는데 플래시를 든 박선호 의전과장과 마주쳤다. 박 과장은 대기실에서 두 경호관을 사살하고 마루로 나와 있었다. 그의 오른손에는 권총이 들려 있었다. 김재규는 들고 있던 자신의 권총을 바닥에 던져 버리고는 박선호의 권총을 낚아채더니 안방으로 들어갔다.

그 직전 차 실장이 화장실에서 빠져나와 "경호원, 경호원" 하면서 문 쪽으로 달려나가고 있었다. 차지철이 흘리는 피가 오른쪽 벽 아래를 따라서 선을 그렸다. 차지철이 문으로 뛰어나가려는 찰나에 권총을 들고 들어오는 김재규와 딱 맞서게 됐다. 김재규가 박선호로부터 받아든 38구경 리볼버 5연발 권총에는 세 발이 남아 있었다. 원래 다섯 발이 장전되어 있었는데 박선호가 두 발을 쏘았던 것이다. 차지철은 안쪽 병풍 옆에 있던 장식용 문갑을 방패처럼 치켜들었다.

"김 부장, 김 부장…."

차지철은 애원하고 있었다. 그는 문갑을 앞세우고 김재규를 향해 덤벼들었다. 김재규는 차 실장의 가슴을 향해서 한 발을 발사했다. 탄도검사 결과에 따르면 피격 당시 차지철은 문갑을 들고 자세를 낮추고 있었음이 밝혀졌다. 오른쪽 가슴 상부에서 들어간 총탄은 허파 부위를 지나 왼쪽 등 아래로 진행하다가 몸 속에서 멈추었다. 육군과학수사연구소 법의과장

정상우 소령의 사체검안서에 따르면 이 제2탄이 치명상으로서 혈흉(血胸)에 의한 호흡부전과 심장부전을 일으켜 죽음에 이르게 한 것으로 추정된다는 것이다. 이게 사실이라면 20여 분 뒤에 일어난 김태원에 의한 두 발의 총격은 확인 사살이 아니라 이미 죽었거나 죽을 사람에 대한 사격이란 뜻이 된다. 차 실장은 잡고 있던 문갑과 함께 뒤로 넘어졌다. 와장창하는 소리와 함께 문갑 속에 있던 물건들이 쏟아졌다. 이때 심수봉이 박정희 곁을 떠나 방안을 뛰쳐나갔다.

김재규는 다음 순간에 벌어진 상황을 1979년 11월8일에 작성한 제2차 자필진술조서에서 이렇게 묘사하고 있다.

"차 실장을 거꾸러뜨리고 앞을 보니 대통령은 여자의 무릎에 머리를 대고 있어 식탁을 왼쪽으로 돌아서 대통령이 있는 데로 가자 거기에 앉아 있던 여자가 본인의 얼굴을 쳐다보며 공포에 떠는 눈초리로 보고 있어 총을 대통령 머리에서 약 50센티미터까지 가까이 대고 1발을 발사하여 대통령을 즉사시키고 나온 것이 기억이 되며…"

제2탄은 박정희의 오른쪽 귀 위로 들어가 뇌수를 관통하고 콧잔등까지 나와서 살 속에서 멈추었다. 이것이 치명상이 되었지만 즉사는 아니고 아직 생명은 붙어 있었다. 끝까지 대통령 곁을 지킨 신재순은 김재규가 방에 들어올 때 발 밑으로 푹 파인 아래쪽으로 숨었다가 차지철을 쏘는 총성을 듣고 몸을 일으켰다. 그녀는 박정희를 안고 있다가 다가오는 김재규와 눈이 마주쳤다. 신재순은 지금도 "그것은 인간의 눈이 아니라 미친 동물의 눈이었다"고 기억한다. 그녀는 김재규가 박정희의 머리에 총을 갖다 대었을 때는 "이제는 나도 죽는구나" 하고 후다닥 일어났다. 실내 화장실을 향해서 뛰는 그녀의 등 뒤에서 총성. 귀가 멍멍하고 잠깐 정신이 나갔다가 깨어 보니 주위가 조용했다. 방 안은 화약 냄새로 자욱했다. 신 양은 실내 화장실 안에서 문을 잠그고도 손잡이를 꼭 잡고 있었다. 김재규가 박정희의 머리를 향해 쏜 총탄은 이 5연발 리볼버의 네 번째 총탄이었다.

김계원은 김재규가 차 실장과 대통령에게 치명상을 입히고 나올 때까지 마루에 서 있었다. 이 마루와 만찬장은 붙어 있고 마루에서는 열려 있던 문을 통해서 방 안에서 김재규가 차 실장과 대통령을 쏘는 것을 볼 수 있는 위치였다. 김재규와 그 부하들이 총질을 해 대는 가운데서 무장하지 않은 김계원이 취한 피신행동을 어느 정도 비판할 수 있을지는 쟁점으로 남는다. 김계원은 "낭하에 나가서 불을 켜려고 했다. 대기실, 주방, 만찬장 사이의 중간지점에 있는 화장실 입구에 머리를 대고 멍하니 서 있었다"고 법정에서 진술했다. 김재규가 다시 방으로 들어가는 것은 못 보았고 전깃불이 다시 켜지고 방안에서 "총성과 싸우는 소리가 나고 쾅하고 넘어지는 소리가 나고, 내가 방 안으로 들어가려는데 나오는 김재규와 마주쳤다"는 것이다. 마루에서 두 사람이 스치면서 나눈 대화에 대해서 김재규는 합수부조사에서 이렇게 진술했다(1979년 11월8일 제2차 자필 진술조서).

본인: 나는 한다면 합니다. 이제 다 끝났습니다. 보안 유지를 철저히 하십시오.

김계원: 뭐라고 하지.

본인: 각하께서 과로로 졸도했다고 하든지 적당히 하십시오.

김계원: 알았어.

김계원은 법정에서 "그때 김재규가 총을 들고 살기가 등등하여 그 장소를 모면하기 위하여 '알았어'라고 한 것뿐이다"라고 증언했다.

超人

총구 앞에서, 그리고 가슴을 관통당하고서, 또 꺼져 가는 의식 속에서 다가오는 제2탄을 기다리면서 박정희가 보여준 행동은 세계 암살사에서 찾아보기 힘든 초인적(超人的)인 모습이었다. 김재규의 벽력같은 고함과 차지철을 쏜 첫 총성, 그리고 한 4초간의 여유. 이때 박정희는 "뭣들 하는 거야!"란 한마디만 외친 뒤 그냥 눈을 감고 정좌한 채 가만히 있다가 김재규의 총탄을 가슴으로 받았다. 그리고 "난 괜찮아…"란 말을 두 번 남겼다. 우선 이런 행동의 목격자인 두 여인의 합수부 진술을 검토하고 미국 캘리포니아에 살고 있는 신재순의 기억을 되살려 이것이 사실인가를 알아보았다. 확인 결과 이것은 사실이었다. 그렇다면 박정희는 술을 너무 많이 마셔 이성을 잃었기 때문에 이런 무모하리만큼 태연한 행동이 가능했던가. 그날 밤 시바스 리갈 한 병 반을 주로 김계원, 박정희 두 사람이 1시간 40분 사이에 마셨으니 주기(酒氣)가 올라 있었던 것은 확실하다. 주량이 엄청난 박정희는 총격 직전까지 자세를 흐트러뜨리지 않았고 그의 언동은 정상이었다.

거의 같은 양의 술을 마신 김계원은 총성이 나자 마루로 피신했고 그날 밤 정상적으로 행동했다. 따라서 술기운으로 해서 그런 '무모한' 행동이 가능했으리라고 보는 것은 무리이다.

박정희의 불가사의한 행동을 이해하기 위해서 나는 총상을 경험한 사람들의 이야기를 들어 보고 포천의 실탄사격장에 가서 권총사격도 해 보았다. 6·25 때 허리에 총상을 당했던 손장래(孫章來·전 안기부 2차장) 장군은 "벌겋게 달군 쇠갈고리로 푹 쑤셨다가 빼내는 것 같았다"고 했다. 머리를 스치는 가벼운 파편상을 입고도 기절한 경험을 가진 이병형(李秉衡·전 2군사령관) 장군은 "발뒤꿈치에 총상을 당했을 때도 쇠몽둥이로 뒤통수를 얻어맞는 듯한 충격을 받았다"고 했다. 그는 또 "박 대통령의 최후는 체험으로써 단련된 고귀한 정신력의 소유자였음을 보여 준다"고 말했다.

가슴을 관통당하는 총상을 입은 박정희가 어떻게 그 고통을 누르고 "난 괜찮아…"라고 할 수 있었을까는 여전히 불가사의로 남는다. 박정희는 시저가 암살단에 끼인 브루투스에게 말했던 원망 같은 것도 하지 않았다.

1995년 암살당한 이스라엘의 라빈 수상이 박정희와 비슷한 말을 남기고 운명한 사람이다. 그는 등과 배에 총을 맞고 병원으로 실려가면서 "아프긴 한데 별것 아니야"라고 말한 뒤 혼수상태에 빠져 사망했다. 나는 이 라빈 수상이 암살되기 하루 전에 마지막 인터뷰를 했었다. 라빈의 인상은 박정희와 흡사했다. 단아하고 소탈한 모습. 어렵게 태어난 국가의 짐을 고독하게 지고 걸어가다가 동족의 총탄에 맞아 죽어 간 모습까지도 두 사람은 비슷했다. 라빈 수상은 참모총장 시절이던 1966년에 한국을 방문하여 박 대통령을 만났었다. 그때의 추억을 이야기하면서 그는 박정희의 지도력을 높게 평가했다.

박정희는 설마 나를 쏘겠는가 하는 자신감 때문에 피신 동작을 하지 않았으리라고 말하는 사람도 있다. 바로 눈앞에서 총격이 이루어지고 피를 쏟으며 경호실장이 달아나고 하는 아수라장에서 평범한 사람들은 계산보다 본능적인, 조건반사적인 행동에 지배당한다. 박정희의 태연자약한 행동은 그의 본능으로 내면화된 사생관(死生觀)과 지도자도(道)의 자연스런 발로였다고 보아야 할 것이다.

그는 남 앞에서는 부끄럼 타고 누가 면전(面前)에서 칭찬을 하면 쑥스러워하고 육영수와 선을 보러 갈 때는 가슴이 떨려서 소주를 마시고 간 사람이었지만 죽음과 대면할 때는 항상 의연했다. 그는 여순반란사건 이후에 군내(軍內) 남로당 조직 수사에 연루되어 체포되고 전기고문을 당한 뒤에 수사 책임자 백선엽(白善燁) 정보국장에게 구원을 요청한다.

박정희의 생사(生殺)여탈권을 쥐고 있었던 백선엽과 수사실무자 김안일(金安日)은 지옥의 문턱에 서서 구원을 요청하던 박정희의 모습이 비굴하지 않았고 의연했다고 전한다. 백선엽 장군은 "도와드리지요" 하는 말이 무심코 나오더라고 회고했다. 인격이 그를 살린 것이었다.

1961년 5월16일 새벽 한강 다리 위에서 혁명군 선발대를 저지하는 헌병들의 사격이 쏟아질 때도 박정희는 태연했다. 1974년 8월15일 국립극장에서 문세광(文世光)의 총탄이 날아올 때, 육영수가 피격되어 실려가고 나서 연설을 계속할 때 그는 비정하리만큼 냉정했다.

10월26일 밤 나타난 박정희의 행동은 이런 과거 행태의 연장선에서 자연스럽게 표출된 것이지 그에게 있어서는 특별한 것이 아닐 수도 있다. 사선(死線)을 넘나들면서 죽음과 친해지고 그 죽음을 끊임없이 사색하여 드디어 죽음과 친구가 되어 버린 박정희. 그가 제1탄을 가슴에 맞고서 제2탄을 기다릴 때까지의 시간은 1분 내외였을 것이다. 이 시간에 그는 의식을 지니고 있었을 가능성이 매우 높다.

허파 관통상을 당하면 허파의 혈관이 터져 다량의 출혈이 생기고 호흡이 곤란하게 된다. 가래 끓는 소리를 내면서 숨이 찬다. 이 상태에서도 한 10분간은 의식을 유지할 수가 있다. 박정희의 사망진단서를 끊었던 국군서울지구병원 김병수(金秉洙) 원장은 "김재규가 제2탄을 발사하려고 권총을 갖다 대었을 때 박정희는 의식은 하고 있었지만 거부할 힘은 없었을 것"이라고 말했다.

박정희는 죽음이 다가오는 것을 의식하면서 그 1분을 기다렸다는 얘기다. 죽었다가 깨어난 사람들의 거의 일치된 증언은 숨이 넘어가기 직전에는 자신의 생애, 그 중요한 장면들이 주마등(走馬燈)처럼 눈앞을 스쳐 지나간다는 것이다. 이 1분 사이 박정희의 뇌리를 스쳐 지나갔던 장면들은 무엇이었을까.

어머니의 얼굴. 며느리를 둘이나 본 44세의 나이에 박정희를 임신한 것이 부끄러워 이 생명을 지우려고 간장을 두 사발이나 마시고 기절했던 어머니는 효과가 없자 언덕에서 뛰어내리고 디딜방아를 배에 올려놓고 뒤로 넘어지기도 했으나 뱃속의 생명은 죽어주지 않았다. 그리하여 '태어나지 못할 뻔했던 생명'이 태어났고 그에 의하여 우리나라의 운명이 바뀌었다.

첫 부인과 별거한 뒤에 장교시절에 만나 동거했던 이현란(李現蘭)은 박정희가 숙군(肅軍)수사에 걸려 사형선고까지 받았다가 생환하여 군복을 벗었을 때 문관신분으로 겨우 군에서 밥벌이를 하고 있던 이 조그만 장교를 버렸다. 집을 나간 이 여인을 찾아 헤매던 때 박정희의 어머니는 아들 때문에 병을 얻어 죽었다. 직장, 연인, 어머니를 동시에 잃었던 이 시기의 박정희를 구해 준 것은 김일성(金日成)이었다. 그의 남침이 박정희를 군대에 복귀시켰고, 그 박정희에 의해서 김일성의 북한은 몰락의 길로 들어서게 된다. 역사의 오묘한 복수인가.

맞선을 보는 날 육영수는 박정희의 뒷모습을 먼저 보았다고 한다.

"군화를 벗고 계시는 뒷모습이 말할 수 없이 든든해 보였어요. 사람은 얼굴로는 속일 수 있지만 뒷모습으로는 속이지 못하는 법이에요."

궁정동에서 박정희가 보여 준 최후의 모습이 바로 그의 뒷모습일 것이다. 박정희의 뇌리에 마지막으로 남은 영상은 아마도 소복 입고 손짓하는 육영수였을 것이다. 가난과 망국(亡國)과 전란의 시대를 살면서 마음속 깊이 뭉쳐 두었던 한(恨)의 덩어리를 뇌관으로 삼아 잠자던 민족의 에너지를 폭발시켰던 사람. 쏟아지는 비난에 대해서는 "내가 죽거든 내 무덤에 침을 뱉어라"면서 일체의 변명을 생략한 채 가슴을 뚫리고도 '체념한 듯 담담하게(신재순 증언)' 최후를 맞은 이가 혁명가 박정희였다.

10 :
유고(有故)

"총소리를 못 들었습니까?"

이기주와 유성옥이 주방에서 쓰러져 있는 경호관들의 몸을 뒤지고 있을 때 김계원 실장의 고함소리가 들렸다.

"어서 들어와! 각하가 부상당했어!"

이기주가 만찬석상으로 들어가니 "밝은 데 있다가 들어가서 그런지 술집 조명보다도 더 어두운 듯했다."(법정 증언)

이기주는 방에 들어서자마자 사람의 다리가 보여 "꼼짝 마!"라고 외치면서 권총을 겨누었다. 이때 김계원이 권총을 빼앗아갔다. 김 실장은 "각하부터 모시라!"고 고함을 쳤다. 이기주는 비로소 쓰러진 사람이 각하인 줄 알고 그쪽으로 갔다. 경비원 서영준이 들어오기에 그의 등에 대통령을 업히고, 이기주는 뒤에서 받치고 현관 쪽으로 나갔다. 유성옥은 대통령 승용차에 시동을 걸고 있었다. 김계원이 뒷자리로 들어가 대통령을 받아 무릎 위에 누이고 앉았다. 서영준은 조수석에 탔다. 김 실장은 차를 "국군 서울지구병원으로 몰아!"라고 했다.

총소리가 나도 중정 경비원들은 대기실에서 무장한 채 있었다. 박선호 과장이 오더니 "걱정할 것 없다. 청와대에서 경호원들이 오면 사살하라!"고 했다. 경비원 김태원은 이 말을 듣고 "말할 수 없이 복잡한 생각이 들었다."(법정 진술) 박선호는 김을 따라오게 하여 신관 정문 쪽으로 갔다. 거기에 있던 이기주가 "저 안에 있는 사람들이 다 죽었는데 들어가서 한 번더 쏘고 오라. 과장님의 지시다"라고 했다.

"무서워서 어떻게 들어가나요? 부장님과 할아버지(注: 박 대통령)는 어떻게 됐습니까?"

이기주는 "부장님과 할아버지는 피신하셨다"고 답했다.

김태원은 M16총을 들고 이기주와 함께 대기실로 갔다. 문 입구에 엎어져 있는 사람(안재송)에게 한 발, 방 안쪽에 엎어져 있는 사람(정인형)에게 두 발을 쏘았다. 두 발을 쏜 것은 "한 발이 맞지 않은 것 같았고, 이기주가 보고 있었기 때문이었다"는 것이다. 그 다음 신음 중인 차 실장에게 두 발을 쏘았고, 주방 입구에 쓰러진 김용섭 경호관을 향해 또 한 발을 쏘았다. 주방에는 중정 직원(운전기사)인 김용남이 어깨에 총을 맞고 꿇어앉아 있었다. 확인사살은 15분쯤 걸렸다.

얼마 뒤 청와대 경호실에서 세 경호원들이 왔다.

"총소리를 못 들었습니까?"

"텔레비전을 보느라고 못 들었습니다."

경호원들은 "이상하다. 상부지시로 비상근무 중이다. 확인 보고를 해야 한다"면서 남효주의 직책과 이름을 묻고 돌아갔다. 남효주는 '남호림'이라고 속였다. 국군 서울지구병원에서 유성옥이 전화를 걸어왔다. "각하의 생존 가망이 없다"는 내용이었다.

얼마쯤 시간이 흘러 또 전화가 왔다. 유성옥이었다.

"보안대 사람들이 현장으로 가자는데 어떻게 할까요?" 박 과장에게 보고했더니 "오지 말고 보안을 유지하도록 하라"고 말하는 것이었다. 그 뒤 박선호는 대방동의 자기 집으로 갔다.

"꼬마가 있어 차에 싣고 방배동 처가에 데려다 놓은 후 사무실에 돌아왔습니다. 저절로 발길이 거기로 갑디다."(법정 진술)

"이미 죽었습니다"

김계원은 승용차 뒷자리에서 피를 흘리는 대통령을 껴안고 있었다. 서울지구병원으로 들어가면서 위병에게 "나 대통령 비서실장이다"고 하는 것을 듣고서야 운전사 유성옥은 김계원인 줄 알았다. 김계원, 서영준, 유성옥 등 세 사람은 박 대통령을 응급실로 모셨다. 김계원은 들어오면서 "수술 준비 빨리 해!"라고 외쳤다. 당직 군의관 송계룡 소령과 정규형 대위가 달려왔다.

"이분을 꼭 살려야 합니다. 빨리 진단부터 하십시오"라고 김 실장이 지시했다. 송 소령은 진단을 했다. 환자의 얼굴에는 수건이 가려져 있었고 가슴은 피투성이였다.

"심장소리도 안 들리고 호흡과 맥도 잡히지 않아 이미 죽은 것을 알았으나 같이 온 사람들이 있어 죽었다는 말을 못하고, 약 10분간 응급소생술을 실시한 다음, 도착 전에 이미 돌아가셨다고 했습니다. 체온이 있어 조금 전에 운명한 것으로 알았습니다. 그때는 각하인 줄 몰랐습니다."(법정 증언)

대통령이 절명했다는 말을 듣고 유성옥은 '이제는 나도 죽었구나'는 생각이 들었다고 한다. 김계원은 "보안 유지를 철저히 하고 출입자를 단속하라"고 유성옥에게 시킨 뒤 택시를 타고 청와대로 갔다. 그때가 저녁 8시 5분쯤이었다.

8시 20분께 김병수 병원장(공군 준장)이 당직 사령의 연락을 받고 달려왔다. 대통령 주치의인 김 준장은 "비서실장이 왔다가 그냥 가버렸기 때문에 환자가 비서실 직원인 줄 알았다"고 한다. 그래서 "그 정도를 가지고 왜 나를 불러냈느냐"고 당직 군의관에게 화를 냈다. 8시 40분쯤 김 실장이 김 병원장에게 전화를 걸어 "어떻게 됐느냐?"고 물었다.

"실장님이 모시고 올 때 벌써 죽었습니다."

"어쨌든 정중히 모십시오."

이 말에 김 준장은 불쾌했다. 아무리 비서실장이지만 죽은 사람을 데리고 온 것이 기분 나빴던 것이다.

얼마 안 있어 또 김 실장이 전화를 걸었다.

"어떻게 했소?"

"난들 어떻게 합니까. 산 사람도 안 되는데 죽은 사람을 어떻게 합니까. 수도통합병원으로 옮기시지요."

"그건 절대 안돼요! 각하 전용 병실로 옮기시오!"

"실장님 정신 나갔습니까?"

김 실장은 환자가 대통령이란 말을 하지 않고 "정중히 모시라"고 한 뒤 전화를 끊었다. 그때야 김 준장은 이상한 느낌을 가졌다.

환자의 얼굴을 덮은 수건을 들추어봐도 잘 알 수가 없어 아랫배를 벗겨 보았다. 희끗한 반점을 보고서야 '각하다!'고 생각했다. 김 준장은 위생병 과 군의관들을 퇴근시키고 유성옥·서영준을 시켜 피묻은 옷을 깨끗한 옷으로 갈아 입혔다. 유성옥은 그 뒤에도 김 준장을 따라다니면서 전화 거는 데도 참견을 했고, 통화 내용을 캐물었다.

육본 벙커

한편 별채에서 처음 만난 정 총장과 김정섭은 초면 인사를 나눈 후 부산·마산 사태 등 시국담을 교환하면서 식사를 함께 했다. 식사가 거의 다 끝날 무렵 수발의 총성이 들리자, 의아스럽게 생각한 정 참모총장이 제2차 장보에게 "총소리가 난 것 아니오" 하니 김정섭이 밖으로 나와 경비원에게 인근에 있는 궁정동파출소에 무슨 총성인지 확인하여 보고토록 하라고 지시한 후 다시 식탁에 돌아와 과일을 들고 있었다.

저녁 7시45분경 김재규는 시해 현장으로부터 맨발에 와이셔츠 차림으로 급히 나가다가 이미 방 밖으로 나와 있던 김계원을 만나자 "나는 한다면 합니다. 이젠 다 끝났습니다"라고 외치고 별채를 향해 허겁지겁 뛰면서 "차 어디 있어! 저 방 손님 모시고 나와! 물, 물…" 하는 고함과 함께 황급한 모습으로 땀을 흘리며 별채 안으로 들어왔다.

그는 경비원으로부터 물 한 컵을 받아 마시고 나서 정 총장의 팔을 잡고 "총장, 총장, 큰일났습니다" 하며 현관 쪽으로 끌고 나가면서 "빨리 차를 타시오" 하고 말했다.

정 총장이 김재규에게 "무슨 일입니까?" 하고 묻자 김재규는 "차를 타고 가면서 이야기하자"고 했다. 이때 정 총장은 어떤 기습을 받아 김재규가 도망나온 것으로 생각하고 김재규의 승용차 뒷좌석 중앙에 탔는데 오른쪽에는 김재규, 왼쪽에는 김정섭, 앞좌석에는 박흥주가 탔다.

차중(車中)에서 정 총장이 김재규에게 "무슨 일입니까?" 하고 다그쳐 묻자 "큰일났습니다. 정보부로 갑시다"라고 하여 다시 총장이 "무슨 일이 일어났느냐"고 묻자 대답은 하지 않고 각하를 뜻하는 엄지손가락을 치켜들면서 저격당했다는 표시를 하였다.

정 총장이 "각하께서 돌아가셨습니까?" 하고 묻자 김재규는 "돌아가신 것이 확실하다"고 대답했다

김재규는 경호차가 따라오는지 수차 초조하게 확인하더니 "보안 유지를 해야 됩니다. 적이 알면 큰일입니다"라는 말만 되풀이 강조할 뿐 "외부의 침입이냐, 내부의 일이냐?"는 정 총장의 물음에 대해 "나도 잘 모르겠다"고 대답하면서 보안 유지만을 거듭 강조하였다.

승용차가 삼일고가도로를 향하고 있음을 의식한 정 총장이 "어디로 가는 것입니까?" 하고 묻자 김재규는 정보부로 가는 것이라고 하므로 정 총장은 만일에 작전의 필요시 지휘에 용이하고 보호를 받을 수 있다고 생각하여 "육본으로 갑시다" 했더니 김재규가 갈까말까 망설이자 앞자리에 앉

은 박흥주 대령도 "육본으로 가지요"라고 하여 방향을 바꾸어 육본으로 향했다.

이때 김재규는 순간적으로 참모총장을 협박할까 망설였다. 오는 차중에서 맨발에 와이셔츠 바람이던 김재규는 박흥주 대령에게 "자네 윗도리와 신발을 내게 벗어달라"고 하자 박흥주 대령은 예비로 가지고 온 상의와 신발을 김재규에게 주었다. 이 차량은 궁정동을 출발하여 내자호텔과 광화문을 거쳐 삼일고가도로와 후암동을 지나 미8군 영내 도로를 통과하여 밤 8시5분경 육본 벙커에 도착했다.

육본 벙커에 도착한 정 총장은 상황실에서 상황실장 조 대령에게 급한 일이 있으니 국방장관, 합참의장, 해군총장, 공군총장 및 연합사 부사령관에게 전화를 연결토록 하여 육본 벙커로 오도록 직접 연락하고 기타 참모총장 이하 관계 참모를 소집했다. 1, 3군에 비상태세를 발령함과 동시에 청와대 내부에서 일어난 피습사건으로 생각하여 수경사령관에게 병력 장악을 철저히 하도록 지시하고 수도권 일부 부대에 대해서도 출동 준비 지시를 하는 한편, 필요한 수도권 부대 지휘관을 육본 상황실로 오도록 했다(이상은 계엄사 발표문에서 일부 인용한 것임).

김치열 법무장관의 증언

김계원은 국군 서울지구병원에서 택시편으로 저녁 8시15분경 청와대에 도착했다. 경호실 차장 이재전(李在田) 중장을 불러 "경호실장이 지휘를 할 수 없게 됐다. 당신이 병력을 장악하고 경거망동을 금하라. 국가에 중대사건이 발생했다. 지금 그 이유는 말할 수 없다"고 했다. 그리고는 총리와 일부 장관 및 수석비서관들에게 연락, 청와대로 오게 했다.

1979년 10월26일 밤 8시20분경 김치열 법무장관은 자택에서 청와대로부터 걸려온 전화를 받았다. 김계원 비서실장이었다. 즉시 들어오라는 것이었다. 말투는 다급했다. 김치열 장관은 '정보부장 임명 통보'라고 짐작했다. 청와대로 가는 차중에서 김 장관은 골똘히 생각했다.

강경 일변도인 차지철 경호실장과의 마찰은 피할 수 없을 것이다. 맡은 일은 철두철미하게 파악하고 수행하지 않으면 못 배기는 성격상 고질적인 불면증은 더욱 심해질 것이다. …김 장관은 '남자답지 못하다'는 핀잔을 듣지 않고 정보부장 자리를 고사하는 길이 없을까 하고 고민했다.

그 사흘 전인 10월23일 김 장관은 박 대통령의 부름을 받고 청와대에 들어갔다. 단둘이서 장시간 부마사태 등 시국문제를 이야기했다. 며칠 뒤에 두 번째의 단독 면담을 했었다.

김치열 장관이 청와대 2층 비서실장 사무실에 도착한 것은 26일 밤 8시 45분께였다. 최규하 총리가 맨 먼저 와 있었다. 김계원 실장은 최 총리가 도착하자마자 "오늘 저녁 궁정동 만찬장에서 김재규와 차지철이 싸우던 중에 김재규가 잘못 쏜 총탄에 각하가 맞아 서거하셨습니다. 계엄을 선포해야 합니다"고 보고했었다. 이어서 김치열 법무가 들어왔다. 과거 정보부장·차장 관계에 있었던 두 사람이었다.

김 실장은 김 법무를 구석으로 부르더니 김재규의 총탄에 대통령이 서거했음을 귓속말로 알려주었다. 김치열 장관은 '김 부장이 잘못 쏘아서 대통령이 죽었다'는 설명은 믿기지 않았다고 최근 나에게 말했다.

만찬 자리에서 대통령과 경호실장의 자리는 정해져 있고 방향이 전혀 다른데 '차 실장을 쏜다는 것이 대통령을 맞췄다'는 것은 거짓말이라고 생각했다. 박 대통령의 시신을 업어 옮긴 김계원의 양복 소매에는 검붉은 피가 묻어 있었다.

다시 김치열이 기자에게 한 증언을 소개한다

〈얼마 있다가 김계원 실장이 육본 벙커에 가 있던 김재규와 전화 통화를 했다. 내(김치열)가 옆에서 듣고 있으니까 "청와대로 오라" "못 가겠다"는 투의 대화였는데. 김재규는 청와대 경호 병력이 무서워 이리로 못 오겠다는 태도인 듯했다. 김계원 실장은 최 총리에게 "육본 벙커로 가시지요"라고 했고, 최 총리, 박동진 외무, 나, 구자춘 내무장관이 반대 없이 따라나섰다. 육본 벙커로 가는 차중에서 나는 '김재규가 쿠데타를 하여 육본을 장악하고 있는 것이 아닌가' 하는 생각을 했다.

그러나 김재규가 그런 사태장악을 할 능력을 가진 인물이 못 된다는 생각이 들기도 했다. 육본 벙커에 도착한 것은 밤 9시30분쯤. 벙커 안에는 수많은 장성들이 와 있었는데, 리더가 없어 우왕좌왕하거나 '망연히' 서로 보고만 있었다. 나는 김재규가 육본을 장악하지 못했고 장성들은 범인이 누구인지 모르고 있음을 직감했다.

최 총리와 김재규와 장관들이 의자에 앉았다. 저절로 회의처럼 됐다. 김재규는 살기가 등등하고 초조하게 보였다. 앉다 보니 김재규와 나는 마주보게 됐다. 김재규는 연신 물을 마셔댔다. 김재규는 "지금 각하께서 유고입니다. 전방 경계를 강화하고, 이 사실을 최소한 48시간 국내외에 비밀로 부쳐야 합니다. 그리고 비상계엄령을 선포해야 합니다"라고 말했다.

김재규는 "미국에도 비밀로 해야 한다"고 했다. 내가 이 말을 받아 "어떤 이유에서 48시간이나 보안에 부쳐야 된다고 생각합니까?"라고 물었다. 김재규는 "북괴 남침 위험 때문입니다"고 했다.

"내가 생각하기로는 그런 보안은 불가능할 뿐 아니라 사태 수습의 방안으로 현명하지 못합니다. 미국에선 이미 알고 있을지도 모르며, 국민들에 대한 정치도의상 예의가 아닙니다. 북괴의 남침 위험이 있다고 하셨는데, 그렇다면 출동 준비가 있어야 하고, 그러니까 오히려 미국에 알려야 효과적인 대비책을 세울 수 있지 않겠습니까."

나의 이 반박에 박동진 외무장관이 옆에서 가세했다.

"미국에 비밀로 부치는 것은 한·미 우호정신에도 어긋날 뿐 아니라, 사실상 보안이 불가능하다고 봅니다."

김재규는 격앙된 목소리로 "나는 김 법무의 의견과 달라요" 라고 했다.

이 순간 나는 맞은편에 앉은 김재규가 권총을 뽑아 쏠 것 같은 기분까지 들었다. 최 총리는 시종일관 침묵을 지키고 장관들과 김재규 사이에만 설왕설래하고 있는데, 노 국방이 "여기는 좁으니 저의 방에 올라가 이야기합시다"고 했다. 이렇게 되어 최 총리와 장관들, 김재규·김계원은 국방부 장관실로 옮겨갔다(注: 최 총리는 김재규가 범인이란 사실을 노 국방에게도 이야기하지 않았다. 노 국방은 김재규가 흥분상태에 있는 것은 김을 그토록 아끼던 대통령의 유고로 충격을 받았기 때문이라고 생각했다. 노 국방은 차지철의 소행이 아닌가 생각하여 김재규에게 '당신이 현장을 본 것인가, 아니면 보고를 들은 것인가'고 캐묻기도 했다).

최 총리 등은 김재규와 함께 국방부 장관실에 앉아 국무위원들의 도착을 기다렸다. 나는 바로 옆에 김재규가 앉아 불안했다. 흥분한 김재규가 '헉, 헉' 숨을 가쁘게 쉬는 소리를 들을 수 있을 정도였다. 나는 김재규가 대통령 시해 때 사용한 권총을 가지고 있을 것이라고 판단, 장관실에서 또 나와 격론이 벌어지면 불상사가 생길 것 같아서 옆에 있는 상황실로 가버렸다.〉

신현확 부총리의 증언

이날 밤 중요한 역할을 한 신현확 당시 부총리가 최근 나에게 털어놓은 얘기를 정리한다.

〈나(신현확)는 밤 10시20분쯤 집에서 비상국무회의 소집 통보를 받았다. 나는 경악했다. 국방부에서 비상국무회의가 열리는 것은 유사이래 처음이었다. '북괴의 남침이 아닌가' 하는 불안 속에 내가 국방부에 도착한 것은 밤 11시께였다. 상황실 앞에서 김성진 문공장관과 마주쳤다. 김 장관은 "각하께서 유고인 것 같다"고 귀뜸 했다. 나는 장관실로 들어갔다. 최 총리가 상좌에 앉고 양쪽에 김재규, 구 내무, 노 국방 등이 앉아 있었다. 말없이 침통하게 앉아 있었다. 나는 김재규의 맞은편 자리에 앉았다.

나는 앉자마자 "무슨 긴급사태입니까"고 물었다. 김재규는 "대통령이 유고이십니다. 만약의 사태에 대비, 비상계엄령을 선포해야 하겠습니다"고 했다.

"유고의 내용이 뭡니까?"

"그것은 밝힐 수 없습니다."

"대통령이 유고이신데 못 밝히겠다니, 다치셨습니까, 아니면 갑자기 병이 났습니까?"

"그건 밝힐 수 없습니다. 비밀에 부쳐야 합니다."

"아무리 기밀이라지만, 유고의 내용도 모르고 비상계엄령을 어떻게 선포할 수 있습니까?"

내가 "밝히라"고 따지고 김성진 문공이 거들었지만 김재규는 계속 "밝힐 수 없다"고 버티었다. 김재규는 독기가 느껴질 만큼 살기 등등했다.

나는 그때까지만 해도 김재규를 좋게 보아왔다. 나의 외가가 김의 고향인 선산이었기 때문에 서로가 가깝게 느끼고 있었고, 김재규도 나에게는 깍듯이 대했다. 정보부가 추진해온 어떤 사업을 나는 합의 과정에서 반대를 한 적이 있었다. 정보부의 담당 국장이 찾아와 사정을 했다. 그 사업은 상당히 오래 추진해온 것이라 단념하기도 어려운 것이었다. 나는 이 문제를 직접 김재규에게 알려, 불가함을 설명했다. 의외로 김재규는 순순히 납득을 했다. 그래서 나는 역시 초등학교 교사를 한 사람이라 합리적인 면이 있구나 하는 생각을 가졌었다.

그러나 지금은 딴판이었다(장시간 옥신각신해도 당시 박 대통령의 시해 상황을 알고 있었던 최 총리는 입을 떼지 않고 있었다). 나는 방구석에 김계원 실장이 있는 것을 발견, "김 실장, 이리 오시오"라고 불렀다. 등뒤로 다가온 김 실장을, 머리를 돌려 비켜 쳐다보면서 "어떻게 된 거요. 김 실장은 대통령 각하와 늘 행동을 같이 하는 분이니 알 것 아니오"라고 말했다.

"저도 잘 모르겠습니다."

"모른다니 어째서 모른다는 말입니까." 이렇게 집요하게 묻자 김 실장은 조금 털어놓았다.

"제가 각하를 업고 병원에 갔었습니다."

"지금 수술 중입니까, 사고가 나서 다치셨단 말입니까?"

"아닙니다. 사실은 다 끝났습니다. 별실에 안치를 했습니다."

맞은편의 김재규는 계속 침묵하고 있었다. 나는 비로소 '국가에 위기가 닥쳤구나' 하는 점을 실감했다. 내부에서 허점이 드러나면 북괴가 밀고 내려올 것이란 생각이 들었다. 나는 "어째서 그렇게 됐습니까"라고 또 물었다. 김 실장은 "사고인데 저도 정신이 없어서 잘 모르겠습니다"고 했다. 장관실에서 이런 설왕설래가 길어지는 바람에 밤 11시로 예정됐던 국무회의는 11시50분께 국방부 상황실에서 열렸다.〉

최택원 총무처 차관의 증언

당시 비상국무회의 소집 책임자였던 최택원(崔澤元·당시 총무처차관)은 본 기자에게 이렇게 말했다.

〈10월26일 나는(최택원) 삽교천 방조제 준공식 행사에 참석, 단상에서 박 대통령이 훈장을 주는 것을 거들어주었었다. 그날 밤 10시30분쯤 나의 집으로 전화가 걸려왔다. 목소리는 내가 잘 아는 유혁인(대통령 정무수석비서관) 씨였다. 그런데 그는 "대간첩 대책본부장입니다"고 말하는 것이 아닌가.

"내 옆에는 지금 총리가 계시는데 국무회의를 국방부 상황실에 소집하여 주십시오."

나는 최 총리의 지시라고 판단, 즉시 총무처의 총무국장에게 소집준비 지시를 내린 뒤 승용차를 타고 국방부로 향했다. 나는 국방부에서 국무회의가 열리는 것으로 보아 비상사태가 발생했다고 생각했다. 부마사태가 악화됐거나 김일성이 도발한 것이라고 생각했다. 여의도에서 국방부로 가는 길에 창 밖을 내다보았다. 공습과 같은 사태의 조짐을 찾을 수 없었다.

밤 11시쯤 국방부 상황실에 도착했다. 장관들이 7~8명 모여 있었다(注: 이때 상황실 옆의 장관실에는 최 총리, 김재규, 김계원, 노재현 등이 있었다). 잡담도 하지 않고 침통한 표정이었다. 거의가 국무회의를 소집해야 했던 사태를 알지 못하는 것 같았다. 그때 노 국방이 상황실로 들어오길래, 나는 "안보위원들도 불러야 하지 않겠습니까?" 하고 이야기를 했다. 노 국방장관은 그럴 필요가 없다고 했다. 그제야 나는 전쟁은 아니라고 판단했다.

소집 책임자인 나는 총무처 국과장들을 통해서 아직 도착하지 않은 국무위원들에게 연락을 하느라 분주했다. 신현확 부총리에게 연락이 잘 닿지 않아 애를 태웠다. 국무회의가 열린 것은 26일 밤 11시50분께였다. 국방부장관실에 있던 최 총리는 상황실에 나타나 정좌하자, "국무위원이 아닌 분은 나가 달라"고 했다.

나는 총무처장관 심의환 씨가 그 며칠 전 별세하여 그를 대신해 참석, 시종일관 이 국무회의를 지켜볼 수 있었다. 이 비상국무회의에 관해서 지금까지 써진 거의 모든 기사는 국무회의 벽두에 최 총리가 "대통령께서 유고이십니다"고 했고, 노 국방이 비상계엄령 선포 안건을 상정했으며, 다른 국무위원들이 "유고의 이유를 밝혀라!"고 들고 일어났다고 되어 있다.

나는 지금도 생생하게 최 총리의 말을 기억하고 있다. 그는 "지금 국가 안위에 관한 중대한 사태가 발생하였으므로 국무회의를 소집하게 되었습니다"고 했다. 서거, 유고 등의 말은 하지 않았다. 뒤이어 노 국방이 제주도를 제외한 전국에 비상계엄령 선포를 제안했다. 두 사람 모두 '대통령 유고'란 표현을 쓰지 않았고 '중대 사태'라고만 했다. 그래서 그때까지도 나는 대통령이 시해된 것을 모르고 있었다.

국무위원들이 유고의 사유를 밝히라고 대들었다는 것도 사실과 다르다. 그때 국무위원들 사이에 무슨 이야기가 오고갔는지 나는 잘 알고 있으나 여기에 밝힐 뜻은 없다. 다만, 내가 비애를 느꼈다는 것을 말해두고 싶다. 인간의 약점을 목격했기 때문이다. 분위기가 이상하게 돌아가자 김성진 문공부장관이 10분간 정회하자고 했다. 정회 시간에 일부 국무위원들은 바깥으로 나갔다. 그때도 아직 많은 국무위원들은 대통령 시해를 모르고 있었다.

10분간의 정회가 30분, 40분간 길어졌다. 새벽 1시가 넘어 최 총리, 신 부총리 등 일행이 다시 들어와 국무회의가 속개되었다. 박 대통령의 유해가 안치된 국군 서울지구병원에 갔다 온 것을 알았다. 최 총리는 "대통령께서 서거하셨고, 우리가 가서 확인했다"고 말했다.

일부 기록에는 "대통령께서 피격 당시 서거하셨다"고 최 총리가 말한 것으로 적혀 있는데 피격이란 말을 쓰지 않았다. 그래서 사태를 잘 모르는 국무위원들 중에는 그때까지도 대통령이 병사한 것으로 알고 있었던 사람도 있었을 것이다. 김재규가 범인이란 사실도, 그가 이미 체포당한 사실도 국무회의에서는 알려지지 않았다. 국가의 위기 때 나는 비애를 느꼈다.〉

김계원의 증언

여기서 독자들의 이해를 돕기 위해 김계원이 1979년 12월10일 군법회의 법정에서 검찰관 신문에 응답한 내용을 소개한다.

— 총리에게 대통령의 서거에 대해 허위 보고를 한 것이 아닌가.

김: 아닙니다.

— 10월26일 궁정동 사태를 보고할 때 김재규가 범인이라고 알렸는가.

김: 총리께는 김재규와 차 실장이 싸움 끝에 각하가 서거했다고 보고했습니다.

— 법무·내무 장관 등에게는 구체적 내용을 설명 안 하지 않았는가.

김: 구체적 내용 설명은 안 했습니다.

— 이 차장에겐 차 실장이 죽은 사실을 알렸는가.

김: 죽었다고는 말하지 않았으나 지휘를 할 수 없는 상태라고 일러 줬습니다.

— 육본 벙커에 있는 김재규와 전화를 했다는데.

김: 김재규에게 국방장관, 육군참모총장 등을 모시고 청와대로 오라고 전화했습니다.

— 큰 영애가 아버지가 어디 계시느냐고 묻는데 "또 물으면 어떻게 하지" 하고 묻지 않았는가.

김: 그런 얘기 한 일 없습니다. 큰 영애에게는 그 이튿날 아침 2시까지는 대통령 서거에 대해 얘기한 일 없습니다.

— 2차 통화 내용은.

김: 1차 때와 거의 동일한 것입니다. 내가 "총리께서 여기 있으니 이리로 오라"고 말했더니 김재규가 "여기 모두 모여 있으니 총리 모시고 이리 오세요"라고 해서 "알겠다"고 전화를 끊었습니다.

— 김재규는 "이리 오시오"라고 강한 어조로 언성을 높여 얘기했다고 말하고 있는데.

김: 아닙니다. 김재규의 전화는 두 번 다 조용조용했습니다. 마치 누가 들을까봐 못 듣게 하려는 듯 조용한 어조였습니다.

— 그때 군부대가 김재규의 장악 하에 들었다고 생각했는가.

김: 장악했다고 생각하기보다는 장악하려 하고 있지 않은가 생각했습니다.

— 몇 시쯤 육본 벙커에 도착했는가.

김: 정확히는 모르나 오후 9시30분이 넘은 듯했습니다.

— 벙커에는 장성들이 많았는가.

김: 많았습니다.

— 어떻게 생각했는가.

김: 처음엔 깜짝 놀랐습니다. 부대 출동에 관해 얘기를 나누고들 있었는데 전체적인 기색을 살피니 내용을 잘 모르고 있는 것 같았습니다. 대통령이 돌아가신 것도, 김재규가 범인이라는 것도 잘 모르는 것 같았습니다.

— 검찰에서는 김재규가 군을 장악했구나 하고 생각했다고 진술했는데.

김: 처음 육본에 들어설 때 병력이 움직이는 상황을 보고 장악한 게 아닌가 하고 순간적으로는 느끼기는 했었습니다.

— 그때는 어떻게 생각했는가.

김: 처음 총리를 모시고 들어가니 겨우 몇 사람만 있을 줄 알았는데 예상 외로 사람이 많아서 김재규의 계획 하에 이루어진 일이 아닌가 하고 놀랐습니다.

— 벙커 안에서는 어떤 얘기들이 오갔나.

김: 들어가 보니 장관, 각 군 총장 등 장성들이 많았습니다. 육군총장이 총리에게 부대 출동상황을 보고했는데 나는 육군총장이 이 일을 어떻게 알고 있나 궁금해서 조용한 곳에 데려가 물으려 했으나 김재규와 그 부하들이 계속 주시하고 따라다니기 때문에 기회를 얻지 못했습니다. 바로 옆방에는 총리 및 장관들이 있었고 벙커 안에는 정보부 인원들이 왔다갔다하고 있는 상황이라 문제가 커지면 안 된다는 판단 아래 나는 알았다는 듯이 말하고 바로 나왔습니다.

— 화장실에 갔을 때 궁정동에서 빼앗은 권총을 갖고 있었으니 김재규를 바로 사살할 수도 있지 않았는가.

김: 김재규를 사살하면 총성이 들릴 것이고 바로 옆방에 총리 이하 각료

들이 있어 불상사가 일어날 것이 예견됐기 때문에 그럴 수가 없었습니다.

— 김재규는 화장실에서 계엄사 간판을 혁명위 간판으로 바꾼다는 얘기를 하니 피고인이 "알았소" 하고 대답해서 동조한 것으로 여겼다는데.

김: 알았다는 태도만을 취했지 아무 말도 않고 나왔습니다.

— 계엄이 선포되면 사령관은 누가 되는가.

김: 육군참모총장입니다.

— 김재규가 군부를 장악했다는 생각을 하지 않았는가.

김: 벙커에 들어갈 때 처음 느꼈던 것입니다.

— 회의실에는 혼자 갔는가.

김: 김재규와 같이 갔습니다.

— 총장실에는 사람이 많았는가.

김: 잘 모르겠으나 그렇게 많지는 않았던 것으로 생각됩니다.

— 장관실에서는 무엇을 논의했는가.

김: 주로 계엄 선포에 관해서, 사유는 무엇으로 하는가 하는 것과 미군·유엔군을 어떻게 이해시키는가 하는 것들이었습니다.

— 총리가 최소한 무슨 이유든지 사유를 얘기해야 한다고 말하지 않았는가.

김: 사유를 명백히 해야 하는데 서거, 유고, 또는 그 외의 사유에 대해 의견을 물었습니다.

— 당시 총리가 계엄 선포의 사유에 대해 물으니 김재규가 '치안 사태'라고 하면 된다고 주장했고 "사태가 조용한데 어떻게 그런 이유를 달 수 있는가"고 여러 사람이 말했다는데.

김: 그건 조금 뒤의 얘기입니다. 총리께서 먼저 얘기를 하고 그 뒤에 장

관들이 불규칙하게 들어오곤 하는 상태였습니다. 서거로 하면 곤란하니 유고로 하자는 말이 나왔고 최소한 국무위원들에게는 사태를 설명해야 한다는 얘기도 있었습니다. 서거로 하면 군 주둔 시간과 안 맞기 때문에 유고로 해놓고 군이 주둔한 후에 서거를 발표하자고 말씀드렸습니다. 그러나 김재규는 '유고'조차 안 된다고 주장했으나 총리께서 "그건 말도 아니다"고 하기도 했습니다.

— 그 당시 '유고'란 말은 피고가 처음 만든 것이 아닌가.

김: 아닙니다. '유고'란 말은 총리가 처음 한 말입니다. 총리께서 '서거' '유고' '그 외의 사유' 중에서 어느 것으로 하느냐고 해서 내가 '유고'로 하자고 한 것입니다.

— 김재규는 '유고'도 안 된다며 '브레즈네프' 얘기를 꺼냈었는가.

김: 그렇습니다.

— 국무회의 분위기는 반대 분위기가 아니었는가.

김: 아닙니다. 의견이 집합 안 된 상태였습니다.

— 국무위원은 얼마나 모였었는가.

김: 난 장관실에 있었기 때문에 잘 모르겠습니다.

— 장관과 총장에게 김재규의 범행 사실을 말한 것은 언제인가.

김: 국무회의가 열리기 전에 장관실에서 얘기 도중 기회가 있기에 밖에 나가 말했습니다.

— 어딘가.

김: 장관부속실 옆 작은 방이었습니다.

— 뭐라고 했는가.

김: ·총장과 국방장관을 조용히 불러 달랬더니 두 사람이 왔기에 김재규가 범인이고 각하가 사망했다고 알리고 소란을 벌이면 안 되니 조용히 체포하라고 말했습니다.

— 군부가 이 사건에 가담이 안 된 줄은 언제 알았는가.

김: 처음 벙커에 들어갈 때는 놀랐으나 조금 지나 사태를 파악하고는 안심했습니다.

— 그럼 왜 화장실에서 김재규를 사살하지 않았는가.

김: 그랬다면 최소한 둘이서 총을 맞쐈을 것이고 밖의 상황 등으로 보아 더 큰 피해가 있었을 것으로 생각됐기 때문입니다.

— 자신의 신변 안전을 위해 체포하지 않았다는 말인가.

김: 나 혼자서 행동할 수는 없었습니다. 계속 감시당해 있었고 총장과 장관에게 그 얘기를 하자마자 금방 김재규가 나타나는 아슬아슬한 시간들이었습니다. 그때도 나는 순간적으로 김재규에게 의심을 사지 않기 위해 "총장, 계엄군의 숙식비 준비에도 만전을 기하시오"라고 엉뚱한 말로 꼬리를 돌렸으며 다시 "총장은 조치를 빨리 취하시오"라며 총장이 자리를 떠날 수 있는 기회를 만들었습니다.

김계원의 진술에 따르면 밤 11시50분에 국무회의가 열렸을 때는 김재규 체포작전이 진행되고 있었다는 얘기가 된다. 최택원의 증언과 종합해볼 때 국무회의 참석자 중 총리, 국방장관, 법무장관 등은 이미 김재규가 범인이란 사실을 알고 있었으나 국무회의에서는 털어놓지 않았다는 것이다. 정회(정회 도중 박 대통령의 시신 확인) 뒤에 속개된 국무회의에서도 최 총리 등은 김재규를 범인이라고 밝히지 않았고, 피격된 사실도 분명히 하진 않았다는 것이다.

최규하, 대통령권한대행 되다

다시 신현확의 증언을 듣는다.

〈나는 국무회의가 정회된 뒤 최규하 총리, 김성진 문공, 구자춘 내무, 노재현 국방, 김계원 실장과 함께 국군통합병원 서울지구병원으로 갔다. 나는 구 내무 차에 편승했다. 김병수 원장의 안내로 대통령의 시신이 안치된 방으로 들어갔다. 흰 시트를 벗겼다. 박 대통령의 몸은 피를 닦고 옷을 갈아 입혀 놓은 듯했다. 두 번째 총알은 귀 뒤로 들어가 바깥으로 나오지 않았기 때문에 얼굴은 거의 변형되진 않았다. 나는 박 대통령의 얼굴이 창백한 것은 출혈을 많이 했기 때문이라고 짐작했다. 대통령의 표정은 평온하기 이를 데 없어 잠자는 것 같았다.

나는 '우리를 빈곤으로부터 해방시키신 분이 정말 가셨구나' 하는 감회로 쏟아지는 눈물을 참을 수가 없었다. 국방부로 돌아오는 길에 나는 노 국방이 '범인' 김재규의 체포를 지시해두었음을 알았고, 국방부에 도착하여 '체포 완료'를 확인할 수 있었다. 국방부 상황실에서 국무회의가 속개된 것은 27일 새벽 2시께였다. 회의를 속개하는 데 즈음하여 최 총리가 몇 마디 말을 시작했을 때 내가 "조금만 계십시오. 제가 이야기하겠습니다"고 나서면서 말을 시작했다.

"박 대통령께서 서거하셨습니다. 우리가 직접 병원에 가서 확인하고 왔습니다. 그 사고의 내용은 앞으로 상세히 밝혀지겠지만, 이 사실을 전제로 하고 국가 위기의 수습 방안을 의논해야겠습니다. 국가의 통치권자가 사고가 나서 공석이 되었습니다. 한시라도 통치권자의 공석은 있어선 안 되는 일입니다.

우리 헌법에는 통치권자의 공석이 있을 때의 승계 순위가 명문으로 규정되어 있습니다. 그 규정에 의하면 국무총리가 계승을 하게 되어 있습니다. 따라서 최규하 총리께서 지금부터 대통령권한대행이 되셨으니 이 점을 국무회의에서 확인하고 넘어가야 하겠습니다."

이때 국무위원석 뒤에는 수십 명의 군장성들이 배석해 있었다. 나의 말이 끝나자 누가 시킨 것도 아닌데 장성들은 일제히 일어나 최규하 대통령권한대행에게 경례를 했다. 국가에 대한 충성을 다짐하는 엄숙한 순간이었다. 그것은 또한 어떤 위기 속에서도 박 대통령의 뜻을 이어 국가를 보위해야겠다는 다짐으로 보였다.

나의 사회로 국무회의는 비상계엄령 선포를 의결했다. 전국을 계엄지역으로 선포하면 모든 행정 권한이 계엄사령관으로 집중되기 때문에 제주도를 제외시켜 국방부장관이 계엄사령관을 지휘 감독할 수 있게끔 했다.

정부 발표문에는 일단 '대통령 유고'로 했다가 아침에 조사가 진행되는 대로 유고의 이유를 발표할 것도 합의했다. '서거'라고 할 경우엔 서거에 대한 설명이 따라야 하는데 당시엔 아직 확실한 상황이 밝혀지지 않았던 것이다. 나는 또 경제 장관들은 따로 남아 대책을 의논하자고 했다. 이런 식으로 진행된 비상국무회의가 끝난 것은 새벽 3시45분께였다. 내가 집으로

돌아온 것은 새벽 4시30분이었다. 잠이 올 리가 없었다.〉

하얀 시트에 덮여 돌아오다

박진환 특보는 26일 자정께 최광수 의전수석비서관으로부터 "빨리 청와대로 나오라"는 연락을 받았다. 박 특보는 '나같이 별 볼일 없는 사람을 왜 부를까. 혹시 방공 연습인가' 하고 생각하면서 청와대로 갔다. 도중에 탱크가 두 대나 보였다. 낯선 군인이 검문을 해 더욱 불안하게 생각했다. 청와대 본관으로 가니 접견실에 병풍을 치고, 책상을 갖다 붙여 제단을 만들고 있는 게 아닌가. 임방현 대변인을 찾아 "어떻게 된 거냐"고 물었다.

"각하께서 돌아가셨습니다."

"어디서?"

"궁정동에서…."

박 특보는 더 물을 마음이 내키지 않았다. 하늘이 무너지는 듯했다. 가슴에 구멍이 뻥 뚫리는 듯했다. 김일성이 지금 당장 우르르 밀고 내려오는 것 같은 기분이 들었다. 청와대 현관에 나서니 박 대통령의 두 딸이 옷 보따리 같은 것을 안고 말없이 서 있었다. 밤 공기는 싸늘했다. 누군가가 들 것을 들고 들어왔다. 하얀 시트로 덮여 있었다. 키가 작은 것을 보고 박 특보는 '각하다'고 생각했다. 병풍 뒤에 시신을 안치했다. 5년 전 육영수 여사의 몸이 눕혀졌던 바로 그 자리였다. 박 특보는 '이 일을 어쩌나' 하는 생각밖에 들지 않았다.

새벽 3시쯤, 촌 할머니 같은 분이 달려왔다. 시신 앞에 퍼져 앉더니 "정희야! 니가 이게 우짠 일고…" 하면서 통곡했다.

10월26일 박 대통령이 타계하던 날 밤 김종필 씨는 언론사 사장들과 이태원에서 저녁을 먹고 있었다.

"저녁 8시에서 9시 사이에 음식점으로 보고가 들어왔는데, 궁정동 어디서 총소리가 나고 청와대 주변이 아주 부산하다는 겁니다. 그래 이거 무슨 사건이 생긴 모양이라면서 다들 술도 제대로 마시지 않고 집에 일찍 들어갔습니다."

마침내 그가 그토록 기다리던 청와대로부터의 전화가 그날 밤에 걸려왔다. 그 전화는 박 대통령의 전화가 아니고 박승규 민정수석비서관의 전화였다.

"밤 11시쯤 청와대에서 전화가 왔어요. 가슴이 덜컹 하더만. 전화를 받았더니 박승규 비서관이 울먹이면서 '곧 들어오셔야겠습니다' 그래요. '왜 그러느냐'니까 '들어오면 아시니까 빨리 들어오라'는 겁니다. 그래 금방 가니까 청와대 정문이고 어디고 다 허술해서 검문하는 사람도 없고 서 있는 사람도 멍하니 서 있어요. 청와대에 들어가 보니 오른쪽 접견실에 탁자를 길게 해놓고 경호원들이 그 위에 흰 시트를 깔고 있어요.

'이게 뭐냐'니깐 경호원들이 대답을 않고 엉엉 울어요. 그때 2층에서 박 비서관이 내려오더니 날 붙들고 또 엉엉 우는 겁니다.

'각하가 돌아가셨습니다.'

'뭣이, 각하가 돌아가시다니?'

'조금 전에 병원에서 운명하셨습니다. 처리를 하느라고 늦어지고 있는데 여기로 오시는 중입니다.'

조금 후에 시신이 왔습니다. 보니까 오른쪽 관자놀이에 총을 맞아 피가 흘렀고 가슴에 구멍이 뚫려 있어요. 얼굴은 깨끗했는데, 아하, 벌써 몸이 뻣뻣해지셨는데….

이게 현실인가 꿈인가 이런 생각도 나고, 너무도 엄청나서 눈물도 안 나오고! 원래 조그만 분이지만 탁자 위에 눕혀 놓으니까 애기 같아요. 이분이 이렇게 가셨구나! 천하를 마음대로 주름잡던 분이 숨을 거두니까 이런 데 누우시는구나! 아주 별별 생각이 다 들었습니다. 조금 있다가 김계원 씨가 피투성이가 돼서 왔어요. 그래 2층에 끌고 가서 어떻게 된 거냐고 했더니 얘기를 쭉 합디다." (《월간조선》 1987년 1월호 인터뷰 기사에서 인용)

11 :

"짜라투스트라는 이렇게 말했다"

해진 혁대

1979년 10월26일 밤 국군통합병원 분원(分院)으로 옮겨지는 차중(車中)에서 운명한 박정희의 시신(屍身)을 검안하였던 군의관 정규형 대위는 박 대통령인 줄 몰랐다. 그는 나중에 합수부(合搜部)에서 조사를 받을 때 "얼굴을 보고도 왜 각하인 줄 몰랐는가"란 질문에 대하여 이렇게 답했다.

"병원에 들어왔을 때는 얼굴에 피가 묻어 있었고 중정(中情) 감시자들이 응급 처치 중에도 자꾸 수건으로 얼굴을 덮었습니다. 그리고 시계가 평범한 세이코였고 넥타이핀의 멕기가 벗겨져 있었으며 혁대도 해져 있었습니다. 머리에 흰머리카락이 약간 있어 50여 세로 보았습니다. 이런 여러 가지 사실로 미루어 각하라고는 상상도 할 수가 없었던 것입니다."

10월27일 새벽 5시를 조금 넘어 정형모(鄭炯謨) 화백은 친구로부터 "대통령이 돌아가신 것 같다"는 전화를 받았다. 그는 충격 속에서도 "내가 무엇을 할 것인가"를 생각해 보았다. 예상했던 대로 오후에 문공부에서 "좀 들어오라"는 연락이 왔다. 국장(國葬)에 쓸 대통령의 영정을 그려 달라는 당부였다. 그날부터 정 화백은 철야작업을 하기 시작했다. 그는 박 대통령의 얼굴을 어떻게 표현할까로 고민했다. 4년 전 대통령을 만났을 때의 인상적이었던 그의 눈을 떠올려보았다.

부끄럼타듯 아래로 내리뜬 눈, 그러나 정시(正視)할 때는 가슴을 서늘하게 만드는 빛나는 안광(眼光)을 영정에 담아야겠다고 생각했다.

박정희의 눈매는 보는 사람들로 하여금 "내 가슴속을 훤히 꿰뚫어 보는구나" 하는 느낌을 주어 거짓말을 못하게 하는 힘이 있었다. 정형모는 육영수(陸英修) 여사가 죽은 뒤에 청와대 본관에 걸어 둘 육영수 초상화의 작가로 뽑혀서 육 여사의 사진만 참고하여 많은 그림을 그렸다. 그는 대통령 부부의 초상화 모두를 사후(死後)에 그리는 인연을 갖게 된 것이다. 정화백은 대통령 영정을 그리면서 1975년 8월28일에 그를 만났던 기억을 되살려 보았다.

윤주영(尹冑榮) 문공부 장관과 함께 대통령 집무실로 들어서니 대통령은 딸 근혜(槿惠)와 함께 책장을 정리하고 있었다. 대통령은 긴장하고 있는 정형모에게 "청와대에는 정 화백의 그림이 가장 많아요"라고 하면서 자리를 권했다. 그는 의자에 앉자마자 정 화백에게 담배를 권하더니 라이터를 켜서 불을 붙여 주었다. 정형모는 "부모 앞에서도 피우지 못하는 담배를 대통령 앞에서 피우다니" 하는 생각이 나서 서너 모금 피우다가 재떨이에 비볐다. 완전히 껐다고 생각했는데 연기가 모락모락 나면서 대통령 얼굴 쪽으로 날아가는 것이었다. 당황해하는 정 화백을 보고 근혜가 재떨이의 뚜껑을 덮었다. 식당으로 옮겨 점심식사를 하는데 정 화백이 그린 육영수의 초상화가 벽면에서 내려다보고 있었다. 육 여사의 특징을 살리려고 웃음 띤 입술과 우아한 목을 신경 써서 그렸지만 만족을 느끼지 못한 정 화백이었다.

대통령은 옆 자리에 앉은 근혜에게 "너도 알렉산더 대왕 전기를 읽고 있지?"라고 하더니 2층으로 올라가 아내의 사진 앨범을 가지고 내려왔다. 그는 햇살이 드는 창가에 앨범을 펴놓더니 정 화백에게 사진을 고르라고 했다. 그때 37세였던 정 화백은 대통령이 꼭 자상한 아버지처럼 느껴졌다. 그날 식단은 토스트와 만두국, 그리고 반찬 세 가지가 전부였다.

정형모는 국장(國葬) 하루 전인 11월2일에 박 대통령의 영정을 완성하여 납품했다. 7일간 밤낮을 가리지 않고 탁자만 한 150호짜리 화폭에다가 근대화 혁명가의 비장한 혼을 불어넣어 보려고 했던 정 씨는 곧 곤한 잠에 떨어졌다.

"짜라투스트라는 이렇게 말했다"

1979년 11월3일 故 박정희 대통령 국장 영결식이 중앙청 앞 광장에서 열렸다. 최규하(崔圭夏) 대통령권한대행이 건국훈장 대한민국장을 영전에 바쳤다. 이때 국립교향악단이 연주한 교향시(詩)가 '짜라투스트라는 이렇게 말했다'였다. 독일의 리하르트 슈트라우스가 작곡한 이 장엄한 곡은 낮은 음(音)에서 시작하여 고음(高音)으로 치달은 뒤에 꼭짓점에 도달했다가 갑자기 사라진다. 이 곡은 독일 철학자 니체가 쓴 같은 이름의 책 서문(序文)을 음악으로 표현한 작품이다. 이 곡을 선택한 것은 국립교향악단의 홍연택(洪燕澤) 상임지휘자였다. 그는 "박 대통령과 초인(超人)의 이미지를 연결하고 말고 할 겨를이 없었다"면서 "분위기를 가라앉히기 위해서 내가 평소에 좋아하던 곡을 연주한 것이다"고 했다.

니체의 《짜라투스트라는 이렇게 말했다》의 서문에는 이런 대목이 있다. "인간이란 실로 더러운 강물일 뿐이다. 인간이 스스로를 더럽히지 않고 이 강물을 삼켜 버리려면 모름지기 바다가 되지 않으면 안 된다."

박정희는 질풍노도(疾風怒濤)의 시대를 헤쳐 가면서 영욕과 청탁(淸濁)을 같이 들이마셨던 사람이다. 더러운 강물 같은 한 시대를 삼켜서 바다와 같은 다른 시대를 빚어낸 사람이다. 박정희가 그런 용광로의 역할을 할 수 있었던 것은 그의 순수한 마음이 권력을 잡고 나서도 스스로의 혼(魂)을 더럽히지 않고서 맑게 유지되었기 때문일 것이다.

그는 글라이스틴 주한(駐韓) 미국대사가 평한 대로 '한시도 자신이 태어난 곳과 농민들을 잊어 본 적이 없었던' 토종 한국인이었다. 그는 사후 지식인들로부터 뭇매를 맞았으나 서민들의 마음속에서는 항상 살아있었다.

영결식에서는 박정희의 육성연설 녹음을 두 편 골라서 틀었다. 지금 들으면 국민들에 대한 유언(遺言)처럼 느껴진다.

1978년 한국정신문화연구원 개원식 치사. 여기서 박정희는 자주(自主)정신을 강조하고 있다. 그는 "自主정신이란 우리 스스로가 이 나라의 주인이며 역사창조의 주체라는 자각(自覺)"이라면서 "우리의 전통과 역사에 뿌리를 둔 주체적 민족사관(民族史觀)을 정립하여 자주정신을 북돋움으로

써 민족중흥의 활력을 제공하자"고 역설했다.

박정희는《국가와 혁명과 나》의 끝 장(章)에서도 "소박하고 근면하고 정직하고 성실한 서민사회가 바탕이 된 자주독립된 한국의 창건, 그것이 본인의 소망의 전부이다. 동시에 이것은 본인의 생리인 것이다. 본인이 특권계층, 파벌적 계보를 부정하고 군림사회를 증오하는 소이도 여기에 있을 것이다"고 했었다.

박정희가 자조(自助)정신·자립(自立)경제·자주(自主)국방을 강조한 것은 이 3자(自)를 갖추어야 진정한 자주독립국가 행세를 할 수 있다는 확신 때문이었 다. 박정희의 이 확신은 국수주의나 폐쇄적 민족주의를 반영하는 것이 아니라 서민들에 대한 동정심과 서민들을 괴롭히는 힘센 자들에 대한 정의감의 확대판이었다. 그에게 있어서는 서민들을 괴롭히는 강자(强者)에 대한 반발심이나 우리나라를 누르려는 강대국에 대한 반발이나 같은 심정에서 출발한 다른 표현이었던 것이다. 그는 서민적 반골정신을 대통령이 된 뒤에는 민족의 자주정신으로 승화시켰던 사람이다.

영결식 기도에서 천주교계를 대표한 김수환(金壽煥) 추기경은 이렇게 말했다.

"인자하신 주여, 이제 이분은 대통령으로서가 아니라 한 인간으로서 엎드려 주님의 자비를 빌고 생명을 목말라 합니다. 이분의 영혼을 받아주십시오. 죄와 죽음의 사슬을 끊고 생명과 광명의 나라로 인도하여 주십시오."

새문안교회 강신명(姜信明) 목사는 이렇게 말했다.

"저 공중을 나는 참새 한 마리도 당신의 허락이 없이는 땅에 떨어지지 않는다고 하셨기에 우리는 지금 이 뜻하지 않은 일의 뜻을 알지 못하여 안타까워하고 있습니다. 하기야 이 길은 인간이면 누구나 한번은 가야 할 피할 수 없는 일이기는 하지만 너무나 뜻밖에 비참하게 가셨기에…."

방울이

박 대통령의 친척과 측근 인사들은 지금도 김재규의 배은망덕(背恩忘德)을 말할 때 '개보다 못한…'이란 표현을 쓴다. 인간을 차별하지 않았던 박정희는 평소 개에게도 함부로 대하지 않는 사람이었다. 방울이가 자신의 의자에 앉아 있으면 쫓아내지 않고 그 옆자리에 가 앉았다. 더운 여름날 방울이가 혀를 빼물고 헐떡거리면 대통령은 자신이 부치던 부채로 방울이에게 바람을 보냈다.

5·16 전 박 장군은 신당동에서 살 때 '와이마루너'라는 독일산(産) 경기견을 '와이마루'라 부르며 키웠다. 아내 육영수는 이 개가 새끼를 낳으면 시장이나 축견사(畜犬舍)에 팔아 집수리 비용을 마련하기도 했다. 지금도 신당동 집에 남아있는 벽돌담과 채양은 이 강아지 판매대금으로 지은 것이라고 한다. 와이마루는 여섯 차례가량 새끼를 낳았다는 것이다.

박 대통령의 9일장 기간에 청와대 본관 2층에 혼자 남은 방울이는 우울해지기 시작했다. 대통령을 항상 졸졸 따라다니던 스피츠 수컷 방울이는 대통령을 찾아 침실과 전실(前室)을 기웃거렸다. 나중에는 대통령의 슬리퍼가 놓여 있는 곳에서 조용히 엎드려 있었다. 2층 침실의 문만 열리면 대통령이 나타난 줄 알고 꼬리 치며 달려갔다가 이내 시무룩해져서 돌아오기도 했다.

방울이가 본관 2층의 주민이 되기 전에는 한 마리의 진돗개가 살고 있었다. 아내를 잃은 박 대통령은 허전한 공간을 메우기 위해서였던지 개를 키우려고 했다. 1975년 무렵 전남 진도 군수가 상납한 것은 황구와 백구라고 불린 진돗개 수컷 두 마리였다. 전석영(全錫濚) 총무비서관과 박학봉(朴鶴奉) 부속실장이 두 마리의 진돗개를 목욕시킨 뒤에 2층 내실로 데리고 올라갔다. 대통령은 백구를 선택했다. 이름은 '진도'라고 붙였다. 탈락된 황구는 경호경비대(경찰)에 보내져 경비견으로 쓰이다가 곧 병을 얻어 죽었다.

　진도는 주인한테만 충성을 바치는 진돗개의 성격 그대로였다. 야성이 살아 있어 먹을 것을 주는 대통령을 할퀴기도 했다. 진도는 대통령에게는 절대적으로 충성했으나 다른 사람들에게는 매우 사나웠다. 그래서 박학봉은 이 흰둥이 진돗개를 '박진도'라고 놀리기도 했다. 전석영 비서관은 "각하가 아시면 어쩌려고…"라면서 눈총을 주기도 했다. 2층으로 올라가던 차지철 경호실장이 달려드는 진도에 혼이 나서 박학봉에게 구원을 청한 적도 있었다. 부속실 사람들에 대해서는 진도가 고분고분했다. 먹을 것들이 부속실을 통해서 나오곤 했기 때문이다. 그러나 부속실의 '미스 리'는 진도에 엉덩이를 물린 적도 있었다. 진도의 정위치는 대통령의 침실 앞 거실이었다. 의젓한 자세로 버티고 있는 진도는 든든하게 보였다.

　1978년 이 진도는 박 대통령의 사저(私邸)인 신당동 집으로 하방(下放)됐다. 진도가 너무 사나워 청와대 본관 안에서 원성을 산 것도 한 원인이었다. 진도는 신당동 집 관리인 박환영(朴煥榮)의 손에 넘어갔다. 여기서 진도의 운명은 또 한 번 바뀐다. 청와대 본관 시절의 진도는 대통령의 위광을 믿고 멋대로 싸돌아다녔으나 신당동에서는 쇠사슬에 묶이는 신세가 됐다. 워낙 사나워 밥을 주는 박환영만 물지 않았으니 격리조치를 하지 않을 수가 없었다. 진도는 쇠사슬을 이빨로 빡빡 물어뜯는 등 저항도 해 보았으나 때늦은 후회였다. 박 대통령이 가끔 신당동에 들르는 날이 진도가 사슬로부터 해방되는 날이었다. 재회도 잠깐, 대통령이 떠날 때면 진도는 차가 시야에서 사라질 때까지 꼬리를 흔들고 달려가려고 했다. 울화통이 터진 생활 때문인지 진도는 신당동 집에서 1년쯤 살다가 1979년 봄에 시름시름 앓더니 죽고 말았다.

박환영이 대통령에게 보고했더니 "잘 묻어 주라"는 지시가 내려왔다. 박환영은 북한산의 양지바른 기슭에 진도를 묻고는 돌멩이로 표시를 해 놓았다. 진도가 청와대에서 신당동 집으로 밀려나갈 무렵에 들어온 것이 방울이었다. 박근혜가 방울이를 구해서 육발이 수술도 해주면서 귀여워했다. 방울이는 박정희 유족이 청와대를 나올 때 신당동 집으로 따라갔다.

李光耀가 뽑은 아시아의 3大 인물

1994년 1월19일 朴 대통령 시해사건 때 문공부장관을 지냈던 김성진(金聖鎭, 당시 대우그룹 부회장·싱가포르 대사 역임)이 〈월간조선〉을 위하여 싱가포르 이광요(李光耀) 수상과 인터뷰할 때 이런 질문을 던졌다.

— 만약 아시아에서 귀하를 제외하고 위대한 지도자를 세 사람만 든다면 누구를 꼽겠습니까?

"먼저 등소평(鄧小平)을 꼽겠습니다. 그 노인은 정말 어려운 시대에 험한 인생을 살아왔습니다. 그는 중국이 막다른 골목에 처해 있다는 것을 뒤늦게 깨닫고 방향을 전환시켰습니다. 만일 등소평이 모택동 이후에 정권을 잡지 못했더라면 중국은 소련처럼 붕괴하고 말았을 것입니다."

— 두 번째로는 누구를 생각하고 계십니까?

"일본의 요시다 수상을 꼽을 수가 있습니다. 그는 한국전쟁과 냉전이 시작되자 기회를 놓치지 않고 일본이 미국 편에 확실히 서도록 하였습니다."

— 이제 마지막 한 사람이 남았습니다.

"글쎄요. 세 번째 사람을 거론하게 되면 한국의 국내정치에 영향을 끼치게 될 것 같아서…."

이광요는 '아시아의 3대 지도자에 들어갈 만한 사람'의 이름을 말하지 않았다. 그때 김영삼 대통령은 우리 현대사와 前 정권, 특히 군사정권을 전면적으로 부정하는 정치공세를 강화하고 있었다. 아시아의 3大 지도자에 현직 대통령이 싫어하는 박정희를 포함시켜서 괜히 한국·싱가포르 관계에 악영향을 주고 싶지 않다고 생각했던 그가 김영삼 대통령을 어떻게 보고 있었는지는 짐작만 할 뿐이었다.

〈서민의 인정 속에서 생(生)이 끝나기를
국민으로서는 열여덟 해나 받든 지도자요
개인으로는 서른 해나 된 오랜 친구
하느님! 하찮은 저의 축원이오나

인류의 속죄양(贖罪羊), 예수의 이름으로 비오니

그의 영혼이 당신 안에 고이 쉬게 하소서.

이 세상에서 그가 지니고 떨쳤던

그 장한 의기(義氣)와 행동력(行動力)과 질박(質朴)한 인간성과

이 나라 이 겨레에 그가 남긴 바

그 크고 많은 공덕(功德)의 자취를 헤아리시고

하느님, 그지없이 자비로우신 하느님

설령 그가 당신 뜻에 어긋난 잘못이 있었거나

그 스스로가 깨닫지 못한 허물이 있었더라도

그가 앞장서 애쓰며 흘린 땀과

그가 마침내 무참히 흘린 피를 굽어보사

그의 영혼이 당신 안에 길이 살게 하소서〉

친구 박정희가 죽었다는 소식을 들었을 때 써내려간 구상(具常) 시인(작고)의 이 '진혼축(鎭魂祝)'은 대령에서 대통령 시절까지 인간 박정희와 교우(交友)하면서 남긴 일곱 편의 시작(詩作) 중 마지막 편이 됐다.

구상이 친구의 죽음을 알게 된 것은 베네딕트 수도원에서 《나자렛 예수》를 쓰고 있을 때였다. 그는 그 자리에서 망자(亡者)가 되어 버린 친구를 위해 진혼축을 썼고, 그 뒤 5년간 친구의 안식(安息)을 기원하는 미사를 올렸다. 구상은 "그 친구는 의협심과 인정이 강하고 시심(詩心)이 있는 사람이었다"면서 "난세(亂世)에 파격적인 인물들을 모아서 혁명을 일으킨 뒤에 정상적인 사람들로 주변을 교체해 가는 과정에서 갈등도 많았지만 정

치적인 목적으로 사람을 죽인 적이 한 번도 없었다"는 점을 강조했다.

박정희의 꿈은 자주적 근대화를 통한 민족중흥이었다. 그는 그 꿈을 이루기 위해서, 권력과 부패의 늪 속에 발을 담고, 3면의 적(敵)으로부터 공격을 당해 가면서, 자신들도 지킬 수 없는 도덕과 명분론을 무기로 삼아 대책 없는 비난을 업(業)으로 삼는 위선적 수구(守舊) 지식인 세력의 도전을 극복해야 했다. 그를 공격한 세력은 좌익뿐이 아니었다. 민주주의의 경험이 한 세대도 안 되는 나라가 서구식 선진(先進) 민주주의를 그대로 따라 하지 않는다고 박정희를 독재로 몰았던 관념론자들이 더 많았다. 이들은 카터류(類)의 미국인들로부터 응원을 받고 있었다.

기회주의자들과 기능주의자들이 주류(主流)를 형성한 정권 안에서 오직 박정희만이 이들 위선자들과 맞설 수 있는 논리와 확신을 갖고 있었다. 그러한 박정희의 절대고독이 담긴 독백(獨白)이 바로 "내 무덤에 침을 뱉어라"였다. 박정희의 소망은 '소박하고, 근면하고, 성실한 서민사회가 바탕이 된 자주독립된 한국의 창건'이었다.

그는 1963년 자신의 혼을 불어넣어 쓴 《국가와 혁명과 나》에서 "동시에 이것은 본인의 생리이다"고 말했다. 그는 이 책에 미리 이렇게 유언해 놓았던 것이다.

"본인이 특권계층, 파벌적 계보를 부정하고 군림사회를 증오하는 소이(所以)도 여기에 있을 것이라 생각한다. 본인은 한마디로 말해서 서민 속에서 나고, 자라고, 일하고, 그리하여 그 서민의 인정(人情) 속에서 생(生)이 끝나기를 염원한다."

12 :
전두환의 등장

10·26 수사, 의심받는 차지철

김재규 한 사람의 머리와 가슴에서 비롯된 10·26 사건은 그 성격이 쿠데타 기도라기보다는 정치적 암살사건이었다. 쿠데타 기도이든 암살사건이든 그 뒤의 사태 수습에 주도권을 잡는 것은 사태를 진압하거나 범인을 체포하는 쪽이다.

10·26 사건은 국내 치안을 어지럽힌 소요 사태가 아니었다. 이 사건 직후 대부분의 국민들은 국가의 위기를 맞아 자중자애하는 성숙된 한국인상을 보여주었다. 비록 비상계엄령은 선포됐지만 군 병력을 진압에 동원할 필요는 없었다.

10·26 사건은 지역과 인원이 극히 한정된 암살사건이었다. 비상계엄 선포 이후의 가장 중요한 계엄 업무는 범죄수사에 의한 사건의 진상규명이

었다. 진압 병력을 동원하는 소요 상황에선 군 지휘권을 장악한 계엄사령관의 역할이 막강해지지만 본질이 '암살'이었고 사태 수습의 가장 중요한 업무가 '수사'였으므로 이 수사를 책임지는 기관이나 인물에게 관심과 권한이 몰리게 되어 있었다.

이런 역사적 무대 위에 등장한 것이 합동수사본부장을 겸하게 된 당시 국군보안사령관 전두환(全斗煥) 소장이었다. 그는 10월26일 밤 시해사건의 진상을 누구보다도 먼저 파악했고, 범인 체포를 지휘했으며, 수사를 전담하게 되었다. 통치권 공백의 8시간 동안 일관된 행동논리와 지휘체계로써 사건 대처에 임한 몇 안 되는 인물 중의 한 사람이 전두환 장군이었다. 18년 동안 이 나라의 권부 그 자체였던 박정희 대통령이 하루아침에 사라지고, 권력의 진공상태가 생긴 무대 위에 하나의 축이 만들어지게 된 것이었다.

전 장군이 급히 연락을 받고 사복 차림으로 육군본부 벙커에 도착한 것은 1979년 10월26일 밤 8시30분께였다. 벙커에는 김재규 및 정승화 육군참모총장과 정 총장으로부터 연락을 받은 노재현 국방장관 및 3군 수뇌진이 와 있었다. 이 결정적인 순간에서 군의 두 지휘자인 노 국방과 정승화 총장이 대통령 시해 범인으로 차지철 경호실장을 의심하고 있었다는 것은 대단히 흥미로운 일이다.

한국종합화학 사장으로 있는 노재현은 "차지철의 평소 소행으로 보아 능히 그런 일을 저지를 사람이라고 생각했다. 그래서 나는 눈에 불을 켜고 김재규에게 '당신이 본 상황이냐, 아니면 보고를 들은 상황이냐'고 캐물었던 것이다"고 회고했다. 노재현은 "차가 군 지휘 계통을 문란시키는 행동을 많이 했다"면서 "당시에 개각이 임박했는데 나도 차의 작용으로 바뀌게 돼 있었다"고 했다.

정승화 총장, 청와대 포위 지시

정 총장은 나중에 법정에서, 자신도 차를 범인이라고 생각했고, 김재규가 당황한 것은 범행 현장에서 탈출했기 때문이라고 짐작했었다는 진술을 했다. 정 총장은 또 여동영 변호사에게 차지철의 월권 행위에 대한 불만사례를 털어놓았다. 차지철은 부마사태 직후 공수부대 2개 여단의 투입을 멋대로 결정했고, 군 인사에도 자주 개입하여 "어디까지가 차지철 개인의 부탁이고 어디까지가 박 대통령의 지시인지 분간이 안 될 정도였다"고 한다.

한때 대통령 경호 휘장이란 것을 3군 총장들이 청와대로부터 받아서 달고 다녔는데 나중에 경호실장이 주는 것임을 알았다는 것이다. 불쾌해진 정 총장은 청와대에 들어갈 때 이 경호 휘장을 떼고 갔는데, 그럴 때마다 차지철은 기분 나쁘다는 표정으로 늘 아래위를 훑어보곤 했다고 한다.

차지철은 경호실 차장에 3성 장군을 임명, 자신의 직위를 상대적으로 격상시키기도 했으며 엘리트 장성들을 경호실로 불러들여 근무케 했다. 노·정 씨 양쪽의 이야기를 종합해 볼 때 차지철이 군의 인사 및 병력 동원에도 깊이 간여했고, 이것이 어떤 야심으로 비쳤음은 확실한 것 같다. 정 총장은 궁정동에서 김재규와 차를 같이 타고 육본으로 오는 도중 김재규에게 "내부의 소행이겠지요"라고 물었다. 김은 모르겠다고 했다.

그래도 정 총장은 '청와대 경호 병력이 둘러싸고 있는 궁정동에서 대통령이 피격됐다면 범인은 경호실 내부에 있다'고 판단했다는 것이다. 정 총장은 밤 8시40분께 수도경비사령관이 육본에 도착하자 청와대의 포위를 지시했다. 9시께에는 이재전 경호실 차장에게 "경호실 병력을 철저히 단속하고 수도경비사령관에게 청와대 주변에 병력을 배치토록 지시하였으니 충돌이 없도록 직접 수도경비사령관과 협조하라"고 지시했다. 이런 지시는 차지철이나 경호실을 범인으로 착각함에 따른 조치였다.

"코드 원이냐?"

정 총장에 비해 전두환 장군의 대처는 신속하고 정확했다. 전두환 장군은 육본 벙커에서 노 국방으로부터 "적절한 조처를 취하라"는 지시를 받고 즉시 국군보안사령부로 돌아왔다. 그 시점에서 가장 시급한 일은 '대통령 유고(有故)'의 실상을 알아내는 것이었다. 그때까지 보안사령부를 지키고 있던 보안처장 정도영 준장은 전 장군이 도착하기 전, 밤 8시10분께 '청와대 비서실장이 누군가를 업고 국군 서울지구병원으로 들어갔다'는 보고를 받았다. 정 처장은 지구병원으로 달려갔다. 입구에서 무장을 한 경비 요원들이 그를 제지했다.

그는 다시 사무실로 돌아와 병원으로 전화를 걸었다. 국군 서울지구병원장인 김병수 공군 준장이 전화에 나왔다. 정 처장은 입원한 사람이 누구냐고 짚이는 대로 이름을 대며 물었으나 김 원장의 대답은 애매했다. 김 원장 곁에는 정보부 경비원들이 서서 감시하고 있었으므로 김 원장은 '누가 죽었다'고 구체적인 대답을 할 수 없는 상황이었다. 사무실로 돌아온 전두환 장군은 군복으로 갈아입자마자 김병수 병원장에게 전화를 걸어 누구냐고 물었으나 김 원장은 '예' '아니오'라고밖에 이야기할 수 없는 상황에서 정답을 주지 못했다. 얼마 뒤 보안사 참모장이 전화를 걸었다.

"코드 원(박 대통령을 지칭)입니까?"

"네."

김재규가 말하는 유고가 대통령의 사망을 뜻한다는 엄청난 사실을 확인한 순간이었다. 전 장군은 육군본부로 즉시 돌아갔다. 범인 김재규 체포작전이 시작된 것은 그 3시간 뒤였다.

〈밤 10시25분경 김재규가 김계원을 벙커 화장실로 슬며시 데리고 가서 "우선 계엄을 선포해서 사태를 장악하고 계엄사령부를 혁명위원회로 간판을 바꾸어 군사혁명으로 유도해야 한다"면서 보안 유지를 당부하였다. 한편 11시30분경 김계원은 국무위원들의 강경한 태도로 보아 김재규의 거사가 성공할 수 없음을 알고 망설이다가 옆방인 국방장관 보좌관실로 살짝 혼자 가서 육군총장을 잠깐 그 방으로 오도록 전갈을 보낸 바 총장과 장관이 동시에 들어오기에 김 부장이 범인이라는 것을 일러주었다.

장관과 총장은 김재규를 체포하기로 결심했다. 총장은 즉시 육본 벙커로 내려와 수도권 일부 부대에 대해 이동 명령을 내리고 밤 11시40분경 보안사령관과 헌병감에게 김재규를 체포토록 지시하였고, 보안사령관은 헌병감을 육본 내 임시 지휘소로 불러 휘하 참모와 김재규 체포 계획을 수립하였다(계엄사 수사 발표문).〉

김재규 체포 작전

10월27일 0시30분쯤 김진기 육군헌병감은 먼저 국방장관 보좌관 조약래 준장에게 김재규의 유인을 부탁했다. 조 준장은 국방부 장관실로 들어갔다. 김재규는 최규하 총리 등 국무위원들과 떨어져 앉아 있었다. 이때는 비상국무회의가 정회 중이었다.

"부장님, 정 총장이 육본 총장실에서 조용히 만나자고 합니다."

"박흥주 대령은 어디 있나."

조 준장은 엉겁결에 문 바깥쪽을 가리키며 "저기 있습니다"고 했다.

그때 박흥주는 사태의 갈피를 잡지 못하고 바깥 복도에서 30여 명의 다른 고관 수행원들과 섞여 있었다. 국방부 보안부대장 김 모 대령이 박 대령을 김재규와 분리시킬 양으로 "이 자리에 계신 분들은 모두 옆방으로 들어가시오!"라고 고함을 쳤다. 김 대령의 기세에 눌려 박 대령도 멋모르고 자리를 옮길 수밖에 없었다.

그 직후 김재규가 조 준장과 함께 복도로 나왔다. 재빨리 헌병감 김진기 준장 등 3명의 군 수사관이 "정 총장이 육본에서 기다리십니다"고 안내를 맡고 나섰다. 김재규는 다시 박 대령을 찾으려고 두리번거렸다. 한 수사관이 "곧 불러오겠습니다"고 했다. 김 헌병감 등 수사관들은 김재규를 안내하여 비밀 통로를 내려갔다. 김재규는 낯선 통로에서 미심쩍어하는 눈치였다.

"이 길은 VIP용입니다"고 누군가가 둘러댔다. 계단을 다 내려갔을 때 한 수사관이 대기 중인 레코드 승용차 쪽으로 김재규를 유도했다. 청사 뒤쪽은 깜깜했다. 차의 문을 열고 오 모 중령(보안사 수사관)이 갑자기 김재규를 밀어넣었다.

"무장을 해제하겠습니다"면서 오 수사관은 차 중에서 김의 몸을 더듬기 시작했다. 오른쪽 바지 주머니에서 38구경 5연발 리볼버 권총을 끄집어냈다. 권총에서는 화약 냄새가 나고 있었다. 승용차는 삼각지 방향으로 출발했다.

김재규는 "자네, 누구야" "날 어디로 데리고 가는 거지"라고 불안스럽게 물었다. 수사관들은 대답하지 않았다. 자꾸 캐묻자 "정 총장께서 부장님을 안전한 곳으로 모시라고 했습니다"고 대답했다.

김재규는 겁을 주려는 듯 "이제 세상이 달라졌어. 각하는 돌아가셨단 말이야. 지금 수도통합병원에 계셔"라고 말했다. 국무위원들에게도 유고에 대한 설명을 완강히 거부하던 김재규가 궁지에 몰린 것을 알아채고 한 말이었다. 김재규를 태우고 가던 차의 운전사는 착각을 하여 레코드 승용차를 정보부의 시내 분실 앞에 세웠다. 김재규는 '그러면 그렇지' 하는 표정을 지었다. 기겁을 한 수사관들은 승용차를 급히 돌리게 하여 보안사 분실로 향했다. 김재규는 조사관들 앞에서 큰소리를 쳤다.

"자네들 뭣하는 놈들이야!"

"누가 시켰어?"

"날만 밝으면 세상이 바뀐단 말이야. 몸조심 해!"

그러나 조사가 시작되자 한 시간도 안돼 김재규는 범행을 자백했다. 국군보안사령부에서는 이재전 경호실 차장의 체포도 수사관들에게 지시해두었고, 김계원 비서실장도 연행하려 했다. 정승화 총장이 "별명(別命)이 있을 때까지 기다려라"고 이를 막았다. 정 총장은 나중에 "김 실장이 달아날 것 같지 않았기 때문에 그랬다"고 했다. 당시 김계원 실장의 수사 책임자 는 보안사 수사과장 이학봉 중령이었다. 부산의 합수단에 파견나가 있다 가 26일 밤에 비행기편으로 급히 올라와 이 수사를 지휘하게 되었다.

이 중령은 뒤에 이렇게 술회한 바가 있다.

"김재규가 수사분실로 연행된 뒤에도, '이제 세상은 변했으니 당신들 살 궁리나 하시오'라고 공갈을 쾅쾅 칠 때, 중정부장이란 막강한 권력을 가진 김재규였으므로 내심 '그 추종자들이 무언가 계획을 하고 있구나, 내일 아 침이면 수사를 담당한 우리는 반혁명분자로 처단되겠구나' 하고 생각했을 때 소름이 쭉 끼쳐 마음의 동요를 일으켰습니다. 우리는 수사관 회의를 소 집, 우리의 손에 국가의 흥망이 달렸다. 목숨을 걸고라도 수사를 철저히 하여 공모자를 색출해야 한다고 다짐하여 수사에 착수하였으나 정승화 총장도 사건 현장에 있었고 함께 차를 타고 육본까지 왔다는 진술을 듣고 는 아연실색했던 것입니다."

정보부 무력화, '합수단' 강화

김재규의 체포를 확인한 뒤 전두환 장군이 먼저 한 일은 계엄사 합동수 사본부의 조직이었다. 10월18일 부산에 비상계엄령이 내리면서 부산지구 계엄사 합동수사단이 발족, 당시의 부산지구 보안부대장 권정달(權正達) 대령이 단장에 취임한 적이 있었다. 이 지역 수사단의 조직을 참고하여 합 동수사본부의 조직 요강이 만들어졌다.

27일 오전 계엄사령부는 포고령을 발표, 합동수사본부의 발족을 알리면서 중요한 조치를 취했다. 즉 중앙정보부의 모든 기능을 합동수사본부에서 흡수하도록 한 것이다. 박정희 정권을 지탱해 온 핵심기관이 무력화되는 순간이었고, 합동수사본부의 강력한 등장을 알리는 조치였다.

27일 오전 합동수사본부는 정보부 차장, 검찰총장, 치안본부장 등 수사기관의 장(長)들을 불러 첫 회의를 열었다. 여기서 전두환 장군은 상좌에 앉았다. 그는 국내의 모든 수사기관을 지휘할 수 있는 계엄사 합동수사본부장의 자격으로 단호하게 말했다.

"이렇게 와 주셔서 감사합니다. 잘 아시겠지만 간밤에 각하께서 서거하셨습니다. 범인은 중앙정보부입니다."

그 뒤의 수사로 범인은 중앙정보부란 조직이 아니라 김재규와 그 측근으로 밝혀졌지만, "범인은 중앙정보부입니다"란 말에서 이미 정보부가 이 전환기에서 중요한 역할을 맡을 수 없게 됐음이 암시된 것이었다.

합동수사본부는 27일부터 정보부의 간부 수십 명을 연행, 김재규와의 관련 여부를 조사하기 시작했다. 조사에서 관련성은 드러나지 않았으나 정보부의 장이 대통령의 살해범이란 엄청난 충격이 도덕적 차원에서 벌써 이 기관의 기능을 정지시킨 셈이었다. 합동수사본부는 군, 검찰, 경찰, 법원 등에서도 요원들을 차출, 조직과 기능을 강화해 갔다.

"일(work)이 있는 곳에 권력(power)이 있다"는 말대로 합동수사본부는 권력의 진공상태에서 하나의 중심이 되기 시작한다.

11월1일자 일본 마이니치신문은 일본 외무성 소식통을 이용, '전두환 계엄사령부 수사본부장, 한국의 실권을 잡다'라는 좀 성급한 제목의 기사를 썼다.

"…이 소식통은 비상계엄령하의 한국에서는 군부가 치안·국정 전반을 장악하고, 정승화 계엄사령관, 김종환 합참의장, 전두환 보안사령관 등 군 수뇌부가 중심적 역할을 하고 있다고 보고 있다. 특히 전 사령관에 대해서는 ① 박 대통령을 사살한 김재규 전 중앙정보부장이 군부를 쿠데타에 끌어들이려 했을 때 보안사령부를 동원하여 저지하고 평온을 유지하도록 했다는 정보를 갖고 있다, ② 군의 소장 엘리트를 여러 명 배출하고 있는 육사 11기를 졸업한 실력자로서 동기생이 실전부대의 사단장 클래스로 있다, ③ 사건 수사의 최고 책임자로서 군의 질서 유지에 있어서 중심 인물이라는 점 등을 들어 군의 실권은 정 계엄사령관 등 군의 장군들이 아니라 전 사령관에게 있다는 점을 강조했다."

시국대책회의가 국정을 주도

박정희란 방파제가 무너졌을 때, 정부 및 여권에서도 그 방파제가 막고 있던 민주화의 대세를 더는 막을 수 없다는 합의에 도달하지 않을 수 없었다. 그들은 유신체제의 철폐와 민주화에 대한 스케줄의 천명만이 국민들의 뜻을 통합할 수 있다고 생각했고, 이런 생각은 특정인의 제의에 의해서가 아니라 '저절로' 이루어진 합의이기도 했다.

10·26 이후 국정은 거의 매일 열린 시국대책회의가 중심이 되어 이끌어갔다. 이 회의는 법정 수권기관은 아니었으나 행정부의 핵심 인물들이 참석하고 있었다. 참석자는 최규하 대통령권한대행, 신현확 부총리, 박동진

외무, 구자춘 내무, 김치열 법무, 노재현 국방, 김성진 문공, 김종환 합참의 장, 정승화 계엄사령관이었다. 이 9명 가운데 6명은 경상도(경북 5명, 경남 1명) 출신이었다. 궁정동의 최후의 만찬에 참석했던 유신정권의 파워 맨 네 사람 가운데 3명이 경북 출생의 군인 출신이었다.

이들 시국대책회의 참석자들은 모두가 박 대통령의 개인적 신임을 받았고, 또 충성을 맹세한 사람들이었다. 그러나 유정회나 공화당과는 별로 깊은 관련이 없는 이들이었다. 이들은 중요 결정을 내릴 때 공화당이나 유정회와 상의를 하지 않았다. 시국대책회의의 분위기를 김치열은 이렇게 증언한다.

"박 대통령의 서거로 역사의 물줄기가 바뀌었다는 생각은 모두가 갖고 있었습니다. 박 대통령께서는 말기에 가서 유신헌법을 고치고 다음 임기 이전에 물러나겠다는 소신을 개인적으로 피력하신 적이 있었습니다. 박 대통령마저도 시한부로 생각했던 유신체제를, 그분이 돌아가신 뒤에도 유지한다는 것은 도저히 불가능하다는 판단이 섰던 것입니다. 이런 전환기에서 우리 국민들은 상당히 성급합니다. 인내를 할 줄 몰라요. 그래서 서둘러 국정의 방향 전환을 기해야겠다는 생각이 들었습니다.

그렇게 하자면 후임 대통령 선거를 빨리 해야 하는데, 후임만은 유신헌법에 의한 통대 선거로 뽑지 않을 수 없었습니다. 달리 뽑을 근거가 없었던 것입니다. 그러나 통대에 의해 선출된 대통령은 빨리 새 헌법을 만들어, 이 새 헌법에 의해 뽑힌 대통령에게 정권을 넘겨야 한다는 합의를 시국대책회의에서 본 것입니다. 일단 최규하 권한대행을 과도정권의 대통령으로 추대한다는 묵시적 양해도 이뤄졌고 과도기를 1년 반에서 2년 정도로 한다는 선에서 합의가 됐습니다. 왜 여당측과 협의를 하지 않았느냐 하면, 당시의 국민적인 분위기가 행정부와 여당의 밀월을 용인하지 않는 듯했기 때문입니다."

정 총장, 군 본연의 임무 다짐

시국대책회의에 참석한 정승화 계엄사령관의 태도에 대해서 김치열은 "아주 건전한 군인으로 보였다"고 했다.

"정승화 장군이 김재규와는 관련이 없다는 것을 의심하는 사람은 없었을 것입니다. 육본에서나 국방부에서나 두 사람의 행동에서 사전 모의의 흔적은 전연 찾을 수 없었습니다. 시국대책회의에서도 나는 정 총장이야말로 군 본연의 임무에 충실해야 한다는 소신을 가진 합리적이고 충직한 인물이라고 보았습니다. 정치적 야심 같은 것은 엿보이지도 않았습니다. 정 총장은 민간 각료들의 결정에 거의 간여도 하지 않았고 우리의 결정을 수명(受命) 실천하는 문민 우위의 원칙에 충실했습니다."

11월2일 뉴욕타임즈는 서울 특파원발 기사로 주목할 만한 보도를 했다.

"한국 군부의 고위 장성들이 10월29일, 30일 양일간 국방부에서 비밀 회합을 갖고 유신헌법을 폐기하기로 비공식 합의를 봤다"는 요지의 기사였다. 이 기사는 "30일의 회합에는 50명을 넘는 군 간부가 출석했다. 박 대통령에의 충성이 두터운 전두환 장군 등 일부 젊은 장성들은 빠른 시일 안에 이 헌법을 폐기하는 것에는 반대, 폐기의 시기에 대해서는 의견이 합쳐지지 않았다. 그러나 유신헌법 폐기의 시기를 군부가 결정하지 않음으로

써 정치에의 개입을 피하고, 단결을 과시한 형식이 됐다"고 덧붙였다.

11월3일 계엄사령부는 합동수사본부에 흡수된 중앙정보부의 업무 가운데 반공법과 국가보안법에 관한 업무만을 되돌려주어 조직의 기능을 부분적으로 되살렸다. 이날 밤 박 대통령의 국장에 참석했다가 박동진 외무장관과 요담한 사이러스 밴스 미 국무장관은 귀국에 즈음한 성명을 발표, "미국은 한국 군부에 의한 군정에는 반대하며, 한국 군부도 이미 현재의 최 대행에 의한 문민정치를 지지하기로 결정했다"고 밝히고 이를 환영한다고 했다.

김영삼 당시 신민당 총재는 이즈음 주한 미국대사관의 태도가 바뀌는 데 의아해하고 있었다. 미 대사관에서는 10·26 직후에는 김 총재의 "빨리, 최대한 빨리 헌법 개정을 하고 민주화를 해야 된다"는 견해에 동조하는 것 같았는데 차츰 "천천히 하자"는 태도로 바뀌더란 것이다. 11월8일 정승화 계엄사령관은 담화문을 발표, 무분별한 정치 선동과 경제질서를 어지럽히는 행위를 강력히 단속하겠다고 다짐하면서도 "우리 군은 하루빨리 국토 방위라는 군 본연의 임무에 전념하고 싶다"고 밝혔다.

'개헌' 약속으로 온 국민 흥분

시국대책회의 협의 과정을 거쳐 최규하 권한대행이 시국특별담화를 발표한 것은 1979년 11월10일, 박 대통령의 국장(國葬) 일주일 뒤였다. 최 대행은 담화문에서 "현행 헌법에 규정된 시일 내에 대통령 선거를 실시하되 선출된 새 대통령은 전임 대통령의 임기를 채우지 아니하고 현실적으로 가능한 한 빠른 기간 내에 헌법을 개정하고, 그 헌법에 따라 선거를 실시해야 한다"고 밝혔다. 이 선언은 국민들로부터 대단한 환영을 받았다.

일주일 전의 국장이 한 인간의 죽음을 통해 구시대를 마감하는 거국적 의식이었다면, 최 대행의 이 시국 담화는 새 시대의 지표를 밝혀주는 이정표였다. 이 나라에도 드디어 경제발전에 이은 정치발전의 시대가 열릴 것 같았다. '우리도 이제 민주주의를 하게 되었다'는 희망이 이처럼 국민들 사이에 널리 퍼지기 시작한 때도 달리 없었을 것이다.

이즈음 어느 정보기관에 체크된 민심 동향 중에는 이런 것도 있었다. 도시의 지게꾼들이 옹기종기 모여서 동전 따먹기를 하고 있다가 어느 지게꾼이 "이런 시기에 우리가 이런 짓을 하고 있으면 혹시 외국인이 우리나라의 흉을 보지 않겠는가"라고 말하니 모두가 노름을 중단했다는 것이었다. 국민들은 자중자애해야 한다는 충고를 서로 주고받았으며, 은인자중하는 듯한 군에 대한 신뢰도 그 어느 때보다 높았다.

4·19 때 군이 군민들의 편에 섰던 것을 기억하는 많은 국민들은 '군은 우리 편이다'는 믿음을 간직하고 있었다. 박 정권 아래서는 상상할 수도 없었던 일들이 일어나고 있었다. 11월6일 김영삼 신민당 총재는 "제3공화국 헌법으로 돌아가는 것을 원칙으로 3개월 안에 개헌하고 그 후 3개월 안에 대통령을 국민이 직접 선거토록 하자"고 주장한 데 이어 10일에는 당 내에 헌법개정특별위원회를 설치했다.

11월17일에는 김종필 공화당 총재가 마포 당사로 신민당 김영삼 총재를 방문, 인사를 나누었다. 여당 총재가 야당 당사를 방문한 것은 이것이 처음이었다. 11월22일 밤에는 최규하 대통령권한대행이 김영삼 총재를 공관으로 초청, 세 시간 동안 요담했다. 이 자리에서도 김 총재는 조속한 개헌을 촉구했는데 최 대행은 개헌시한을 늦추려는 인상이었다고 한다.

수사 범위의 축소 바란 정 총장

해빙 무드를 보이고 있는 정치 무대의 뒤에서는 박 대통령 시해사건의 수사가 삼엄하게 진행되고 있었다. 11월6일 전두환 계엄사 합동수사본부장은 시해사건의 전모를 발표했다. 이 발표 뒤 기자들과 1문 1답하는 자리에서 전 장군은 "정승화 육군참모총장은 이 사건과 관련이 없다"는 점을 분명히 했고, 미국 CIA 조종설도 부인했다. 이 발표문을 만들 때 일부 참모들은 발표문에 궁정동 만찬장에 여가수와 여대생이 동석하고 있었다는 사실을 넣지 말자고 건의했다. 그러나 전 장군은 "지금 시중에는 이에 대한 소문이 쫙 퍼져 있는데 그 내용을 빼버리면 다른 발표 내용까지도 믿지 않게 된다"면서 사실대로 밝히되 이름만 가명으로 하도록 지시했다.

전 장군은 유신체제 아래서 난무한 유언비어의 부작용을 잘 알고 있었기 때문에 시해사건 발표도 숨김 없이 해야 한다는 생각을 갖고 있었다고 한다. 이 시해사건처럼 수사와 재판 과정을 통해 상세하게 공개된 정치사건도 드물 것이다. 시해사건의 수사는 단순한 살인사건의 수사와는 같을 수 없었다. 피살자가 대통령이고 범인이 중앙정보부장이란 사실만으로도 이 수사와 재판이 끼칠 파장의 심각함은 예견할 수 있는 것이었다. 합동수사본부에 불려나오는 피의자나 참고인들은 박 정권의 핵심 인물들이었고, 그들의 진술에 등장하는 내용들은 대통령의 신상이나 국정의 근간과 관련되는 엄청난 것들이었다. 청와대와 정보부의 깊은 장막 뒤에서 이뤄진 역사들이 수사와 재판을 통해 드러나게 돼 있었다는 점에서 박 정권 자체가 역사의 심판대에 오른 느낌마저 주었다.

합동수사본부와 정승화 계엄사령관은 수사의 범위를 놓고서 미묘한 이견을 보였다. 수사본부는 김재규를 체포한 직후 김계원 실장의 추가 체포를 정 총장에게 건의했으나 정 총장은 보류를 지시했다가 나중에 허락했다. 김계원 실장을 내란목적의 살인 혐의로 기소하는 데에는 합동수사본부에 차출된 법조인 중에서도 반대하는 이가 있었다.

합동수사본부는 또 이재천 청와대 경호실 차장을 직무유기로 구속했었는데 정 총장이 특명을 내려 12월5일에 석방시켰다. 이 점에 대해 정 총장은 법정에서 "이 장군을 불기소 처분토록 한 것은 이 장군이 조처를 잘못하여 사태를 악화시킨 점이 없었기 때문이다. 그래서 징계위원회에 돌려 군복만 벗게 한 것이다"고 해명했다. 정 총장은 사건 수사의 범위를 축소시키는 방향으로 애썼고, 전두환 장군은 사건을 철저히 밝히는 쪽으로 수사 방향을 잡아갔다.

정 총장은 시해 현장인 궁정동에 있었다는 자격지심에서 연루자 수사가 확대되는 것을 싫어했을 것이고, 어떤 점에선 신경이 매우 예민해 있었다. 이에 대해 전 장군은, 충복이 모시던 주인을 시해했다는 이 사건의 도덕적인 황폐성에 분노하고 있었다. 전 장군은 평소에 자신을 신임했던 박 대통령에 대한 인간적인 의리에서도 이 사건의 관계자를 철저히 색출해야 한다는 생각을 갖고 있었던 것 같다.

그는 김재규를 '패륜아'라고 표현했다. 김재규의 부하와 친척들도 조사를 받았고, 김의 재산도 철저히 조사되어 본인의 재산헌납 서약 형식으로 국가에서 몰수했다. 김재규가 5촌에게 사준 아파트까지 그 대상이 됐고, 이 아파트를 국가에 헌납하기로 약정해 놓고는 팔아버린 그 친척은 나중에 배임 혐의로 구속됐다.

권력의 실체 못 본 두 김 씨

야당이나 재야 세력에서도 10·26 사건을 평가하는 시각은 크게 달랐다. 김대중은 "그 소식을 들었을 때 '이건 잘못됐구나' 하고 무릎을 쳤다. 김재규가 이제 막 불타오르기 시작한 민주화운동의 맥을 끊어 놓았다는 생각이 들었다. 민주주의는 절대로 개인의 암살로는 이룩되지 않는다. 나중에 뉴스위크 기자가 인터뷰를 하면서 김재규는 영웅이 아니냐고 물었는데 나는 아니라고 얘기했다. 목숨을 걸었으면 사건 수습도 제대로 해야지, 그는 일을 망쳐 놓은 것이다"고 했다.

그러나 이것은 5·17 훨씬 뒤에 한 말이니까 결과론적인 성격이 강하다. 김영삼도 김대중과 함께 10·26 뒤 윤보선이 주도한 김재규 구명운동에는 반대했었다. 김영삼은 "설사 그가 민주주의를 위해서 거사했다 하더라도 엄연히 국가원수를 살해한 사람인데 어떻게 구명운동을 할 수 있겠느냐"고 윤 前 대통령에게 말했다는 것이다. 박정희 대통령과 숙명적인 관계에 있었던 두 김 씨가 10·26을 보는 시각은 약간 달랐던 것이다.

김영삼과 그의 진영에선 1979년에 김영삼을 중심으로 하여 일어난 일련의 정치 사건과 그의 선명한 대여(對與)투쟁이 10·26을 결과했다고 믿고 있었다. 따라서 10·26 이후의 정치 해빙에 가장 큰 공로자는 김영삼이라는 의식이 강했다. 이 의식은 개헌 뒤의 야당 대통령 후보는 김영삼 총재라야 한다는 논리로 발전하고 있었다. 김영삼 측의 이런 자신만만함에 대해 김대중 쪽에선 거부감을 느꼈고, 이것이 두 사람의 갈라짐에도 영향을 끼쳤다.

김대중 쪽에선 박 정권 붕괴에 가장 큰 요인을 만든 것은 김 씨의 일관된 투쟁이었다는 태도였다. 특히 김대중 납치사건은 박 정권을 짓누른 멍에가 됐다는 풀이였다. 일본인들은 김대중 납치사건을 통해 한국과 박 정권을 보았다고 한다. 이 사건이 외국에서 한국과 박 정권의 이미지를 만들었다고 한다.

반한(反韓) 무드가 일본을 휩쓸었고 이는 한일관계에까지 악영향을 끼쳤다. 이 반한 분위기의 소용돌이에서 문세광의 살의가 탄생했고, 문세광 사건은 육영수 여사의 목숨을 빼앗음으로써 인간적인 측면에서 박정희 대통령의 자기 통제력을 약화시켰고 이것이 그의 종말을 재촉했던 것이다.

김대중 사건의 불티는 미국으로 튀어 극심한 반한 무드 속에서 박동선 사건과 김형욱의 미 하원 청문회 증언이 있었다. 카터 대통령의 취임과 시기를 같이하는 이 사건은 한미관계에 어두운 그림자를 드리워 박 대통령의 국제적인 지지 기반을 크게 약화시켰다.

이처럼 10·26 이후의 변화를 자기 나름대로 해석하고 있었던 두 김 씨의 허점은 권력의 본질에 대한 순진한 낙관이었다고 이제 와서 반성하는 측근들도 많다. 두 김 씨는 박정희 대통령만 보았지 그를 뒷받침하고 있는 물리적 권력의 실체를 무시하고 '역사적인 대세'니 '국민의 여망'이니 하는 관념적인 신념으로 사태를 안이하게, 또한 너무 자신 있게 보고 있었다는 것이다.

권한과 권력을 같이 쥐고 있었던 박 대통령의 죽음은 권한과 권력의 분리를 가져왔다. 권한은 최규하 대행이 이끄는 행정부에 있었지만 권력의 소재는 아직 분명치 않았던 시기가 10·26에서 12·12에 이르는 '힘의 공백기'였던 것이다.

집례 거부하고 죽은 김재규

1980년 5월24일 서울구치소 1980년 5월23일 오후 서울 서대문구 현저동 서울구치소장에게 모처로부터 어떤 전갈이 왔다. 그 내용은 구치소장을 비롯한 일곱 명의 실무 간부들에게만 통보됐다. 사형수 담당 김준영 목사에겐 "내일 아침에 대기를 해달라"는 연락이 갔다.

다음날 새벽 4시경 군 교도소에 수감돼 있던 김재규는 서울구치소 보안 청사의 지하실 독방으로 이감 수용됐다. 수갑이 채이고 포승으로 묶인 채였다. 봄날의 아침이 밝아올 무렵인 아침 7시 정각, 구치소 직원 3명이 김재규를 데리러 왔다. 두 직원은 김의 양쪽 팔뚝을 붙들고, 한 직원은 김의 뒤에서, 그를 데리고 나갔다. 김은 얼굴을 치켜든 채 말없이 걸어갔다. 위에는 흰 한복, 아래는 잿빛 바지에 고무신을 신고 있었다. 운동장과 9사(舍) 사이의 골목 같은 길을 지나 1분쯤 만에 당도한 곳, 흰 담으로 둘러싸인 작은 기와 목조건물이었다. 사형 집행장이다.

집행장의 옆문을 통해 김재규는 계호를 받으며 들어왔다. 그는 정면 단하(壇下)의 돗자리 위에 앉혀졌다. 단상 정면에는 집행관인 교도소장, 그 오른쪽에는 스님과 목사, 그리고 검찰관계자, 뒷벽을 따라선 관계공무원들이 앉아 있었다. 김의 뒤에는 교도소 계호담당 직원 3명이 섰고 양쪽 측문 쪽엔 계호직원 6명이 서 있었다. 집행장의 바닥은 퇴색한 마루. 1년에 한 번 정도, 처형이 있을 때만 문이 열리고 청소되는 곳이 이 건물이다. 집행기구가 낡아도 수리를 하려 하지 않는다. 집행장에 손대는 걸 모두 꺼리기 때문이다. 목에 거는 밧줄이 새까맣게 때가 묻어 반들반들하다는 얘기가 나오는 이유도 그런 데 있다.

김재규에 대한 인정신문이 시작됐다. 집행관(교도소장)은 죄수 번호, 성명, 생년월일, 본적, 주소를 1문 1답식으로 물었고 김은 대답했다. 이어서 집행관은 김재규의 범죄 사항과 재판 경과를 날짜에 따라 읽고 나서는 "오늘 법무부장관의 사형집행 명령에 의해 그 형을 집행합니다"고 선언했다.

집행관은 "유언이 있으면 하십시오"라고 했다. 김재규는 "할 말이 없습니다"라고 했다.

집행관은 "스님을 모셨습니다. 집례를 받으시겠습니까?" 하고 물었다. 김재규는 말없이 고개를 가로로 흔들어버렸다. 보는 이에 따라선 "모든 게 귀찮다"든지 "나 혼자 힘으로 최후를 맞겠다"는 것으로 해석됐다. 그는 계속 염주를 헤고 있었다. 교도소에 의해 초빙된 고광덕 스님은 단상에 앉아 있을 수밖에 없었다.

집행관이 사인을 주자 김의 뒤편에 섰던 세 계호직원이 재빨리 움직였다. 한 직원이 가슴까지 내려오는 하얀 천의 용수를 김의 머리에 덮어씌우는 것과 동시에, 두 직원은 김의 상체와 두 다리를 포승으로 감아 묶었다. 교수될 때 눈알이 튀어나오지 않도록 안대도 씌웠다. 뒤에서 겨드랑이로 손을 넣어 그를 비스듬히 뒤로 끌고 갔다. 직원들은 내려뜨려진 흰 커튼을 젖히고 별실 같은 집행 장소로 약 3미터쯤 끌고 갔다. 도르레에 달린 밧줄이 내려와 있었다.

앉혀진 김의 목에 올가미가 걸렸다. 직원들은 비켜서면서 "준비 완료, 포인트 제껴!"라고 고함을 쳤다. 건물 바깥에 나가 있던 직원이 벽에 붙은, 포인트로 불리는 손잡이를 젖혔다. 김이 앉은 네모 마루 판자는 그 받침대가 빠지면서 ㄱ자로 꺾였다. '쾅!' 마루 판자가 지하 광의 벽을 때리는 소리는, 찬물을 끼얹은 것 같은 집행장을 쩡 울렸다. 김재규의 몸은 지하로 떨어져 허공에 매달렸다.

비명은 없었다. 이럴 때 사람에 따라선 숨이 콱 막히는 '컥!' 소리를 듣는다고도 하지만 판자가 지하벽을 치는 소리에 묻히고 만다.

25분쯤 흐른 뒤, 의무관이 지하광으로 내려가 가슴에 청진기를 대고 사망을 확인했다. 다시 5분을 기다렸다가, 생명이 달아난 김재규의 몸을 풀어 내려놓았다. 집행의 모든 과정, 인정신문에서 사망 확인까지는 컬러 사진으로 기록됐다. 54년간 이어져 온 남자의 삶을 정지시키는 데 든 시간은 약 30분이었다.

"밧줄이 꺼끄럽습니까"

통상적으로 사형은 오전 10시부터 시작된다. 김재규의 네 부하들은 이

관례에 따라 10시부터 차례로 최후를 맞았다. 10시에 집행장으로 끌려온 전 의전과장 박선호는 김준영 목사의 집례 하에 마지막 예배를 올렸다. 김 목사는 '디모데 후서'를 읽고 간단한 설교를 한 다음 박의 손을 맞잡고 찬송가를 함께 불렀다.

〈괴로운 인생길 가는 몸이
편안히 쉴 곳 아주 없네
걱정과 고향이 어디든 없으리
돌아갈 내 고향 하늘나라〉

김 목사는 이어서 "인생 상호간의 살생하는 참극을 끊어지게 하여 주시옵소서"라고 최후의 기도를 올렸다. 박선호는 가느다란 목소리로 "가족에게 교회 열심히 나가도록 전해달라"는 유언을 김 목사에게 했다. 그도 김재규처럼 분위기에 눌린 듯, 스스로를 줏대 있게 가누지 못하고 교수형을 맞았다.

형장에선 대부분의 사형수들이 도통한 자세를 보인다. 삶을 포기하고 종교에 귀의한 그들은 모두에게 감사하며 천당 가는 기쁜 마음으로 죽음을 맞는다. 소수의 사형수는 "돈이 없어 죽는다"느니 "억울하다"면서 통곡을 하기도 한다. 극소수의 사형수는 자기를 교수대로 보낸 사람을 저주하고 죽는다. 사형 집행을 많이 목격한 목사나 직원들은 어느 쪽이든 '인간다운' 죽음이기엔 꼭 같다는 생각을 갖게 된다고 한다. 남을 저주하고 죽는 이가 남에게 감사하고 죽는 이보다 못하게 느껴지지가 않는다는 것이다. 오히려 인간은 그렇게 죽어야 하는 존재가 아닌가 하는 생각이 든다고 한 관계자는 말했다. 어느 쪽이든 분명한 태도로 인생을 끝막음해야 깊은 인상을 남기는 법이다. 죽음이란 것이 삶의 총체적 결산이기 때문이다. 김재규와 박선호는 그런 점에서 "어중간했다"는 평이었다. 박에 이어 교수대에 선 이기주(전 중정 경비원), 유성옥(전 중정 운전사), 김태원(전 중정 경비원)은 격렬한 저주를 남기고 사라졌다.

유성옥은 바로 전날 무슨 예감이 있었던지 교화 담당자와 이런 대화를 나눴었다.

"목에 밧줄이 걸리면 꺼끄럽습니까?"

"그런 생각 마세요."

"꿈에서 자꾸 그런 생각이 듭니다."

"마닐라 삼으로 만든 것이기 때문에 꺼끄럽지 않을 겁니다. 편안히 가게 됩니다."

함성과 총성 속에서…

김재규 등 5명이 교수형을 당했다는 소식을 조갑제 기자는 광주 금남로의 어느 여관에서 들었다. 5월25일, 비가 부슬부슬 뿌리는 일요일 조 기자는 텔레비전의 자막을 보고 가슴이 서늘해졌다.

조 기자는 광주사태를 취재하고 있었다. 현장을 지켜본 몇 안 되는 경상도 출신 기자 중 한 사람이었다. 이날 그는 전남도청과 상무관, 그리고 전남의대 병원을 돌면서 시신들을 확인하고 다녔다. 관 뚜껑을 열고 치명상을 알아보기도 했다. 총상 이외에 둔기로 머리가 박살난 시신이 많았다. 광주 시내는 시민들의 장악 하에 있었다. 카빈총으로 무장하고 복면한 청년들이 빼앗은 군용차량을 몰고 시내를 돌아다니고 있었고, 가슴에 수류탄을 주렁주렁 단 청소년들도 보였다.

밤은 일찍 왔다. 이른바 '시민군'이 통행금지를 일찍부터 실시하는 바람에 밤 8시경부터 중심지 거리는 무인지경으로 변했다. 낮에 있었던 시민궐기대회의 열기는 남아 있지 않았다.

쌩, 쌩, 달리는 차소리와 함께 간간이 연발사격의 총성이 들려왔다. 광주는 외부와 차단되어 있었다. 광주시 외곽은 '시민군'과 계엄군의 대치선으로 변해 있었다. 그 선을 넘나드는 것은 38선을 오가는 정도의 위험은 아니지만, 상당한 모험이었다. 조 기자는 여관방에서 잠을 청했다. 드르륵―. 또 먼 총성이 북쪽에서 들려왔다. 낮의 함성, 밤의 총성, 그 가운데서 새로운 권력이 탄생하고 있었다.

부마사태에서 10 · 26까지

한국을 뒤흔든 11일간

펴낸이 | 趙甲濟
펴낸곳 | 조갑제닷컴
초판 1쇄 발행 | 2019년 10월16일

주소 | 서울 종로구 내수동 75 용비어천가 1423호
전화 | 02-722-9411~3
팩스 | 02-722-9414
이메일 | webmaster@chogabje.com
홈페이지 | chogabje.com

등록번호 | 2005년 12월2일(제300-2005-202호)
ISBN 979-11-85701-68-4 03300

값 20,000원